U0537475

数智驱动
新增长

智篆商业研究院·主编

肖利华 田野 洪东盈 杨文雅 陈赋明 吴蓓宏·等著

电子工业出版社
Publishing House of Electronics Industry
北京·BEIJING

内容简介

从产业升级的角度看，中国经济正在经历前所未有的由人口、消费红利驱动，向技术、智能驱动的转型。消费者已经全面在线，正倒逼企业经营管理与产业生态协同的在线化。阿里巴巴在探索数字化转型的过程中，沉淀了一系列的方法论、行业解决方案、新技术、新基础设施等数字化能力，并运用在了企业经营与管理中。在线化只是第一步，数字化是当下企业在探索的命题，而智能化则是会带来几何级增长的未来。

本书对全链路数智化转型等方法论进行阐述，并深度解析 6 个标杆企业数智化转型的真实案例，探讨数智化在未来商业新形态中的应用与实践，推动企业全面认识数智化转型，也对阿里巴巴商业操作系统（ABOS）做了介绍。希望本书能够帮助政府领导、企业管理者以及所有对数智化感兴趣的弄潮儿打开思路，找到驱动企业持续增长的新力量！

图书在版编目（CIP）数据

数智驱动新增长 / 智篆商业研究院主编；肖利华等著 . —北京：电子工业出版社，2021.10
ISBN 978-7-121-42111-2

Ⅰ . ①数… Ⅱ . ①智… ②肖… Ⅲ . ①企业经营管理 Ⅳ . ① F272.3

中国版本图书馆 CIP 数据核字 (2021) 第 196921 号

责任编辑：张彦红
印　　刷：北京捷迅佳彩印刷有限公司
装　　订：北京捷迅佳彩印刷有限公司
出版发行：电子工业出版社
　　　　　北京市海淀区万寿路 173 信箱　　　邮编 100036
开　　本：880×1230　　1/32　　印张：15.625　　字数：384 千字　　彩插：1
版　　次：2021 年 10 月第 1 版
印　　次：2024 年 6 月第 3 次印刷
印　　数：5001~5300 册　　定价：138.00 元

凡所购买电子工业出版社图书有缺损问题，请向购买书店调换。若书店售缺，请与本社发行部联系，联系及邮购电话：（010）88254888，88258888。

质量投诉请发邮件至 zlts@phei.com.cn，盗版侵权举报请发邮件至 dbqq@phei.com.cn。

本书咨询联系方式：faq@phei.com.cn。

推荐语

当今世界唯一不变的是变化。在快速变化的数智化时代，企业的领先优势如何打造并保持？本书以 5 部曲为方法指导，从 11 要素逐个切入，深入挖掘数智化对中国企业的机会和挑战。无论是对已经开展数智化转型的企业还是对即将开展的企业，本书都能起到很好的指导作用。

李纪珍　教授，博士生导师，清华大学经济管理学院副院长

在数智经济时代，全链路数智化转型升级迫在眉睫，需要战略、业务、组织、能力、系统、运营等的全面升级，其中最难的是组织升级。肖利华博士既有深厚的理论基础，又有丰富的实战经验，现在又进一步把实践进行归纳并提炼总结出全链路数智化转型升级的 5 部曲、5 层架构、11 要素，值得各个行业的企业学习，值得各企业老板、高管、MBA/EMBA 和有志于从事数智化转型升级相关工作的人学习。

杨百寅　清华大学经济管理学院讲席教授，博士生导师

在中国经济的基础驱动力快速转换这个极为重要的时间节点上，作为微观主体的企业如何向数据化和智能化要增长，是所有决策者都需要面临的问题。本书给出了重要的理论和实践上的指导，第四篇案例中的实践更是为实操者提供了非常有意义的参考方向。

张影　北京大学光华管理学院副院长，市场战略及行为科学教授，
博士生导师

肖利华博士在中科院攻读博士期间，对知行合一的追求给我留下了深刻的印象，他是那种心中有梦、眼中有光、全力以赴坚持到底把梦想变现实的人。非常高兴看到《数智驱动新增长》一书出版，相信书中的步骤、方法论、案例可以助力更多企业进行全链路数智化转型升级。

赵红　中国科学院大学教授、博士生导师，中丹学院院长

数智化商业时代已经到来。本书中有关大润发、海底捞、飞鹤等领先企业的成功案例，就清晰地描绘出了这一点。不仅如此，本书最大的亮点还在于，其提供了一条已得到验证的全链路数智化路径，这可以帮助企业快速融入新商业时代，实现持续增长。

忻榕　中欧国际工商学院管理学教授、副教务长，《商业评论》总策划

云计算、大数据、物联网、移动互联网、人工智能、区块链都是在这个时代我们应该了解并实践的方向。如何将它们应用于全链路数智化转型升级，本书从理论到实现路径、实践案例等都有涉及，内容全面、有深度、可操作性强。全书理论与实践纵横交错，知行合一，值得推荐。

田新民　上海交通大学 安泰经管学院副院长，行业研究院副院长、
教授、博士生导师

从互联网化、数字化到智能化是短短二十余年中全社会所经历的最深刻的巨变。肖利华博士从阿里巴巴的前沿实践中总结出"5 部曲 ×5 层架构 ×11 要素"，给正处于全链路数智化迷雾中的企业提供了一条清晰的从价

值诉求到价值实现的数智化道路。

吴晓波　浙江大学管理学院教授，浙江大学社会科学学部主任

数智化转型是企业发展的必然趋势，而阿里巴巴是全球数智化转型的引领者。本书有理论高度、有实践方法、有经典案例，是当下企业家面对转型升级的必备读物，特此推荐。

林熹　教授，哈尔滨工业大学（深圳）区块链发展研究院院长、国家仿真控制工程研究中心副主任、湾区国际金融科技实验室主任、深圳市供应链金融公共服务平台首席科学家

肖利华博士具有超群的科研敏感性和学术专研性，其在本科学习期间，就已在信息技术领域展现出独特的才华，作为主要成员参加了多项国家级获奖项目的研究。其后，又紧随管理科学研究的新进展，立足企业解决问题的迫切性，在不同类型、不同规模企业的多个岗位上以资深管理者的身份指导工作，既丰富了理论基础，又积累了实战经验。如今，数智化转型已经成为企业发展的必然趋势，而阿里巴巴是数智化转型的全球引领者。肖利华博士凭借其扎实的理论基础和在阿里巴巴平台上带领团队指导众多企业进行全链路数智化转型升级所积累的大量经验，撰写了本书。本书论述了从人口、消费红利驱动向技术、智能驱动的转型升级，以及数智化对未来企业发展的驱动和影响，既有理论高度、实施原理，又有经典案例、实践方法，形成鲜明特色，是当下企业家面对转型的必备读物，值得各个行业的高级管理人员、MBA/EMBA 学员和有志于从事数智化转型升级工作的相关人员学习。

宋福根　东华大学管理学院，二级教授，博士生导师

在整个中国都在寻求转变经济发展方式，产业结构升级的大背景下，众多企业都期待实现弯道超车、跨越式发展，希望利用互联网技术、信息化和智能化的手段实现管理效能的跃升，在这一进程中，阿里巴巴等消费领域的互联网企业无疑走在了最前面。在无数企业还在"数字化"道路上纠结的时候，这些头部企业已经开始了"数智化"的征程。

肖利华博士结合自己厚实的理论基础和丰富的实践经验，把阿里巴巴近二十年"数智化"的技术应用路径和管理实践进行了系统地解构分析，同时列举了多个企业数智化转型的真实案例，对我们的企业如何在瞬息万变的市场环境下，打造和保持领先能力提供了很好的解决路径。

正如肖利华博士所言，我们坐在了中国四十年和平发展的"时代电梯"中，各行各业都在以超乎寻常的速度发展，很多领域的发展规律远远超出了传统管理学理论的规律和概念，但正是这种日新月异的变化，为我们的管理理论研究提供了丰厚土壤，让管理学理论得以不断迭代更新。《数智驱动新增长》既有实践经验，又有理论探索，无论是对企业界还是管理学界都是一本很有意义的著作。

卫武　武汉大学，经济和管理学院教授，博士生导师，

工商管理系副系主任

《数智驱动新增长》的出版非常及时，也非常被需要。面对复杂多变的商业环境，这本书就相当于数智化转型的典型指南，不但有理论，而且还有先行案例，给正在转型路上的企业指明了方向。

高峻峻　上海大学悉尼工商学院教授、博士生导师，

上海欧睿数据创始人 &CEO

有关云计算、大数据、物联网、移动互联网、人工智能、区块链等新技术的探讨是这个时代非常热门的话题，而如何把这些新技术和我们的商业深度有机结合起来、技术如何驱动商业创新是我们的企业需要思考和应对的。肖利华博士等著的《数智驱动新增长》一书从理论到实现路径对其都有涉及，内容全面且有深度，值得我们的企业学习借鉴。

裴亮　中国连锁经营协会（CCFA）会长

当今世界唯一不变的是变化。在快速变化的数智化时代，企业的领先能力如何打造和保持？本书以5部曲为方法指导，从11商业要素逐个切入，深入挖掘数智化的机会和价值。无论是对已经开展数智化转型的企业还是即将开展的企业，厘清书中描述的关键阶段和重要因素，都能获得事半功倍的效果！

陈大鹏　中国服装协会会长

2020年，突如其来的疫情对全球的餐饮、地产、文旅、酒店等行业都产生了巨大冲击，全链路数智化转型升级迫在眉睫！听过肖利华博士的多次分享，受到的启发和收获都非常大，《数智驱动新增长》一书是我们行业高质量发展转型升级的"及时雨"。

韩明　中国饭店协会会长

数智化转型是未来一段时间内企业发展的必然趋势，其中阿里巴巴是数智化转型的实践者和引领者。《数智驱动新增长》一书有理论高度、有实践方法、有实战案例，值得我们广大企业学习和借鉴。

曾先　奥特莱斯产业发展委员会执行副会长、奥特莱斯 (中国) 有限

公司总裁

数智化转型是企业发展的必然趋势，其与我推动的"智慧奥莱"异曲同工，而阿里巴巴是数智化转型的引领者。本书有理论高度、有实践方法、有经典案例，是当下企业家面对转型的必备读物之一，尤为推荐

陈亚波　中国奥莱会会长

肖利华博士曾在特步供职近十年，见证并参与了特步运营系统、供应链系统和电商部门的起步和成熟，也推动了很多战略、业务和组织的一系列变革，为特步的持续快速增长起到了非常重要的作用。肖利华博士来到阿里巴巴之后，赶上了互联网高速发展的黄金期，行业红利和互联网平台为他的全链路数智化思维的形成提供了充分的养料。他带领团队归纳并提炼总结全链路数智化转型升级的 5 部曲、5 层架构、11 要素，以及阿里巴巴商业操作系统（ABOS），并帮助各个行业的企业进行全链路数智化转型升级，为中国数字化商业时代的发展做出了贡献。

丁水波　特步集团总裁

"动荡时代"最大的危险不是动荡本身，而是延续过去的逻辑进行思考和做事。在数智为王的时代，数智驱动已成为企业增长"第二曲线"的必然选择。与肖利华博士缘起越秀地产与阿里巴巴的战略合作，越秀的"越秀房宝"、"悦享会"、中台数据模型、零售商场消费者分析 RFM 模型

等在肖博士的指导下得到了很大发展，尤其是书中提出的数智化转型 5 部曲 ×5 层架构 ×11 要素，在"悦享会"基于"人、货、场"的底层商业逻辑中得到了很好的实战印证，并有效打通了越秀零售商业十大运营体系、数据采集和分析及精准招商、运营、推广，本书无疑是前瞻理念与业务实践有机结合的结晶。

林德良　越秀房托主席、执行董事兼行政总裁

《数智驱动新增长》一书的出版非常及时，面对复杂多变的商业环境，其就相当于数智化转型的指南和宝典，不但有理论，而且还有先行案例，给正在转型路上的企业指明了方向，对我们时尚行业也有非常大的帮助。

徐宇　赫基集团创始人、董事局主席暨首席执行官

对企业来说，数智化是新机遇，也是新挑战。通过与阿里巴巴的深入交流，企业能更好地理解数智化转型，降低风险，提升核心增长动力。借助阿里巴巴的数字技术和运营能力，企业能获得更好的数据沉淀和应用能力。相信这本书能帮助更多企业理解数智化，实现新增长。

陈泽滨　立白集团总裁

在数智经济时代，企业所面对的不再是传统的竞争环境。适者生存，企业的应对之策也需要相应的改变。特别是对于非原生数智企业的新零售行业而言，因为与消费者离得最近，这种改变就更刻不容缓。自 2016 年阿里巴巴首推"新零售"概念以来，对此有了丰富的实践。本书所提

出的 5 部曲及 11 要素，都为企业进行一站式全链路数智化转型提供了方向和武器。

张宇晨　周黑鸭国际控股 行政总裁

这是一个商业模式创新，颠覆和被颠覆的变革营销时代。我们看到，一个企业做到行业老大的地位，却能突然被跨行业的企业颠覆，最经典的例子莫过于苹果打败诺基亚了。颠覆性创新，是大数据、人工智能、云计算、云存储等技术共同作用的结果，这方面有很多不同视角的研究。其中，肖利华博士就提供了一个独特的实践型视角。他在校期间就做了不同领域的很多项目，然后又在传统的不同规模企业的多个岗位工作多年，既有深厚的理论基础，又有丰富的实战经验。他带领团队通过阿里巴巴平台帮助各个行业的众多企业进行全链路数智化转型升级，并积累了大量经验。现在，他进一步把实践进行归纳并提炼总结出全链路数智化转型升级的 5 部曲、5 层架构、11 要素，值得各个行业的人员学习。我们的企业，只有顺应时代潮流、与时俱进、改革求变，才能因应竞争，不被颠覆，才能重新定义和主动颠覆业界。

殷博　影儿时尚集团 副总裁

《数智驱动新增长》一书的出版非常及时，面对复杂多变的商业环境，这本书就是数智化转型的指南，给正在转型路上的企业指明了方向。

韦福献　广西轩妈食品股份有限公司董事长

阿里巴巴商业操作系统（ABOS）提出来后，红蜻蜓是全链路数智化转型升级的第一批参与者、实践者和受益者。在和肖利华博士及团队的沟通交流中，受益良多，他们非常专业、敬业。《数智驱动新增长》是一本利他的总裁枕边书，是一本全链路数智化转型升级的必备宝典！

钱金波　红蜻蜓企业及品牌创始人，红蜻蜓集团董事长

在《数智驱动新增长》一书中，肖利华博士和团队通过5部曲、5层架构和11要素，将数智化转型进行了深入浅出的阐述，并结合大量经典案例，让骆驼成为第一批新零售的实践者和数智化转型的受益者，相信这也会让更多人对数智时代的新商业产生新的认知。

万金刚　骆驼集团总裁

推荐序 1

2020 年是不平凡的一年,人们的生活、工作方式都发生了巨大的变化,"云"也从天上走到了我们的身边。云上课、云办公、云逛街,今天"万物皆可云",云正成为这个时代的一个载体,也是数字化发展的一个标志。在一个复杂而不确定的商业时代,数字经济已全面到来,数字化是未来最大的确定性。数字经济时代,一切业务均会数据化,消费、产业、治理正在迎来全面数字化升级。数字化让企业组织运作协同化、业务流程敏捷化、管理决策智能化、产业生态一体化,重塑了企业运营逻辑。

阿里巴巴是商业操作系统的提供者、实践者,也是积极的推动者,更是一个创新者。阿里巴巴正在把自身多年来积累的经验、产品和系统,通过阿里云平台,在公共治理、企业在线化、企业 IT 和大数据能力等方面全面赋能。每年的"双 11"都是阿里巴巴生态的一个缩影,2020 年天猫"双 11"全球狂欢季交易额达 4982 亿元,同周期同口径下,较 2019 年"双 11"增长 26%。高速增长背后的缘由,是内需驱动,也是整个社会参与的结果,同时也离不开数字化的全面升级赋能。2020 年"双 11"期间,474 个品牌成交额过亿元,105 个产业带成交额超 1 亿元,210 万家线下小店参与,AI 调用量超 15 万亿次,处理图片 165 亿张,处理视频超 3500 万小时,AI 翻译量达 3.7 万亿个单词,物流订单总量 23.21 亿单,订单创建峰值达 58.3 万笔 / 秒。这些数字是中国数字化创新红利的局部体现。

消费互联网的数字化已经呈现出了强大的影响力,工业互联网的数字化、智能化也正在快速崛起。通过云计算、大数据、IoT、5G 等新技术把生产的设备、工艺、流程等全部数字化,使得工厂通过数字化、智能化模拟与仿真,降低能耗、提高工艺、节约资源,提升效率和质量。在企业治理上，组织的数字化也在全面展开，目前钉钉上有超过 4 亿名用户、1700 万家企业组织，基于"云钉一体"的企业应用生态正在爆发，钉钉产业链上已汇聚超过 20 万名开发者，为不同组织开发了数十万个企业应用。企业在未来可能不需要懂代码，就能具备云化、数据化、智能化、移动化、IoT 的能力。云能像水电煤一样，普及到更多的企业、更多的人。

面对数字化这一巨大的历史发展机遇，阿里巴巴相信自己处在这个历史机遇的最佳位置，这是因为阿里巴巴从第一天开始就不断践行自己的使命，让天下没有难做的生意。而要实现这样一个目标的标准方法就是数字化，我们正是在 20 年的努力中不断用数字化的技术、不断用技术和商业的结合去推动、去实现"让天下没有难做的生意"这一使命。

《数智驱动新增长》一书，基于阿里巴巴集团在零售行业长达 20 年的实践经验及阿里云在数字化转型探索中的最新成果，通过系统化的梳理和升华，详细解释了外部环境的变化对于数字化转型的深刻推动作用，阐述了阿里巴巴商业操作系统（Alibaba Business Operating System，ABOS）[1] 的整体能力、数智化转型的方法论，并最终通过标杆企业的成功实践案例印证本套方法论的可行性。本书的阅读过程，就是将抽象的理念具象化的过程。本书是一本理论与实践结合的实操之书，值得细细研读，多多体味，它将为您揭开数字化转型的神秘面纱。

张建锋（行癫）　阿里云智能总裁、阿里巴巴达摩院院长

2021 年 3 月

1　本书中所称的阿里巴巴商业操作系统、ABOS 都是同一个意思，全书不做统一处理。

推荐序 2

寻找不确定性时代的数智化转型之锚

今天，企业家面临的最大的确定性就是如何应对巨变时代的不确定性。历史上从来没有任何一种技术能像数字技术那样在如此短的时间内对人类产生如此深远而广泛的影响，由此人类开启了一场向"数字大陆"迁徙的伟大旅程，而构成这个大陆底座的是芯片、算法、数据、软件、网络、知识、传感器、数据库、云平台等。未来十年，全球数字经济最重要的主题之一是数字基础设施的重构、切换与迁徙，以及基于新型数字基础设施的商业生态再造。

在这场波澜壮阔而又充满风险的伟大旅程中，《数智驱动新增长》所扮演的，正是那个站在桅杆顶向远方眺望并希望成为第一个发现"新大陆"的"人"，并希望引领大家到达数字化的彼岸。本书给我们展现了当今数智商业的新变革，以及变革背后有关需求、技术、组织、战略演进的内在逻辑和趋势。

《数智驱动新增长》为这场商业变革不断探索方向和新路径，更为重要的是，它为这个"动荡"和不确定性的新商业时代，找到了不因时代而变的锚点。我们需要不断追问，不变的是什么？

以初心为锚

今天，所有企业家都在思考一个问题，数智化转型的逻辑起点是什么？适应需求巨变。在消费者迁徙到数字新大陆之后，在一个人衣食住行的消费旅程中，商品服务的发现、研究、购买、付款、履约、售后等各个环节，都实现了物理世界与数字世界的融合。消费者的决策链路、履约方式已经全面数字化，其不仅关注功能性诉求，而且还关注内容、服务、参与度、社交体验、分享与交流等体验诉求。未来十年，企业面临的重大挑战是如何面对消费者表达权、话语权、选择权、参与权的崛起，如何去满足消费者海量的、碎片化的、实时的、多场景的需求。

无论时代如何变迁，企业的初心都是更好地服务和满足客户，这就是初心之锚。面对初心之锚，数智时代的企业需要思考如何实时洞察客户需求、如何实时满足客户需求。

丹尼尔·卡尼曼和理查德·塞勒分别是 2002 年和 2017 年诺贝尔经济学奖获得者，作为行为经济学的开创者，他们的重要贡献在于认识到人们的决策有时是不理性的。人们的选择有确定效应：在确定收益和"赌一把"之间，多数人会选择确定收益；有反射效应：在确定损失和"赌一把"之间，多数人会选择"赌一把"。换一个角度，我们要思考的问题是不转型或慢转型带来的最大风险是什么？如果放弃高风险的数字化项目，我们是不是就没有风险？事实上不是的。当我们缺失数字化战略时，风险是确定的，其可以被概括成以下五个方面：市场失焦、营销失语、管理失衡、系统失灵、增长失速。

市场失焦：在数字经济时代，我们不知道客户是谁？客户在哪里？客户喜欢什么？客户体验如何？客户如何给我们反馈？因为不了解客户需求，所以我们不清楚生产什么？生产多少？采购多少？如何排期？我们只能用猜测及近乎赌博的方式去决策。

营销失语：没有数字化，我们不知如何给客户讲产品和服务的故事。很多时候，我们在营销时不知道对谁讲，在哪讲，讲什么，如何讲，讲得效果如何？

管理失衡：在管理上，我们可能面临前后失衡：一线"打仗"的前台不能得到后台的有力支持；左右失衡：企业各个部门不能高效协同、与供应商和销售商不能协同；上下失衡：董事长、总经理数字化转型的决心不能得到中层和员工的响应；虚实失衡：企业文化跟企业数字化转型的要求不匹配。

系统失灵：原有的信息系统越来越难以适应需求的快速变化，企业的供应链、柔性生产、财务、库存、新品开发的速度跟不上业务发展的需要。

增长失速：随着数字化战略实施的缺失，必然带来增长失速。

对于企业来说，无论是否启动数字化转型，无论以多大的力度、速度推动数字化变革，都将面临风险和不确定性。不是说不投入、不冒险就没有风险，而是不投入、不冒险的风险可能更大。很多时候，不转型的风险往往是确定的，而转型的收益是不确定的；很多时候，数字化转型的动力不是因为收益可以预期，而是不转型的成本、风险难以忍受；很多时候，转型的发动机不是 CIO、CPO、CEO 在推动，而是竞争对手的 CIO、CPO、CEO 在推动。今天，对于大多数企业而言，进行数字化转型不是因为喜欢，而是不得不做。

以实践为锚

长期以来，欧美发达国家的数字化一直走在世界前列。许多人的心理认知是，美国企业的今天就是中国企业的未来。许多人对数字化的认知是由 ERP、CRM、CAX、MES 等概念体系构成的。事实上，将这些概念放在一起描绘的是一个"旧大陆"，一张旧地图。在云计算、人工智能、IoT 等新技术的推动下，中国作为全球最大的消费互联网国家与制造业国家，正在进入一个"新大陆"。伴随着消费者需求的充分表达、资源优化从企业内部向全产业链的拓展、软件和应用系统开发及运营方式的变革，我们面对的是全场景、全生命周期、全要素的数字化转型，是基于需求、场景、角色的新开发体系，是如何从企业内部的资源优化到面向消费需求的资源优化。今天，当我们重新定义"新大陆"的时候，原有的概念体系越来越难以精准地描绘它。

《数智驱动新增长》用一个个鲜活的中国实践案例带给我们的启示是，今天，企业数智化转型的锚点是中国的最新实践，把美国企业作为锚点和参照系的做法已经过时。当肖利华博士团队与蒙牛、雀氏、君乐宝、雅培、雅士利、得益乳业、认养一头牛、九阳、伽蓝、完美日记、创元化妆品、波司登、梦洁家纺、卡宾、广西轩妈、新希望、西贝莜面村、雪花啤酒、益客食品、稻香村、有友食品、九三食品、TATA、王力安防、哈药集团等企业共创出新的方案，并转化为一个个最佳实践时，你会看到中国数智化转型的独特性。

中国正走在探索独特的数智化转型发展的道路上。成立仅 4 年的美妆品牌"完美日记"在美国上市，市值达 122 亿美元。在食品、服装、家电、美妆等传统红海行业中，一批独角兽借助平台的基础设施正在加速崛起。2020 年，天猫平台平均每 9 天就诞生一个销售额过 1 亿元的新品牌。过去 3 年，天猫已出现 10 万个新品牌。阿里巴巴的"犀牛智造"代表了行业数字云原生的趋势，是全球第一个制造企业核心要素全面上云的公司，第一次实现了从需求、设计、研发、生产、供应链等资源的全局优化。

阿里巴巴帮助企业建立端到端的供需精益匹配运营体系，基于数据驱动的消费者运营、产品研发测款、全渠道管理、快反工厂搭建，助力服装等传统行业进行商品企划、设计打样、试销测款、生产交付，周期比传统方式分别提高了 6 倍、2 倍、2.7 倍和 3 倍。2018—2019 年天猫帮助家电、3C、化妆品等重点行业缩短新品研发周期，同比前一年平均缩短 1/3；基于销量的精准预测，帮助鞋服领军企业将平均生产和出货时间从 45 天减少到 20 天。

在双循环背景下，实践之锚意味着传统的"Copy to China"有可能转换为"Copy from China"。只有把新思想、新技术、新方案深深地扎根于中国最新的商业实践中，扎根于人潮汹涌的商场、机器轰鸣的车间、散发着泥土芳香的牧场；只有从根本上解决了商业世界的成本、质量、体验、效率等问题，才能找到数智化转型的未来。更为重要的是，《数智驱动新增长》基于中国实践提炼出一套数智化解决方案：5 部曲×5 层架构×11 要素。

以未来为锚

没有未来观，就没有前途。数智化转型既要脚踏实地，也要仰望星空。

《数智驱动新增长》带给我们的启示是，我们已经进入到一个技术架构体系大迁移的时代，需要时刻关注和把握技术、商业、需求、竞争格局的变化趋势，要有终局思维，并从终局思维反思当下。数智化转型是跟随潮流而动，引领潮流而变。

未来十年是数字基础设施的安装期。面对复杂的商业场景，过往二三十年所构建的传统 IT 架构及解决方案，越来越难以适应商业系统的复杂性，越来越难以快速地对需求的碎片化、实时化做出精准的、科学的、实时的、低成本的响应。

以 IoT、云计算、边缘计算、AI、移动化、数字孪生等为代表的智能技术群落，在不断融合、叠加和迭代升级中，为未来经济的发展提供高经济性、高可用性、高可靠性的技术底座。伴随着 OT 与 IT 融合、云架构升级、微服务落地，传统的僵化开发模式和陈规桎梏正在被打破，人们正在构建面向复杂商业世界的新解决方案，新的数字商业基础设施正在兴起。

今天，由 IoT+5G+ 云计算 +AI+ 数字孪生构筑的数字基础设施体系更加复杂，在数据 + 算力 + 算法的体系中，基础设施功能的发挥更大程度上取决于多种技术的集成，技术迭代的频率更高、相互依赖性更强、整体功能演进的速度更快。新的数字基础设施，是把原有的基于计算存储的资源不断迁移到云平台上，把原有的孤立的、分散的业务系统打散，重新构建在基于云计算及中台的体系上，包括数据中台、业务中台、IoT 中台，各种各样 SaaS 化的应用软件可以形成面向角色、面向场景、响应需求的解决方案。新基础设施产生的价值在疫情期间已经得到了充分体现。

从基础设施的视角看，数字技术正在解构一个旧世界，建立一个新世界，即一个数字孪生世界，数字社会的终极版图就是在赛博空间构建一个与物理空间泛在连接、虚实映射、实时联动、精准反馈、系统自治的数字孪生世界，这一过程将会持续二三十年。

数字孪生世界，就是在比特的汪洋中重构原子的运行轨道，物理世界与数字世界的交互将实现从静态、动态向实时不断演进，这将驱动赛博空间的数字孪生无限逼近真实物理空间，基于"物理实体 + 数字孪生"的资源优化配置将成为数字经济的基本形态。数字孪生世界的意义在于，在比特的世界中构建物质世界的运行框架和体系，构建人类社会大规模协作新体系。从这个意义上来看，数字基建就是构建数字孪生世界大厦的"地基"。

全球数字化转型的新一轮竞争大幕已经拉开，在围绕 2B 端数字化产品、解决方案和商业模式中充满了历史性机遇，竞争也更加激烈。

以创新为锚

数字时代，什么是最稀缺的资源？创意及具有创新性思想的人。《数智驱动新增长》带给我们的启示是，数智化转型始于技术，终于组织。没有组织的变革,就没有数智化的未来。但无论组织如何重构,唯一不变的是,如何激发每一个人的积极性、主动性和创新性。

面对不确定性,面对数字化转型,所有的组织都要思考一个问题:如何从工业时代的组织向数字时代的组织切换。

1995 年 7 月,芝加哥持续高温,热死了 700 多人。2002 年美国社会学家写了一本书《热浪:芝加哥空难的社会剖析》,作者提出了一个问题:运行在强规章、惯于处理确定性事件的传统组织,能否有效地应对一次突发事件?很多时候,面对一个不断变化的市场,企业按照原有的工作方式、思维方式操作,可能没什么错,但是在一个高度不确定性的环境中,失误将不可避免。基于确定性的组织行为惯性,是造成突发事件应对失误的元凶。互联网竞争策略中有一个关键:高频打低频。组织的常态与突发应对的一个区别在于:常态化的低频决策机制适应不了突发事件中的高频决策需求。

从工业时代到数字时代,组织的演进表现在:决策单元从线性控制的单中心到网络协同的多中心,组织特征从机械化到生态化,任务来源从上级组织安排到自己定义,决策法则从制度导向到文化导向,决策过程从流程导向、程序优先到效率导向、效率优先,决策意识从坚持经验主义到警惕经验至上。

如何构建组织的高频、多中心、短链路决策机制,是一个组织从工业时代向数字经济时代切换的必由之路。面向数字经济时代,所有的组织都要掀起一场组织文化的"转基因工程"。只有完成了组织层面上的转基因工程,企业才能够迈入数字经济时代,因为数字经济时代加速了组织的分化。面对不确定性,传统的僵化的组织暴露了组织能力的失衡,需要构建一个与需求相适应的、开放的、扁平的、灵活的组织体系。

要想实施组织层面的转基因工程，组织边界就需要从封闭走向开放，从 Manager 到 Leader，组织方式的核心是要鼓励自组织的涌现，重建组织的生命周期，要从串联走向并联再到网络，最终构建一种生态型的组织。组织架构一定是大中台、小前端，能够对前端的作业单元给予充分赋能和支持，能够面对需求的变化做出实时、精准、低成本的响应。

面对数字化转型，企业思维需要实现三个转变：一是以不确定性应对不确定性。面对需求的不确定性，企业需要以数据＋算法的策略应对不确定性，需要摒弃冗余思维、静态思维，走向精准思维、动态思维。二是以增量革命构建新型能力，要把软件、设备、流程优化、管理变革最终转化为企业的新型能力。这是数字化的出发点，也是落脚点。三是从产品制造商到客户运营商的转变，即通过产品服务与客户建立一种"强关系"，成为 24 小时在线，及时了解、预测、满足客户需求的"客户运营商"。

今天，数智化转型才刚刚开始。《数智驱动新增长》的出版不是要找到更多的读者，而是要寻找数字大陆迁徙之旅的同路人。

安筱鹏

阿里研究院副院长、中国信息化百人会执委

前　言

动荡时代最大的危险不是动荡本身，而是延续过去的逻辑做事。

—— Peter F. Drucker

先从一个小故事说起。

三个人坐电梯，过程中一个不停地原地跑，一个不停地撞头，一个不停地做俯卧撑。

电梯到顶后，三个人被邀请分享成功经验：你们是如何成功上来的？

一个人说我跑上来的，一个人说我撞头撞上来的，一个人说我做俯卧撑上来的。

听上去都非常有道理。

"成功都是自己努力的结果。"

真正让他们快速成功上楼的原因其实，他们是坐在时代的"电梯"里面。

有人说，巴菲特能够投资成功，就是因为他出生在第五次康波周期的回升阶段这一时代"电梯"中，如果是现在也不一定会成功。

对于中国各行各业的高速增长的原因，各种各样的解释五花八门。我们不妨看一下其时代背后的"电梯"。

高速增长的时代背景

需求：中国已形成拥有庞大的 14 亿人口（包括 4 亿多中等收入人口）的全球最大最有潜力市场，随着中国人均收入持续增加，规模巨大的国内市场会进一步扩张。

供给：中国是全球第一制造大国。目前，中国已成为全世界唯一拥有联合国产业分类当中全部工业门类的国家，拥有全球最完整、规模最大的工业体系和完善的配套能力。在世界 500 多种主要工业产品当中，中国有 220 多种工业产品，产量占据全球第一。中国工业增加值从 1952 年的 120 亿元增加到 2019 年的 31.7 万亿元，按不变价计算，增长约 971 倍，年均增长 11%。根据世界银行发布的数据，2010 年中国制造业增加值超过美国成为第一制造业大国。2018 年，中国制造业增加值占全世界的份额达 28% 以上，成为驱动全球工业增长的重要引擎。同时，中国拥有 1.3 亿个市场主体和 1.7 亿多名受过高等教育或拥有各种专业技能的人才，研发能力不断提升。

如果离开需求和供给这两个最根本的时代要素，如果离开从经济学角度看的规模效应和网络效应，所有关于中国企业的成功要素的总结都是不够全面、不够深刻的。成功者往往喜欢在自己身上找"主观原因"，却忽视了大环境、大时代的因素；而失败后多找别人或环境的原因，这也符合人之常情，却与事实不太相符。当然，中国各行各业高速成长的其他成功要素还有很多，比如：

物流基础设施："要想富，先修路"，如果没有这么多年大规模的铁路、公路、港口、机场的基础设施建设，各行各业包括电商想发展得如此之快是不可能的。

通信网络基础设施：1G、2G，尤其是 3G、4G 的建设。截至 2019 年年底，我国已经全面建成了光网城市，4G 基站的总规模达到了 544 万个，行政村光纤通达率、4G 通达率都超过了 98%，4G 用户超过 12 亿人，网络规模全球领先，5G 基站数占全球的 70%。互联网、移动互联网等通信网络基础设施的高速发展对用户新消费习惯的培养功不可没。整个端到端全产业链上下内外高效协同，信息流的打通均需依赖通信网络基础设施。

还有资金流，支付基础设施在线化、移动化、智能化，政府的开放、包容、引导和支持也起到了非常关键的作用。

看问题，高度、深度、广度、角度都非常重要。

我们拉长时间轴，多看看时代背后的"电梯"，跳出画面看画面，跳出问题看问题，透过现象直击问题本质，看问题往往看得更清楚。

我们都应感恩身处难得的伟大的和平与发展的时代。

未来，企业成功的要素

当然，我们同样需要关注的是：在同样的时代背景下，为什么有成功的有失败的？再好的时代，也有不少企业失败；再差的时代，也有不少企业成功。同时，不同时代背景下，成功的概率有大有小，产生伟大企业的数量有多有少。长远来看，成功往往是偶然的，有一定运气的成分在，失败是必然的，只是时间早与晚。而成功的充分必要条件，必然是外因和内因的有机结合。外因主要是时代背景和国际国内行业等大环境，内因有创始人的领导力、战略定位与选择、品牌定位、商品企划设计研发、采购生产制造、物流供应链、渠道布局与整合、营销策划、线上线下全网终端零售、售前售中售后服务体系、金融、财务、团队组织和文化、IT系统等多种要素。每个企业的成功都是多重因素综合作用的结果，只是不同阶段核心要素权重有所不同。

我们需要特别关注的是：不同时代的成功要素在不断变化。

不同时代，有不同的核心驱动生产要素。过去，更多的是土地、劳动力，后面增加了资本，再后来增加了技术、管理、知识，现在和未来应增加数据、算法，而且这个比重会越来越大，未来的世界更多的是数据驱动＋算力驱动＋算法驱动！新消费、新供给、新经济，将会升级新动力、新引擎。时代的"电梯"一直在不断进化。

劳动力　资本　土地　知识　技术　管理　数据

在过去 40 多年里，中国不同区域的行业、企业正在进行或完成了第一次工业革命、第二次工业革命、第三次工业革命，部分领先的行业或企业甚至已经进入了第四次工业革命阶段，中国可以说是以压缩式、并行式的发展走过了西方发达国家二三百年的路。过去更多的是高速发展，当下和未来更需要高质量发展。

数字化、在线化只是第一步，智能化、智慧化才是未来，数字化（Digital）和智能化（Intelligence）也是压缩式、并行式发展，合起来就是"数智"化（Digintelligence）。大部分企业还得持续补数字化、在线化的课，如沟通在线、组织在线、业务在线、协同在线、生态在线等。比如，消费者已经在线，线下店铺需要数字化和在线化、商品需要数字化和在线化、服务需要数字化和在线化、整个产业链上下内外员工各种日常业务需要数字化和在线化。少量领先的企业已经走到智能化阶段，构建端到端智能化智慧化的系统、能力和体系，智能预测、智能铺货、智能补货、智能调货、智能定价、智能选址、智能推荐、智能服务、智能撮合、智能语音和图像识别、智能驾驶等，全程可追溯，已经实现数据驱动＋算力驱动＋算法驱动的运作方式。

当然，各行各业智能化还有巨大的提升空间，大幕才刚刚开启，数智化没有终点。我们认为，未来所有的企业都将会是数智化的企业。企业的管理本质是决策，怎样让企业的决策更加智能化、更加高效、更加精准、更加灵活是关键。

数智经济时代，将会是一个数字孪生的世界，数字世界指挥物理世界更加高效精准地匹配和运营。

商业或生意的本质是什么？是价值交换，是买卖匹配，是供需匹配！在传统的商业模式下，我们经常面临的问题是：一方面消费者想要的东西不容易快速买到；另一方面商家靠"猜"提前大量生产、大量备货，导致大量库存积压，"高脱销"和"高库存"并存是很多企业最大的痛点。在数智经济时代，数智让价值交换、买卖匹配、供需匹配变得更容易、更高效、更智能。

数智化转型的几个关键词

经常有人问我，如果要提炼总结数智化转型升级相关的最核心的几个关键词，会是什么？我的回答包括：

- 以消费者为核心
- 线上和线下、全网、全渠道、全域履约
- 端到端全产业链、全流程、全场景、全触点、全生命周期
- 网络协同 × 数据智能
- 数据驱动 + 算法驱动 + 算力驱动
- 需求牵引供给（C2B），供给创造需求（B2C），C2B2C"
- C2B2G

以消费者为核心，对应的是过去以企业内部为中心。

线上和线下、全网、全渠道、全域履约，对应的是线上和线下多渠道割裂、对立、内耗。

端到端全产业链、全流程、全场景、全触点、全生命周期，营销和销售毫无疑问是非常重要的，但仅有前端是不够的，终极的竞争一定是大数据驱动的整个供应链体系的竞争。

关于网络协同 × 数据智能，有兴趣的读者可以参看曾鸣教授的《智能商业》和《智能战略》这两本书，它们写得非常有高度又深入浅出。

数据驱动 + 算法驱动 + 算力驱动，对应的是靠经验驱动。

下面重点解释一下 C2B2C"和 C2B2G。

传统的方式是 B2C 的，我们设计什么、生产什么就推什么给消费者。未来更多的是 C2B 的。需求牵引供给（C2B），已经越来越形成共识；供给创造需求（B2C），好的供给设计、开发生产是能创造和激发人们日益增长的对美好生活的需求的。消费者已经数字化在线化了，消费者的数字化在线化程度远高于企业的数字化在线化程度。消费互联网和产业互联网不是割裂、对立的关系，而是相互促进的过程。消费互联网倒逼整体的产业互联网的升级，同时产业互联网的升级将进一步推动消费互联网的升级。

C2B2C 的 n 次方（C2B2C^n），就是一切以消费者 C 为中心，2B 端倒逼企业做好用户运营、新品创新、设计、研发、智能制造、渠道管理、销售和分销、品牌建设、数字化营销、配送等服务。然后精准推广服务全网、全渠道更多的消费者（C），n 次方就是用"数据＋算力＋算法"反复迭代，反复对整个端到端全产业链路、全流程、全场景、全触点、全网、全渠道、全域、全生命周期进行优化。消费互联网端要实现消费者可洞察、可分析、可触达、可消费。产业互联网端要实现基础设施云化、IoT 化、中台化、移动化、智能化。

未来的世界一定是一个万物互联、万场升级的世界，未来所有场都需要进行数智化升级。消费互联网端的工作、生活购物、娱乐、住宿等，产业互联网端的设计、供应、制造、流程、产业都要进行数智化升级。

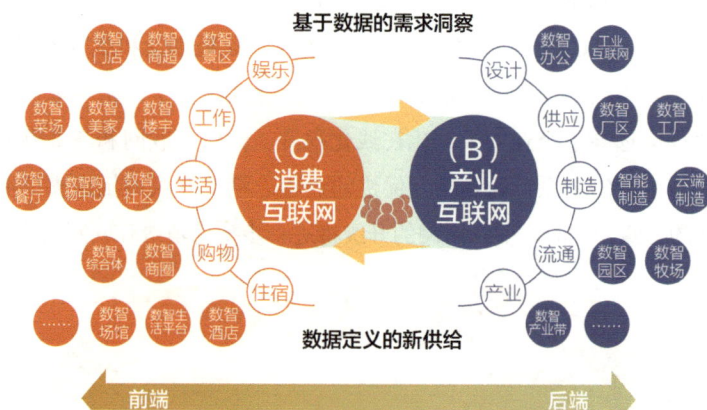

经济活动四大环节是生产、分配、交换、消费。商业中重中之重的实现消费的环节是零售，实现最终交易——B、C 价值交换。谈到零售，一定会谈到"人、货、场"。零售看上去还是"人、货、场"，但数智经济正在深刻重构其内涵，为什么？

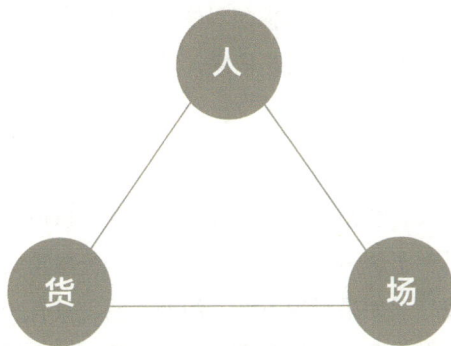

不变的"人、货、场",不变的是买&卖、供&需匹配！流量的背后是人流，人流的背后是需求，需求的背后是欲望，欲望的背后是人性！

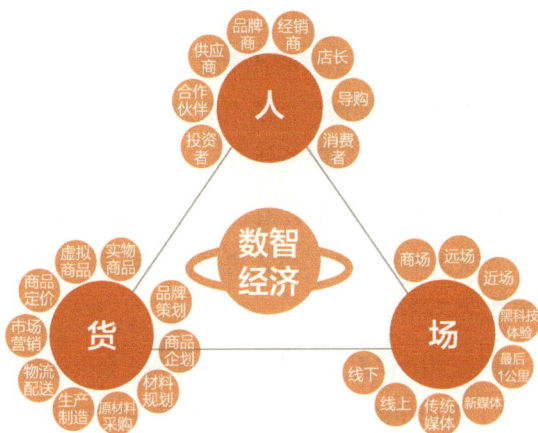

变了的是理念、方式、方法！数智经济重构"人、货、场"！海陆空立体作战增加近场／远场／离店交易，拓展时间和空间，人效、时效提升，才能提升坪效、店效，更好的提升消费者满意度和商业运营效率效益！

　　传统零售第一重要的是选址，第二重要的是选址，第三重要的还是选址。为什么选址如此重要？一般的品牌放到上海南京路上生意都差不了，而再强大的品牌如果把店开到珠穆朗玛峰上，开到月球上，生意能好吗？选址的背后是人流，人流的背后是需求，需求的背后是欲望，欲望的背后是人性，这是不变的。

人：以前仅指消费者，而这还远远不够。谁来服务消费者？导购等一线员工后面还有店长、经销商、总代理、品牌商、供应商、物流商等，这个链条上相关人员都了解消费者需求才能真正服务好消费者。所以我们强调"组织必须在线"，如果组织不通、沟通不畅，只有一个导购了解消费者的需求，其他整个产业链上的人都不了解，那又怎么能提供消费者真正需要的实物和服务呢？

货：过去指的是在店的货品，可是店铺的面积是有限的，商品太多也不好，很多消费者又有"选择困难症"。现在很多企业碰到的问题是，消费者想要的货不够，消费者不想要的货变成了一大堆积压的库存。货能不能虚实结合，能不能做到持续创新，能不能做到及时补货。消费者要什么我们就上什么，什么卖得好我们就补什么。

场：实物交易只是场的一部分，有很多诸如直播、3D、VR/AR、到家业务等新的方式方法在不断呈现。过去更多的情况下，只能凭经验选址，现在可以基于大数据"精准选址"。

"人、货、场"重构，以消费者为核心的全网、全渠道融合，实现"人、货、场"的在线化、重构和高效精准连接，超越时间、空间限制。"人、货、场"彻底被解构、被重构，我们认为未来的精彩才刚刚开始，整个市场有巨大的机会。

零售只是整个经济活动中一个非常重要的环节，消费互联网倒逼产业互联网升级，我更愿意把未来的商业称为以消费者为核心的、大数据驱动的、智慧品牌引领的、快速柔性供应链为支撑的、线上和线下全网与全渠道融合的、端到端全链路高效精准匹配的新商业。

消费者：可识别、可触达、可洞察、可服务（消费者和导购）
· 为品牌和门店带来新的会员，高效服务
· 对消费者价值：好货随处买（消费升级）、体验提升（黑科技、
内容、营销）；精准匹配、实惠、便利、体验
组织在线、沟通在线、业务在线、协同在线、生态在线，创造并且
满足消费者需求，沉淀数字化消费者和组织资产。

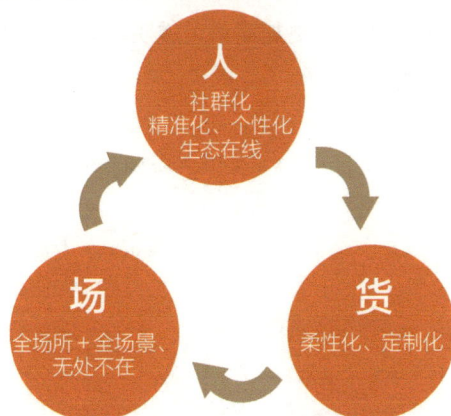

全网、全渠道、全场景，全触点，无
处不在，无时不在，不受时空限制，
营销手段更丰富，门店数字化改造需
要持续投入；增加人流、老顾客回头
消费和体验；提升人效、坪效。

智能预测
精准商品企划
周周新＋周周翻单
柔性化、定制化
库存在线，用信息换库存，货通天下，
货如轮转，就近发货，高效运营。

　　新商业时代，消费者的体验会越来越好，商家可以基于大数据来设计、研发、生产消费者真正需要的、适销对路的产品，而不是每天加班加点做出消费者所不需要的库存，造成整个社会资源的大量浪费和错配。

　　C2B2G（Consumer to Business to Government）也是非常重要的，一切以消费者（C）为中心，消费者要的便利、个性化、智能化、精准的服务和体验等，倒逼企业（B）提升运营效率和效益；政府（G）追求的是更加开放、公平、透明、高效和规范。以数字化程度非常高的浙江省为例，

提出了"让数据多跑路，让老百姓少跑路""最多跑一次"的理念。以前，由于底层有很多信息没有打通，要老百姓来来回回在多个不同的部门跑，还有"证明你爸是你爸"等笑话出现。政府数智化后这样的情况将不再会发生。浙江省政府基于钉钉开发了 1000 多个小程序，很多数据都被调用了千万次。以前我们去政府办理事务，很多信息都需要反复填写。数智化大大提高了政府的办公效率，更加简单、透明、公平、规范，也提升了老百姓的直观体验和获得感。

√洞察和影响消费者需求
√全媒体矩阵
√全链路可触达
√全场景、大生态
√IP，新内容，价值主张，短视频，VR／AR……
√新形式、参与、互动、社交化、粉转客、客转粉

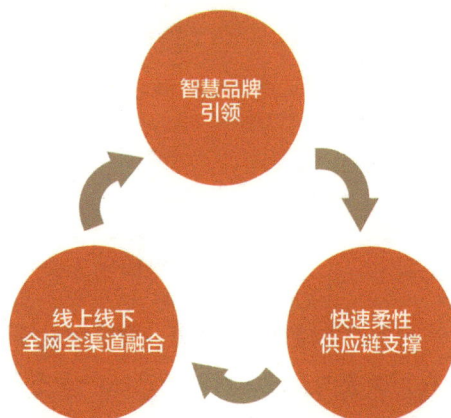

智慧品牌引领

线上线下全网全渠道融合

快速柔性供应链支撑

√线上线下全渠道融合
√商品分级／渠道分级及匹配
√线下门店数字化改造
√货品全渠道高效流转
√全品类、全价格带圈人
√用户全生命周期运营
√产品全生命周期运营
√人工智能提高决策质量和效率：智能预测、智能铺货、智能补货、智能翻单、智能定价、智能促销……

√大数据驱动柔性敏捷供应链系统
√备料、备产能，大小线，周周翻单
√供应商规划、产能规划与优化、供应商辅导提升
√设计开发／产能规划与匹配、动态调整
√品质／品相／舒适度
√全国多点、多仓、多店2B／2C就近混合式发货
√高效沟通协同

消费者已经全面数字化、在线化，消费者主权在觉醒，不管是对国企、民企、外企，还是政府，都会有越来越高的要求，我们必须顺应时代发展的需求。

数智驱动新增长！

我们必须不断与时俱进！不断顺势而为！

取势＋明道＋优术＋合众＋践行，知行合一方能得大道！

如何进行数智化转型

越来越多的企业认同数智化转型是大势所趋，问题是如何进行数智化转型。

我们的总结是：5 部曲 ×5 层架构 ×11 要素。

5 部曲：基础设施云化、触点数字化、业务在线化、运营数据化、决策智能化。

● **基础设施云化：**

基础设施为什么要云化？举个例子，某家企业日常运行需要 100 台服务器即可，但碰到"双 11"这样的大促销，数据量很可能是平时的几十倍、上百倍（先假设需要 10 倍即 1000 台服务器）。如果企业只采购 100 台服务器，则"双 11"这样的服务消费者的大好机会就白白丢失了，市场份额让给竞争者们了；如果企业采购了 1000 台服务器，那其他 364 天的利用率就会非常低，从成本角度来考虑性价比也是很低的，会造成大量资源的浪费。怎么办？上云。就像自来水一样，想用多少就用多少，按需按量使用和交费。弹性、成本只是其中一部分的原因，其他还有安全、人才等很多原因。

企业全链路数智化转型升级需要用好新型数智化基础设施。基础设施云化完成之后，企业就可以把更多的精力用于自己的核心业务，如品牌打造、商品研发、快速柔性供应链、线上和线下全网与全渠道服务好消费者等，而不需要把过多时间精力花在非核心业务上。这对工作效率是一个大幅度的提升。

- 触点数字化：要把采购、生产、物流、全网及全渠道零售终端、人货场等信息及时采集回来。

- 业务在线化：所有消费者已经在线了，我们企业内部的门店得在线、商品得在线、服务得在线、组织得在线、管理得在线、生态得在线。

- 运营数据化：一切业务数据化，一切数据业务化。

- 决策智能化：未来组织的核心是决策的质量、效率和执行力。

5 部曲的具体阐述会在后面的篇章展开。

5 层架构：传统的云更多的只是 IaaS（Infrastructure as a Service，基础设施即服务），后面增加了 PaaS（Platform as a Service，平台即服务）、SaaS（Software as a Service，软件即服务），我们增加了 2 层，DaaS（Data as a Service，数据即服务）和 BaaS（Business as a Service，商业即服务）。当然 DaaS 本质上是 PaaS 层的，但不同于过去的 PaaS，是一种新的基于数据及数据相关处理能力的服务；BaaS 是属于 SaaS 层的，也不同于过去更多偏向于内部交流流程的服务，而是跨端多场景地把 B（商家）和 C（消费者）更加高效精准地匹配起来的服务。传统板块更多的是 IT 的，我们认为未来更多应该是 DT、DI 的（Data Technology，Data Intelligence）。我们提供了淘宝、支付宝、高德地图、钉钉等很多高频应用程序可通用的小程序框架。

消费者在哪里，生意就在哪里，跨端多场景＋底层数据中台打通，会是未来生意的标配。前后端的小程序让我们商家能更好地和消费者沟通。我们更多地强调当下的实时数据和基于未来的数据。比如用户在中午还没有吃午饭的时候，我们把周边的餐饮店信息推送给用户，这样的数据应用才是有意义的。如果过了午饭时间再推送给用户，那就是无效的。

11 要素：品牌、商品、制造、渠道、营销、零售、服务、物流供应链、财务金融、组织、技术，覆盖了商流（前 7 个要素）、物流、资金流、人流和技术，还有贯穿和打通所有环节和要素的信息流。本质上是全要素，不同行业关注的要素不同，具体要素名称也可能会不同。

5 部曲和 11 要素结合起来，见下页的图，各企业可以根据自己的发展阶段、能力和资源、轻重缓急来安排。一般来讲，多数企业会选择营销、零售等先做销售增量，然后通过全网、全渠道打通存量，把广大门店、导购、线上线下商品盘活；部分领先企业已经进入上游，利用大数据驱动品牌优化、商品企划设计开发、柔性制造、物流供应链优化、供应链金融、区块链技术全程溯源、防伪、仿窜等；少量行业头部企业已经基于对未来的判断，结合平台等一起共创，对组织的愿景、使命、价值观进行升级，对战略＋业务＋组织＋技术＋运营不断迭代优化，进行垂直行业生态型平台的探索和实践。

一句话总结，全链路数智化是以消费者为核心的大数据驱动的全链路、全流程、全要素、全触点、全网、全渠道、全生命周期的高效精准匹配。

种一棵树最好的时间是十年前，其次是现在。——Dambisa Moyo

早上线，早受益，先行者、不断与时俱进者才能享受时代的红利。

肖利华

阿里巴巴集团副总裁、阿里云研究院院长

2021 年 3 月

阿里巴巴商业操作系统

	一、基础设施云化	二、触点数字化	三、业务在线化	四、运营数据化	五、决策智能化
1.品牌		阿里妈妈品牌投放 友盟品牌投放 商品营销投放		全域品牌投放	品牌代言人智能选评
2.商品		电子价签 RFID标识 云货架|3D样板间|临云镜 一物一码 IOT解决方案	3D商品|数物商品质量 类管理	新品研发 商品溯源 商品洞察|商品汰换	智能定价|智能选品 商品组货
3.制造			原料采供协同 C2M生产供应链平台		智能制造 产能预测 生产缺陷监测 渠道预测补货 图像识别 视频识别
4.渠道			B2B异业合作平台 渠道金融供应链金融	渠道商融资贷款	
5.营销		货架识别 陈列机器人 云端 友盟|内容智投	消费者运营平台 营销在线协同库存 超级APP多端八提库	全域营销|全域分析 门店引流|消费者洞察	企业/个人画像
6.零售		阿里妈妈品牌投放 OCR小票识别机 无人零售数字化门店 巡店室内地图|互动大屏 云POS|销量|自助结算 商品视频识别	全渠道零售 全渠道会员 社区团购	零售意识|商圈洞察 铺立可视化|门店指挥大屏 数据指挥大屏	智能选址 销量预测|智能补货
7.服务		全渠道智能客服	直播全流程解决方案 内容运营 全渠道智能客服 菜鸟 丹鸟|蜂鸟|驿鸟	智能导购 供应链洞察	语音识别 舆情管理 全渠道智能客服
8.物流					全渠道网络路径优化 物流网络路径优化
9.金融		消费金融	供应链金融	渠道商融资贷款	企业/个人征信
10.组织		新零售版钉钉 一云多端	钉钉专属版钉钉 Teambition	企业智能	RPA
11.技术	上云 安全 存储 网络 云服务器 GPU云服务器	IOT中台 移动中台	业务中台	数据中台 数据分析展示 数据大屏 区块链	AI中台

目 录

第一篇　数智开辟新商业时代　　　　　　　　　　　001

第1章　环境变革驱动力　　　　　　　　　　　　003

1.1　社会环境变革　　　　　　　　　　　　　003

1.2　市场变化驱动新增长　　　　　　　　　　004

1.3　技术驱动商业升级　　　　　　　　　　　006

1.4　数智时代创造"新世界"　　　　　　　　　007

【总结】　　　　　　　　　　　　　　　　　010

第2章　消费变革驱动力　　　　　　　　　　　　011

2.1　消费变革驱动数智转型　　　　　　　　　011

2.2　以消费者为核心的全域融合应对策略　　　013

2.3　数智新增长的路径——新客、新品、新组织　015

【总结】　　　　　　　　　　　　　　　　　022

第3章　数智时代新基建　　　　　　　　　　　　024

3.1　新基建概述　　　　　　　　　　　　　　024

3.2　新基建"新"的意义　　　　　　　　　　　027

3.3　新基建浪潮下的产业生态变化　　　　　　028

3.4　阿里巴巴的数字基础设施　　　　　　　　029

【总结】　　　　　　　　　　　　　　　　　034

第4章　依托商业操作系统的数智增长　　　　　　036

4.1　数智化解决企业难题　　　　　　　　　　036

4.2　ABOS 赋能企业数智化转型升级　　039

【总结】　　041

第二篇　数智重构商业 11 要素　　042

第 5 章　数智化品牌　　044

5.1　数字化的市场分析和品牌定位　　045

5.2　数字化品牌发展路径　　050

5.3　消费者全周期数字管理的 AIPL 模型　　053

5.4　数字化的品牌资产评估的 FAST 模型　　056

5.5　数字化的品牌增长路径的 GROW 模型　　060

5.6　数字化的品牌传播路径　　062

【总结】　　063

第 6 章　数智化商品　　065

6.1　依托数据的新品机会发现　　066

6.2　新品合伙人、仿真实验室和动销诊断台　　077

6.3　共建新品创新中心　　083

【总结】　　089

第 7 章　数智化新制造　　090

7.1　从传统制造困境中了解"新制造"出现的必然性　　090

7.2　数智化"新制造"：C2M　　095

7.3　犀牛工厂　　099

【总结】　　103

第8章　数智化渠道　　　104

　8.1　数据赋能渠道选择　　　106

　8.2　全渠道融合模式　　　108

　8.3　渠道管理工具：钉钉新零售工作台　　　114

　8.4　深分渠道的快速渗透：零售通　　　115

　8.5　海外渠道的在线拓展：AliExpress、Lazada　　　117

　【总结】　　　120

第9章　数智化营销　　　122

　9.1　数智化营销的关键四步　　　123

　9.2　从渠道到消费者，营销重心的迁移　　　124

　9.3　精准标签和人群运营策略　　　126

　9.4　人群标签组合应用　　　129

　9.5　人群扩容　　　131

　9.6　全生态精准投放和营销效果评估　　　134

　9.7　AI辅助营销工具　　　142

　【总结】　　　144

第10章　数智化新零售　　　145

　10.1　数智化"人"的重构　　　148

　10.2　数智化"货"的重构　　　151

　10.3　数智化"场"的重构　　　154

　10.4　零售终端体验升级　　　160

　10.5　商超百货行业的数智化转型　　　162

　10.6　数智化"人、货、场"的典型案例　　　164

　【总结】　　　168

第 11 章　数智化新服务　　　　　　　　　　170

11.1　阿里巴巴"亲听"用户声音　　　　　　　170

11.2　数据智能形成反馈闭环　　　　　　　　172

11.3　数智化服务解决方案　　　　　　　　　174

【总结】　　　　　　　　　　　　　　　　　183

第 12 章　数智化新金融　　　　　　　　　　185

12.1　金融的发展趋势　　　　　　　　　　　186

12.2　新金融赋能"人、货、场"重构　　　　189

【总结】　　　　　　　　　　　　　　　　　193

第 13 章　数智化新物流　　　　　　　　　　195

13.1　物流的数智化演变　　　　　　　　　　197

13.2　数智化物流基础设施　　　　　　　　　199

13.3　数智化供应链　　　　　　　　　　　　200

13.4　数智化物流预测　　　　　　　　　　　201

13.5　数智化物流实践　　　　　　　　　　　202

【总结】　　　　　　　　　　　　　　　　　205

第 14 章　数智化新组织　　　　　　　　　　207

14.1　组织的演化历程　　　　　　　　　　　209

14.2　数智化组织升级的方向　　　　　　　　211

14.3　数智化敏捷新组织　　　　　　　　　　213

14.4　数智化新组织的实施工具和方法　　　　218

14.5　数智化新组织的案例　　　　　　　　　220

【总结】　　　　　　　　　　　　　　　　　226

第 15 章　数智化新技术 228

15.1　从 IT 到 DT 的必要性 229

15.2　新技术驱动供需动态平衡 230

15.3　全链路数智化转型升级：一云多端五中台 *N* 行业应用 231

【总结】 245

第三篇　全链路数智化转型五部曲　247

第 16 章　基础设施云化 250

16.1　企业为何要全面上云 250

16.2　企业如何上云 255

16.3　上云需要避免的误区 256

16.4　云原生架构：IT 架构敏捷化 257

16.5　"云钉一体""云端一体"让应用开发更容易 260

【总结】 262

第 17 章　触点数字化 264

17.1　触点全面数字化 265

17.2　触点数字化的关键点 266

17.3　触点数字化的实践与案例 272

【总结】 277

第 18 章　业务在线化 278

18.1　业务全面在线 278

18.2　业务中台化 283

18.3　业务中台的功能 285

18.4　业务在线化案例分析 288

【总结】 295

第 19 章　运营数据化　　　　　　　　　　　　　297

19.1　构建数据化的运营逻辑　　　　　　　　297

19.2　阿里巴巴赋能运营数据化的产品　　　302

19.3　阿里云助力企业数据中台搭建实践　312

19.4　电商运营数据化实战　　　　　　　　314

19.5　全域数据化运营实战　　　　　　　　316

【总结】　　　　　　　　　　　　　　　　319

第 20 章　决策智能化　　　　　　　　　　　　　320

20.1　什么是决策智能化　　　　　　　　　320

20.2　实现决策智能化的重要步骤　　　　　321

20.3　决策智能化在各行业中的应用场景　323

20.4　决策智能化在 ABOS 11 要素中的呈现场景及价值创造　330

【总结】　　　　　　　　　　　　　　　　340

第四篇　数智转型先行者　　　　　　　　　　341

第 21 章　大润发：做零售业的数智化领军者　　342

第 22 章　居然之家：用数智重构"人、货、场"　358

第 23 章　飞鹤乳业：插上数智化的翅膀　　　375

第 24 章　海底捞：服务就要无微不"智"　　　392

第 25 章　良品铺子：将数智化转型进行到底　411

第 26 章　特步：数智化转型的领跑者　　　　432

后记　　　　　　　　　　　　　　　　　　449

数智开辟新商业时代

2020 年，世界发生了巨大的变化，商业环境充满了各种挑战，在各种巨大的不确定因素包围下，有一件事是确定无疑的，那就是数智化的趋势没有改变。数智化以前只是让一切企业过得更好，而今天是企业活下去的关键，数智化的进程本来需要 30~50 年才能完成，现在却被大大地加速，这个过程很可能缩短到 10~20 年，在我们面临的所有不确定因素中，数智化是我们现在最确定的最大机遇。

——马云

对于多数企业来说，数智化转型是企业增长新的驱动力，2020 年之前企业讨论的是什么是数智化转型、要不要马上做数智化转型的问题，2020 年之后，更多的企业关注的是怎样进行数智化转型、数智化转型的具体路径和经验问题。

任何商业的变革都取决于四个驱动力的共同作用。

（1）作为商业服务主体的消费者的变化；比如不同时代的消费者需求和行为特征不同，新的消费人群出现并迭代原有的人群，就会驱动整个市场发生变化。

（2）商业模式和实现路径的打法变化；比如用户的在线化让品牌商拥有了用户数据洞察能力，从而引发了商业模式升级，对市场营销方式，产品开发模式等一系列商业行为的打法产生深刻影响。

（3）支撑商业运行的技术变革；比如大数据技术、物联网技术、区块链技术的发展，使得数据处理、数据挖掘更加便利，从而使重构商业要素、优化商业资源成为可能。

（4）商业运行环境的基础设施变化。比如煤炭、石油、电力的能源变化，纸媒、电视媒体、互联网媒体等传播媒介的变化，局域网到云端的数字运算力的变化。

企业数智化转型正是在这四个驱动力的作用下发生和发展的。新的消费者、新的技术、新的打法和新的商业基础设施形成新的商业生态环境，数智化转型是企业适应新的生态环境的必由之路。

第1章
环境变革驱动力

"唯有不变的是变化"，这是阿里巴巴的价值观之一，同时也是我们所处时空自然规律的体现。所有的变化都有其背后的推动因素，每一次的社会转型、商业迭代也都有背后的深刻原因。企业数智化转型已经成为中国企业管理者关注的焦点，而推动数智化变革的原因有很多，影响最直接的当数其所在的社会环境、市场环境、商业环境的变化，本章就从各种环境开始谈变革的驱动力。

1.1 社会环境变革

农业文明时代基础设施主要是土地，生产要素是人力加上手动工具，社会的分工体系是以家庭为单位的劳动力；工业文明时代基础设施变成了铁路、公路、飞机、港口，生产要素升级成了机器，同时也有了资本作为新的生产要素的加入；而跨越进入数智文明时代，基础设施升级为云计算、物联网、智能终端，生产要素迭代到了智能机器，同时数据也成为新时代的重要生产要素。

在阿里巴巴对于"新零售、新制造、新金融、新技术、新能源"五新的定义里，新能源被定义成"数据"。在工业经济时代，石油是能源，可以推动经济的发展；在数智经济时代，数据是能源，可以推动经济实现新的增长。从农业文明到工业文明再到数智文明，每一个文明都有前面留下来的生产要素，同时也都会升级迭代新的生产要素，这正是时代的更替。

1.2　市场变化驱动新增长

社会环境变了，市场也变了，人们的生活状态也随之发生了很大的变化。

20 年前的中国，说到买东西就是去一条繁华的商业街或者一个商场、超市采购。今天说到买东西，我们可以在线下，也可以在线上完成。而线上线下场景的定义也在变得模糊，今天在杭州的银泰百货，10 千米范围内，可以在线上买好，2 小时内送货上门，逛街已经有了新的定义，可以是逛网上的"街"。

线下商业最有优势的是本地化程度高、购买即时性强、体验真实、服务有保障；电商最有优势的是流量巨大、商品种类丰富、价格透明、随时随地可购买。随着消费的升级，各种高科技技术让消费者的体验更爽、更快、更好，单一的购物方式已经不能满足消费者的需求了，所以就到了必须线上线下全渠道融合，创新零售业态的时候。

阿里研究院对新零售的定义是：新零售是以消费者体验为中心的数据驱动的泛零售形态。新零售有三个要点：其一，以消费者为中心。一切从消费者的感受出发，提升客户体验。

其二，数据技术。如果只是把线下的生意搬到淘宝网，那么这只叫做传统电商；如果把淘宝网、天猫的网店做大了再到线下开一个实体店，这也不叫做新零售，因为没有数据分析。那么，能不能在线上和线下合理、有效地采集数据，并且通过分析这些数据来做选品决策、商品摆放等？从有什么卖什么，到以消费者需求为导向，这其中的重点就是数据技术。

其三，泛零售。泛零售是指不能再用以前的零售业来匹配新零售，是一种相比以往更宽泛的对零售的定义。比如盒马，它是海鲜市场，也是餐厅，也是超市，还是网购，是物流中心。同时也是粉丝运营的入口，是跟消费者强互动的一个社区中心。盒马不同于以往的商场，它的线上订单占比超过 50%。它也是零售业的一种，但却不能用商场简单定义。酒店、出租车、饭店、旅游景点等这些只要有人的地方，都将会产生泛零售的新商业业态。

2019 年 1 月 11 日，ONE 商业大会，阿里巴巴集团 CEO 张勇正式推出阿里巴巴商业操作系统，旨在帮助企业完成"品牌、商品、制造、渠道、营销、零售、服务、物流、金融、组织、技术"11 个商业要素的在线化和数字化，驱动商业升级，开拓企业新的增长曲线。

在电商发展的早期阶段，只要把网上没有的商品上传到网上去，就能获取流量，所以多上新、多开店是曾经非常有效的获取流量的方法。如今，从物以类聚到人以群分，从经营商品到经营客户，商场作为新零售的线下阵地，需要研究消费者动线并数据化。网店作为新零售的线上阵地，以前是直通车引流到单品页让产品卖爆，现在是打广告吸引消费者进入直播间，想办法留住粉丝并持续经营粉丝。接下来，有人的地方都将流量化，不管是线上还是线下。顾客排队吃饭，排队的都是人，有人的地方就有流量，如何吸引这些人并转化为你的流量，然后在后期服务好这些人，会成为各行各业挖掘机会的重点。也就是说一切有"人、货、场"的地方都将逐步流量化、在线化、数字化，新零售会基于大数据重构"人、货、场"。

1.3　技术驱动商业升级

伴随着社会的发展，商业也在不断地迭代升级。在没有互联网的时代，人们的商业行为发生的场景基本上都以面对面的形式进行，一手交钱一手交货是主要的贸易形式，互联网的到来，改变了这一切。1994 年 4 月 20 日，中国通过一条 64Kbit/s 的国际专线，全功能接入国际互联网，这成为中国互联网时代的起始点，这一天中国正式成为互联网大家庭中的第 70 个成员。二十多年过去了，互联网已经深刻影响了中国，而中国也正在深度影响世界互联网格局。中国的网络应用能力全球瞩目，拿 4G 基站举例，全球 500 多万个 4G 基站，中国占到 350 多万个，5G 时代，中国的相关技术更是遥遥领先。

5G 让一切联网和在线，而网络化、在线化、数字化，是智能化的前提。随着 5G 的全面到来，中国的企业数智化转型正在加速来到我们身边。盒马、银泰百货、居然之家、飞鹤、海底捞、良品铺子、特步、林清轩、红蜻蜓等中国企业正在以超快的速度拥抱数智化转型，并取得了长足的发展。

人工智能作为近年来兴起的技术，已经能轻易战胜人类最顶级的围棋高手，无人驾驶技术已经在各个城市展开试点，3D 打印已经成为工业设计的重要手段，VR、AR 等虚拟现实技术正在带来全新的体验……企业的数智化、大数据的全面应用、智能机器人替代工人，都将是接下来商业变革的重要方向，尤其是数智化转型会成为企业未来发展的必选项。

事实证明，每一次技术革新都会带来社会的进步以及商业要素的升级，而企业发展对技术的商业化应用，让各种高新技术不再只是停留在实验室。技术与商业将如同 DNA 的双螺旋结构一样越来越紧密地融合在一起，彼此影响，交互上升，一起推动社会的发展。

1.4 数智时代创造"新世界"

我们所处的物理世界，就像一张网，这张网连接着人们的工作、生活、娱乐，这张网是由一个个的节点组成的，一个个的地铁站、火车站、飞机场、办公楼、商场、居民楼，这些节点组成了我们的城市，一个个城市组成了一个省，一个个省组成了一个国家或地区，一个个国家或地区组成了全世界，这是一个物理可见的空间世界，可以看到也可以被感知。设想一下，在数字的世界，其实也有一张网正在快速结成。我们把一个个现实世界的节点通过数字化进行呈现，组成了一个悬浮在物理世界之上的数字化世界，就像是孪生双子一般互相印证。

一个牧场的季节温度、降雨量、植被长势、地下水水质、土壤的微生物量、每头牛的年龄、行走路线、健康情况、产奶量、奶质等数据形成了牧场的数字世界映射。一个工厂的订单量、生产线排单、单位产能、原材料统筹、每个工人的效率等数据形成了工厂的数字世界映射。一个商场每时段的人流量、每个品牌的靠柜数、空间位置和动线人群密度、不同商户的坪效、客户的人群属性、行为属性等数据形成了商场的数字世界映射。

今天通过数字化技术，我们仿佛在一张虚拟的网上生活，我们通过各种数字化的触点，与物理世界的一个个点连接上，出行如此，购物如此，商业亦如此。购买、运输、收货这些曾经在我们的现实生活中留下轨迹的场景，今天全部都数据化，在数字世界里同样生成了一条运动路径。城市物理空间的那张网正在通过数智化技术衍生出一张虚拟的互联网，地空对接，一一对应。

数字孪生的功能在于能够在物理世界和数字世界之间全面建立准实时联系，相互关联对照，实现物理世界与数字世界互联、互通、互操作。从具体实现路径来看，首先数字孪生对物理对象各类数据进行集成、建模，是物理对象的忠实映射。其次，数字孪生存在于物理对象的全生命周期，与其共同进化，并不断积累相关知识，形成数据积累和算法模型。最后，数字孪生不仅对物理对象进行描述，而且能够基于模型优化物理对象，最终实现对物理世界的改造。数字世界可以反作用于物理世界，以超低成本提升人类的生活、生产品质。杭州的城市大脑已经是数字孪生的雏形，如图 1-1 所示。

【总结】

本章从人们熟悉的发展变化讲起，主要从社会、市场和商业等方面看发展和变化。

（1）人类发展从农业文明到工业文明再到数智文明时代，数据成为能源，数智化会全面推动社会的进步和发展。

城市大脑——基于平台的治理模式创新

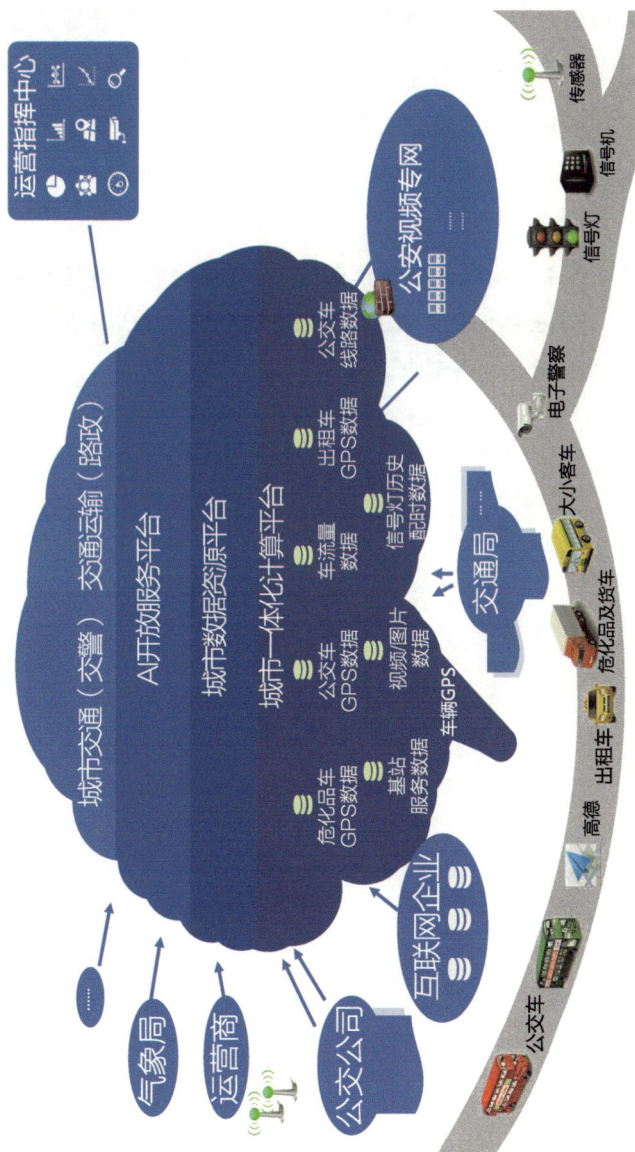

运营指挥中心

城市交通（交警）交通运输（路政）

AI开放服务平台

城市数据资源平台

城市一体化计算平台

高危品车 GPS数据	公交车 GPS数据	车流量 数据	出租车 GPS数据	公交车 线路数据

基站 服务数据

视频图片 数据

信号灯历史 实时数据

车辆GPS

公安视频专网

气象局

运营商

公交公司

互联网企业

交通局

公交车　出租车　高德　出租车及货车　大小客车　电子警察　信号灯　信号机　传感器

图1-1

（2）市场的变化推动新的消费需求出现，单一的消费场景已无法满足消费者，要求线上线下全网全渠道融合，对于新零售提出了更高的要求。

（3）商业不断迭代升级，互联网的到来给商业带来了全新的发展。特别是 5G 的到来，会让我们进入万物互联的时代，商业将全面数智化，迎来跨时代全面升级。

（4）展望未来，通过数智新技术把一个个物理世界通过数字化呈现成数字世界，数字世界反过来推进物理世界的创新优化，提升人们的生活品质，数字孪生新时代正在到来。

第 2 章
消费变革驱动力

消费者是构成商业的最基本要素，消费者的变化也是推动商业变革的重要因素之一。近些年，商业从经营商品到经营人的变化尤为明显。以前商家着重描述商品的质量、功能、材质等商品信息，现在开始呈现这一类商品符合哪种个性的人的气质、体现了哪些性格特征等商品信息。从"物以类聚"到"人以群分"是这个时代商家运营消费者的真实写照。消费需求、消费行为和习惯的改变也在不断驱动商业升级，如何快速定义这些消费者的精准画像，了解他们个性化的独特需求，并能实时触达到他们，成为实现企业新增长的突破口，因此，将消费者和消费信息数字化也成了必然趋势。

2.1 消费变革驱动数智转型

数智经济时代，消费结构正在经历着巨大变化，消费整体由"量的增长"

转变为"质的增长"。居民可支配收入持续增加，迅速扩大的中等收入群体成为消费主力，在"新生代"与女性群体购买力推动下，消费者对产品和服务提出更高要求。具体表现为追求品质，讲究品牌，寻求商品情感价值等，呈现出个性化、多样化、高端化、体验化的消费特点。2015—2019年，居民医疗健康、文化娱乐消费快速攀升，五年来两项支出分别累计增长63%和46%。在2020年，受新冠肺炎疫情和人口结构影响，消费者将持续关注健康领域，这些都是消费需求的新变化。麦肯锡预测，到2030年中国家庭全年在食物上的支出占比将继续下降，"可选品"和"次必需品"的支出将显著增加，预计文教娱乐支出超过五分之一。

过去，消费者的购物行为一般都是因为"缺"而购买，家里缺一个洗衣机，所以在线下商场找家电市场买洗衣机，在如今商品过剩的时代，消费者很多时候不再是因为"缺"而购买。一个女生可能因为看到一篇文章、一个视频或一场直播，对某个跟自己气质相符的商品心动了而产生购买。以往，消费者习惯在周末去逛线下商场购买商品，现在，随着移动互联网的普及，网络购物越来越便捷，商家需要24小时在线。消费需求和消费模式的演变，要求商家能够更快速地识别、洞察并触达消费者，进而提供更符合消费者个性化和高品质追求的优质服务。

以李宁联合阿里云于2019年6月针对年轻人打造的上海世博园"数字门店"为例。早在进店前，消费者就能在李宁店铺附近的商圈内通过自动售卖机、租借充电宝、分众传媒、OTT等终端与门店进行互动，接收到门店优惠券信息，或参与互动橱窗的体感游戏。这样给消费者带来方便和趣味性的同时，也能更精准地洞察到消费者的兴趣偏好。如图2-1所示，消费者在与门店互动。

图2-1

进店后，消费者会收到导购有针对性地给出的商品推荐。导购还会引导会员使用电子货架，在店内缺货的时候，会引导消费者在电子货架直接选购快递到家。结账时会员还可以简单快捷地刷脸支付，这些都颇受年轻人追捧。李宁通过打造数字门店的方式，为消费者提供更贴心的服务。

2.2 以消费者为核心的全域融合应对策略

数智时代，消费者已全面在线，手机正在消除各行各业之间的界限，让原本不同的商业世界同在一个起点上争夺用户的时间。道理很简单，每个人每天只有 24 小时，把看手机的时间花在了这件产品上，花在另一件产品上的时间就会相对减少。基于这个事实，所有能吸引消费者心智的企业都可能是竞争对手。这里的竞争不仅是产品的竞争，更是消费者流量的竞争，所有能吸引消费者注意力的事物都是流量入口。

从你起心动念买东西开始，到成交后的售后服务，每个环节，都有许多线上或线下渠道供你选择，也就是"消费行为路径"，如图 2-2 所示，

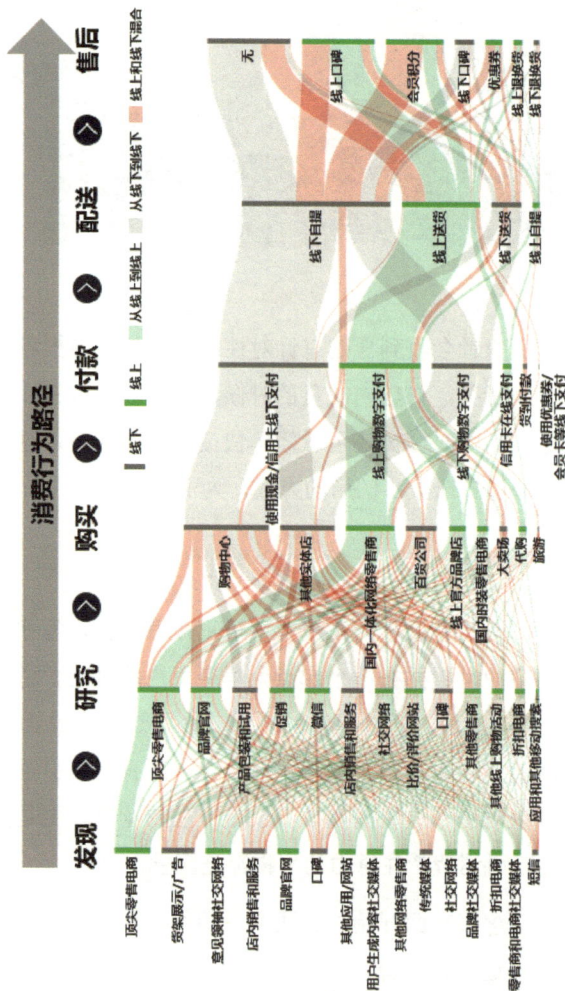

消费行为路径

发现 > 研究 > 购买 > 付款 > 配送 > 售后

线下 | 线上 | 从线上到线下 从线下到线上 线上和线下混合

图2-2

BCG对中国消费者的调研（家庭数，n=200）

- 中国消费者购物路径的数字化触点增加
- 消费者在线上和线下的触点进一步融合，在不同触点间的切换和转化更加频繁

顶尖零售电商
货架展示/广告
垂见类和社交网络
店内销售和服务
品牌官网
口碑
其他应用/网站
用户生成内容和社交媒体
其他网络零售商
传统媒体
社交网络
品牌官方社交媒体
其他的电商社交媒体
短信
零售商的电商和社交媒体
应用和其他移动搜索

购物中心
其他实体店
百货公司
线上官方品牌商店
国内时装零售电商
大卖场
代购
国内一体化网络零售商

使用现金/信用卡线下支付
线上购物数字支付
线下网络数字支付
信用卡在线支付
使用优惠券/奖励积分
会员卡线下支付

线下自提
线上送货
线下送货
线上自提

无
线上口碑
会员积分
线下口碑
优惠券
线上曝光度
线下曝光度

所有的路径上都有接触点在互动中达成交易。一切皆媒介，想抓住成交的机会，就需要企业全触点布局消费路径，当消费者在不同触点间切换越来越频繁时，企业的线上和线下融合也成为必然趋势。

正如前面所提及的，消费者已全面在线了！所以为了抓住新的增长机会，企业就需要实现对于用户的"四可"，即可识别、可洞察、可触达、可服务。因此，企业的线下门店、线上网店、商品、供应链、组织、服务甚至是思维，都需要打破孤岛，实现在线化、重构和高效精准连接，超越时空限制。数字化、在线化只是第一步，未来商业网络协同＋数据智能才是根本。

未来商业只有数智化企业与非数智化企业之分！企业如何通过全链路的数智化转型实现新增长，下一节将会给出答案背后的关键因素！

2.3　数智新增长的路径 —— 新客、新品、新组织

在消费变革的驱动下，新客、新品、新组织成为企业增长的三大关键词，这三者共同组成驱动未来企业数智增长的新路径。

2.3.1　新客

如今的消费者无处不在，无时不在。地图、社交、线下店、资讯、视频、直播等，凡流量所在，即消费者身影所达。我们要如何才能知道消费者何时会出现在哪里？品牌面对的消费者年龄、地域、生活环境、品牌喜好、产品认知等都在发生着变化，及时洞察与影响新增消费者才是关键，因此与消费者建立紧密的连接就显得尤为重要，"全域获客"成为企业增长的新空间。

阿里巴巴商业操作系统聚合了阿里巴巴沉淀 20 年的生态能力，如图

2-3 所示，概括为"一云多端五中台 N 行业应用"。聚合了天猫旗舰店 2.0/
轻店 / 淘宝直播 / 同城购 / 支付宝 + 数据中台 + 业务中台 + AIoT 中台（触
点数字化）+ 财务中台 + 组织中台（钉钉）+ 阿里云，为企业创造了多端、
跨场景运营的基础，尽可能全地覆盖企业服务消费者的触点。品牌可以通
过淘宝、天猫、支付宝、饿了么、淘鲜达、盒马等端口触达消费者，建立
线上线下融合的会员体系，随时随地满足消费者的多元化需求。企业可按
图索骥、按图施工。本书的后面章节还会详述此操作系统。

通过数字化营销、人群标签技术（DMP），改变了原来广告获客不精准、
效率低、评估难的状态；在数字媒体投放平台（DSP）上，品牌商可以控制、
投放到全网任一媒体，让媒体效果透明化、调整优化实时化、投放量级弹
性化。再通过 AI 智能人群放大技术，让品牌商更有能力主动触达更多新
消费人群，并转化出新客源。

对许多以传统线下为主要生意接触点的商家而言，商家将自己的商业
打法调整到全域线上线下融合时，就可以新增一批线上消费者，只要有一
定转化，就是数量庞大的"新客"。随着消费者决策链路的不断演进，围
绕消费者的营销也越来越复杂。最终我们服务了多少消费者、沉淀了多少
数字化消费者，才是提交新客答卷的有效回答。

2.3.2　新品

新品创新力是企业的核心竞争力之一。企业推出一个新品、"爆品"
相对容易，难的是拥有更快速、更高成功率的创新能力。这要求企业围绕
消费者需求而非产能来进行新品规划，基于全域消费者洞察，让新品精准
地"找到"对其感兴趣的消费者。

"'爆品'不是赌出来的"。2018 年，淘宝上诞生了 2000 个销售额

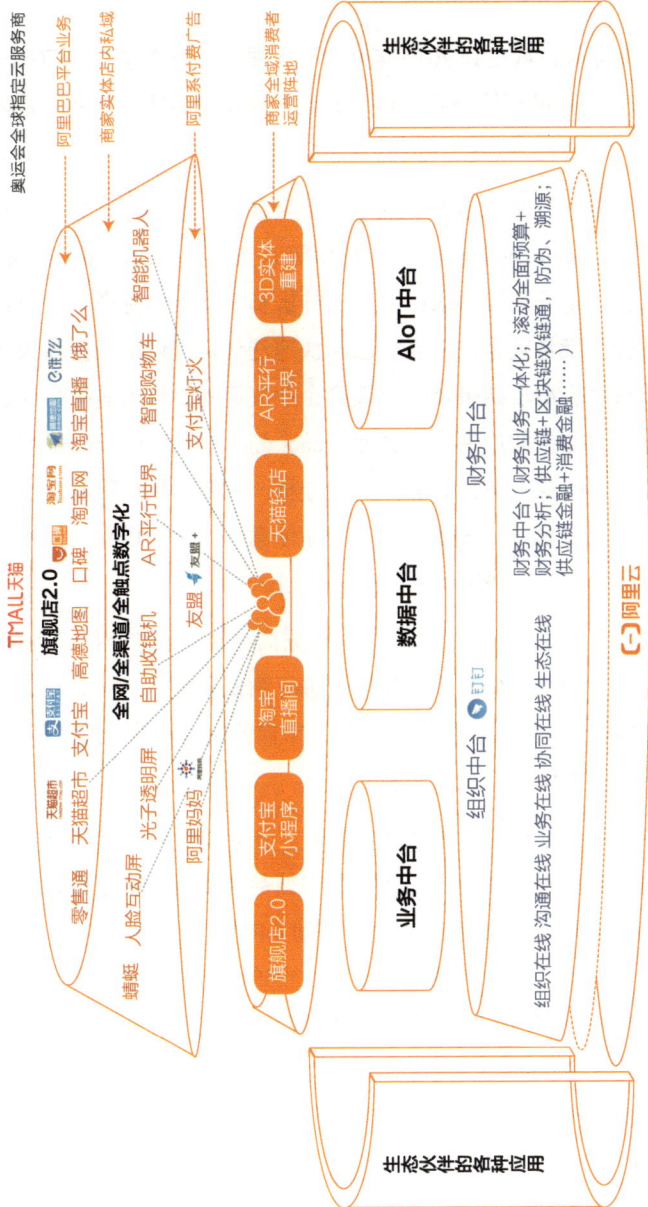

图 2-3

过千万元的淘品牌，截止到 2019 年 9 月，天猫上共发布了 9000 万个新品，C2M 产业带定制新品同比增长 7 倍。如此多表现抢眼的"新品"是如何产生的？

第一招：投石问路（品牌定位与商品企划）。通过阿里的全景数据洞察工具（如生意参谋、Databricks 数据洞察等），进行准确的产品与品牌定位，提升品牌价值，引导消费需求；大数据分析基于接收实时产生的流式数据和外部云存储上批量数据，结合算法的快速迭代，可以不断提高预测准确度。预测结果产生后，结果及时反馈给企业决策者，作为品牌与商品的定位决策依据，企业据此产生新的企业商品企划。在这一阶段会根据历史销售数据、库存、行业大数据等进行多维分析，主要目标在于发现市场机会和空白点，以启发企业品牌团队产生新品创意（结合市场数据、人群调研等），明确品牌定位，并进行系统商品企划。

第二招：有的放矢（产品开发）。根据商品企划，结合往年"爆款"、流行趋势等，对创意、概念、新品模型进行测试和验证。在此基础上进行产品开发和整合，并在过程中完成新品上市前的策略辅助（人群精准定位、价格优化、沟通优化等）。

第三招：推拉结合（打造"爆款"）。在新品进入立项环节，确定投放市场，借助阿里巴巴商业操作系统可在新品孵化阶段和上市策略阶段取得多个方面的品牌决策支持：企业可借助 GROW 模型分析产品竞争力及制定产品分层策略；通过产品化的新品上市追踪工具，帮助品牌快速追踪新品表现，协助品牌梳理市场变化和调整市场策略等。在这一阶段，企业可以通过天猫、淘宝等平台进行产品的试销售反馈分析，从派样、公测，看数字、评价、反馈的细节，支持产品进行调校，不断优化，直至打造出"爆款"。

第四招：柔性供应（产销平衡）。在产品方案确定后，企业需要生产端具备柔性供应能力，保持产销处于平衡状态。阿里巴巴的淘工厂、犀牛工厂，都是阿里巴巴为企业打造的柔性供应链生产平台。它们具备快速柔性供应链支撑能力，由平台赋能 B 端，再通过 B 端服务 C 端。柔性供应能力的核心在于可以"按需生产"和"以销定产"，即实现 C2M 的定制生产模式。以阿里巴巴犀牛工厂（服装智造）为例：设计端（产品方案）与制造端相连接。市场端（用户下单数据）与生产供应端相连接。订单信息、生产数据可迅速反馈到生产制作端，再配套高度柔性的硬件生产线设备设施，可实现高速的定制化生产。

人群调研、市场洞察、"爆品"打造一系列的动作，都是随需而动的，即从传统的 B2C，转向 C2B，在快速得到市场反馈和验证后，再扩展到更多的 C（即 C2B2C^n）。

通过这样的方式来定位、设计、生产和推广新品，让更多趋势性的新商品能够被洞察、被生产出来。而且速度、成本和其他优势并不会以牺牲质量和准确性为代价，可实现多方的价值共赢。基于数智驱动的新品开发，不仅能赋能品牌商洞察市场机会，快速迭代小步快跑推出新品，更是为满足消费者当下消费升级的潜在需求提供了更多可能性。

阿里巴巴在线下开了盒马生鲜的门店，还与大润发合作在里面开了盒小马，它会高度补充大润发已经相当成熟的大卖场经验，提供更新鲜、更精致的全球好货。盒马的产品计划就来源于线上线下的全域消费者洞察。

以前店里不敢卖澳洲龙虾、波士顿龙虾，怕这么昂贵的东西无法及时卖出去，但现在敢卖。因为数据会告诉商家答案，应该进几只龙虾、几只帝王蟹，而且随着运行越来越准确，实时反馈修正，使得盒马能够最大程度满足三千米内消费者的理想生活。

有一点要解释的是，这里的数据不是 IT 系统里存着的那些客户名单，这个是"死数据"，真正的数据是"活数据"，是对客户越来越了解、全面掌握的数据，盒马的数据就是"活数据"。通过数据，可以预测顾客对购买各类海鲜的偏好程度，今天盒马就是在面对并用数据智能解决我们传统零售的问题。如图 2-4 所示，盒马店员在销售。

图2-4

除了自我探索外，阿里巴巴商业操作系统包括全域消费者洞察、全域会员、多端跨场景运营、数据中台及组织数字化等能力，以及数智化理念和方法论，更多地是为了帮助各行业的企业更好地持续增长。

以立白新品研发为例，品牌商家在阿里巴巴平台得益于大数据驱动的消费者洞察，新品研发周期从 2 年缩短至 3—6 个月。其中超过 85% 的新品在上市半年内名列同行业品类前茅。

2.3.3 新组织

与立白一样，很多企业数智化转型能获得新客、新品带来的收益，而保证这种收益可持续发展的正是新组织。以鞋服品牌红蜻蜓为例，红蜻蜓正在做到从管理到赋能、从经验主义到拥有数据化决策的能力的转变。

因为新冠肺炎疫情，从 2020 年 2 月 1 日起，鞋服品牌红蜻蜓开始推出"蜻蜓大作战"项目，在线上培训员工全员销售，组织 200 多个群进行离店销售。数据显示，疫情期间，红蜻蜓借助和阿里云合作构建的中台项目，通过手淘 + 钉钉快速将线下业务搬到线上，离店销售额日均增长率约 30%。

以前红蜻蜓每季度开发 1500—2000 个款式，其中很多消费者并不喜欢。红蜻蜓高管层主动拥抱变化，通过线上数据和消费者洞察，更精准地了解到消费者的需求和偏好，新季度设计量缩减到 500 款，销售量反而有了提升。

数智时代，红蜻蜓围绕以消费者和用户为中心的设计思维，由运营和业务驱动，IT 部门提供新技术新工具，以高管层支持的领导模式取代了传统意义上自上而下的一把手工程。只有业务端、技术部门和战略高管团队三者对所要达成的目标产生共识，并高效协同，才能把事情做成。

截至 2020 年，超 1000 万家企业通过钉钉实现了数字化转型。约 200 万个商家建立了智能客服新组织，4000 个商家具备了虚拟消费者洞察服务的组织能力，500 个天猫商家成立"互联网新品部"，阿里巴巴商业操作系统给企业带来的组织升级力量已颇具成效。以宝岛眼镜为例，从 2019

年"618"到"双11"，宝岛眼镜全国1200多家门店的5000多名门店导购，以及总部和经销商的2000多名工作人员共计7000余人，全部开通了钉钉导购分享及分销功能，借助平台的"导购分佣"产品能力，宝岛眼镜额外为导购分销促成的交易支付"导购员成交"佣金，极大地刺激了导购分销的积极性。

数智化的企业经营能力需要新组织来保障。这要求管理者改变理念，推动组织本身走向数智化。在扁平、开放、灵活的组织形态下，一线的经营数据和反馈可以得到实时回流和分析总结，企业的核心能力可以高效地配置给每一位一线员工，一方面使流程服务于人，激发团队成员的自主性，另一方面也可以大幅降低协同成本。

2020年10月29日，在以"新科技·新场景·新商业"为主题的阿里云新商业·数智峰会上，阿里巴巴集团高管表示，商业的本质可以用买卖或者供需来概括，阿里云定义新商业的"场"是要让买跟卖更加高效匹配，而新客、新品、新组织也将在各种新场景内以更多样的面貌来诠释数智时代的新商业，万"场"升级数智化的时代已然来临。

【总结】

数智时代是以消费者为核心（大数据支持精准极致体验），智慧品牌引领，快速柔性供应链为支撑，线上线下全网全渠道融合，高效运营的全新时代。

转型是手段，增长才是目的。本章要点如下：

（1）消费者需求及消费方式已经发生很大的变化，如何及时地触达消费者，甚至是提前预测潜在需求，需要企业进行消费者数字化。

（2）消费者已实现全面在线消费的习惯，并带来了线上销售的爆发式增长，消费者的强话语权，以及个性化和碎片化需求，正倒逼着企业改变理念、方式、方法，实现组织、业务、生态在线，形成以消费者为核心的全域融合应对策略。

（3）数智驱动下的商业发展，以新技术做依托，通过新客、新品、新组织三大关键要素，构成护航新增长的三大驱动力。

第 3 章
数智时代新基建

本章将从基础设施建设的变化说明数智时代下新基建的宏观变化趋势，并进一步分析在新基建的变量下，企业如何面对数智时代的巨大机遇与挑战。

3.1 新基建概述

如果说"铁公机"（铁路、公路、机场）基础设施建设带动了过去中国社会经济的繁荣发展，那么未来 10 年支撑社会持续进步动力的新型基础设施建设又是什么呢？

2020 年 3 月，央视专题报导初步定义了新基建并总结其所涉及的七大领域。包括特高压、新能源汽车充电桩、5G 基站建设、大数据中心、人工智能、工业互联网、城际高速铁路和城际轨道交通，如图 3-1 所示。

特高压　　新能源汽车　5G基站建设　大数据中心　人工智能　工业互联网　城际高速铁路和
　　　　　充电桩　　　　　　　　　　　　　　　　　　　　　　　　　　　城际轨道交通

图3-1

2020年4月20日，发改委将"新基建"定义为以新发展理念为引领，以技术创新为驱动，以信息网络为基础，面向高质量发展需要，提供数字转型、智能升级、融合创新等服务的基础设施体系。

同时，发改委指出了新基建发展的三个方面，分别是信息基础设施，融合基础设施和创新基础设施，如图3-2所示。

信息基础设施	基于新一代信息技术演化生成的基础设施
融合基础设施	深度应用基础技术形成的传统基础设施的转型升级
创新基础设施	支撑科学研究、技术开发、产品研制的具有公益属性的基础设施

- 通信网络基础设施：5G、物联网、工业互联网、卫星互联网
- 新技术基础设施：人工智能、云计算、区块链
- 算力基础设施：数据中心、智能计算中心

- 智能交通基础设施
- 智能能源基础设施

- 重大科技基础设施
- 科教基础设施
- 产业技术创新基础设施

图3-2

"新基建"的内涵和外延并不是一成不变的，它将会随着产业和技术的发展不断更新、丰富。

在新基建浪潮中，各地方政府逐渐公布新基建项目表，积极推动新基建快速落地。例如，湖南省于2020年8月11日发布2020年全省"数字新基建"100个标志性项目名单，全省新基建相关项目总投资为563.78亿元，以重点项目为牵引加速数字产业化和产业数字化，为数字经济注入动力。

除地方政府之外，科技巨头企业纷纷表示对数字经济发展有信心，积极发力新基建，参与布局。以阿里巴巴集团为例，2020年4月20日，阿

里云宣布未来三年在新基建业务版图布局中再投入 2000 亿元人民币，一部分用于全球数据中心建设，一部分用于云操作系统、服务器、芯片、网络等重大核心技术研发攻坚和面向未来的数据中心建设，如图 3-3 所示。

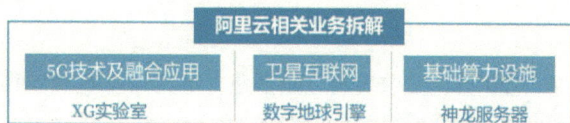

阿里云相关业务拆解

5G技术及融合应用	卫星互联网	基础算力设施
XG实验室	数字地球引擎	神龙服务器

图3-3

小结一下，传统的基础设施——"铁公机"，是工业时代的基础设施，而新基建则是基于新兴科技，特别是信息技术的基础设施，它们是信息时代（数智时代）的基础设施，也是数智化转型的基础和保障。

新基建与传统基建两者有着相同的本质：有利于拉动经济增长，释放长期经济增长潜力，为人民生活提供便利。而两者的差异在于基于不同时代背景。

新基建主要有三种不同范畴的定义：

（1）"狭义"的新基建指的是数字经济相关的新型基础设施，包括 5G 网络、数据中心、人工智能、工业互联网和物联网。

（2）"新义"的新基建指能够体现创新、绿色等新发展理念的科技型基础设施建设，它包括了新基建七大领域。

（3）"广义"的新基建既包括云、管、边、端等数字经济底层基础，也包括了"铁公机"等传统基础设施的数字化改造和升级。

3.2 新基建"新"的意义

"新基建"是将"新"技术应用于"新"场景，有"新"主体参与，进而培育壮大"新"产业的基础设施建设。新的时代背景赋予了新基建"新"的意义，这个"新"体现在新技术、新应用、新产业和新主体。

- 新技术：新基建基于新技术，将 5G 与物联网、人工智能、大数据、云计算、工业互联网等领域深度融合，形成新一代信息基础设施的核心技术。

- 新应用：新基建不是推翻传统基础设施，而是对传统基础设施的技术赋能，以及新应用场景的开拓。

- 新产业：新基建一方面拉动先进智能科技相关产业发展，另一方面又作为智慧经济的基础设施带动产业链全面升级。

- 新主体：新基建进一步放开投资市场准入，通过提高民营企业参与度来提升资源利用效率。

此外，新基建同时具有以下三个特点：

（1）"数据赋能性"，强调数据的重要性，这是形成智能决策的基础；数据是新基建的重要组成部分，是使用者产生智能决策的基础。数字化转型的关键是数据资产化，在海量数据中进行云和边缘数据统一、自动化和智能化存储、统一管理、实时分析是释放数据价值的关键。数据赋能传统基建示例：

- 疫情大数据赋能交通管控，追踪人员流动情况，指导疫情防控。

- 医疗影像 AI 与医疗设备结合，实现快速诊断。

- 电商数据与物流数据结合，精准匹配物资供需。

（2）"协调融合性"，指新基建各个部分不是单一孤立的个体，而是多种基础设施互联的网络。

（3）"应用灵活性"，指其可以根据环境或需求的变化迅速配置资源，调整功能。以应急应用为例：在疫情发生的特殊情况下，云计算快速调配网络和计算等数据资源，上线应急应用。在应急状态解除后，资源又可以快速释放。

3.3　新基建浪潮下的产业生态变化

本节用下面两个关键词，来说明新基建浪潮下的产业生态变化趋势。

（1）全社会的数字化。2020年是不平凡的一年，回顾我们生活方式的重大改变，从疫情到复工复产，到现在的新场景、新商业开始的全面数字化，最大的一个关键词就是全社会数字化。在2020年，新冠肺炎疫情加快了这种变化。曾经较保守的老师们开始学会直播、学会截屏、学会叫醒睡在另外一边的孩子们，这是我们今天看到的一个场景。云上课、云办公，甚至云看病，它最大的一个特点就是数字融合的场景，无论是教育、上班还是就医，包括旅游，都可能有一个特定的数字融合的组合。

（2）新基建融合引发万"场"升级。在2020年，我们享受到了全世界独一无二的数字红利，借助钉钉、滴滴出行、饿了么、盒马等数字平台，保证了工作和生活的便捷。这有赖于整个中国的数字基础设施的超前建设。这可以与2003年的非典疫情对比，当时中国的数字基础设施处于短信、网页时代，人们的工作和生活又是另加一番景象。

那接下来会发生什么？那就是未来物理的基础设施与智能技术底座的融合，进而发展出各类新场景，在此列举出具有代表性的三大融合后的基础设施。分别是：

（1）城市基础设施（以城市大脑为代表）。

（2）能源基础设施（以智慧电网为代表）。

（3）交通基础设施。

我们注意到，从 2020 年开始，自动驾驶、智慧能源等，都开始进入一个新的建设周期。未来十年，数智化技术与以上三大基础设施将进一步融合、叠加，这必将是一个巨大的产业。换言之，"万场升级"的新商业时代已来。

3.4 阿里巴巴的数字基础设施

在 5G、人工智能、工业互联网和数据库等数字新基建领域，阿里云已跻身全球云计算市场前三，技术指标达到国际先进水平。

在 2020 年阿里云峰会上，阿里云智能总裁张建锋首次公布阿里云再生长的"三大方向"，全速构建数字经济的基础设施，主要包括："做深基础"、"做厚中台"和"做强生态"。

（1）"做深基础"——从飞天云操作系统向下延伸定义硬件。大规模引进顶级科技人才，重点吸引服务器、网络、芯片、数据库、人工智能等核心技术领域的攻坚人才。"做深基础"的背后逻辑并不是简单替换，而是基于云的特点来构建整套基础体系，就像当年阿里巴巴"去 IOE"并不是做一个新的小型机去替代旧的小型机，而是用阿里云这辆汽车超过了旧时代的马车。

（2）"做厚中台"——钉钉与阿里云进行深度融合，实现"云钉一体"。将新型的云架构与操作系统相结合，提供下沉的平台性服务，让企业可以在这个基础上快速开发管理组织和业务的所有应用。云钉合一的相关内容，会在本书"基础设施云化"一章做具体介绍。

（3）"做强生态"——基于云和新型操作系统，构建一个繁荣的应用服务生态。目前阿里云在软件层面已经达到世界顶尖水平，但一枝独秀不是春。未来的商业系统将会更为扁平化、融合化。阿里巴巴将会更注重在不同领域形成面向各行各业的应用服务生态，打开与生态合作伙伴联手共建数字经济基建的无限可能。目前，阿里云智能已推出了面向 7 大行业的解决方案，包括：数字政府、运营商、未来社区、未来教育、智慧交通、新金融和工业制造。

除了阿里云的新基建，在 AIoT 领域，阿里巴巴也加大了建设力度，为合作伙伴提供从云到端，从技术赋能到商业变现的全部能力。目前，阿里巴巴已经在全球部署了 4 个 IoT 核心节点，14 个加速计算节点，支持 12 种语言，覆盖 200 多个国家和地区。因此，作为设备厂商只用一套 SDK 就可以在海外销售产品，这将大大降低成本。阿里巴巴的 AIoT 战略具体将为合作伙伴提供以 AI+IoT 为核心的技术，包括各类连接能力、语音能力、语义能力、视觉能力、芯片模组能力等。打造百款千万级智能"爆款"新品。

例如，阿里巴巴为旭辉地产定制了一套企业版的天猫精灵，首先它可以做到前端后端所有设备的全部连通，这就意味着所有自动化的设备都可以通过天猫精灵做全面的打通。第二是将场内跟场外（亦即屋内与屋外）打通，当你想出门的时候，你呼一声天猫精灵"帮我喊个电梯"，电梯可以在十秒钟之内或你出门的时候就到达门口，当然，这需要与合作伙伴一起，共同提升用户体验。

下面再举两个案例，看一下数字基础设施建设如何赋能其他产业。

1. 阿里巴巴为中国工厂提供数字新基建

在产业带赋能上，淘宝 C2M 事业部和 1688 是主力军。其中，淘宝 C2M 事业部启动了超级工厂和百亿元产区两大计划，目标是要在三年内帮 1000 家产业带工厂实现产值过亿元。

C2M 的模式是让工厂与消费市场直连，让亿万买家的个性化需求成为产业带千万条生产线的永动机。

1688 则主打新批发理念，让中国核心产业带的工厂通过数字流通供应链，快速高效地连接中国最终端的商业毛细血管渠道。

浙江是中国制造的"标杆"，金华又被称为浙江制造的"金名片"。阿里巴巴多个业务单元协同作战，为金华产业带提供新品开发、营销、供应链和金融等领域的数字化基础设施服务，让工厂变成"超级工厂"，达成产业带全面数字化。

1688 新批发模式现在已覆盖全国七成制造业产业带，是产业带工厂数字化转型的主通路。其中，超过 3000 万家中小企业，通过 1688 新批发背后的数字供应链，迅速跟需求端完成精准匹配。

2. 阿里巴巴的大健康数字新基建

阿里巴巴大健康生态体系，除了阿里健康，还包括阿里云、达摩院、钉钉、支付宝、UC 等阿里巴巴各相关平台与医疗健康相关的业务部分。

平台、技术、内容、产品和应用共同构成了阿里巴巴大健康生态系统。从阿里研究院发布的阿里巴巴大健康数字基建大图中可以看到阿里巴巴在医疗健康新基建的布局，如图 3-4 所示。

阿里大健康数字基建大图

数字技术 基础设施	行业应用 基础平台	数字健康 服务系统
大数据	互联网支付 和信用体系	**C端服务**
人工智能	区域医疗法	互联网医疗·医药电商
5G	数字医共体	在线医学科普平台
物联网	各类码引擎	电子医保卡·电子健康档案
区块链	医疗数据中台	**B/G端服务**
		追溯系统·医疗AI
		疫情应急管理系统·云HIS
		院内在线管理系统

图3-4

阿里巴巴大健康数字基建布局：基于阿里云计算，将互联网支付和信用体系、数据中台、医疗云等行业应用作为基础平台，衍生出医疗卫生大健康领域多种应用服务的系统。

具体来说，该新基建大图包括由云计算、大数据、人工智能、物联网等构成的"底座"——数字技术基础设施；建立在此底座之上的，是行业应用基础平台。此层平台立足于数字技术基础设施、落地于医疗健康行业现状，包括阿里巴巴互联网支付和信用体系、区域医疗云、数字医共体、各类码引擎和医疗数据平台等，进而能"长出"一系列特色产品和服务。

在上述两个层面的基础上，是阿里巴巴大健康的数字健康服务系统。这个系统不仅包括针对患者的互联网医疗、医药电商、在线医学科普平台、电子医保卡及电子健康档案等产品和服务，也包括针对行业的追溯系统、医疗人工智能、院内在线管理系统等，同时更包括疫情期间助力政府构建的疫情应急管理系统。

新冠肺炎疫情发生后，阿里巴巴集团的一系列"组合拳"让人印象深刻。从防疫科普到24小时疫情播报，从湖北义诊平台到海外华人免费问医服务，从开发健康码支持疫情防控到提供在线核酸检测预约服务等，都展示了数字新基建的作用和能力，这些举措也得益于阿里巴巴提供的技术服务在数字化方面积累的扎实根基。

事实表明，数字健康势必成为未来医疗体系新型基础设施建设的关键一环。这一过程中，平台企业既是建设的参与者，也是创新的引领者。数字新基建成为推动各个行业转型升级的突破口，这是一个长期、全面、具备共识性的过程。

数字经济这一新兴经济发展形态，其内涵可用"四化"框架定义。"四化"的解释如下：

（1）数字产业化：以信息通信产业为主，为数字经济发展提供技术、产品、服务和解决方案等。

（2）产业数字化：指传统产业应用数字技术所带来的生产效率提升，为数字经济发展提供广阔空间。

（3）数字化治理：指数字技术在治理以及公共服务方面的应用，是推进国家治理体系和治理能力现代化的重要组成部分。

（4）数据价值化：包括但不限于数据采集、数据标注、数据流转等，是数字经济发展的关键要素。

而新基建的建设范围包括"信息基础设施""融合基础设施"及"创新基础设施"。

信息基础设施包括基于新一代信息技术演化生成的基础设施，如5G、物联网、工业互联网等；融合基础设施包括智能交通基础设施、智慧能源基础设施等；创新基础设施主要指支撑科学研究、技术开发、产品研制的具有公益属性的基础设施。前两者贴合"四化"的角度，可以全方位夯实数字经济基础，赋能数字经济发展。其中，信息基础设施关注的重点是新一代信息网络核心技术创新和提升，能有效地助力构建数字经济基础。

融合基础设施主要致力于加速新一代信息核心技术，与经济社会各领域更好地融合应用，用数字能力来赋能社会生产。

【总结】

本章从基础设施建设的时代变化角度，说明数智时代下新基建的变化趋势，并进一步分析在这样的新基建变量下，企业将会遇到的巨大机遇与挑战，文中提到的核心内容包括：

（1）新基建发展概述：传统的基础设施——"铁公机"是工业时代的基础设施，而新基建则是基于新兴科技，特别是信息技术的基础设施，是信息时代（数字时代）的基础设施，是数字化转型的基础和保障。

（2）新基建是将"新"技术应用于"新"场景，有"新"主体参与，从而进一步培育壮大"新"产业的基础设施建设。

（3）新基建浪潮下的产业生态变化趋势："全社会的数字化"及"新基建融合引发万'场'升级"。属于新基建的"信息基础设施"与"融合基础设施"能有效支持数字经济的"四化"实现，全方位夯实数字经济基础，赋能数字经济发展。

第 4 章
依托商业操作系统的数智增长

　　企业的发展和生物的演化有着高度的相似性。每一次环境变化都会诞生一批新的物种，商业环境中技术的变革、消费者的变化也同样会催生出新的企业"物种"，那些跟上市场环境变革的企业保留了下来，无法适应的则被淘汰。柯达不是感光胶片技术落后了，诺基亚也不是手机造得不好，它们曾经横扫行业内的对手，却输给了时代。数智技术开创的新的商业环境，要求企业必须进行转型升级，企业发展遇到的增长压力，可以用新的技术手段来解决。下面分享数智技术对企业有哪些现实意义，能解决哪些企业正在面对的问题。

4.1　数智化解决企业难题

　　今天企业发展遇到的种种问题，表面纷繁复杂，实际上都可以归结为数智化程度跟不上企业管理需要的问题。我们举一些常见的问题，来看看这些困扰我们的问题是如何通过数智化迎刃而解的。

（1）库存积压。对零售企业尤其是鞋服行业来说，库存管理一直是一个难题，也是品牌成败的关键。库存问题的本质是计划和销售的失调，通过数智化可以实现商品销售预测，动态智能调整库存。有了数据预估能力就能以销定产、以销备仓、小批量快返，让库存管理具备弹性，从根源上解决计划不准造成的库存积压的难题。

（2）新品成功率低。传统的产品开发依赖开发人员的经验和对市场情报的解读能力，新品开发周期长、成本高，但是新品成功率却很低。往往一个"爆品"支撑一个品牌多年，最后企业也随着单品的消亡而消亡。数智化后，新品开发方向依托大数据行业预测，开发过程用数字虚拟测试产品要素，新品上线后全程进行数据指标监控，快速迭代更新，让新品成功率大幅提升。

（3）渠道冲突频发。窜货问题、假货问题、渠道冲突等问题是零售业的顽疾。数智化技术对商品标记唯一识别码，能对商品全程溯源，RFID（Radio Frequency Identification，射频识别）可实时追踪商品位置，分析物流路径，进而对渠道进行管控。

（4）广告效果评估难。品牌的营销推广需要投入大量的广告，不但成本高，而且效果不可测。如今新媒体林立，主播、达人、自媒体……信息流投放依赖数据进行投前、投中和投后的评估、管理。数智化能为企业节省大量的营销试错成本。

（5）计划制定没依据。企业制定年度销售目标，普遍依据去年业绩、行业增速等几个粗糙数据维度，这样的计划缺乏系统性、准确性。要把计划拆解为营销计划、产品计划、渠道计划等实施方案的时候就会遇到阻力，缺乏数据支撑。数智化后根据消费者资产增量预估销售增量，根据营销、生产、渠道等数据通过算法来分解目标，形成可以精准实施的运营计划。

（6）利润控制难。企业的成本有常量也有变量，销售端营销成本、定价、优惠力度等直接会影响利润，商品供应端原料成本的变动、生产淡旺季的价格浮动等因素也会影响利润。前端和后端的信息往往不同步，销售端并不了解商品的成本已经发生了变化，而按照原成本进行营销投入，这种情况频频发生。数智化后，企业可打通部门间的数据壁垒，通过商品中心实时了解成本数据，制定营销方案时可做智能亏损预警。从而进一步帮助企业控制成本，确保利润。

（7）生产间歇不稳定。自有工厂和刚性供应链上的生产，忙的时候特别忙，闲的时候特别闲。数智化后横向协同多个工厂，纵向协同供应链上下游，即使头部主播要求短期交付的大量订单也能稳定地交付。

（8）新渠道拓展难。由于投入产出不成正比，企业多数会放弃开拓小微渠道、下沉渠道、海外渠道等，现在可以借助 S2B2C 平台，一键铺货到这些新兴渠道，并用数智化的手段管理这些渠道。

（9）绩效考核不合理。作为员工最关心的问题，绩效考核往往只能考核到结果数据：销售结果、利润结果、增长幅度等。但是成绩的归因行为却很难被发现和激励。通过过度营销带来的销售虚涨，通过侵占同事工作成果达到自己的考核目标的情况屡见不鲜。业务在线化后，员工的每一个工作行为都被数字化地记录，让考核有迹可循，有据可依。同时通过 AI 算法，可以对成功样本进行对照研究，找出完成结果的关键共性行为，进而深化激励这些行为，从结果考核到过程考核。

（10）部门间协同差。企业间的"部门墙"林立，部门之间相互推诿，部门间相互不理解，跨部门沟通、协同难。CEO 的精力大量消耗在协调部门关系上。通过数智化建立中台系统，把企业通用能力"封装"为一个个业务中心，前台可以随时调用中台的各项能力。原来的"部门墙"被打破，沟通、协同通过在线的工具来完成。比如华北营销中心要做一场营销活动，可以通过中台调用华南营销中心做过的相应活动的各项数据、营销方案、供应商资源等，直接掌握商品配置、筹备流程、实施要点等关键经验。

以上列举了一些企业常见的问题，以及数智化后这些问题是怎样被解决的。这些只是数智化能解决的企业问题的冰山一角。既然数智化有这么多好处，那么实施数智化转型是否有一张完整的蓝图，能够帮助企业规划整个转型的路径呢？

4.2　ABOS 赋能企业数智化转型升级

阿里巴巴是数智化的先行者，经过十多年的实践，进化出一套完整的数智时代商业操作系统，企业可以通过这套系统按图施工，完成自己的数智化转型。ABOS（Alibaba Business Operating System，阿里巴巴商业操作系统）在结构上表现为：一云多端五中台 N 行业应用，详见本书图 2-3。

一云是指阿里云，这是数智化转型的基础，数据上云才能打破数据孤岛。

多端是与阿里巴巴相关的各个应用端口：电商的 1688、阿里巴巴国际站、零售通、淘宝、天猫、天猫超市、天猫国际、农村淘宝等；金融和支付的蚂蚁金服、支付宝；本地化应用的饿了么、高德、口碑、飞猪、大麦等；泛娱乐的优酷；物流的菜鸟；线下零售的银泰、盒马等。这些端口可以赋能企业做数智化的渠道建设，完成数智化物流实施，拓展数智化营销阵地。企业端的定制端口可以集成在淘宝、支付宝等小程序里，也可以通过阿里云技术搭建独立 App。

五中台是指数据中台、业务中台、AIoT 中台、财务中台和组织中台。数据中台就是通过对数据的分析和处理，进而获得可分析、可复用、能赋能业务的数据资产，并通过大数据算法优化业务流程、企业资源配置。业务中台包括商品中心、营销中心、会员中心、订单中心等业务中心和相应的中间件，以及专业的数据库服务。AIoT中台提供万物互联的解决方案，包括智能制造、PAI（机器学习）、IoT技术平台等，是企业建立智慧工厂、智慧物流、智慧商业的技术中台。财务中台连接业务系统和财务系统，进而获得财务配置管理、财务核算、结算、收付款管理、票据管理等能力。组织中台是钉钉移动智能协同工作台，可帮企业实现组织在线、沟通在线、协同在线、业务在线和生态在线。

*N*应用是指阿里巴巴及广大生态伙伴针对各个行业开发的数智化产品，有具备通用性的数字化支付、消费者引流、智能客服、智慧选址、销量预测、智慧选品、全渠道会员等功能的产品。在快消品、服装、家电等零售品牌商端的应用有数智化门店、零售参谋、货架商品识别、门店远程巡店、区块链溯源等产品。针对商超百货等零售商的有室内地图、巡店机器人、智能导购、数字大屏等产品。另外，针对餐饮、文旅、银行、地产等都不断有产品面世。企业可以通过这些产品直接赋能自己的业务，也可以和阿里巴巴定向开发符合自己独特需求的应用，比如智慧牧场、智能仓库、虚拟样板间等应用。

企业通过阿里巴巴商业操作系统勾画的数智化转型蓝图可以搭建出自己的数智化转型战略大图。可以在IaaS层应用阿里飞天云平台，在PaaS层构建自己的业务中台和数据中台，在SaaS层引入或开发应用产品解决企业的问题，在BaaS层借助阿里巴巴的平台拓展营销、零售、物流等能力。

【总结】

（1）企业核心矛盾已体现为数智化程度和业务发展复杂性之间的矛盾。通过数智化，很多企业的难题都将被解决。

（2）数智化转型不再是一句口号，ABOS 提供了数智化转型的整体蓝图和实施方案。

数智重构商业 11 要素

经过 20 多年的发展，阿里巴巴集团生长出强大的电商生态，沉淀出全球领先的商业大数据技术，而且进化出一套新的商业操作系统。这套商业操作系统能够帮助商家建立起数字化的商业能力。企业运营中的 11 个商业要素（包括品牌、商品、制造、渠道、营销、零售、服务、物流、金融、组织、技术等）将通过阿里巴巴商业操作系统实现在线化、数字化、智能化。这为企业数智化转型架起了桥梁，打通了路径。

数智技术不仅更好地开拓了线上销售渠道，还改变了企业运营的基本方式，以消费者为核心驱动各个商业要素，形成了反向动力链条，用数智技术打通品牌营销、供应链管理、商品设计和渠道管理等全链路。企业要走向数字化经营，就需要构建一个全数字化的企业大脑。阿里巴巴商业操作系统将为企业输出一整套的数字化能力，而非提供单一工具。阿里巴巴集团内的销售平台、物流、供应链和云计算，都会融合性地助力零售业数字化转型，改造商业结构，提升商业效率，进而取得新的商业增长。

本篇全方位地讲述阿里巴巴商业操作系统中的 11 个要素如何通过数智技术重构升级。

第 5 章
数智化品牌

　　品牌是消费者和商品间的认知桥梁，更是企业的重要资产。品牌的定位、运营、传播关乎企业的成败。传统的品牌定位往往基于创始人对市场的长期观察而积累形成的经验和直觉，也正因此品牌会有局部性、片面性、固化性。在具备了大数据资源和分析能力后，品牌的定位可以数据为依据，市场行为可以用数据来验证，这极大地提升了品牌定位方向的准确性。

　　在数智时代之前，品牌的发展依赖于渠道的扩张和在媒体中的传播。企业无法直接和消费者连接，也就无法真正地洞察消费者的需求。品牌市场行为往往是地毯式的广告轰炸。企业用品牌替换消费者的品类认知，然后招募代理商铺渠道。在数智时代来临后，品牌的传播模式变成了精准触达模式，根据市场营销行为的效果进行实时调整。有的新锐品牌构建起自己的自媒体，打造消费者社群，形成私域流量池，让品牌行为反馈周期从原来的以年为时间单位，变为以月为时间单位，甚至实时反馈，让品牌的竞争力得到大幅提升。传统品牌发展和数智化品牌发展的对比见表 5-1。

表 5-1

传统品牌发展	数智化品牌发展
品牌战略定位靠经验、凭直觉	品牌依据数据找到市场定位和切口
品牌和消费者隔断	品牌与消费者连接
对品牌资产测不准，难沉淀	对品牌资产实时可查，可触达消费者
品牌增长路径依赖于渠道扩张	品牌增长路径依赖于消费者数字运营
地毯式的品牌传播	手术刀式的品牌传播

5.1 数字化的市场分析和品牌定位

2015 年前后，中国房地产交易规模大涨带动了家具行业蓬勃发展。很多家具制造厂商看到林氏木业、优梵艺术等互联网品牌取得了成功，也想摆脱简单的代工厂模式，转型成家具品牌。一时间东莞、佛山等家具产业涌现出一大批网店，它们不改变国外的加工订单的设计风格，仅将其调整成适应中国工厂的尺寸后快速铺货到淘宝、天猫店，试图通过成本优势用低价占领市场。3 年之后，绝大多数家具制造厂商铩羽而归，为什么？

任何品牌的成长都有一个重要的窗口期，只要窗口期一过，成功的概率就低了。2015 年，房地产行业迅速发展给家具行业提供了一个发展机会，但这只是个短期的机会，做品牌往往需要一段时间的沉淀，在商品、营销和运营上形成品牌的竞争力，从而建立品牌的竞争壁垒，这就需要品牌选择一条长赛道，而不是短赛道。对于短期机会，我们可以投机，但限于生意层面，形成不了品牌。什么是家具行业的长赛道呢？基于某种价值取向的风格就是长赛道。在 2015 年后，家具行业的刚需消费人群是"90 后"

的"Gen Z"人群，他们喜欢的风格是北欧风格，在这种风格背后有他们对生活的理解和体验。从图5-1的数据中可以看出，①在2014年以前，北欧风格和美式风格的搜索指数是持平的。②从2014年到2017年，家具行业的搜索关键词北欧风格、简约风格等的搜索指数持续增加，美式风格、地中海风格等词的搜索指数的增长速度远不及北欧风格。③在2017年下半年后，所有词的搜索指数都大规模下降，房地产交易放缓，家具行业的红利期已过，赛道已经暂时关闭。

从图5-1中可以看出，最佳入场时间确实是2015年前后，但是在风格选择上应该选择暴发系数高的北欧风格的家具而不是走平的美式风格的家居。在2015年入场北欧风格家具赛道的商家，在2016年、2017年迎来了全面暴发。在这两年中如果快速占有市场份额，形成竞争优势，占领流量入口和目标消费者心智，那么会有很大概率成就品牌。反之，如果像前文说的蜂拥而至的工厂一样，不分析市场，不构建核心竞争力，直接把为国外市场开发的商品拿到中国市场进行恶性价格竞争，不但成就不了品牌，反而会面临极大的风险，甚至会把靠外贸赚的钱赔在"品牌梦想"上。

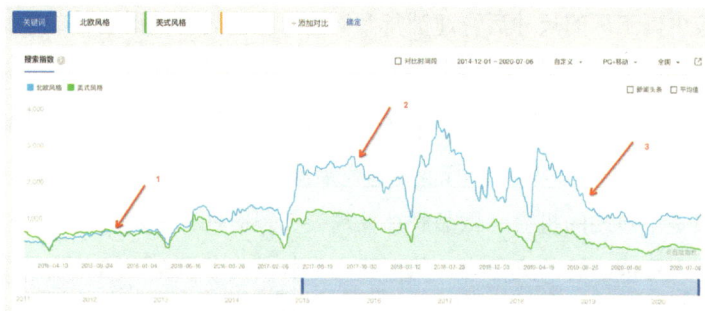

图5-1

数字化地评估市场、给出品牌的定位和切口是所有企业家和营销人的基本功。其中，重要的数字化的评估维度包括以下四个。

1. 市场规模

市场规模是否足够大，是否能支撑一个或多个品牌，这个数据可以通过生意参谋（阿里巴巴数据工具）的市场数据来评估。可以将数据工具提供的内容作为参考，如图5-2所示。比如，销售零食，想找蓝海市场切入，是儿童零食好还是有机零食好？生意参谋的数据显示，儿童零食关键词的交易指数是有机零食关键词的交易指数的20倍。有机零食的搜索指数在换算为绝对值后，30天的总搜索人数不足3万个，按照零食行业的平均转化率为5%计算，假设每月销售1500单，客单价为50元，那么月交易规模不足10万元。所以，儿童零食市场比有机零食市场更成熟。

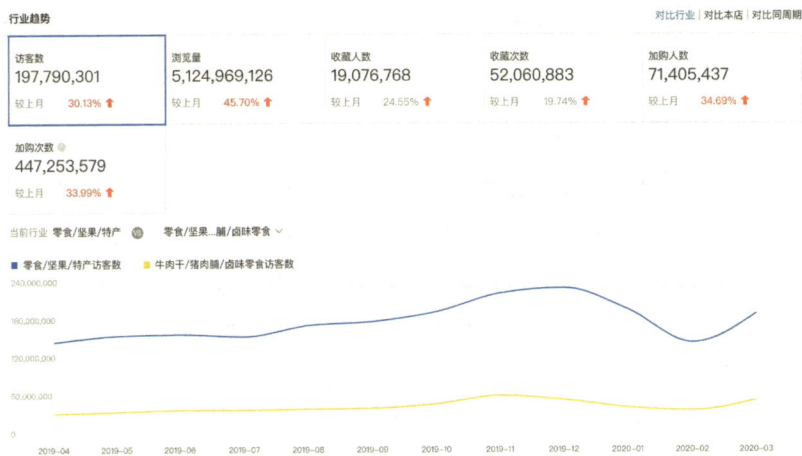

图5-2

除了现有的市场数据，还可以通过特征行为人群的规模来预测新市场的规模，为品牌开创新品类、开拓新市场提供数据依据。比如，孕妇化妆品市场在 2010 年以前规模很小，没有有影响力且专门针对孕妇的化妆品品牌，但是通过人群行为数据可以看到，孕妇人群和化妆品消费人群的交集人群规模并不小，也就是说有一部分消费者在怀孕期间还是要用到化妆品的。那么为孕妇提供安全的化妆品就能满足她们的需求，开拓出新的品类。亲润、袋鼠妈妈等孕妇化妆品品牌在 2010 年后依托天猫品牌快速发展也证明了这个市场真实存在。

每一代人的需求都会有独特性，"80 后""90 后""95 后"的需求各不相同。每个品类的商品在新的人群中都有被重塑的机会。面向"80 后"的江小白、面向"90 后"的钟薛高、面向"95 后"的乐乐茶都在重新定义新人群对品类的需求。用数据观测新人群的行为属性特征的变化，为新品牌创新、老品牌年轻化提供了数据支持。在工作餐外卖市场，关注品质的消费者会选择一人宴，需要减肥的消费者会选择轻食。我们可以通过其他行业的消费行为来预判这些人群是否存在、规模如何。

2. 发展趋势

从生意参谋的市场规模变化趋势、百度指数的品类相关关键词搜索趋势、淘宝关键词搜索趋势、天猫创新中心行业发展报告等中，我们可以判断行业发展趋势、品类发展趋势、关键词变化趋势等。如图 5-3 所示，每个行业都有最佳的进入时机，每个商品也有最佳的进入时期，行业时机对应着品类发展趋势数据，商品时机对应着关键词变化趋势数据，70% 的品牌的成功是因为在合适的时机进入了合适的赛道。

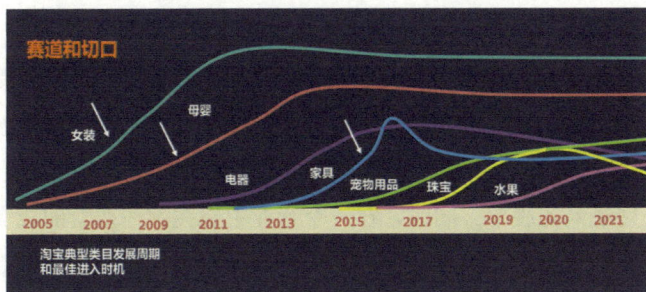

图5-3

从生意参谋中的市场红蓝海分析中可以清晰地看到行业中各品类市场份额的增长速度，x 轴是品类在行业中的成交金额占比，y 轴代表品类的成交金额同比增长。圆圈大小代表机会大小。如图 5-4 所示，西式糕点的成交金额同比增长接近 35%，表现突出。这个数据是 2020 年 3 月的数据，正是疫情对线下影响较大的时期，原来在线下超市、便利店渠道有优势的品类转移到电商了，这就是市场契机。

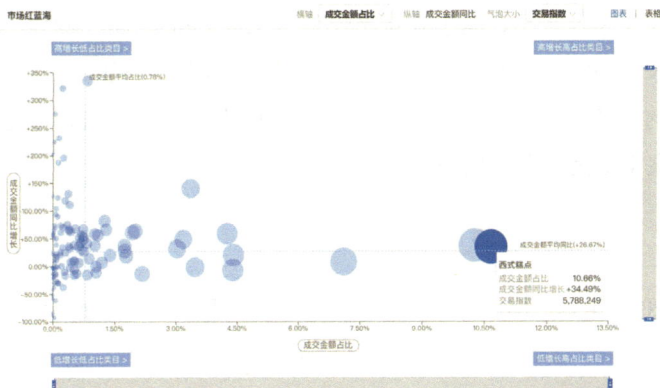

图5-4

3．市场竞争强度

对于在这个市场中有多少竞争对手、赛道中有多少匹马在赛跑、领跑的优势是否已经形成，我们可以通过搜索关键词筛选价格区间后按照销量排序选定对标对手，观察对手的流量结构、运营打法，对照自己品牌的优／劣势判断入场胜率。同时，在一个行业中当关键词搜索的成交笔数已经小于第一、第二名品牌的销售笔数时，市场很可能已经形成垄断，更多消费者选择搜索品牌关键词而不是品类关键词，就可视为品类赛道关闭了。

4．渠道成长机会

每个成功的品牌都要借助更大的平台势能。如果发现有大型新兴渠道，新人群数量出现暴发式增长，那么此时是品牌发展的重要契机。从 2008 年到 2012 年，天猫红利是淘品牌发展的最佳时机，2015 年是微博"网红"品牌发展的契机，2016 年是微商品牌发展的契机，2017 年是小红书孵化品牌的契机，从 2018 年到 2020 年是直播孵化品牌的契机。品牌如鱼，平台渠道如海水。进入洋流顺势而为，成功的概率会大大增加。线上如此，线下亦然。名创优品、酷乐潮玩是伴随着 Shopping Mall（购物中心）的渠道成长而成长的，乐扣乐扣、惠人果汁机是随着电视购物的渠道成长而成长的。花西子、王饱饱是随着直播渠道成长而成长的。可见，品牌选对发展渠道是至关重要的。

5.2 数字化品牌发展路径

从 2015 年到 2020 年，化妆品、日化、食品、服装等行业出现了大量的市场颠覆者。王饱饱占领冷泡麦片市场，成为麦片新锐品牌，电商渠道销售遥遥领先；三只松鼠的销售额从几亿元发展为几十亿元；阿道夫洗发液的销量在电商渠道中超越传统的国际大品牌；完美日记、花西子超越传统的化妆品品牌成为国货彩妆新锐。短短的 5 年发生了什么，让那些原本市场地位不可被撼动的品牌都受到了新品牌的挑战？原因如下。

新品牌找到了数字化的发展路径。

那么能让品牌快速发展的数字化品牌发展路径究竟是什么呢？它的三个要素如下。

1. 全链路、全生命周期数字化管理

品牌市场定位、消费者洞察、营销推广、体验设计、互动沟通可以全面实现数字化。品牌可以通过有数字触点的电商、直播、内容等渠道和媒体展开市场行为，对消费者进行深度数据分析、分层运营，实现商品、内容、人群数字化匹配，用数字工具管理消费者和品牌的全周期关系，形成从认知到忠诚的流量转化漏斗。

2. 黑客增长模式

品牌要抓住时机快速部署商品，突出 MVP（核心卖点），快速理解消费者，从人群推广圈选条件到文案传播、从主图视频到主播展现方式，快速形成测试，实现运营闭环。选马不如赛马，品牌营销的各个要素都要用赛马模式来迭代优化。

3. 私域流量和公域流量共振

数据达到关键指标后，品牌要大胆而精准地投入市场费用不断地扩大消费者认知，然后建立私域流量池，用微博、微信公众号或淘宝店来沉淀粉丝，形成快速、二次触达粉丝的免费路径。公 / 私域流量循环增长图如图 5-5 所示。

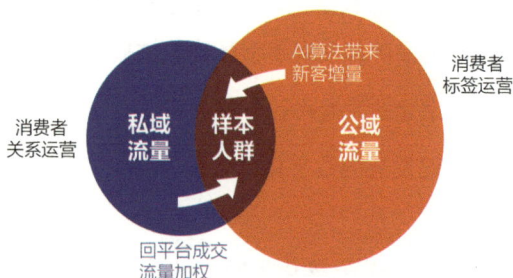

图5-5

　　同时，品牌要设置专业的粉丝运营团队，在线完成消费者关系管理。人工智能通过观察某个标签人群对某个品牌的关系加深率变化，判定该人群是否对该品牌有兴趣，然后自动增加该品牌在这个人群中的曝光量，为品牌带来新消费者。品牌把消费者加入私领流量池进行维护，将其转化为忠诚消费者，反过来可加大公域流量，基于算法放大扩容的样本消费者数量，从而获取更多高质量的新消费者。很多品牌走过一个误区，就是通过公域引流到私域，然后直接与消费者在私域中成交。这样看起来省掉了某些成本，其实损失了更大的利益，因为根据算法品牌在各个公域平台成交都会获取更多免费流量，增加品牌的拉新能力。所以，正确的做法是从公域中引流、在私域中维护，然后再在公域中成交获取更多新消费者，涓流汇入大海才不会枯竭。

　　这套打法的背后有三个核心的运营模型，即消费者全周期数字管理的AIPL 模型、数字化的品牌资产评估的 FAST 模型和数字化的品牌增长路径的 GROW 模型。

5.3 消费者全周期数字管理的 AIPL 模型

随着时代变迁、销售渠道多样化,消费者在消费过程中的角色发生了变化,从原来的被动角色变成了主动角色。只管理渠道的销售结果已经不能满足竞争的需要。品牌还要有能力管理消费者和品牌间的行为过程。我们把消费者和品牌之间的行为分成四个阶段,它们分别对应四个不同的人群:①认知(Awareness,A),对应品牌认知人群,包括被品牌广告触达和用品类词搜索的人;②兴趣(Interest,I),对应品牌兴趣人群,包括点击广告、浏览品牌/店铺主页、参与品牌互动、浏览商品详情页、用品牌词搜索、领取试用品、订阅/关注/入会/加购/收藏的人;③购买(Purchase,P),对应品牌购买人群,指购买过品牌商品的人;④忠诚(Loyalty,L),对应品牌忠诚人群,包括复购、评论、分享的人。AIPL模型如图 5-6 所示。

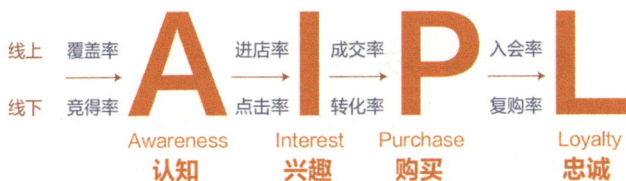

图5-6

在阿里巴巴的数据银行中可以清晰地看到消费者在单位时间内的 A—I—P—L 变化,如图 5-7 所示。

1. 认知(统计时间为 15 天内)

认知是指消费者相对被动地与品牌接触,通过曝光点击、无品牌倾向搜索且点击,下面对后者进行讲解。

无品牌倾向搜索且点击：浏览过品牌旗舰店或浏览过 1 次品牌商品，即 15 天内消费者通过阿里系的渠道认知过品牌。在通常情况下，如果 15 天内没有产生进一步的行为，这个认知人群就被判定为流失了，所以要设定时间周期为 15 天。

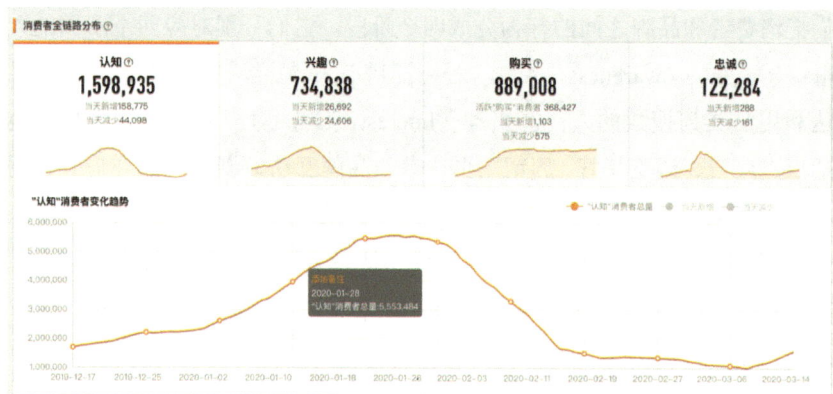

图5-7

2. 兴趣（统计时间为 15 天内）

兴趣是指消费者主动地与品牌发生接触，包括成为会员或粉丝、互动、发生了有品牌倾向的搜索和收藏／加购。

成为会员或粉丝：处于会员或粉丝状态。会员包括品牌号会员和品牌授权店铺的会员。粉丝包括品牌号订阅粉丝、互动吧关注粉丝、微淘粉丝等。

互动：参与了品牌号互动，预约核销成功，领取了新享样品，完成了新零售订单，在试用中心申请过品牌试用商品；对微淘内容进行了评论、点赞、分享、收藏、转发；参与了天猫快闪店的品牌互动；在天猫母婴室领样、成为会员。

发生了有品牌倾向的搜索： 在 15 天内，浏览过 2 次以上品牌商品。

收藏 / 加购： 在 15 天内，收藏 / 加购过品牌商品；预付定金。

与认知人群相比，兴趣人群是对品牌产生了兴趣，产生了互动关系的人群。与被动浏览不同，成为会员，关注店铺，收藏和加入购物车，都表示消费者出现了购物意图。含有品牌倾向的搜索，在内容端与品牌产生互动行为，都表示消费者对品牌产生了兴趣。兴趣人群是强意向潜在消费者。在合适的周期里，触达、激活、转化兴趣人群，投入产出效果最佳、效率最高。

3. 购买

购买人群是指在最近 2 年半（2×365 天 +180 天），购买了品牌商品的所有消费者减去"忠诚"的消费者。根据品类不同，高复购率商品的购买人群会比较多。用各种权益设计和营销方案，把购买人群转化为忠诚人群，是高复购率商品的关键运营环节。

4. 忠诚

忠诚人群是指在 365 天内，有过正向的评论，或在 365 天内购买过该品牌商品大于等于 2 次的消费者。忠诚人群是品牌资产的内核，决定着品牌销售的基本面。

在单位时间内，认知、兴趣、购买、忠诚人群的数量是品牌对消费者影响力的表现，那么单位时间内认知、兴趣、购买、忠诚人群的流转数据就是品牌运营能力的表现。单位时间是可以自己定义的。选择不同的时间跨度，可以观测不同的品牌运营关注点，如图 5-8 所示。比如，从一个月内的流转数据变化中可以看这个月相对应的活动策划和执行情况；从一年内的流转数据变化中可以看这一年品牌的整体发展情况、品牌影响力是上升了还是下降了、增长因素是新客户的增长还是老客户的增长。

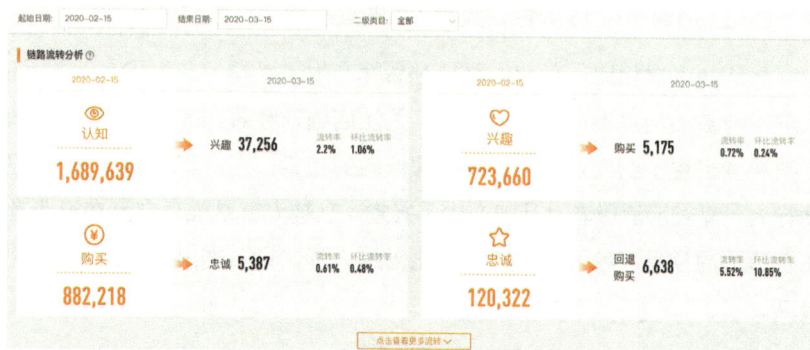

图5-8

5.4 数字化的品牌资产评估的 FAST 模型

对消费者资产的深度挖掘代表着运营模式的重大变革，即从过去的"流量运营"向"消费者运营"进行转型。这意味着运营的参照体系需要从传统的 GMV 指标向着更全面的能够展现消费者动态路径的全新指标体系转变。阿里巴巴开发的 FAST 模型为数字化导向的消费者管理体系赋能，具有可量化、可对比、可优化的属性。

FAST 指标主要由以下四个部分构成。

（1）Fertility（F）-AIPL。Fertility（F）（消费者规模，人群总数量指数）是曾达到过 AIPL 状态的消费者去重总量指数化后的结果。其中，AIPL 是指消费者历程中从认知（Awareness），到兴趣（Interest），再到购买（Purchase），最后到忠诚消费者（Loyalty）的消费者数量。

（2）Advancing（A）-AIPL。Advancing（A）（消费者关系转化，人

群加深率）是指存在 AIPL 状态提升（包括从 A 提升到 I、P、L，从 I 提升到 P、L 及从 P 提升到 L）的消费者去重总量在 AIPL 人群总量占比的指数。

（3）Superiority（S）。Superiority（S）（核心用户规模，超级用户人群总量指数）是指高净值、高价值及高传播力消费者，即有意向与品牌产生互动的人群，如会员去重总量指数化后的结果。此类人群代表着品牌可以低成本、高效触及或转化的人群，与是否已经产生购买行为无直接相关性。

（4）Thriving（T）。Thriving（T）（核心用户的活跃度，超级用户人群活跃率）是指有过活跃行为（包括 180 天内有加购、收藏、领取权益或积分、互动等行为）的超级用户在超级用户人群总量中的占比。

在传统广告学中，品牌的三个指标是品牌知名度、品牌美誉度和品牌忠诚度，是基于抽样的定性研究。在有了数字化手段后，品牌知名度指标不再体现在问卷上能否认知品牌名字，而是能够全量体现出品牌单位时间内触达的人群总数量。品牌忠诚度也转化为实实在在的会员数据，而品牌美誉度是一个感性指标，好感和成交转化不能正比拟合。通过 AIPL 模型逐层的转化率完全可以观测出品牌的运营能力。FAST 模型能够更加准确地衡量品牌营销和运营效率，同时 FAST 模型也将品牌运营的视角从重视结果的静态数据（GMV）拉向了对品牌价值健康、持久的维护，从管理结果转向管理过程。数据化品牌价值的 FAST 模型如图 5-9 所示。FAST 模型的数量指标和质量指标如图 5-10 所示。

图5-9

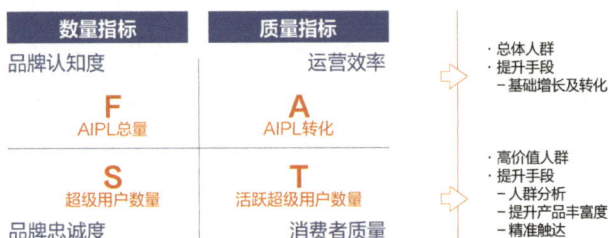

图5-10

FAST 模型通过同时监测全部及细分群体的消费者历程的动态转化，为品牌商更好地运营消费者资产提供了有利的参考指标，解决了过去 GMV 指标无法考虑消费者转化时间和消费者质量等维度的问题。GMV 指标是结果的表达，GMV= 流量 × 转化率 × 客单价，转化率由于流量 AIPL 的属性不同而发生巨大变化。比如，在对"双 11"的销售额进行预测的时候，前一年 10 月同期流量是每天 10 万个 UV（Unique Vistor，独立访客），而今年是 20 万个 UV。在商品和运营能力不变的情况下，是不是能判定在今年的"双11"期间能实现销售额100%增长呢？答案是否定的。这要看这20万个UV是哪个周期的消费者，是否精准。如果这20万个UV中有15万个是天合计划带来的新消费者，而去年的每天10万个UV是品牌兴趣人群和忠诚人群。那么很可能在今年"双11"期间GMV不增反降。基于FAST模型的评估就准确得多，很多商家对"双11"销售额的预测准确度大大提升。

图5-11为品牌活跃消费者数量在8月到"双11"之间的波动情况。从图5-11中能明显看出，这个品牌在9月开始人群"蓄水"（增加新人群曝光和从A人群向I人群流转），在10月20日开始发力"收割"（多次触达I人群为"双11"转化做准备）。品牌的市场曝光预算集中花在9月，而电商的推广预算主要花在10月中下旬。这个节奏与消费者的转化周期相吻合。参照前一年的消费者资产日环比数据，可以每天预估"双11"目标GMV的值，从而判断增加哪个运营要素。

图5-11

5.5 数字化的品牌增长路径的 GROW 模型

关注品牌增长的 GROW 模型如图 5-12 所示。

GMV增量＝客户数×购买频次×客单价＋品类延展

Gain(G)	Retain(R)	bOOt(O)	Widen(W)
渗透力	复购力	价格力	延展力
现有品类 渗透机会	品类复购 提升机会	品类货单 增长机会	TOP关联品类 延展机会

图5-12

如果说 FAST 模型数据化地表达出品牌的实时状态，那么如何为品牌找到未来的增量呢？阿里巴巴的 GROW 模型就是数据化地解决增长路径的工具。

GROW 增长模型识别出可以驱动品类持续增长的四大要素：

渗透力（Gain，G），指消费者购买更多类型品类/商品对品牌总增长机会的贡献。

复购力（Retain，R），指消费者更频繁/重复购买商品对品牌总增长机会的贡献。

价格力（bOOt，O），指消费者购买价格升级商品对品牌总增长机会的贡献。

延展力（Widen，W），指品牌通过提供现有品类外其他关联类型商品所贡献的总增长机会。

以一个童装品牌为例，渗透力是指买了裙子的消费者也买了裤子和衬衫。复购力是指一个消费者一年对这个品牌消费多少次，是每个季度都购买，还是在每次上新时都购买。价格力是指在打底裤升级了更好的面料后在转化率稳定的前提下价格的提升。延展力是指这个童装店增加童鞋品类销售带来的增量。这些增长方式现在都可以数据化地表达。通过分析 GROW 模型，我们可以找到各个品类 / 品牌的各项增长机会，进而选择最佳的增长路径。

如图 5-13 所示，通过 GROW 模型对大快消六大行业分析可以看出，母婴人群的品牌忠诚度高，品牌和品类的对应性也高，提升品类内的商品增长是最大机会。食品类目是高复购类目，数据指标显示食品的复购增长机会最大，食品商家增加老消费者的复购能力是最大机会点。医药保健行业可以通过对消费者进行精细化运营，针对消费者的身体状态给出更优的商品进而提升商品单价。从运营实战上来看，保健医药行业确实存在本不应该发生的低价竞争问题。如果从价格竞争调整为品质竞争，那么将带来很大销售增量。

GROW模型识别阿里大快消行业六大模块各自增长因子

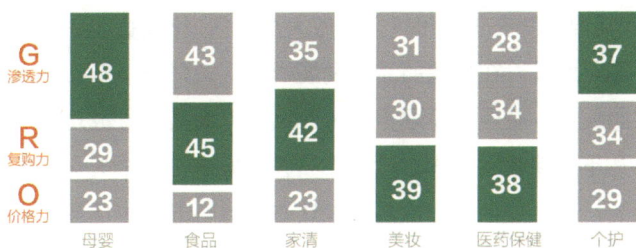

图5-13

不论是 FAST 模型还是 GROW 模型，都给了我们全新认知、评估品牌的方式，也给了我们全新的运营品牌的路径。我们从原来产生巨大资源浪费的地毯式广告轰炸，从销售指标拍脑袋式的运营方式切换到了基于大数据的品牌运营周期里。不过要真正切换为消费者运营，增加 FAST 模型的品牌资产价值和实现 GROW 模型里的品牌增长潜力，最核心的还是对消费者进行分群运营和精细化管理，"千人千面""千人千权"，最大限度地满足不同消费者的需求。

5.6 数字化的品牌传播路径

传统的品牌传播和数字化的品牌传播最本质的区别在于，前者是向消费者心智认知做功，在消费者没有需求之前就让其先获得品牌认知，然后通过各种渠道铺货，完成销售。数字化的品牌传播可以做到向精准的目标人群做功，预知消费者是否已经产生需求，品牌能够不通过渠道直接和消费者连接，甚至通过数据预判消费者会不会对这个商品产生需求。例如，一个婴儿枕品牌的传统做法是品牌商通过母婴专业杂志、展会招募代理商，代理商把婴儿枕分发给经销商或者母婴零售渠道。为什么零售渠道愿意卖他的商品呢？除了商品品质，最重要的就是品牌，包括品牌的知名度、信任度。这就需要品牌在进入市场之前做大众传播，比如找明星代言，做杂志、电视广告等。所以，在传统的品牌发展模式下，每一个新品进入市场都要花费巨大的成本，企业都要承担巨大的风险。商品一旦成功，需要热卖几年甚至十几年才能收回成本。所以，品牌会集中在一个大众需求的单一品类来做商品，一方面便于形成消费者认知，另一方面也能够让商品收获最大的市场价值。

数字化的品牌传播不需要向大众进行传播，只针对目标人群进行传播，通过内容进行商品教育和传播，然后直接链接到购买页面。整个链条没有断点，是一个完整的闭环，对消费者的认知塑造只需要在一个短时间内完成就好，不需要提前很多年反复形成心智认知。还以婴儿枕品牌为例，在小红书、抖音上先做内容"种草"，不是先讲商品设计、功能、品质，而是用一个"幸好当初没扔掉"的话题，对照刚出生的宝宝的"丑"和长大后的"美"，自然地带出脑形很关键的商品价值点，再用大 KOL（关键意见领袖）或者专家给出背书，增加信任。然后，通过购物车直接链接到成交页面，整个传播过程一气呵成。

今天，传统的品牌传播模式和数字化的传播模式是并行的。数字化在向传统媒体挑战的同时，传统媒体也用数字化手段武装自己来应战。在数字化时代，品牌的成长路径和以往大不相同，品牌从对人的心智做功转移到对 AI 的标签识别做功，传播内容从填鸭式、重复记忆的模式，变成了内容沉浸，一步一步地用内容"种草"（激活欲望）、"养草"（培养欲望变大）。品牌企业和消费者的关系也从原来被渠道隔离的关系，变为相互融合的关系，消费者走到了整个商业闭环的中心。

【总结】

本章介绍了如何通过数智化进行品牌管理。

（1）用数字来选择市场。企业用数字评估市场规模、进入时机、竞争强度、渠道趋势等，分析行业发展趋势，以便在最合适的时机进入市场。

（2）揭秘利用数字营销技术快速成长的品牌的独特发展路径。企业要开展全链路数字化营销，利用黑客增长模式快速迭代，并形成私域流量池以滚动循环变大。

（3）介绍了三大品牌运营模型，即消费者全周期数字管理的 AIPL

模型、数字化的品牌资产评估的 FAST 模型、数字化的品牌增长路径的 GROW 模型。通过对运营模型的"数据建模",企业可以洞察各种行销行为。

（4）介绍了传统品牌传播路径和数字化品牌传播路径的区别。品牌和消费者直接连接，消费者的需求不再神秘，通过数据透明起来，新的路径创造了一个精准、沉浸、滚动变化的商业闭环。

新的流量构成了全新的品牌战场，新的客群形成了全新的市场机会。数智化的巨大能量，摧毁了原来通过渠道占领形成优势的品牌的城墙，新生的颠覆者们用新的武器发起挑战，传统品牌也纷纷拿起数智武器应战。品牌和品牌的竞争主体是商品，那么如何通过数字化开发、选品、打造爆款商品呢？下一章介绍数智化的新品创新。

第6章
数智化商品

　　每个品牌都在竞争压力下不断开发新品来适应新的人群需求，不能自我革新，就会被对手淘汰。新品永远是竞争的焦点，也是增长的火车头。可是开发新品谈何容易，如何找到市场方向？如何提升商品开发的成功率？如何缩短开发周期快速抓住市场机会？这些都牵动着每一个开发人员的神经。传统的商品开发依赖优秀的设计师，但是设计师能获取的信息是有限的，设计师也会变老，老到无法理解新的消费者需求。如果没有大数据洞察，谁也想不到年轻人对洗发水的第一需求从柔顺变成了防脱。如果没有实时数据做支撑，谁也没法预测一个雪糕的售价可以超过一顿饭。如果没有数据做支撑，研发人员、市场人员和销售人员还在激烈地争论今年的流行趋势，而那些畅游在数字海洋中的品牌，早已形成了快速开发和柔性化生产的能力，在一次次开会争论中，它们的商品已经上线热销，赚得盆满钵满。在数据时代，新品的数量如井喷潮涌，一夜之间就出现的"网红"商品让人目不暇接。传统商品开发和数智化商品开发的对比见表 6-1。

表 6-1

传统商品开发	数智化商品开发
商品开发情报主导设计，成功率低	通过数据找到新品开发机会
新品研发过程孤立、封闭	消费者参与新品开发，众包
新品开发周期为 18~20 个月	新品开发周期压缩为 6~8 个月甚至更短
从新品到"爆品"的选品赌眼光、看运气	对新品上新全程用数据监控、用数据选品

数智化的商品创新方式：用数据洞察市场的发展趋势，以确定商品开发方向；用数字化的方式筛选消费者，让其参与商品的研发和评选，大幅减少开发成本，缩短时间周期；用数字化的运营手段来启动新品开发，监测新品的营销数据、转化数据、评价和舆情，选马不如赛马，通过数据运营提升新品开发的成功率。

6.1 依托数据的新品机会发现

李施德林打破 100 年的口味认知，推出花果香味的漱口水，收获了大批女性消费者，如图 6-1 所示。在 1881 年李施德林漱口水的配方形成后，它略带辛辣的口味就是品牌的味觉认知，这种刺激的感觉给了人效果强的暗示，是品牌的记忆点。如果李施德林能不这么辣就好了，很多消费者在第一次使用它的时候可能都有这种感觉，在 100 年的漫长历史中，李施德林可能也设想和尝试过推出新口味的漱口水，但是新口味会不会破坏原有的品牌认知？新口味是否真有市场需求？一旦需求是小众群体的诉求，在快消品原有的大渠道下该怎样销售？这些问题都曾经是挑战。

图6-1

所有新品创新都面临同样的挑战，创新本身就是试错，试错本身就意味着风险，所有成熟的品牌在机制上都尽可能地回避风险。可是只有推出新品企业才能进步，但是导致新品失败的因素非常多，渠道适配性、营销时机、竞争强度等任何一个因素都会导致新品死亡，新品开发可谓九死一生。

TMIC 服务了超过 1000 个头部的战略品牌，让新品孵化的周期缩短一半以上，从原来的 18~24 个月压缩到 6 个月。在品牌数和商品数越来越多的情况下，2019 年新品孵化成功的优品率达到 70%。

天猫新品数字化系统给予对消费者的洞察和天猫数字化能力，在新品研发过程中通过机会挖掘、创意生产、概念验证、试销迭代四个步骤，为商家提供用数据驱动的新品开发一站式解决方案。以前，商家研发新品依赖于经验直觉、小样本调研、一方数据，开发的风险极高，且难以复制。在 TMIC 的数据系统支持下，人的决策变成了用大数据决策，在哪个品类方向上开发新品、商品的市场规模预估有多大、核心人群是怎样的等都可以提前做数据预测，在商品推向市场前，可以小规模试销，在取得数据后迭代升级，在数据达到合适的指标时再进行大规模生产。一个商品的开发周期被大大缩短，以往一年最多可以推出5个新品，现在一年推出30个新品也不是问题。以往一个新品的生产需要几万件才能起步，通过大数据指导决策后，创新工厂可以进行几千件规模的柔性化生产。

TMIC也可以指新品开发和成长历程中的四个关键动作：

（1）人群研究（Targeting Segmentation，T）。

（2）市场洞察（Market Foresight，M）。

（3）"爆品"创新（Innovation Guidance，I）。

（4）协同策略升级（Collaborative Tactics，C）。

这四个动作对应的四个商品分别为人群研究所、天猫趋势报告、C2B创新工厂和新品上新策略，如图6-2所示。

TMIC的这四个商品有效地解决了在品牌创新的过程中遇到的四个难题：趋势预测难、新品反馈滞后、销售预测难、存活率低。

所有新品的成功都是适应了消费者需求的大趋势才得以实现的。大趋势怎么判断呢？一半靠经验，一半靠运气。以服装行业为例，一个服装品牌的商品设计部门是品牌的灵魂部门，设计部门要研究国际流行趋势、流行色、流行面料、流行工艺等，然后结合自己的品牌风格来做新品设计，每年推出三到四季的商品。商品是否成功主要看订货会有多少下单量。来下单的代理商们也要有敏锐的洞察力，通过经验预判哪一款商品在自己的地区会好卖，然后根据历史数据确定下单量。那么接下来会流行什么？这个问题是困扰所有服装设计师的核心问题。从2010年到2020年，女装品类出现了各种风格趋势，街头风、森女风、小香风、古着风、北欧风、复古风的服装层出不穷。新的品类不断涌现，Lolita、JK、汉服变成了"Z世代"衣橱里的标配。这些风格和品类的流行有没有办法用数据预测呢？答案是肯定的。所有风格在大规模流行之前都有一个漫长的沉静期，然后随着某些突发事件，比如在明星圈开始流行、主流时尚品牌力推等因素，快速流行。该风格、品类的相关关键词会出现一个明显的"爬坡期"，在每周关键词热词排行榜里出现的新词，很可能是马上要流行的商品。监测行业热词，是商品开发人员的一项重要工作。这些热词包括品类词（比如，小白鞋、老爹鞋）、属性词（比如，巨袖、流苏）、描述词（比如，大哥廓西、chic等）。

图6-2

在生意参谋的市场热搜词里，除了直接观测新兴趋势，还可以观测到某些潜在的需求。例如，在宠物用品类目的猫粮的搜索相关词里，"进口"

这个相关词的搜索量在增加，这代表着进口猫粮的需求在增加，这里有商业机会。在搜索狗粮的关键词时会出现组合关键词，大量出现犬种名字，比如消费者会搜索哈士奇狗粮、金毛狗粮、泰迪狗粮等。狗粮品牌耐威克发现了这个规律，制定了"专宠专粮"的商品策略，这个品牌的狗粮都是根据犬种的定制款。金毛狗粮会让毛色更光亮，在茶杯泰迪狗粮中加了骨胶原营养，让茶杯犬不易骨折等。商品上的一系列创新，让耐威克迅速崛起，快速跻身宠物食品类目前列。

商品是隶属于品类和行业的，品类快速增加、行业暴发会催生大量新品，如何把握行业发展趋势是商品研发前期更重要的课题。通过生意参谋等阿里巴巴的数据工具和 TMIC 的天猫行业趋势报告，我们可以清晰地看到行业发展的情况。下面通过几个案例，了解如何应用这些数据工具快速地把握商业机会和趋势。

2020 年，新型冠状病毒肺炎疫情对很多行业造成了巨大打击。根据我们的想象，户外烧烤架行业的销售额肯定大规模下降，户外野营、野餐都不能去了，烧烤架就没有市场了。下面来看看数据显示的实际市场状态是不是和我们的猜测一致呢？在生意参谋的市场大盘里看一下近一年的烧烤架搜索趋势，如图 6-3 所示，可以发现大盘数据不但没有下降，反而暴涨。搜索人气从 2019 年 4 月的 25 000，飙升到 2020 年的 80 000，整整涨了 3 倍多。从曲线中可以看出，行业在疫情期间暴发增长。

根据这个趋势判断，原来卖烧烤架的商家应该卖得非常好。下面再看一看热搜词的组成，如图 6-4 所示。我们会发现，其实真正增长的品类是家用烧烤架，而不是户外烧烤架。放在空气炸锅里、烤箱里的烧烤架的需求激增。无碳、电烧烤、气炸锅等搜索词的 7 天搜索指数都排在前列。由于受到疫情影响，客户没办法去烧烤店，只能在家里 DIY 烧烤，所以烧烤架的市场快速增长。在飙升词里还出现了炉灶烧烤架、燃气炉烧烤架等新的品类名字。如果我们在 2 月发现这个趋势，3 月把商品投向市场（该类目的研发门槛非常低，所以在短时间内就能实现），那么就能享受到这个类目的增长红利。

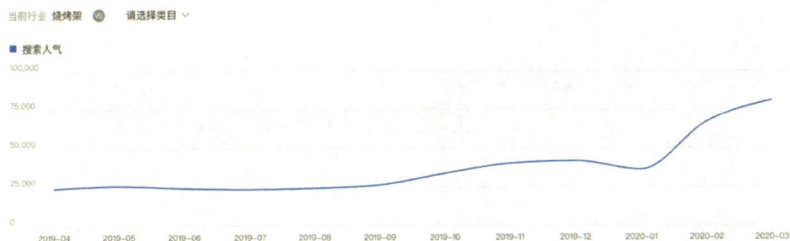

图6-3

搜索词	热搜排名	搜索人气 ▼	点击人气 ▼	点击率	支付转化率	操作
无碳无电家用烧烤架	1	1,471	1,287	83.04%	1.72%	搜索分析 人群分析
无碳无电烧烤架	2	1,423	1,232	81.00%	0.46%	搜索分析 人群分析
空气炸锅配件	3	1,410	1,145	106.13%	9.38%	搜索分析 人群分析
气炸锅烘焙纸	4	1,054	863	100.15%	17.21%	搜索分析 人群分析
空气炸锅纸烘焙油纸	5	949	682	59.50%	15.48%	搜索分析 人群分析
微波炉烧烤架	6	889	742	62.28%	9.38%	搜索分析 人群分析
空气炸锅配件通用	7	831	682	91.94%	9.52%	搜索分析 人群分析
无碳烧烤架	8	713	533	65.78%	-	搜索分析 人群分析
无碳无电烧烤	9	661	477	58.96%	6.25%	搜索分析 人群分析
无碳烤肉架	10	580	490	64.61%	-	搜索分析 人群分析

图6-4

下面再仔细观察每个关键词的人群分析，会发现在家吃烧烤虽然是共同需求，但是吃烧烤的人群可以分为两个，大众人群选择直接在煤气罩上烧烤，需要的是一个架子，而高端人群需要的是一个无烟烧烤的电器。商家根据自己原有的用户属性、供应链特征可以做不同的商品来适应这个需求，如图 6-5 所示。

图6-5

我们通过监测搜索人气等数据可以发现市场机会，要快速抢占市场，还需要快速的设计、研发、生产、物流响应体系，从决策体系到整个供应链体系都要在最短的时间内进行组织。中小商家非常适合用这种方式，他们的决策链条短、反应速度快，供应链也足够柔性和灵活。大商家用这种方式的挑战会变大，大品牌不但要考虑市场机会是否存在，还要判断市场规模、趋势的周期等众多因素。尤其对品类的拓展，对于品牌来说是战略性问题，不能用简单的机会主义来执行。

对于战略性的商品布局来说，仅仅知道正在发生的趋势还不够，还需要有前瞻性，要知道为什么品类会流行。要想预测未来，原来的市场调研方式很难做得到，但是通过数据和人工智能可以做得到。TMIC 趋势行业情报局通过算法可以帮助品牌挖掘市场的潜在机会，预测行业发展趋势。TMIC 趋势行业情报局在 2018 年年底通过数据预测发现身体护理类的美妆商品会在 2019 年出现需求暴发，然后把这个情报在天猫同步到美妆行业的商家群，美妆品牌半亩花田抓住这个机会推出了含有玻尿酸、烟酰胺等成分的身体护理商品，主打身体祛痘、美白等功能，在 2019 年销量急速增长。2018 年，在 TMIC 预测男士彩妆市场暴发后，男士护肤品迎来了更大规模的市场井喷。欧莱雅等品牌全速跟进。在 2019 年 "双 11" 期间，欧莱雅男士护肤品斩获男士护肤桂冠，为欧莱雅集团贡献了巨大的市场增量。

我们还可以通过对相关品类需求的数据挖掘和分析来预估品类增长。消费者对商品的需求不是孤立的，对某个需求的满足往往需要多个商品来完成，商品之间有内在的关系序列。我们可以通过数据算法分析商品之间的关系序列，然后算出在关系序列中的新品机会，并预测其规模。正像海王星被发现一样，早在 19 世纪初，科学家布瓦尔就通过天王星运动被干扰的规律预测了这颗行星的存在，几十年后科学家们才通过天文望远镜观察到这个太阳系质量第三大的行星。有些品类的需求现在没有对应的商品，不代表没有市场。通过商品之间的关系序列的数据挖掘，我们可以发现蓝海品类，占领空白市场。

商品之间的关系序列可以分为需求时间序列、需求场景共时、场景时间序列、生活方式共享四种不同情况。

需求时间序列是指同一个消费者在不同时间段出现的需求，如图 6-6 所示。比如，护肤品的控油、保湿、祛斑需求在各个季节里表现出不同的需求量，但是背后的消费者是一个人群。根据需求时间序列，找到一个典型的新兴人群对照成熟人群的商品品类分布，可以发现和评估新兴人群的空白市场。比如，女士护肤品市场是成熟的人群市场，男士护肤品市场是新兴的人群市场。女士护肤品有面霜、晚霜、精华液、眼霜、祛痘商品、祛斑商品、保湿商品、控油商品、面膜、唇油等，那么对应的男士护肤品也会出现这些类别，如果男士祛痘、控油的商品市场已经成熟，对照这两个类目和女士的对应类目的规模大小可以得到男士护肤品相对于女士护肤品现有市场规模对比系数，那么还没有深度挖掘的类目（比如，男士面膜、男士眼霜等）就存在巨大机会，同时可以通过对比系数乘以女士面膜和眼霜的市场规模预判男士面膜、眼霜的潜在市场规模。

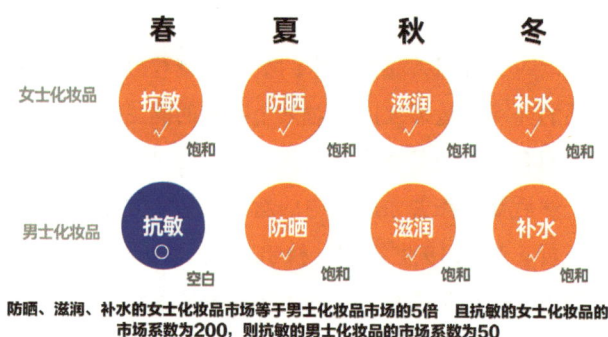

防晒、滋润、补水的女士化妆品市场等于男士化妆品市场的5倍　且抗敏的女士化妆品的
市场系数为200，则抗敏的男士化妆品的市场系数为50

图6-6

需求场景共时是指在同一个生活场景或者同一个人生阶段中多个品类商品同时满足同一个场景需求，如图6-7所示。比如，汽车用品和母婴商品就是强关联品类，这两个品类都同时满足带娃的同一个人生阶段。那么汽车用品的厂商，如果能针对母婴人群的需求来开发和设计就会挖掘出大量的蓝海市场。比如，汽车内的奶瓶收纳、车载保温箱、车内换尿布台等。这些商品开发起来复杂度不大，在推广过程中很容易找到人群标签，加上刚需、展示效果强等特征，通过抖音等内容通道，很快就能占领市场。

场景时间序列是指消费的递进周期，如图6-8所示。比如，数据显示婚庆人群基本在一年后会转为母婴人群、买建材的人群在3个月后会关注家电。这些需求有明确的前后顺序，通过上一个场景的需求变化可以预判下一个场景的变化。比如，婚庆市场的整体规模变小，那么未来一年母婴市场也会相应变小，未来三年婴童市场也会变小，这是和人口规模变化有关的。颗粒度再细一点，如果婚庆装饰品的审美从大红的喜庆感转化为ins 风的烟灰粉，那么母婴类目在未来同样会有这样的审美趋势出现。

摄像头、鞋服、防蚊、椅子等品类原本存在，但是钓鱼的场景需要更有场景针对性的商品

图6-7

全屋定制为什么变为新兴行业？很重要的原因是它在时间序列上前移

图6-8

根据场景时间序列，玛氏集团和天猫合作推出幼犬和老龄犬专供粮，针对一岁以下的幼犬主打肠胃呵护易消化，针对 7 岁以上的老龄犬主打抗氧化增抵抗，如图 6-9 所示。把全商品覆盖的时间周期拉长了，就把消费者的消费生命周期拉长了。很多犬种都能长寿，超过 10 岁的高龄犬的比例逐年增加。这组商品的开发对消费者运营起到了重要作用。

图6-9

　　生活方式共享是指同一个人群有着相同的生活方式，如图 6-10 所示。比如，"Z 世代"的男性消费人群喜欢国潮，也是对智能电器感兴趣的人群。他们会穿着李宁品牌的服装，玩无人机，戴 VR（虚拟现实）眼镜。

针对新兴人群的新生活方式，有大量市场空白，所以足力健只做老年市场可以独占鳌头

图6-10

新品孵化的灵感和方向往往来自对当前市场微小趋势的洞察。但是微小趋势能否成长为真正的成熟市场？新需求是否具备普遍意义？TIMC提供了细分市场的数据指标，即潜力指数、规模指数、增长指数和趋势指数，定量衡量不同细分市场的表现。

潜力指数：根据细分市场的近期销售情况和短期预测销售情况综合得出的预估销售额增长指数。

规模指数：细分市场当月成交额的指数。

增长指数：预测细分市场下个月成交环比增长率的指数。

趋势指数：细分市场的购买用户中与趋势人群的重合度的指数。趋势人群是指习惯于在"爆品"的新品期达成购买的用户，他们喜好新品的程度大于其他消费者，是小黑盒等渠道的重度用户。

6.2　新品合伙人、仿真实验室和动销诊断台

掌握市场趋势只是完成了商品创新的第一步，一个具体的商品能否取得市场认可才是关键所在。每年各大品牌都会推出很多新品，但是这些新品多数都不能成为"爆品"，无数的细节决定着新品能否成为"爆品"，这些因素包括商品的外观、定价、体验感、便捷性、包装、口味、香型等。这些因素需要定量分析和定性分析同步进行，很多属性要通过商品和消费者的交互才能做出判断和改进。比如，化妆品瓶盖在容易打开的同时气密性是否过关，5kg装的咖啡豆是否需要利于保存的封口，手持电器的自重是否适合女性消费者，鞋子会不会磨脚，抹茶味的饼干是否受到喜爱等。TMIC的新品合伙人是天猫通过数据筛选出来的真实消费者，他们协助完善商品体验，补充定性分析部分。

用数据筛选出来的新品合伙人不仅可以完成小数据调研，还可以通过游戏问卷的形式参与到商品创作过程中，完成游戏的合伙人进入淘宝群和品牌商品开发人员深度交流。因为合伙人是用数据筛选出来的真实消费者，所以调研的参与度和准确度都很高。在社群中讨论形成商品方案后，再增加调研的人数通过投票来验证方案。

欧莱雅在研发熬夜面膜的第一个阶段通过 TMIC 招募、海选新品合伙人，用娱乐化的方式和消费者共创了 967 条关于面霜的不同创想，在 4 天里征集了 1400 个方案。在第二个阶段，欧莱雅建立了共创社区，通过不同消费者讨论小组，对他们的生活形态、他们对商品的期待等做了全方位的了解，即进行消费者的深度洞察。在第三个阶段，欧莱雅基于消费者的深度洞察，在很短的时间内，形成了 14 个未来可行的商品方向，最终形成了 6 个初步的商品概念。在第四个阶段，欧莱雅在得到商品概念后，跟消费者一起进行商品优化，在商品开发全程都保持消费者参与和互动，在消费者的帮助下进一步优化出了 4 个商品概念，最终选出了零点面霜这个商品概念。整个过程仅 59 天，这是传统的消费者调研不可能做到的。

新品合伙人打破了小规模消费者互动模式，利用平台资源，引发大规模创意脑暴。消费者为该面霜定义了熬夜的新场景，给出了零点面霜、熬夜面霜等 Nick Name（昵称）。该新品从 9 月上市到"双 11"期间，单品销售 45 万件，销售额过亿元。熬夜面霜如图 6-11 所示。

在新品合伙人的共创过程中涌现出了很多微创新，比如给商品起 Nick Name。消费者起的名字没有框架束缚，往往更加贴切。在短时间内可以得到数千个名字供品牌筛选。在起 Nick Name 的创意中，欧莱雅的零点面霜、倩碧的镭射瓶、飞利浦小雨（电动牙刷）、趣多多实力棒等都是新品合伙人脑暴出来的。新品合伙人用大数据配合小数据，完成商品的体验调研，给商品迭代优化提供快速反应机会。

图6-11

在概念测试期后，商品进入仿真测试，TMIC用数字孪生技术，虚拟真实购物场景，仿真宝贝页测试数据，通过消费者行为判断决策因子和流失因素，给出商品迭代方向。在仿真实验室，商品不需要大规模投产就能得到市场的快速反馈。这样既减小了市场风险，又极大地提升了信息反馈效率，甚至可以在小成本下做多样本测试。

仿真实验室对新品测试有三个真实：人群真实、测试环境真实、消费者行为真实。模拟宝贝页就在店铺中，消费者不知道这是模拟宝贝，消费者行为不受干扰。我们可以通过消费者和页面的交互行为，对购买动因和阻力进行分析。仿真实验室还可以做智能测款，VANS在大促前两个月对96个新品进行测试，选出最具潜力的36款新品作为"双11"主打款，如图6-12所示。这36款新品在400款鞋中脱颖而出，销量占比为44%，售罄率高达70%，卖得最好的款式销量超过4000双。

图6-12

在仿真实验室，商品是否受欢迎，不是消费者说出来的，而是消费者买出来的。除了测试款式，我们还可以通过数据来测试价格，找到最佳的价格带。当然，我们也可以通过生意参谋等工具发现品类的价格带分布和价格带空白点，找到市场机会。如图6-13所示，横轴是成交金额占比，代表价格带分布状态，纵轴是成交金额同比，代表增长速度，汽泡大小是交易指数，代表成交规模。在某个商品品类数据中，价格带在60~110元区间的商品虽然市场占比不高，但处于高速增长状态，如果我们要给商品定价，排除成本、品牌定位等因素，把价格定在60~110元这个区间既能有效地避免竞争，又能享受快速增长的红利。

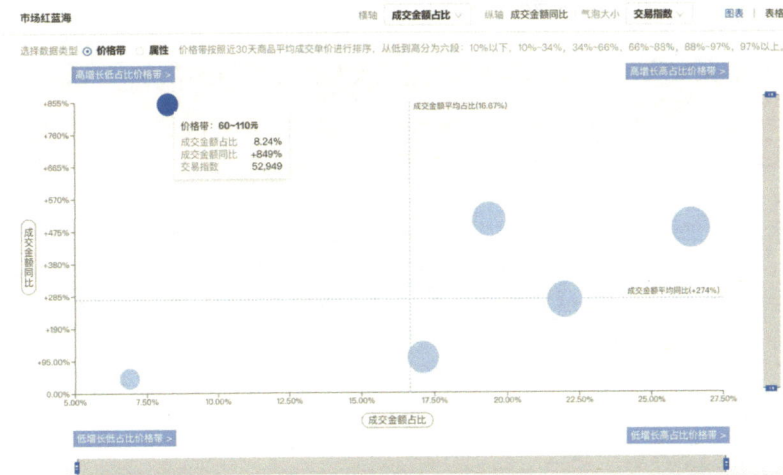

图6-13

　　商品开发的各个关键细节都可以用仿真实验室来完成测试，比如商品的包装设计。百草味通过消费者在线访谈、UA问卷调查、跨品类机会研究等方法，完成品牌的包装升级，如图6-14所示。

图6-14

　　新品经过迭代调整后正式投向市场，并通过新品成长报告做实时的数据监测。我们可以通过点击率、加购率、成交率等指标拟合"爆款"曲线，判定新品引爆的可能性。我们也可以分析整个店铺新品成长的分布，看看哪些新品更具备"爆款"潜力。这对于服装、鞋帽等非标品类目至关重要。

新品成长报告如图 6-15 所示。

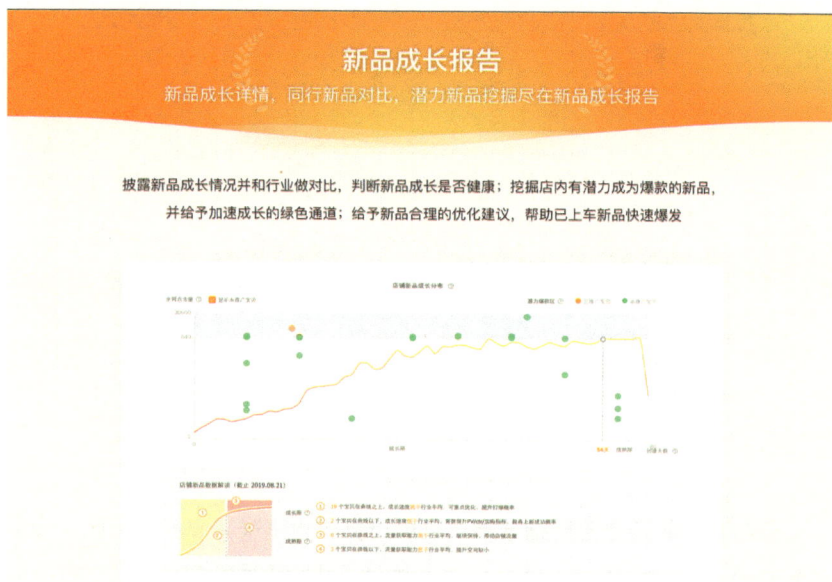

新品成长报告

新品成长详情，同行新品对比，潜力新品挖掘尽在新品成长报告

披露新品成长情况并和行业做对比，判断新品成长是否健康；挖掘店内有潜力成为爆款的新品，
并给予加速成长的绿色通道；给予新品合理的优化建议，帮助已上车新品快速爆发

图6-15

新品成长报告披露新品成长情况并和行业做对比，用于判断新品成长的健康度，挖掘店内有潜力成为"爆款"的新品，并给予新品加速成长的绿色通道，增加新品的流量，给予新品合理的优化建议，帮助新品快速暴发。

新品的整体评分受五个维度共同影响（如图 6-16 所示），分为 A、B、C、D、E 五个等级，并且可对照同品类其他新品的表现和行业 Top 新品做对比。①触达力：本品在消费者触达量方面的得分；②销售力：本品在货品销售方面的得分；③美誉度：本品在消费者评价、分享等方面的得分；④品牌贡献度：本品对店铺品牌提升方面的得分；⑤营销力：本品在营销活动方面的得分。化妆品品牌兰芝通过 TMIC 和小黑盒，对新品评级，在一个月内监测出单品的层级，通过新品的整体评分把商品分为A、B、C、D、E五级，再和品类的Top新品对比，选出重点商品，在6个月的新品扶持期里为重点商品投入资源。

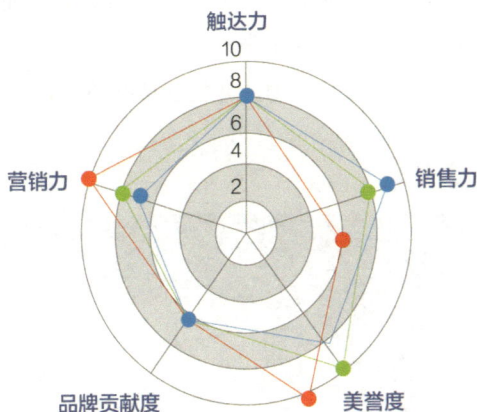

图6-16

6.3　共建新品创新中心

天猫和亿滋、立白、玛氏、迦蓝等众多品牌成立新品创新中心。欧莱雅、资生堂等国际品牌宣布50%的新品在天猫平台进行孵化。数据化开发、数据化监测新品，为品牌带来了新的增长机会，提升了商品开发的成功率，降低了开发成本，缩短了开发时间。下面来看几个通过数字化开发的新品案例。

1. 亿滋坚果抱抱

亿滋是食品行业的顶尖商家，旗下的知名品牌奥利奥是家喻户晓的饼干品牌，亿滋与TMIC合作开发"未来零食"。首先，亿滋通过数据分析零食行业的增长机会。从图 6-17 中可以看到，代餐、无糖等主打健康概念的零食处于销售人数和销售金额都高速增长的位置，通过对饼干购买人群的特征分析，发现该消费群体也有日常吃坚果 / 水果干的习惯。在确立了饼干＋坚果的概念后，亿滋通过消费者共创完成商品的细节设计，包括哪些坚果 / 水果干组合、每包的数量是多少。最终，亿滋把商品设计放入仿真测试模块中评估未来的市场潜力，并找到精准的潜在客群。

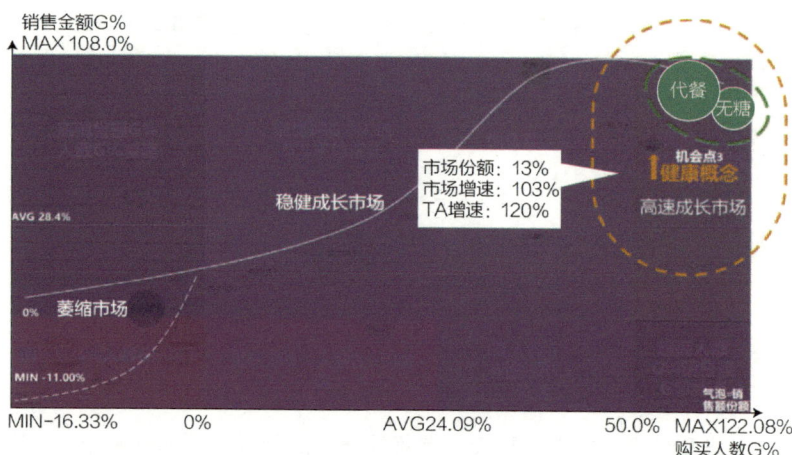

图6-17

在 2020 年 11 月 11 日，坚果抱抱热卖 55 万包，进入坚果行业预售单品 Top10，85% 的购买人群为品牌新客。2021 年年初，该品牌有 85% 的增量客户来自这一新品。这个新品的开发和打爆的过程仅仅用了几个月时间，是亿滋柔性供应链新品孵化模式的首次试跑。坚果抱抱不仅作为一个新品上市，更是亿滋在全球打造以消费者为核心的敏捷创新文化和能力的首次尝试，如图 6-18 所示。

图6-18

2. 立白心心珠

立白集团携手TMIC，对日化商品从调研到上市的各个环节进行全方位深度革新。

立白集团借助天猫平台的大数据与智能算法，获取深度定制化的行业与消费者洞察分析，原本一至两年的调研时间被缩短到 6 个月。立白集团还可以透过 TMIC 的调研生态联盟，与全球 20 余家调研咨询巨头沟通，并结合新品数字系统，加速新品概念的孵化与商品的创新。

立白集团通过 TMIC 的 C2B 创新工厂，寻找新品合伙人，完成仿真测试与试销反馈，不断验证商品概念及人群匹配，实现"货"与"人"的双向精准定位与匹配。

创新工厂帮助立白集团实现创新研发流程的敏捷化，通过业务流程的变革、系统的优化，让创新概念更快孵化为商品进行上市，更快速获得消费者的反馈。立白集团真正以目标人群为导向进行新品创新，开展有针对性的需求研究，实现人群运营精细化、场景化，深挖消费者痛点及背后的需求点，让消费者需求与商品功能进行更深入的连接，在满足消费者绿色健康生活理念的基础上，提供场景化、差异化、个性化、年轻化、具有惊喜感的新商品，从而实现了更高的新品创新成功率。立白集团通过 TMIC 开发的新品心心珠如图 6-19 所示。

图6-19

3. 高露洁男士爆珠牙膏

天猫与高露洁宣布成立 C2B 创新工厂。天猫将帮助高露洁将新品的研发—生产周期从 18 个月下降到半年，实现快速反应。首款共创新品——男士爆珠牙膏是第一款专为男士开发的牙膏。

通过数据挖掘，天猫发现事实上男性和女性对个护类商品的偏好同样存在差异化。从天猫的数据来看，男性对清凉口味的偏好更强，而女性则喜欢不同的香味和持久留香。口腔护理类商品的研发大多围绕功能层面展开，忽略了人群对个性化的追求。

爆珠，也称为香丸、珠子，高露洁在爆珠里加入了特别的清凉元素，满足了男士对极度酷爽的追求，并结合爆珠香烟的创意，精准地打动了男士目标人群。除了膏体的创意，爆珠牙膏的外包装采用了瓶装设计，呼应品类美妆化趋势，如图 6-20 所示。

图6-20

　　在创新脑暴会上，高露洁将近 40 个人分成了 7 个小组，让他们提出各自的创意，在现场还配备了专门的插画师现场设计。在插画师画完设计稿后，高露洁立刻通过天猫的新品测试页面将其定向推送给分性别、年龄的差异化人群，21 点头脑风暴刚完成，不到 23 点就回收了 1500 份问卷。投票显示，一款男士爆珠牙膏和一款女士牙膏受到了一致好评。高露洁当即决定，对这两款商品先后投入生产，这比常规的研发提速一倍。

　　除了大数据和柔性化供应链，不同于以往一次生产 1 亿千克的常规生产线，高露洁还开设了专属的柔性化生产线，专门用于新品生产，将一次生产下降到 500 千克，实现了小规模量产、试销新品，并快速收集反馈意见进行迭代。小批量、柔性定制、精准触达、快速迭代，这套方法论让天猫与快消品牌共同打造了一个又一个经典的成功"爆款"案例。

　　在 2017 年"双 11"前夕，高露洁和天猫团队曾联合推出一款适合情侣使用的"大胆爱"心形薄荷片牙膏。这款商品从构想到落地只花了100天，却立刻刷爆了朋友圈，引发了疯抢，以至于高露洁不得不紧急从美国空运心形薄荷片原料追加生产。不少消费者表示，自己就是冲着粉色爱心晶片购买的。通过天猫大数据开发新品，这对于有200多年历史的高露洁来说是首次。"很多跨国公司都是把国外'爆款'商品引入中国，但现在已经不是 Made in China（让中国制造）了，而是 Made for China（为中国制造）。"

在新品全生命周期的数据化管理过程中，数据扮演着重要的角色。企业可以用数据发现商品的开发方向，用数据测试确定开发细节，用数据计算驱动柔性化生产，用小黑盒等上新渠道获取尝新客群，然后提炼人群标签，精准投放，根据商品数据和"爆款"数据的增长曲线拟合程度，以及新品评分，确定新品是否有潜力暴发。企业可以甄选数据优秀的商品，通过人群扩容技术实现在全网触达目标客户，在获得规模型精准客户数据后，再针对人群属性进行线下渠道的铺货。新品全生命周期的数据化管理如图 6-21 所示。2010 年以前是线上吃线下的品牌红利时期，2010 年以后是线下吃线上的数据红利时期。先在线上打造成"爆品"，然后再带着声量、数据在线下渠道铺货，已经成为很多品牌的共识。例如，女鞋品牌 Belle、化妆品品牌珀莱雅等，都把线上作为新品创新的主要阵地，用数智化的商品开发的新路径，通过线上赋能线下。

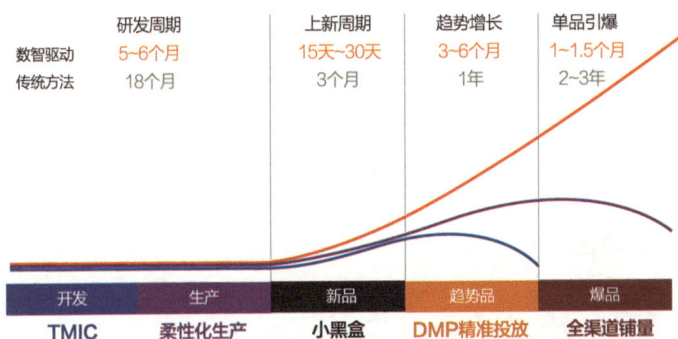

	研发周期	上新周期	趋势增长	单品引爆
数智驱动	5~6个月	15天~30天	3~6个月	1~1.5个月
传统方法	18个月	3个月	1年	2~3年

开发	生产	新品	趋势品	爆品
TMIC	柔性化生产	小黑盒	DMP精准投放	全渠道铺量

图6-21

【总结】

本章介绍了如何通过数智化进行新品创新。

（1）用 AI 算法通过大数据来预测市场趋势，发现新品机会，在数据洞察的基础上，指导新品的开发方向。

（2）用 TMIC 的新品合伙人联合消费者一起开发商品，并用仿真实验室测试新品的数据评测。

（3）用新品专有的流量通道小黑盒等助力新品触达优质客群，并通过新品数据评估的雷达图，判定新品成为"爆品"的可能性，以此决定该商品的资源配置。

新品先在线上取得成功，再拓展到全渠道发展已经成为主流的布局方式。那么该如何选择渠道、该怎么管理渠道间的冲突呢？我们在后面讲述。

第 7 章
数智化新制造

7.1 从传统制造困境中了解"新制造"出现的必然性

改革开放四十多年以来，中国已经发展为全球第二大经济体。这是人类经济史上绝无仅有的奇迹。中国的崛起，甚至改变了世界对"制造业"在全球竞争中价值的认知。

然而，曾几何时，曾经的成本优势、规模优势随着时代的进步逐渐弱化，而制造业的链条又非常长。在这之中的每一个环节（包括设备厂商、ERP 系统、原材料供应链乃至现场管理、调度的模式和方法），当需要全部为"规模化"而设计时，想要实现小单快反，就会变成一个复杂的问题，因为它意味着整个产业链重构，牵一发而动全身。在这种情况下，有些具备话语权的国际巨头已经走出了自己的独特路径，比如 ZARA 和 UNIQLO

的柔性快反生产，但其他大多数品牌商并没有充分的动力。新模式与原有的"规模化"制造模式之间的兼容性，以及新的调整所带来的巨大投入与不可预期风险都是背后的原因。事实上，对于大多数品牌巨头而言，它们目前所拥有的全球市场，依然能够支撑它们享受规模化的红利，变化和调整可以缓缓图之。但对于数量庞大的挣扎在危急存亡边缘的中小工厂来说，它们缺乏单纯凭借内部突破而破局的能力，需要快速寻找到新的外部机会，内外结合，打造新的生存模式。

中国制造需要新的思路、新的方式。

在 2016 年的云栖大会上，马云首次提出了"五新"战略——新零售、新制造、新金融、新技术和新能源。这是中国的互联网公司首次旗帜鲜明地声称要改变制造业。

四年多来，"新零售"在深层次地改变品牌商和传统零售业的同时，也引爆了线上线下一体化的商业革命，同时也为消费者带来了全新的价值。"新零售"成为近几年最热门的商业关键词，对传统零售业的系统进行了解构和重构，不仅在中国，在全球都产生着巨大的影响。目前，中国消费端的数字化程度领先世界，但供给端的数字化水平却低于世界平均值，这种供需的不平衡，造成了消费端高度碎片化的、个性化的需求与供给端的个性化供应能力相对低下之间的矛盾。要想快速、高效地解决这一矛盾，培养数智化能力，打造数智化新制造，是重中之重。

"新制造"是在 2018 年的云栖大会上马云再次强调的关键词。他表示，新制造很快会给全中国乃至全世界的制造业带来巨大的机会。制造业正面临升级的痛苦，但是在困难和痛苦中会出现一批优秀的企业，直面挑战，实现升级，"新制造"恰恰是企业面临的新机遇。未来的赢家，一定是采用新思想、新理念、新技术的企业。新制造为企业带来新机遇。

发展数智化新制造，对于企业而言，是一项全新的课题，没有成熟的模板，没有既定的路径。企业在采取行动之前，还是应该先了解传统制造的历史背景及特征。

下面列举服装制造业的具体例子来进一步说明数智化新制造与传统制造的差异及其优势。

传统服装制造业大多采取粗放式运营的模式，其模式为B2C、推、开环，在这种模式中我们能看到的主要现象及问题如下：

（1）在商品开发方面，周期长、按计划更新、面向功能、通用型、没有对历史数据进行有效分析、没有明确的品牌定位、没有商品企划作为开发指导的依据、没有计划性、与市场脱节。

（2）在销售预测方面：首次预测误差较大、提前期太长、批量较大、首次下单量较大、一旦滞销则库存压力大。

（3）在采购方面：单厂较少备面辅料，通常备基础颜色的常规面辅料。

（4）在生产方面：需要在销售季前全部下单生产、产能全部排满、交货期较长、按计划生产、集中组织、单向、消费者无感知、大多需要人工干预、缺少对上下游的管理。

（4）在商品配送方面：一次性配送完毕、后期的货品调配成本高、不能及时补/调/退、不能有效地抓住调/退货期间的销售机会。

（5）在终端销售方面：没有系列搭配陈列、不能及时反馈信息，在后台不能及时地分析与决策（及时加单或促销）。

在畅销时，库存调配不及时、产能被占用、原材料备货不足等各种原因直接导致脱销。

在滞销时，货架占用、仓库占用、产能占用等各种原因导致库存积压。

（6）在外部协同方面：产销分离，生产和供应受限制于既有的、限定的上下游供应与需求能力。自身生产能力受厂房、设备、人员等物理条件限制，产能无弹性、同行的同质率高。

总之，普遍存在开环系统（单向推）、供应链反应周期较长、不能及时响应市场需求变化等问题。

阿里巴巴针对上述问题，提出的解决方案如下：在新零售时代，端到端的"智慧供应链采用推拉结合的方式，以终为始，提升供应链的精准度、顾客满意度和体验"。关键思路和流程：与传统的规模化、标准化制造相比，新制造讲究的是智慧化、个性化和定制化，与传统企业的制造模式相比，表现全然不同。

解决方案的优势对比如下：

（1）在商品开发方面：以数据为支撑，形成商品企划案，用企划案指导商品的开发和整合，同时结合往年畅销款、流行趋势进行预判；周期短、可实时调整面向客户。

（2）在销售预测方面：定性与定量销售预测相结合，建立完善的下单、审单机制；减少首次下单批量。

（3）在采购方面：科学备料（如先织后染或先染后织，面料款式、颜色等均可弹性采购，采购量有预留）。

（4）在生产方面：柔性生产、按需生产、生产组织个性化、生产过程在线化，可与消费者同步。

（5）在商品配送方面：可高频配送，商品有预留、按中心店 +N 个卫星店的模式灵活配送，能及时补/调/退。

（6）在终端销售方面：标准化系列搭配陈列、及时反馈信息、在后台科学地分析与决策（加单/促销等）。

在畅销时，可快速翻单，并可结合买手模式（对畅销款及时改款、对当季畅销款随时补货，及时补充欠缺的类别等）。

在滞销时：及时进行季中促销分析，采用转场销售、重新搭配等策略提升销售量，提前避免已出现过的类似滞销情况再次发生，保持低库存。

（7）在外部协同方面：产销一体化，以销定产，将不同供给端的生产能力做到相互融合，可实现全网整合、弹性生产。同行之间相互协同、产能互补，共同服务C端，为竞合关系。

总之，采用多级闭环动态反馈系统（推拉结合），尽可能藉由数据智能提高首次预测的准确度（消费者参与投票，预售，试销），适当减少批量（起订量），尽可能缩短提前期和供应链反应周期，及时响应市场需求，能够做到变化随需而动、按需定产。

新/旧（传统制造）制造的对比见表7-1。在此，我们进一步阐述什么叫"新制造"。

表7-1

传统制造	新制造
商品开发周期长	商品开发周期短、高效、可实时调整、面向客户
没有对历史数据进行有效分析	基于数据进行定性＋定量的销售预测
首次预测误差大、提前期长、大批量	精准预测、提前期短、首次下单批量小

传统制造	新制造
一次性配送、后期货品调配成本高、不能及时补/调/退	多次高频配送、及时补/调/退
不能及时反馈信息	可及时反馈信息
在后台不能进行分析决策	在后台可以进行科学的分析决策

马云曾说，"新制造"不是结合了互联网就是新制造，也不是一个商品加上芯片就是新制造。判断是否为新制造的标准有以下五个：按需定制、个性化、智能化、目标客户清晰，以及生产资料有实事数据。这五个标准已描绘出新制造的面目。

7.2 数智化"新制造"：C2M

数智化新制造具备数字化、网络化、智能化等特点，面向商品的全生命周期，具有状态感知、实时分析、自主决策、反馈执行等功能。

与传统制造相比，在本质上的区别在于，数智化新制造的对象不是商品，而是企业的整个业务环节。其必然结果是从"制造"到"智造"衍生出 C2M 模式。

C2M（Customer-to-Manufacturer）是一种新型的工业互联网电子商务的商业模式，背后的主要逻辑其实就是在大数据引导下的反向定制。具体来说，C2M 就是平台方或销售端向上游工厂输送消费者大数据，向其提供消费者偏好的品类、款式、数量等信息，然后工厂再根据反馈信息（同时也可结合自身情况）设计并生产出相应的商品。

C2M 有以下三个优势/特点。

（1）无中间流通或加价环节，直接连接设计师、制造商，为用户提供个性化商品。C2M 把更多的利润保留在设计和制造环节，同时也让消费者享受相对低价。

（2）消费者需求驱动生产制造，商品个性化。这个特点是用来满足现在新一代消费者的消费方式的。消费者的购买选择有更多的主动性，更加个性化，再加上现在的主力消费人群为"80 后""90 后"，他们是在商品充裕的环境中长大的，早已不满足于流水线生产出来的标准商品。

（3）通过电子商务平台反向订购，根据订购生产，彻底消灭了库存成本。厂家的生产风险大大降低，按订单生产，按需生产，通过信息化的途径减少浪费。

需要清楚的是，即使工厂智能化了，很多生产流程也还是要靠行业经验丰富的"老把式"来支撑的，互联网与产业融合不能一蹴而就，数据连通、流程管控、管理体系、员工熟练度都需要慢慢打磨。真正实现 C2M 不止是互联网进入制造业，还需要制造业本身进行变革。虽然现在很多电商都在用 C2M，但是与其合作的工厂都没有改变批量生产的模式，仅仅是给电商的供货方式发生变化，由原来的大批量供应改为小单供应，这本质上并不是 C2M。

关于制造业本身进行深层变革，下面列举蒙牛的全链路数字化升级的例子。

据蒙牛乳业 2019 年财报显示，蒙牛的营业收入为 790 亿元，净利润为 41 亿元，均实现了两位数的增长。在报表亮眼的表现背后，支撑蒙牛实现"高质量发展"强劲态势的重要因素之一就是数智化发展。以数字化、信息化、智能化为突破口，蒙牛在全产业链上下游环节中推动数字化转型升级，成为国内甚至全球数字化程度最高的乳品企业，引领了整个行业往更高的方向发展。蒙牛全产业链的数字化，在生产制造端所展现的就是牧场基地数字化，全貌如图7-1所示。

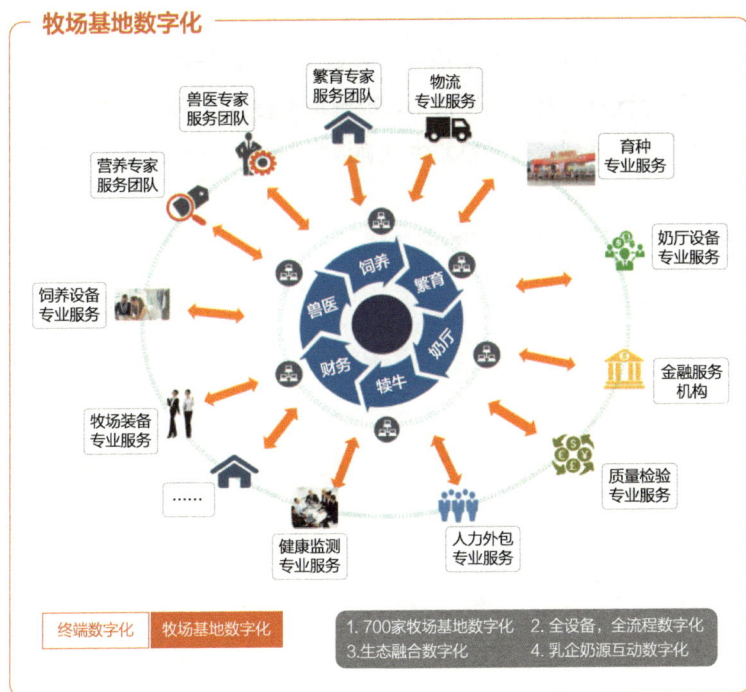

图7-1

首先，这里有奶源的数据。阿里云与蒙牛进行了深度合作。近千家牧场、超过100万头奶牛通过物联网设备实现奶源数字化，蒙牛完成了对整个产奶流程和奶牛全生命周期的监控。通过奶牛脖子上挂着的智能脖环，牧场对每头奶牛都进行着实时监测。蒙牛采集奶牛每日的活动量、产奶信息、反刍数据等实时数据，并通过一系列物联网硬件进行集成，然后再通过物联网平台将采集到的数据信息上传至云端进行分析处理。从奶牛的选种、饲喂、繁育到最后的泌乳，每一步都有严格的指标控制和监测。同时，这些数据通过可视化展现，指导牧场做出更合理的饲养决策，提高管理水平。比如，建立了奶牛发情的算法模型，只要通过对奶牛活动量的采集，就可以系统地追踪到每头奶牛的发情率，准确地把握养殖节奏，如图 7-2 所示。通俗地说，这一系列操作能帮蒙牛准确地掌握奶牛当天的状态好不好。

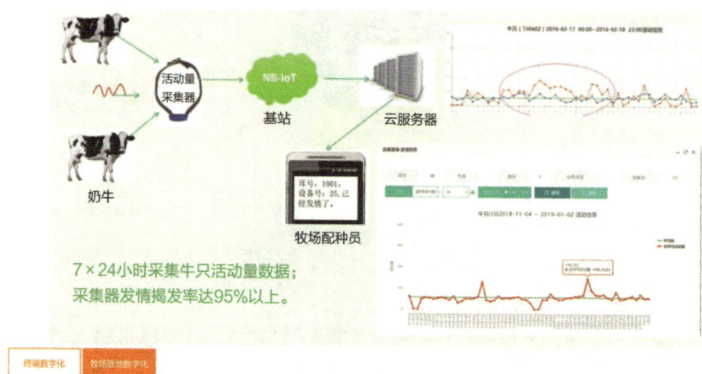

图 7-2

其次，蒙牛数智化工厂以客户订单为核心安排生产，通过大数据集成，将订单需求与物料供应、生产制造、仓储物流、市场分销之间进行有机整合，在互联互通的基础上形成了供应链管理数据生态圈。蒙牛基于阿里云的数据中台架构，将基于订单历史的人工预测改变为基于实际销量的智能预测，预测销量、降低库存，给市场提供最新鲜的牛奶。

最后，采集了市场销售数据，知道了到底哪些人购买了蒙牛的商品、这次购买的人群有多少是与上次购买人群相重合的。蒙牛建立了一整套"采集—识别—分析"智能营销体系，可实现对消费环节的全局洞察。谁买了我的牛奶？不再用猜。

从行业的角度来看，蒙牛的数智化升级实际上也是一次乳制品行业"数智升维"的典型示范：通过奶源数智化和流通数智化，蒙牛实现了乳制品生产流通全链路的数智系统搭建，切实有效地解决了供应链效率的痛点，实现了从"草原牛"到"数智牛"的"升维式重构"。

虽说 C2M 在各个行业的应用还有一大段路要走，但 2020 年 9 月却传来令人振奋的消息，阿里巴巴为革新传统制造业而发力的全球首个新制造平台——"犀牛工厂"正式推出。

7.3　犀牛工厂

早在 2017 年 8 月，阿里巴巴内部就启动了打造"犀牛工厂"——专为中小企业服务的数字化智能化制造平台，并选择以服装行业为切入点开始对新制造进行探索。新制造模式本身的护城河并不深，但能够形成核心技术上"跨越式"的差异，有质的变化，而不是对原有模式的量的提升。

首先，犀牛工厂新制造成员对硬件有要求，硬件要可以嫁接云计算、物联网、人工智能等新技术，可以实现柔性化生产。这里的柔性体现在以下两个方面：从小的方面来说，可以智能匹配用多少物料、多少人工，上哪条生产线，从大的方面来说，可以跨工厂调度，智能分工，形成群体协同。批次达到 100 件衣服就能发起生产，一条生产线能同时处理几类不同的订单。过去需要 5 分钟生产 2000 件同样的衣服，现在可以做到 5 分钟生产 2000 件不同的衣服。

其次，犀牛工厂的生产起点来源于客户零售端（淘宝、天猫等数字零售平台）的数据分析结果，通过预测流行趋势，迅速研发"爆款"，以销定产，反向制订生产计划，控制库存。新制造成员的业务系统、设备、管理、运营等全流程在线，完全上云。从消费端到生产端可真正实现在线协同。

犀牛工厂的两个特征（小单快反的生产制造能力，与淘宝、天猫这样的超级数字零售平台的协同）有效地解决了客户最关注的"快速上新的成本、交货周期和品质"三个问题。这也是犀牛工厂对传统制造业本质上的跨跃，换而言之，就是犀牛工厂智造平台运用阿里巴巴的云计算、IoT、人工智能技术，赋予工厂"智慧大脑"，连通 ABOS 消费趋势洞察，完成销售预测和弹性生产的结合，从而构建云、端、智、造融合的新制造体系，实现中国服装制造业智能化、个性化、定制化的升级。

具体来讲，犀牛工厂针对服装行业普遍存在的痛点，在不同的场景中，给出了相应的解决方案。

1. 解决服装行业库存积压严重的问题

服装行业是高波动性、受时尚文化影响很大的行业，传统的赌博式商品开发的企划模式，极易产生库存积压。据统计，由于过量生产造成的库存浪费占 20%~25%。

犀牛工厂的解决方案：以销定产，按需生产。犀牛工厂的柔性生产能力，降低了订单生产的起订量，即使 1 件销售都没有实现，最大的库存也可控制在 100 件以内。但当需要放量生产的时候，又能够快速协调从原材料、人工到生产线的全生产能力，不会对生产效率产生影响。

2. 解决难以把握时尚趋势的问题

对于传统的流行趋势预测来说，为了预留生产的时间，企业都会在换季前 2~3 月就进行预判，以时间换取生产的操作空间。这种预测无法包含临近消费这 2~3 个月的变化趋势，会导致结果失真，很难打动挑剔的顾客。如果预测失误，那么由于提前生产已经产生了成本和库存，就会造成不小的损失。

犀牛工厂的解决方案：通过阿里巴巴平台上沉淀的消费行为数据，结合季节因素，为流行趋势预测提供辅助决策依据，提高预测的精准度，缩短预测所需要提前的时间。在预测结果产生后，通过预订的方式来快速验证预测的市场认可度，并有针对性地调整。在预测结果有一定的市场认可反馈后，再进行柔性生产，小规模试单生产。经过多次反复，预测与流行趋势的吻合度会不断提升。

3. 解决服装开发制作周期长的问题

整个服装的开发制作周期包括流行趋势预测、服装设计开发与生产的全部环节。服装的生产周期包括从原材料投入生产开始到产成品验收入库所需要的全部时间。在传统的模式下，整体过程需要 2 个月到半年的时间。一是因为流行趋势预测占用了时间，二是因为传统的服装制造所用的排单、核对等流程都通过人工进行一步步核实，生产流程本身耗费太多时间。对于第一点，犀牛工厂已经给出了解决方案。对于第二点，犀牛工厂的解决方案：通过智能生产、系统排单、各环节协同推进，将交付工时缩短到市面上工厂的一半。

犀牛工厂作为阿里巴巴"新制造"的"一号工程"，其本质是"数字化工厂"+"需求驱动生产"。在犀牛工厂所有的生产要素中，从原物料到设备都数字化，每块面料都有自己的"身份 ID"；所有的生产环节都在线，从原物料进厂、裁剪、缝制、出厂可全链路跟踪；所有的生产决策都智能化，生产前排位、生产排期、吊挂路线等都由 AI 机器来做决策。以往须清点物料和检查排期才能确定的工期，在"犀牛工厂"一键即可得到秒级回复。

犀牛工厂通过洞察消费者，了解到消费者偏好的品类、款式等需求信息，然后再根据反馈信息设计生产出对应的商品。

犀牛工厂通过把数智化新制造和消费互联网连通起来，正在探索一种全新的产业业态。可以预见，将来会有其他传统制造业大步跟进，而不仅仅是服装制造，好戏才刚上演！

当然，尽管亲自做了一家工厂，但是阿里巴巴新制造的未来，一定不是开连锁工厂。新制造的关键在"新"而不在制造。阿里巴巴作为一家互联网公司，做新制造永远会以平台的方式切入，而不会真正地将手伸入制造业。我们从马云在 2018 年云栖大会上关于"新制造"的说法中，更可体会出"新制造"的真谛。

新制造是制造业和服务业的完美结合。新制造的竞争力不在于制造本身，而在于制造背后的创造思想、体验、感受以及服务能力。实体制造业不会消失，消失的是落后的制造业实体。新制造会成为中小企业制胜的法宝，而不会只服务于大企业。

在未来，制造无国界，所有的制造都可以是"网络制造"。每个人都可以参与贸易。阿里巴巴的新制造不是阿里巴巴自身要进军制造业，而是要赋能制造业进行改革和变革。

数据时代考验的是生产不一样的东西的能力和按需要制造能力，数据是新制造必不可少的生产资料。

总之，新制造背后意味着人的解放和自由，随着对数据的分析和数据技术的发展，已经创造出新挑战和新机遇，已经延伸到传统制造业。以前，阿里巴巴并不是要自己卖东西，而是搭建了让电商更好地卖东西的服务平台。现在的新制造又开发了一个服装制造行业可以复用的共享服务体系。因此，阿里巴巴的新制造不是自己要办上千家、上万家工厂，而是创造了帮助上千家、上万家服装工厂继续数字化转型的新模式。

云端智造的生态系统代表了以消费者为中心的按需定制模式，势必拉动整个产业链建立一个生态体系。这样的生态体系将可能改变传统制造业低端代加工的方法，提升品质、降低成本、做好设计，提高商品竞争力。

【总结】

（1）指出传统制造与新制造的显著差异，并以服装制造业的具体例子进一步说明新制造的优势。

（2）介绍 C2M 模式背后的主要逻辑是大数据引导下的反向定制，并列举了蒙牛的全链路数字化升级的例子来说明制造业本身进行变革背后的深层意义。

（3）用"犀牛工厂"全面说明新制造的创新：从意义上说，新制造的创新，并不是简单的单点技术突破，而是基于互联网的技术和基础设施，解决了行业积累已久的沉疴，对传统制造进行系统的升级。

开放、普惠、输出技术和解决方案，帮助中小工厂进行数字化升级，提升竞争力，才是新制造未来的方向。

第 8 章
数智化渠道

渠道是连接品牌和销售终端的通路，每个行业的渠道都有不同的特征。在商品流通过程中，各个渠道的商业合作模式也不同，KA 渠道（大超市）是卖货制的，百货采用统一收银、销售抽点的模式，Mall（综合购物中心）采用房租模式，电商采用广告、服务收费模式。渠道的大小也不相同，既有沃尔玛这样的大型超市、街边的夫妻小店、淘宝这样的在线大型平台，也有支付宝小程序里的小店。渠道就像人的血液循环系统，血液从心脏泵出，流经主动脉、各器官动脉，最后通过毛细血管到达全身的各个组织。这就要求品牌既要选对渠道，又要不断优化渠道效率，协调渠道冲突。

用数字化人群匹配技术，可以对各个渠道的人群进行分析，然后和品牌目标人群进行匹配，选出最佳的品牌流通路径。同时，渠道本身也在数字化的过程中，多数渠道已经在线化管理。如果整个链条没有数字化断点，那么整个渠道都可以进行管理优化，全网线上线下分销渠道间能够共享库存，订货会可以在线完成，渠道效益可以实时评估，商品流和资金流可以通过 AI 预判进行实时调整。就像人在吃过饭后血液更多地流向消化器官一样，有了数据这个"神经系统"的调节，流通环节的效率都会被有效提升。

在渠道拓展上，对于一些"毛细血管"渠道（指极度微小和分散的渠道，比如，街边小店这种深分渠道）的开发需要大量的人力和物力，即使可口可乐、青岛啤酒这样的巨头，在深分渠道上也耕耘多年才能产生成果。阿里巴巴的零售通整合了数百万个小店，在手机 App 上直接完成渠道深耕。通过 AliExpress（速卖通）、Lazada（阿里收购的东南亚电商平台）等开拓海外渠道，品牌可以不用到当地开拓市场，直接在线完成海外渠道的轻布局。

表 8-1 为传统渠道管理和数智化渠道管理的区别。

表 8-1

传统渠道管理	数智化渠道管理
凭经验、靠人脉选择渠道	数字化人群匹配，布局渠道
渠道并行，线上和线下矛盾重重	从单一渠道到全渠道融合，以消费者为核心，不分线上和线下
渠道管理靠巡店、手工报表	渠道管理移动化、实时化
渠道深耕靠人力扫街，效率低	零售通在线完成渠道深耕
靠经验选址，门店存活率低	靠大数据选址，门店存活率高
千店一面，标准化，人货匹配率低	千店千面，精准组货

8.1 数据赋能渠道选择

一个国外的化妆品品牌应该如何落地中国市场？选择渠道的好坏是成败的核心。中国的市场复杂性决定了中国渠道的复杂性，要想选对渠道并不容易。中国线下的化妆品渠道有以下几种：①CS（Customer Satisfaction，客户满意）渠道，指专业的化妆品、日化渠道，如丝芙兰（SEPHORA）、莎莎（SASA）、屈臣氏、娇兰佳人、唐三彩等；②百货渠道，如百联、银泰、万达等；③KA（KeyAccount，大型零售客户）渠道，如大润发、华润万家、联华等各大超市；④DS（Discount Store，折扣店）渠道，如奥特莱斯（Outlets）等；⑤流通渠道，如全家等小超市和便利店。⑥深分渠道，如极度分散的各种小店。

中国线上的化妆品渠道有以下几种：①大型电商平台，如天猫、京东、唯品会等；②化妆品专卖网站，如聚美优品、乐蜂等；③社群分销平台，如云集、贝店等；④内容电商渠道，如小红书、抖音等。

除了线上和线下的化妆品渠道，还有电视购物、OTC（药房、医美）、专业线（美容院）等专有渠道。

图 8-1 总结了常见的商品零售渠道。

每个渠道都有自己明确的人群定位，也都在建设自己的消费者数据化能力。根据品牌的定位和渠道人群的数据来选择渠道，配置商品，可以加强渠道的精准能力，快速打开市场。比如，母婴渠道的乐友会定期分享奶粉品类的消费者分析数据给惠氏等品牌，惠氏也会把商品在电商渠道销售得到的分析数据给乐友。

图8-1

B2C	平台电商 天猫、京东、唯品会、苏宁易购……	内容电商 抖音、快手、小红书……	社交电商 拼多多……	**线上** Online 中心-非中心 直营-分销
B2B	批发 1688……	直采 天猫超市	S2B 零售通、云集	社群电商 小程序……	
跨境电商	出口B2B 阿里巴巴国际站……	出口B2C AliExpress、天猫出海、Lazada……	进口B2C 天猫国际、考拉……	
经营模式	直营	联营	代理/经销	加盟	批发	
渠道属性	KA 沃尔玛、家乐福……	垂直 孩子王、吉盛伟邦……	深分 天猫小店……	特卖 奥特莱斯……	新零售 盒马、饿了么……	**线下** Offline 1线 2~3线 4~6线
卖场分类	购物中心 万达、大悦城……	百货 百联、银泰……	商超 大润发、全家……	街铺 步行街、金街……	
特殊渠道	电视购物 东方CJ、UGO……	行业专属 医美、院线……	OEM 淘宝心选……	礼品 银行、航空积分……	**专有** Special

　　截至 2019 年年底，在中国化妆品渠道占比中，电商渠道已经超过 25%，一些领先的品牌的电商渠道占比已经超过 50%，电商渠道也是数据化程度最高的渠道，很多品牌进入中国市场会选择先在电商渠道启动，快速测试商品和人群的匹配关系，沉淀数据，然后和其他渠道进行人群数据的拟合来辅助线下渠道的选择和布局。

　　新品牌进入市场最佳的渠道策略是，先做线上渠道再做线下渠道，先做精分渠道沉淀核心客户，再做大贸渠道铺大众市场，先做数字化触点的渠道，在有了数据沉淀后再做数字化程度低的渠道。

　　三只松鼠先以电商渠道为主要战场，快速占领品类认知，并通过线上营销手段打造松鼠 IP，在获得品牌影响力和消费者会员后开设线下自营体验店——松鼠投食店，如图 8-2 所示，积累线下零售经验，在有了经验和数据，对商品进行调整后再进入商超等大贸渠道，最后通过"零售通"直接渗透到几十万个线下实体店铺，完成深分渠道的快速布局。

图8-2

三只松鼠是电商原生品牌，可以按照最优化路径来设计渠道布局，但是传统品牌是先有线下渠道再有线上渠道的，线上渠道和线下渠道的矛盾冲突不断，该如何协同各个渠道呢？

8.2　全渠道融合模式

2010 年，淘宝商城改名为天猫，众多线下品牌开始自己的电商布局，但也有一些品牌犹豫不决，明明看到电商巨大的流量红利，为什么不快速开展业务呢？核心原因是渠道平衡的问题。80% 甚至 100% 的原有业务都靠代理商、经销商，一旦开展电商业务，品牌就等于具备了面向消费者直营的能力，代理商、经销商的利益势必会受到打击。电商的渠道成本低，价格透明，这会对线下的生意形成冲击。线下渠道的复杂度高，很多经销商伴随着品牌成长，树大根深，有资历、有资源，有各种错综复杂的利益关系，甚至很多民营企业的经销商和创始人沾亲带故。电商最开始是在夹缝中求生存的，但是几年间长成了参天大树。由于电商的销售份额越来越高，越来越多的品牌不得不正视渠道冲突的问题，寻求全渠道融合的新模式，如图 8-3 所示。

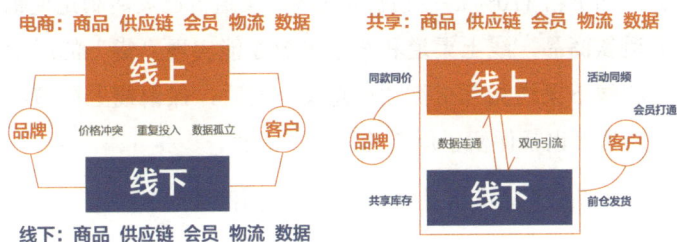

图 8-3

在电商发展伊始，为了平衡渠道关系，很多公司独立设置电商部门。电商有专供款商品，有独立的仓储和快递等物流体系，有自己的会员体系，甚至很多公司为电商成立了全资子公司。这等于建立了两套独立的运营体系。随着电商部门逐步做大，矛盾不断激化。首先，电商专供款商品让电商具备了独立定价权。对于同一个品牌来说，消费者在不同的渠道看到的是不同的价格体系。一个著名的服装品牌的连衣裙在久光百货的价格是 1200 元 / 件，而在天猫上的价格是 299 元 / 件，尽管款式上有细微差别，但是消费者的感受是什么呢？在线下办了会员卡的消费者还会忠实于这个品牌吗？另外，还有价格倒挂的情况，一个白酒品牌在线下商场销售的价格可以打 6 折，而在天猫旗舰店中原价销售，消费者在天猫购买后看到线下商场的价格会选择退款。要想解决线上渠道和线下渠道的矛盾，第一步的着手点在商品和价格的治理上。要先建立全渠道款商品，让这部分商品在线上渠道和线下渠道同款同价，在定价模式上打破原来线下渠道 10 倍定价，线上 2 倍定价的分割方式，保持原价（线下吊牌价、天猫一口价）一致，活动价格根据活动级别设置。对于 A 类活动（比如"双 11"、年货节等），线上渠道和线下渠道同步价格。对于 B 类活动（即渠道自主活动，比如天猫新风尚、99 大促等），设定不低于 A 类活动价格 110% 的促销折扣力度，渠道自己灵活制定促销方案。有了全渠道款商品，线上渠道和线下渠道才能实现"货"的联动，这样线上渠道和线下渠道相互引流才有意义。同时，保留线上渠道和线下渠道专供款商品，也就保留了原有的渠道灵活性。

线上渠道和线下渠道相互引流，行业不同侧重点不同。

与汽车行业的整车销售、汽车改装等品类的商品相比，大家居行业的家具、全屋定制、门窗、建材等的单价高、决策周期长，需要现场体验。这些行业的侧重点是从线上渠道向线下渠道引流。例如，全屋定制行业，先在淘宝、小红书、篱笆社区、抖音等渠道进行内容"种草"，通过展厅直播、工厂直播、设计师直播的组合来让消费者对品牌产生认知，然后通过天猫渠道进行商品展示、客服咨询，让消费者在天猫支付定金，通过地理位置路由，分配给就近的经销商或者通过新零售系统由消费者选择就近门店，经销商安排上门测量，沟通装修方案，定制生产和施工交付方案，最后通过"火凤凰系统"核销。消费者先在手机淘宝 App 上支付火凤凰商品的定金，再在门店云 POS 或硬件 POS 上核销并支付尾款。

整个链条环环相扣，对于引流环节，用线上引流成本低、容易触达消费者。对于转化环节，用线下体验店、上门服务等来完成，转化率高，服务体验好。

　　快消品行业（如化妆品、母婴、零食等行业）的商品单价低、决策快、复购率高，在线上渠道和线下渠道的融合模式上应该选择双向引流、共享资源的方式，比如用线下的"爆品"带线上新品的方式，快速地完成线上新品的启动。比如，太太乐鸡精、安琪酵母、恰恰瓜子、青岛啤酒、蒙牛酸奶等，每天的全渠道订单量都在百万笔以上，甚至上千万笔，渠道密度大，覆盖率高。只要有计划地抽取一部分数据做精准营销就会带来巨大的流量。例如，青岛啤酒推出面向女性客户的果味精酿啤酒，这个商品如果独立在线上引流，想获取精准流量成本不低，虽然用醉鹅娘等行业垂直的大 KOL 来推广的效果肯定好，但是不仅成本高，而且合作很难排期。通过线下引流就简单了，我们可以在青岛纯生啤酒的瓶盖内侧做抽奖二维码，客户可以用手机进行新品体验抽奖。我们可以设置女性客户的获奖概率为高概率，男性客户的获奖概率为低概率，从而获得精准目标客户，然后让其在天猫等电商渠道领取体验装、抵用券等。这样既能快速、低成本地触达客户，又能让天猫等渠道的新品销量快速累积，实现搜索、猜你喜欢等流量的更多新客触达。

　　针对快消品的低单价特征，在物流等环节可以用前置仓或就近门店发货的模式，生鲜等需要冷链运输的可以用天猫超市、淘鲜达等合作模式。前置仓发货是指在电商下单后由线下门店或前置仓发货，为什么不用电商总仓发货呢？以零食品类商品为例，客单价在 35~50 元，毛利率为 30%~35%，每个快递的物流费为 4.5 元左右，占销售额的 10%，占毛利率的 40%，近一半的利润都用在快递上了。如果巧克力、冰激淋、鲜肉等需要冷链运输的商品的物流成本在 20 元 / 单左右，就必须用前置仓发货或者与淘鲜达、盒马等合作，因为由它们组合其他商品发货可以降低成本。

良品铺子用天猫的"极速达"配送服务。消费者进入良品铺子天猫旗舰店，挑选"极速达"商品，在下单后，天猫物流配送"极速达"团队会在2小时内在就近的良品铺子门店配货后将商品送到消费者手上。消费者在盒马App上下单，在1小时左右商品就能被送到家。这些都是用前置仓发货模式来实现的。用前置仓发货不仅能降低物流成本，还可以提升消费者的体验。一个消费者在看到主播吃鸭脖子时馋了马上下单购买，1小时不到就吃到了，这种体验多爽！因此，转化率会大大提升。

服装行业（男女装、男女鞋、童装等行业）的商品由于是非标品，商品往往很难做到全渠道统一。每个地区的消费能力、经营成本、竞争程度都不同，企业还受到库存压力等内部因素影响，所以商品和价格不应该是全国统一的。比如，每年10月，东北的门店卖的主要商品是毛呢大衣，江浙沪的门店卖的主要商品是风衣，而广州的门店还在卖衬衫、T恤，所以线下门店要根据实际情况来选择符合区域需要的商品。在线上，可以通过"千人千面"技术让不同地区的客户浏览不同的商品，同样是天猫旗舰店，沈阳的客户看到的主推商品是羽绒服，珠海的客户看到的是连衣裙。打通了线上渠道和线下渠道通路的品牌，可以在线向3~5千米范围的客户投放直播、短视频广告为门店引流，也可以通过虚拟3D/VR/AR让门店没有库存的商品线上成交。另外，服饰品类的线上渠道和线下渠道融合的核心是做会员的打通，形成流量自治、会员共享的模式。比如，某著名女装品牌的线下会员在线上消费，线下的导购员一样可以得到提成，线下门店也可以分到一部分利润。这样，线下门店就不会把电商看成争夺客户的敌人。对于会员共享，首先要做的是建立统一的会员中心，识别线上和线下会员的唯一ID，按照统一的要求对会员进行数据管理，把会员的来源标签作为重要标签，实现会员归属唯一，如图8-4所示。这样，客户在全渠道得到统一的服务和权益，更有利于客户忠诚于品牌，也更能沉淀该客户的全面数据来为其进行更好的服务。比如，在客户生日时，门店都会推出生日专享促销，但是客户在过生日这天如果没有时间到店呢？那就错过了专享促销。通过会员共享，客户这天没时间到店同样可以在线享受特别服务。

图8-4

鞋服行业还有一个现象就是15%~20%的交易流失在断码、断色上，数据联通共享仓库可以完全解决这个问题。基于LBS的线上直播等时间短、爆发力强的活动还可以定向帮助门店及时消化库存，回笼资金。这种方法既不破坏进店消费的价格定位，又能释放库存压力。

通过数据的连接，线上渠道和线下渠道打通了商品、会员、营销、物流等商业要素，从矛盾对立转向优势互补。

线上和线下的关系从对立走向融合，各美其美，美美与共！

8.3 渠道管理工具：钉钉新零售工作台

传统的渠道管理往往陷入渠道关系管理的迷局里，代理商的核心能力是渠道关系管理，品牌商的工作中心是代理商能压多少货，而不是帮助代理商卖多少货，品牌商、代理商都参与的真正的销售环节很少，销售是零售商在做，除了进货数据和销售数据，其他数据也都是缺失的。这就会出现经销商在订货会上拍脑袋、在卖不掉时拍桌子的情况。在全渠道业务数字化、全触点数字化后，渠道管理的难题可以通过数据工具来解决。

原来一年几次的线下订货会转化为每周都有的线上新品订货会，经销商选择商品有数据依据、内容素材包。经销商也可以放权给门店店长，让其以"后台下单"的模式直接订货。经销商可以小批量订货，用社群试销，根据数据快速补货，把周转率从 5~10 次 / 年提升为 30~50 次 / 年。

以前，线下渠道的门店管理系统、库存系统、财务管理系统、考核系统等的数据互不连通，靠专员进行统计、汇总、制表。而通过钉钉等管理工具，门店可以实现数据移动化、实时化、可视化。每个渠道、每个商品的销售情况，都可以被实时观测，销售数据可以直接被加工为对比数据、考核数据，直接帮助管理提效。比如，店铺销售排行榜、同比增长、区域数据汇总等。

从 2017 年年底，钉钉就已经开始尝试面向终端一线店员、店长、督导员，让原本松散、无系统管理的线下门店人员管理在线化。除了能实现基本的 OA 办公，品牌商还可以将到门店的顾客、会员数据沉淀在钉钉里，与他们建立长期的互动沟通通道。

钉钉新零售工作台把线下门店的业务行为在线化，形成数字化触点。门店在加入新零售工作台后，就具备了数字化管理能力。企业可以在线维护门店信息，在线考核门店运营情况，在线培训、考核、激励员工。

总部向终端下达营销指令，原来要从总部到地区经理，再到省市专员，最后到达店长，层层宣导，层层变形，总部的新品政策、营销政策传达到一线员工按月为周期。在有了在线管理工具后，实时传达到位，真实无加工，"宣""贯""考""试"一体完成，确保所有人员真实掌握。

从分公司到经销商，再到导购员的活动方案下发、新品宣贯、营销话术、陈列操作，以及活动目标跟进、活动复盘、导购员考核等都可以通过钉钉在线直接完成。

数字化物流协同让品牌方、承运商、司机、经销商、物流体系协同，让多方物流实时同步，让商品的信息跨门店、跨经销商、跨生态协作，让商品的物流信息、库存共享。

钉钉新零售工作台、DataV、QuickBI 等商品可以让管理可视化，让品牌管理层可以观察各渠道、各地区的实时销售状态，能够实时监管运营过程，数据的颗粒度可以到门店、导购员、商品。

8.4　深分渠道的快速渗透：零售通

中国有 600 多万家街坊小超市，贡献了快消品行业 40% 的出货量，每天服务 1.2 亿个消费者，提供 1500 万个就业岗位。渠道深耕，是大快消品牌巨大的市场机会，也是最有挑战的渠道开拓任务。小店虽然数量庞大，但是极度分散，往往是独立经营的夫妻店，缺乏稳定而丰富的商品供应。阿里巴巴零售通对这些小店进行了整合。截至 2020 年年初，阿里巴巴零售通平台已有 150 多万家微小店铺，如图 8-5 所示。

图8-5

零售通的全国仓配网络的物流供应链覆盖 193 个城市，13 370 个乡镇。经过四年沉淀，零售通帮助小店转型升级为便利店，实现"六个统一"：统一的商品供应、统一的物流、统一的服务、统一的便利系统设施、统一的管理、统一的标识。通过阿里巴巴强大的品牌供应链体系和数字化能力，零售通成为小店背后的供应链和数字支撑。零售通已经与 50 多家大客户建立了战略合作，活跃在零售通上的品牌商达到 3000 多家。在渠道维护和管理方面，零售通在线下拥有超过 10 000 人的城市拍档，覆盖上百万家小店，帮助品牌商完成对小店的关系管理、货品流通、营销服务等工作。

在物流方面，零售通在全国建立了 5 个区域仓、超过 30 个城市仓，覆盖全国 20 个省，并且已经下沉到了县城。城市仓在一环内实现了 *T*+1

的到货时效，在一环和二环间实现了 $T+2$ 的到货时效，在二环和三环间的县域市场基本上也实现了 $T+2$ 和 $T+3$ 的到货时效，能够以 B2B 的物流履单模式服务这些小店。在数字化能力方面，零售通 App 实现了 B2B 的数字化，通过 POS 系统实现了从小店到消费者的 B2B2C 的全链路数字化。App 与 POS 系统相结合，基本上就实现了门店的数字化。这让零售通平台的小店，可以获得高德地图的引流，以及接入饿了么，打破了 3000 米的服务半径，获得并服务更多的消费者。

品牌通过零售通可以快速进行渠道深耕，小店可以在线订货，应用零售通的合作伙伴进行配货和关系维护，利用菜鸟、饿了么等做离店 3000 米半径的销售覆盖。品牌原来要花巨大成本开拓深分渠道而现在通过业务数字化和网络协同可以快速实现。

除了深分渠道，4~6 线下沉市场也是能给品牌带来增量的新蓝海市场。2014 年，农村淘宝面向农村市场正式推出"千县万村"计划。农村淘宝以电子商务平台为基础，通过搭建县村两级服务网络，充分发挥电子商务优势，突破物流、信息流的瓶颈，实现"网货下乡"和"农产品进城"的双向流通功能。布局下沉市场的另一个渠道是"淘宝特价版"。这个平台可以连接全国 1000 个产业带，让 10 万个工厂型商家具备 C2M 能力，让工厂直接连接消费者，实现最短商业链条。

8.5 海外渠道的在线拓展：AliExpress、Lazada

随着中国电商逐步成熟，竞争越来越激烈，出海是大家共识的新的增长点，但是直接入驻国外电商平台需要了解当地市场和文化的专业团队，国内的企业往往"水土不服"。AliExpress（速卖通）是阿里巴巴面向国外市场的 B2C 平台，覆盖了美国、日本、俄罗斯、巴西、西班牙等

220 个国家和地区，涉及 18 种语言，海外成交买家数量突破 1.5 亿个，AliExpress App 的海外装机量超过 6 亿次，AliExpress App 入围全球应用榜单 TOP 10。AliExpress 的网页如图 8-6 所示。

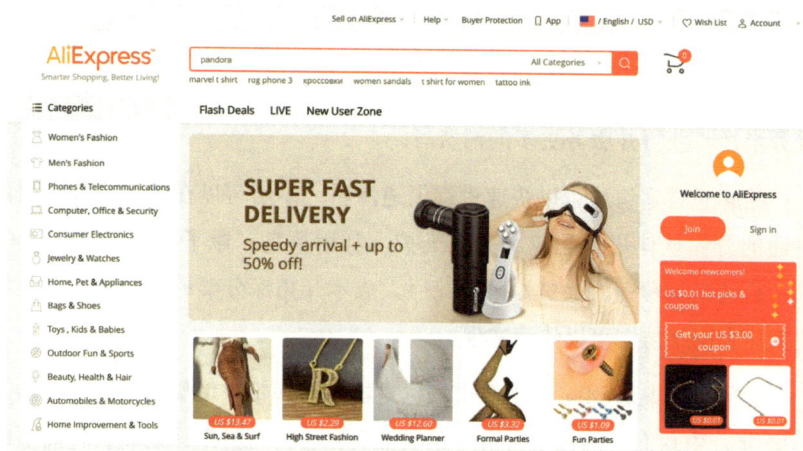

图 8-6

熟悉淘宝等平台的国内商家能快速上手 AliExpress，天猫商家可以一键入驻。在支付上，卖家通过国际支付宝进行提款，交易安全快捷，并且可以享受超低的手续费。在物流上，速卖通与菜鸟网络联合推出的官方物流提供揽收、配送、物流追踪、物流纠纷处理、赔付一站式物流解决方案。品牌可以借力海外仓，备货到海外仓库，出单后直接从海外本地仓库发货，时效更快，服务更好。

在营销上，除了关键词竞价排名的直通车，达人任务、联盟（海外版淘宝客）、Flash Deal（秒杀）、橱窗（搜索推荐）、团购、试用、单品折扣宝、店铺满减宝、商家优惠券等丰富的营销工具可以助力流量和转化率提升！特别值得一提的是，在速卖通上社群和直播的营销发展迅速。2019年，在速卖通上一共做了 8000 多场直播，是 2017、2018 年直播总量的两倍。在 2020 年 6 月的年中大促活动中，近 100 万个俄罗斯人在线观看了速卖通直播，西班牙和法国的观看用户数也在快速增加。

Lazada 成立于 2012 年，是东南亚地区最大的在线购物网站之一，覆盖东南亚的泰国、越南、新加坡、菲利宾、马拉西亚、印度尼西亚等国家 6.5 亿个消费者。自 2016 年起，Lazada 成为阿里巴巴集团东南亚旗舰电商平台，Lazada 的官方商城 LazMall 目前已聚集了 7000 余个国际和东南亚本地领先品牌，面向东南亚消费者销售。

电子商品、家居用品、服装等品类在国内市场竞争异常激烈，一部分商家转战 Lazada 市场，利用中国的供应链优势，取得了很好的成绩。厨房家电、无人机、行车记录仪、旋转拖把、家居收纳等商品受到欢迎。同时，Lazada 实行"Sell to China"合作计划，与东南亚地区知名品牌进行合作，把这些品牌带到中国消费者面前。Lazada 的网页如图 8-7 所示。

通过阿里巴巴的海内外电商平台，原本复杂的渠道拓展工作，在线一键展开。支付、物流、服务等体系由平台和本地化服务商网络协同完成。原本只有巨型企业才具备的海内外渠道多元化拓展能力，通过平台赋能，小企业也能轻松拥有。

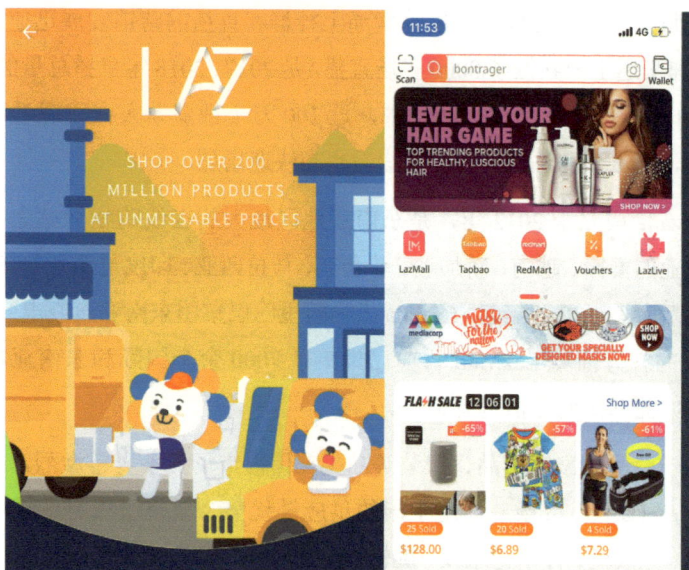

图8-7

【总结】

本章介绍了如何通过数智化进行渠道管理。

（1）利用数据优化选择渠道路径。优先选择有数字触点的渠道，在取得消费者标签数据后再精准地开拓全线渠道。

（2）改造线上、线下的关系，从对立到融合，共生共荣。根据行业特征，应用不同的方案和工具（如火凤凰系统、极速达系统、会员通系统），打通线上、线下的各个环节，更高效地配置企业的渠道资源。

（3）通过钉钉新零售工作台，代理商、经销商提升了商业效能。通过零售通，品牌快速地完成了渠道深耕。

（4）阿里巴巴的各个平台都可以完成各种渠道拓展。品牌用零售通可以拓展深分渠道，进入百万小店，用农村淘宝、淘宝特价版可以渗透下沉市场，用速卖通、Lazada、天猫出海等可以拓展海外市场，这些渠道拓展动作，原来费时费力，现在都可以在线完成。

在渠道选定后，如何推广品牌、做好营销、拉动销售？下一章将讲述如何利用阿里巴巴的大数据和全域媒体进行数智化营销。

第9章
数智化营销

"我知道我的广告有一半是无效的，但是我不知道是哪一半"，在今天这句广告圈里的"谚语"就不再适用了。随着消费数据的不断沉淀、消费者标签的不断深化、数字触点覆盖力的不断扩大，一切营销行为都变得透明起来。我们不仅知道哪一半广告无效，而且还知道怎么在投放之初就把无效的人群筛选掉。现在，市场部的广告投放行为不再是孤立的品牌推广，而是直接可以追踪到销售结果。通过数智化，市场行为和销售行为的割裂也得到连通，营销也从之前的"营销营销，有营无销，有销无营"的局面转变为"营销营销，有营有销，有销无营，品销合一"的新局面。

每一个营销要素，大到明星、IP，小到一张广告图、一个短视频、一个文案都既可以被数据化评估，又可以进行数据结果的反馈。营销行为从"文科"转变为"理科"，人性需求等玄之又玄的问题被数字明确地测量出来。不同颜色的背景对点击产生的影响、促销折扣为多少会进入到最佳价量比、同一渠道的多次投放效果会在什么时间开始衰减等这些问题都可以用数字体现出来，数字已经成为精准营销的利器。

传统营销与数据化营销的区别，见表 9-1。

表 9–1　传统营销与数智化营销的区别

传统营销	数智化营销
广告投入大，效果不可测	精准触达目标人群，优化迭代
客户分析样本小，颗粒度粗	全面洞察消费者的属性行为
品牌传播、销售推广行为独立	全链路数据打通，品效合一
营销效果无法精确评估	营销全要素可被数字化评估

9.1　数智化营销的关键四步

2019 年的"双 11"刚刚结束，一个羊奶粉品牌就组织各地的经销商到阿里巴巴学习新零售的课程。在课上，一个困扰他们很久的问题成为焦点：如何精准地找到目标客户。相信这个问题也是所有品牌营销的核心问题，当然，其对于羊奶粉更为突出。2019 年全国出生人数为 1465 万，尽管羊奶粉易吸收、不易过敏，但是由于口味和认知习惯的问题，多数宝妈都会选择牛奶粉。那么，究竟什么消费者会选择羊奶粉呢？在产生购买之前，如何精准触达这些消费者呢？归纳起来，这些问题可以看作对消费者数据进行识别、分析、扩容、触达的问题，也就是数智化营销的关键四步，如图 9-1 所示。

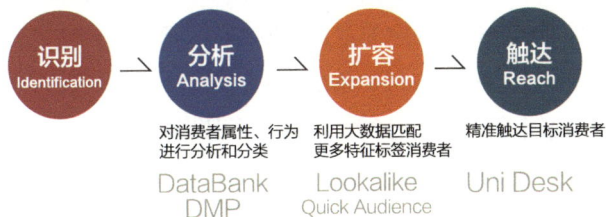

图9-1

其中识别是第一步，是前提。而想要做消费分析就需要有消费者的信息，但是很遗憾，绝大多数品牌是没有消费者信息的。

9.2　从渠道到消费者，营销重心的迁移

在传统的快销品销售中，商品是通过渠道销售的，真正触达消费者的是渠道。如果品牌商想要掌握消费者的信息就需要依赖调研公司等专业机构。比如，如果你是某个羊奶粉品牌的销售负责人，那么你的第一要务是尽快把商品铺进各大母婴渠道，且对渠道下了多少订单、压了多少货有所掌握，而消费者是谁你根本接触不到。这种情况在商超、百货、家电数码专业卖场、化妆品 CS 渠道中普遍存在。由于渠道才是品牌的真正客户，因此品牌的所有工作都围绕渠道来展开。渠道管理、代理加盟，甚至品牌的心智塑造，也都非常注重渠道的开拓。我们回想一下王老吉的广告，为什么用火锅店、披萨店的场景设定，而不用家庭场景？因为这个广告是做给餐饮渠道看的，以当时王老吉的定价来看，相比商超，餐饮是更好的渠道突破口。从 1995 年前后到 2015 年是中国品牌大规模发展的 20 年，"品牌大厦"鳞次栉比，几乎覆盖了所有品类。这 20 年也是渠道为王的时代，谁掌握了最核心的渠道谁就取得了优先权。街铺、百货、商超、Mall 的每次渠道迭代都会产生一批佼佼者，我们可以把这 20 年称为渠道品牌时代。

渠道品牌时代竞争的内在逻辑是渠道在哪里，消费者就在哪里，线下的商业竞争是以商业资源的空间占领为核心的。渠道的广度、密度和深度，其根本是在空间上占有更多触达消费者的机会。由此，我们会看到这样的现象，在很多城市的商业步行街中，同一个品牌开了好几家店，比如在合肥的淮河路步行街的鞋店中，有 7 家红蜻蜓、5 家奥康、4 家意尔康等，前 5 位的品牌占领了几乎所有有效的空间资源，如图 9-2 所示。在大润发

的小家电货架上，摆在黄金位置的永远是美（美的）、九（九阳）、苏（苏泊尔）三大品牌的商品，其他竞争品牌则摆放在货架底层，缺乏空间优势。

图9-2

在渠道品牌时代，只要品牌占领了空间优势，不做消费者分析，一般也会发展得很好。但是在2015年之后，情况就不同了，随着电子商务渗透率的变化，品牌对空间的竞争逐渐转换为对消费者的时间竞争。这时，品牌必须要把触手伸到消费者行为的前端去，在潜在消费人群中占有消费者的认知时间，以完成品牌的宣传。

那么，如果渠道是自营的是不是就能进行消费者分析呢？其实，即使门店是自营的，商家能了解到的消费者信息也非常有限，一般就是姓名、性别、电话、购买商品信息、购买时间和地点等。多年前，你有没有在门店购买商品后办会员卡的经历？导购员给你一个密密麻麻的选项表，当你刚要放弃时，她马上说留个电话就好，然后会员卡就办好了。很多企业都采录了大量消费者的电话号码，其中某品牌有7000万个，多到超过了英国的人口总数。但这些电话号码怎么用呢？答案是从未大规模使用过。那么，品牌为什么拿着几千万条"消费者"的信息不用，却每年花几十亿的广告费做品牌宣传呢？很简单，因为只有电话号码并不代表就拥有了消费者信息，这只是具备了一个不可用的信息元素。

9.3　精准标签和人群运营策略

在特步的门店做过这样一个测试：两组的样本分别为 1000 人，第一组群发短信给消费者有关"双 11"的活动内容；第二组"一对一"的触达，每个人的内容都不一样，都是根据对客户之前购买过的商品属性进行分析后给出的对应话术。结果显示，第二组的召回率是第一组的几十倍，由此可见精准运营的威力。

品牌之前投放广告，多数是购买固定位置，但其中电视广告、户外广告、纸媒广告的受众很难精准，即使楼宇广告的受众相对精准，但对人群中购买意向的测定也是无法完成的。而随着营销大数据的发展，现在完全可以做到根据精准标签进行人群运营。

由于消费者在不同的场域可能会用不同的用户名，因此首先要识别出不同用户名背后真实的人是谁，然后再把他们在各个场域的行为整合分析。

商业中最核心的一件事儿就是消费者洞察，即知道哪些消费者能购买自己的商品。在具备了消费者洞察的能力后，所有的广告投放就都可以通过洞察结果精选标签来精准触达。DMP 中丰富的人群标签可以通过各种条件圈选精准人群，让消费者数据"可用不可见"，既有数据应用能力，又能保护消费者的隐私。图 9-3—9-5 分别是 DMP 丰富的人群标签库和分类，以及标签选项与人群规模预估。

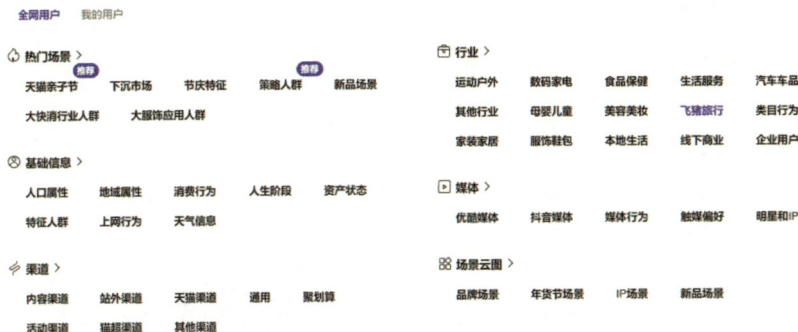

全网用户　我的用户

◇ 热门场景 ›
天猫亲子节　下沉市场　节庆特征　策略人群 [推荐]　新品场景
大快消行业人群　大服饰应用人群

⊗ 基础信息 ›
人口属性　地域属性　消费行为　人生阶段　资产状态
特征人群　上网行为　天气信息

⚡ 渠道 ›
内容渠道　站外渠道　天猫渠道　通用　聚划算
活动渠道　猫超渠道　其他渠道

▷ 行业 ›
运动户外　数码家电　食品保健　生活服务　汽车车品
其他行业　母婴儿童　美容美妆　飞猪旅行　类目行为
家装家居　服饰鞋包　本地生活　线下商业　企业用户

▷ 媒体 ›
优酷媒体　抖音媒体　媒体行为　触媒偏好　明星和IP

⊞ 场景云图 ›
品牌场景　年货节场景　IP场景　新品场景

图9-3

标签名称	标签描述	有效期	覆盖度分	使用热度分
全网可接受价格层级 ⊕	可接受价格层级(1-10),1为最低，10为最高。根据用户历史累积的购买商品单价，计算可接受价格...	2099-12-31	5	4
是否高端买家 ⊕	根据买家认证资质、购物等级、信用等级，最近一年购物频度和金额（剔除退款、快消品类目及爆...	2099-12-31	2.4	3.9
阿里旅行活跃人群 ⊕	根据用户在天猫（PC+无线数据）的阿里旅行频道最近一个月，浏览访问比较活跃	2099-12-31	2	3.7
目的地偏好new（飞猪） ⊕ ☆	根据近期飞猪交易、搜索等行为计算的用户目的地偏好	2099-12-31	3.6	3.7
近7天搜索浏览未购买的度假类目（飞猪） ⊕	飞猪用户最近7天搜索/浏览未购买的度假子类目，多选	2099-12-31	2.7	3.4
景点类型偏好 ⊕	根据用户2013年5月至今在淘宝网（PC+无线数据）各种景点类型的购买门票次数推算用户景点...	2098-02-14	3.2	3.3
最近酒店购买目的地城市（飞猪） ⊕	用户在飞猪酒店类目交易，计算最近一次购买酒店的入住城市	2099-12-31	3.6	3
最近一天国际机票购买目的地城市（飞猪） ⊕	根据用户在飞猪酒店类目交易，计算最近一次购买酒店的入住城市	2099-12-31	2.3	2.8

图9-4

图9-5

　　在我们掌握了消费者洞察的能力后，从商品开发到销售推广就有了全新的能力。我们可以根据需求来开发商品，而在开发之前既能锁定目标人群，知道他们的规模、习惯和喜好，也能精准触达他们。玛氏和天猫合作启动的新零售创新项目，就是利用数据来指导商品设计和生产的，推出了辣味士力架（图9-6）、TFboys限量版考试套装士力架、开车场景口香糖等商品并进行营销场景创新，结果考试套装士力架两天销售460万套。

图9-6

通过建立品牌私域的消费者数据资产，品牌不一定要做大规模的广告，进行大量的市场投入，即可实现对会员的精准营销。

9.4 人群标签组合应用

通过灵活地应用各种人群标签组合方式，不仅可以让投放的效率越来越高，也可以让品牌针对不同消费者进行差异化的营销。常见的人群标签组合应用场景如下：

新用户拓展：重点放在基础信息标签、行业人群标签和场景标签上。

会员关系维护：重点放在我的用户中的会员和超级用户标签上。

大促人群收割：重点放在场景云图标签和我的用户中的店铺、品牌、内容和广告标签上。

人群差异化营销：重点放在基础信息标签中的特征人群标签上。

新品启动：重点放在品类关键词、消费行为、人生阶段、消费层级等标签上。

内容和 IP 兴趣定向：重点放在渠道和媒体两个标签集中的标签上。

线下门店营销：可以采用线下数据定向，并选择地域人群精确到门店。

DMP 提供了 7 种人群组合方式，如标签市场圈人、新用户拓展、自定义人群工厂、关键词圈人、线下数据定向、创建第一方标签、人群组合圈人等，以适应不同的运营需求，如图 9-7—9-9 所示。

图9-7

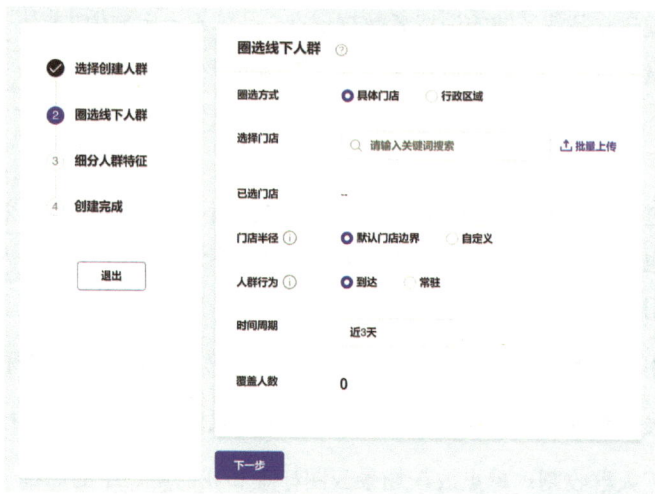

图9-8

图9-9

在新用户拓展中，可以选择品类拉新标签在行业人群中进行拉新，也可以选择针对品牌最近合作的 IP 的关注人群进行拉新。我的用户可以针对与店铺有过交互行为的用户进行圈选，如店铺粉丝、高频消费者，以及加购、收藏过商品的用户。

9.5　人群扩容

通过标签组合，我们可以完成精准人群的圈选，但是随着对筛选条件的收窄，能触达的人群也快速变小，甚至有的人群只有几万人，那么这时投放的意义就不大了。由于圈选的人群规模过小，因此有时甚至会出现钱花不出去的情况。比如，一个巧克力品牌找了 TFboys 的王源做代言人，那最精准的圈选方式是取店铺老客和喜欢王源的人群的交集投放，但如果这个店刚开业不久，人群规模只有几万，那么圈选出来的交集就变成 1 万甚至几千了。当遇到这种情况时，我们就需要用到数智化营销的下一个核心能力——人群扩容，如图 9-10 所示。

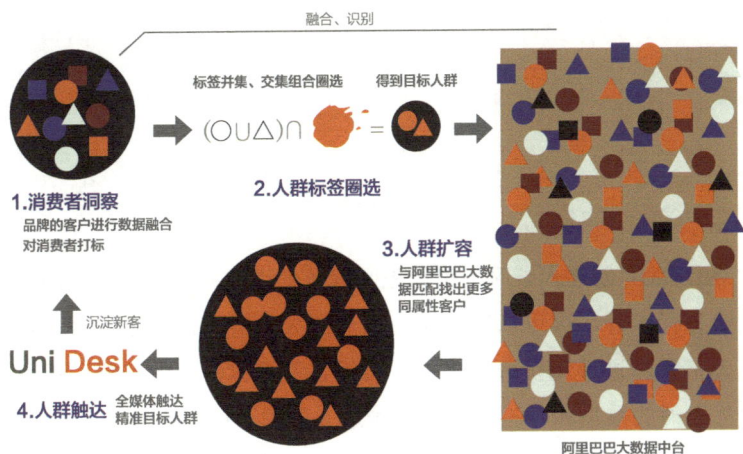

融合、识别

标签并集、交集组合圈选　得到目标人群

$(O∪△)∩$　$=$

1.消费者洞察
品牌的客户进行数据融合
对消费者打标

2.人群标签圈选

3.人群扩容
与阿里巴巴大数据匹配找出更多同属性客户

沉淀新客

Uni Desk

4.人群触达　全媒体触达 精准目标人群

阿里巴巴大数据中台

图9-10

人群扩容的工具有很多，DMP、Quick Audience 等都具有该功能。DMP 侧重于阿里妈妈对广告投放人群的选择，更适合电商部门使用，因为它们的标签更精准，迭代速度更快。Quick Audience 是阿里云的智能商品，其提供数据建立、洞察、扩容等功能，在应用时不限于消费品品牌，也可以在零售、医疗、教育、餐饮、服务等各个行业中对用户进行营销管理。2019 年 12 月第一批用户测试已经开始，之后会逐步开放给更多商家。

在做人群扩容时，商家可以自行调节扩容的量。由于随着匹配精度的轻微下降，人群规模会快速上升，因此商家可以直接通过降低精度来放大人群倍数，操作起来非常方便，如图 9-11 所示。

图9-11

当用 DMP 创建人群时，可以先圈选条件进行标签组合，然后选择人群优选进行扩容，这可以通过手工调节放大人群的倍数来实现，也可以委托人工智能进行无忧选。是否需要扩容及扩容倍数的选择，都可以参考覆盖人群的数量和各推广渠道可触达人群的预估。比如，在"618"之前，如果一个品牌需要做大规模的曝光，想要尽可能多地完成人群蓄水，那么就要准备充沛的预算，这时倍数可以选择在 15 到 20 之间。如果一个品牌要做新品推广，希望触达精准用户，那么则可以把倍数调到 10 左右。根据笔者的实测经验，一般来说在 10 以内的投放，其 ROI（Return on Investment，投资回报率）不会发生太大变化。

Quick Audience 是以消费者运营为核心，通过丰富的用户洞察模型和便捷的策略配置，完成消费者多维洞察分析和多渠道触达，助力企业实现用户增长的一种方式。Quick Audience 包含数据源接入、数据集创建、用户洞察、受众圈选、受众管理、营销投放 6 个模块。

数据源接入：提供多种数据源及多种数据集的接入能力，完成数据源的导入及管理，支持接入 AnalyticDB for MySQL 2.0、AnalyticDB for PostgreSQL、AnalyticDB for MySQL 3.0 等数据库。

数据集创建：提供标签数据集、行为数据集、AIPL 和 RFM 的模型配置能力，针对 AIPL 模型和 RFM 模型可自主配置得分规则和阈值，如图 9-12 所示。

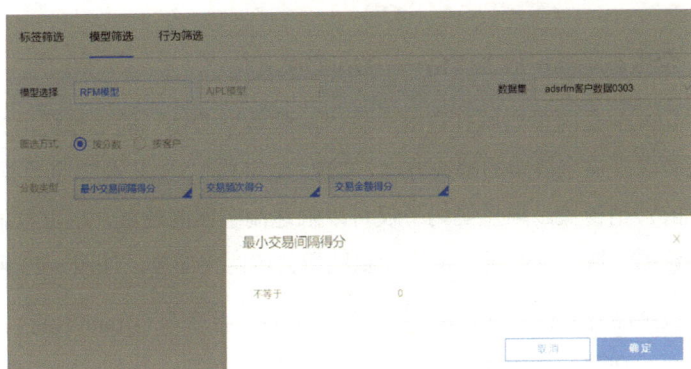

图9-12

用户洞察：提供人群透视分析、RFM 分析、AIPL 分析及流转分析能力。针对受众人群，通过标签透视和显著性分析功能完成对受众的洞察。

受众圈选：支持用户在人群分析的过程中快速圈选指定数量、指定筛选条件的目标人群。

受众管理：完成对圈选受众的管理，包括受众分析、编辑、下载、更新、推送等功能。基于圈选出来的受众进行进一步的洞察分析，包括透视分析、受众间的对比分析、显著性分析。

营销投放：支持广告渠道、私有化渠道、私有运营阵地等多端渠道的人群投放和内容运营。通过底层的自动化营销引擎和多营销组件，自定义配置营销链路，完成自动化营销执行。

在人群标签组合完成对目标人群的精准圈选后，我们怎样触达这些消费者呢？在触达消费者的过程中，广告效果怎么评估？在投放多渠道广告的同时，如何来做效果归因？这些问题，我们将在下一节介绍。

9.6　全生态精准投放和营销效果评估

1. 全生态精准投放工作台——Uni Desk

Uni Desk 是阿里妈妈打造的一款"品牌数字营销"的工作台，为品牌触达消费者提供全链路的解决方案，实现"全链路""全媒体""全数据""全渠道"的营销覆盖。阿里妈妈不仅可以触达淘宝网的场域，也可以触达全网众多营销场域。营销场域可分为私域和公域两大部分，如图 9-13 所示。

私域是品牌的自由流量池，包括会员、粉丝、品牌号（Brand Hub）、微淘、网店页面、官微、公众号、群聊、品牌社群等。

公域大致可分为三环流量：第一环是淘宝系统内的流量，如搜索流量、猜你喜欢流量、直播、有好货、哇哦（短视频）、洋淘（买家秀）等免费流量，直通车、钻展（钻石展位）、超级推荐、品销宝等付费流量，以及各种活动的流量。第二环是阿里巴巴生态体系的流量，包括阿里巴巴文娱的优酷土豆、UC浏览器等，也包括支付宝、飞猪、闲鱼、钉钉、口碑、高德等平台和工具中的流量，这些流量可以通过流量宝、云码、品销宝，钻展外投等工具触达。第三环是阿里巴巴整合的全网流量，包括微博、抖音、今日头条、分众、网易、快手、bilibili等，这些渠道也可以用淘客等投放工具触达。

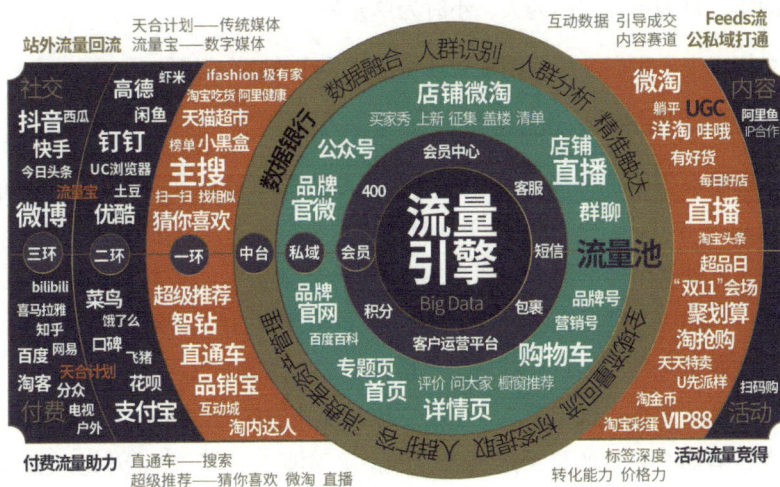

图9-13

每个大型互联网平台都有对应的数字化营销投放工具，如淘宝网的直通车、钻展、超级推荐，抖音的抖加，百度的百度营销，腾讯的广点通（已改名腾讯广告）等，它们各有侧重和优势。

2. 数字营销效果评估

一直以来，营销效果的评估都是一个难题，而数字化营销的效果评估在一定程度上解决了这个问题。首先，我们可以根据营销的目的、商品和品牌的运营周期设定不同的效果目标和考核模式。其次，将所有的营销活动都进行数字化、可视化，甚至实时监测。营销活动中的各个要素，都可以进行数据化的评估，比如明星价值、IP 价值、渠道价值、促销价值、会员价值等。最后，数字营销工具提供了全新的运营模式：测试微调，快速迭代，代替原来的精密计划、按步实施的运营方法，把效果反馈频率从原来的年、月为单元转换为天、小时为单元等。

接下来，我们介绍营销效果评估需要关注的几个问题。

（1）广告预算应该怎样做？

三种典型的营销费用预算方式分别为费率比、ROI 和 ARPU（Average Revenue Per User，每个用户平均收入价值），如图 9-14 所示。费率比是传统企业最常用的一种广告预算方式，如今年的销售目标如果是 30 亿元，过往一年的广告投入比例为 8%，就可以得出今年的广告预算为 2.4 亿元，然后按照每个月实际执行的情况严格控制这个比例。这种方式的最大优势是财务控制严格，执行简单。但是它也有明显的问题，由于商业环境瞬息万变，假如 3 月份的目标是 3000 万元，而实际完成了 2000 万元，那么 4 月份的广告预算就被从 240 万元压缩为 160 万元。由于压缩了广告预算，那么 4 月份的目标也遇到了挑战，这样就进入了恶性循环。因此，费率比的预算方式比较适合业务非常稳定，预算按年规划并按月执行，且对业绩增长和新市场机会没有渴求的公司，而不适用于初创品牌或者正在高速发展的品牌。

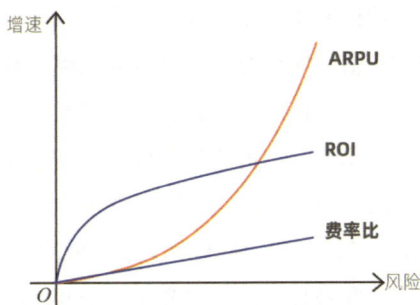

图9-14

ROI 是电商最常用的预算方式。其根据利润率来测算每一笔投入是否有直接的利润产出，如果有就可以逐步放大广告的投入预算，且不设上限。例如，如果一个商品的毛利是 50%，ROI 是 1：3，那么每投入 1 万元，就会产生 3 万元的销售额，再去掉 50% 的商品成本，即 1.5 万元，还有 0.5 万元的利润产生。那么，这个投放就是一个正向循环，即随着投入的加大，销售额和利润同步上涨。要做到高 ROI 其实不容易，在电商环境中，多数的投放都是竞价模式，即一旦有高 ROI 的渠道，众多商家就会汇集竞价，投放价格随之就会上去，ROI 就下来了。另外，如果想要加大投放就需要扩大人群范围，无论是手动圈选新人群还是利用 AI 来实现人群扩容，都有一个阀值，超过这个阀值 ROI 就会快速下降，最后平衡在刚好能获得投入产出平衡的点上。在销售规模和利润的取舍过程中，这个点是数字化营销追求的平衡点。利用 ROI 方法做动态的营销预算，可以快速测试出最优的营销突破口，并可以通过多组单一变量测试得到最佳的营销路径。而且这种方法不会限制业绩的发展，一旦 ROI 利润为正就可以快速进攻，这能让电商很好地把握市场机会。

ARPU，这个词最早使用在互联网企业中，它们在没有盈利甚至没有明确的盈利模式之前的估值就是按照 ARPU 来计算的，即单位时间内一个用户能给企业创造的价值，然后通过将价值乘以用户数量来预估企业现在的价值，并根据用户的增长速度来判断企业的发展能力。这是一个高风险的营销预算方法，因为单位时间内的用户价值事实上并不是一个常量，它受内外部因素影响的波动范围非常大，除了双高类目（高毛利、高复购，如游戏和化妆品），一般不敢采用 ARPU 方法来做营销预算。但是 2016 年后崛起了一大批用互联网打法做零售商品的企业，如完美日记，其在短短 3 年多的时间内就成为国货彩妆第一，这和它的营销模式有很大的关系。它选择小红书作为突破口，快速积累用户，布局双微，用私域流量池沉淀用户，有效地把复购率和 ARPU 稳定在一个高水平上，实现了滚雪球式的极速增长。

（2）如何评估营销活动是否成功？

一个营销活动是否成功，之前的标准比较单一，就是看产生了多少销售业绩，这也是品牌能采录到的唯一的可靠数据。但是如果以此为唯一考核点的话，那么运营团队就会把工作重点放在如何收割老用户上，这样品牌就容易失去发展潜力。品牌的存量不断被消耗，增量没人敢做，谁做谁错，这就是过去企业营销的通病。

现在的营销考核可以从多纬度来进行数据测量，比如我们前面讲的 AIPL 模型中周期消费者数量的变化。如果一个营销活动的目标就是触达更多的消费者，那么考核重点就放在 A（认知）值的增加上，如新品试用、新客派样等。如果一个营销活动的目标是让消费者产生购买动机，那么就重点考核活动周期内的 A-I 流转人数，如内容种草、达人合作等营销活动。如果一个活动的目标是转化忠诚会员，即把购买的用户转化为会员，那么考核的重点就可以放在 P-L 流转上，看在单位时间内有多少购买用户转化为会员和二次购买的用户。

在考核过程中，也可以在众多变量中挑选一个变量进行测试，同时保持其他变量不变，以便知道被测试的变量在多大程度上影响了营销结果，进而做出对该变量的优化。比如，针对投放广告时用的广告图，阿里巴巴的多个工具都提供在同一个投放计划中进行多个广告图黑箱测试的功能，在 3 万次曝光后，各个图的点击率就呈现稳定的结果了，然后系统会自动把高点击率的图配置更多的曝光机会，自动淘汰低点击率的图，不再给曝光机会。

营销活动是否成功，除了可以看绝对指标，我们还可以看相对指标，即对照过往数据来做对照评测，如在"双 11"活动期间，可以通过对照去年各个维度的数据来做今年的效果评估和预测，也可以对照行业数据的平均值或者行业 Top10 商家的优秀数据找到自己的差距点，以便优化品牌的营销行为。

（3）如何评估每个媒体投放的价值？

媒体投放的价值评估是营销中最关键的一环，因为媒体投放是营销费用中最高的一项，投放的过程也是最有技术含量、最能考验团队的一环。阿里巴巴各个投放工具都给出了具体的投放效果数据。

阿里妈妈策略中心对直通车、钻展、超级推荐、品销宝等营销工具的效果给出了详细数据，包括对 AIPL 周期的流转贡献、展现量、加购率、引导成交等。同样，全网的投放数据也可以通过 Uni Desk 等工具来查看。同时也可以选择适合自己的归因模型来对多链路广告进行归因评估。常见的归因模型如图 9-15 所示：

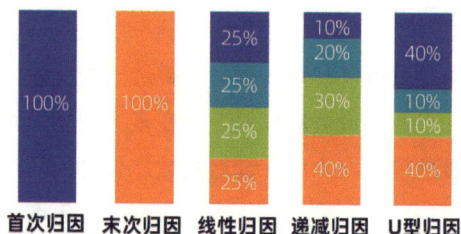

图9-15

随着投放的复杂性越来越大，用简单的权重法做归因已经不能达到要求，这时我们可以用马尔可夫链等算法做更复杂的归因分布图。

（4）营销要素的价值如何评估？

品牌如何选择代言人？如何选择与哪个IP合作？跨界营销如何选择搭档才能取得最佳效果？将商品植入一个热播的网剧中，是否能有效果？与哪些淘宝主播合作，营销效果最好？这些问题也可以用数据辅助来完成。

在选择明星进行合作的时候，我们可以通过百度指数看明星的搜索趋势变化，如通过需求图谱看关联搜索次数、通过人群分析看一些基本属性、通过咨讯指数和媒体指数看舆情等，但是这些指数还是相对轮廓化的，不够清晰。

阿里巴巴还有一个专业的IP交易平台——阿里鱼（ip.alibaba.com）。商家可以在阿里鱼上直接与IP合作，这就免去了原来与IP合作过程中层层代理、层层加价的弊端，如图9-16所示。

阿里鱼会不断更新各种IP，包括影视综艺IP、动漫IP、艺术IP、游戏IP、体育IP等。旅行青蛙、CBA篮球赛事、颐和园、中国国家博物馆、长安十二时辰等都是近年的热门IP。

图9-16

荷兰梵高博物馆与阿里鱼联手，在淘宝众筹上推出"燃烧的梵高"全新衍生品众筹，为中国消费者带来了包括"向日葵""盛开的杏树""鸢尾花""阿尔勒的卧室"等梵高经典画作授权的正版衍生品的众筹活动，如图 9-17 所示。

图9-17

活动上线后受到热烈追捧，首日销量达 358 万单，不到 48 小时，淘宝众筹总人数突破 2 万人，这是国内艺术衍生品众筹活动中的最大一单。其中，仅天堂伞就销售 8000 把，突破 100 万元的众筹金额。

麦富迪宠物食品通过与电影《一条狗的使命》合作，将客单价从 49 元提升到 99 元，主打商品从宠物零食过渡到宠物主粮，完成了品牌知名度和销售业绩的双增长。买狗粮满 99 元送电影票的营销模式，既增加了转化率又提升了客单价。经过与各种宠物电影和综艺两年多的合作，麦富迪在狗粮品类中脱颖而出。

把握明星和 IP 合作的时机很重要，明星一旦参加了热门综艺或者热播网剧，热度会快速爬升，IP 也是一样。有的 IP 其热度相对稳定，有的有爆发力但是影响周期短。举例来说，同样是卡通形象，多啦 A 梦的热度基本恒定，每隔一段时间就出一个大电影，粉丝群体也相对固定。而旅行青蛙的热度峰值很高，但是三个月后就快速消退了。利用数据判断 IP，只对稳定性 IP 产生作用，对波动性比较大的 IP 还是需要"情报"加"运气"的老模式来完成。那么，有没有比明星和 IP 更稳定的营销方法呢？例如，既能一下子曝光几千万人，也能在同一时间内卖掉几百万的货，名利双收。

淘宝直播就是品牌和销售合一的一种营销渠道。2017 年开始的淘宝直播极速发展，很多品牌通过直播这个新赛道取得了优势。除了店铺自播，与达人合作，让达人直播带货也是非常重要的形式。那么如何找达人呢？淘宝达人的数据对公众是完全透明的，我们可以直接通过阿里 V 任务来查找。

9.7　AI 辅助营销工具

2016 年的"双 11"，阿里巴巴的人工智能设计师"鲁班"做了 4.1 亿张广告图，这相当于 200 个设计师不吃不喝做 200 年。2018 年阿里妈妈在戛纳国际创意节上正式发布"AI 智能文案"商品，其将淘宝网和天猫的海量优质内容与自然语言算法结合，每秒可生成两万条文案。

人工智能不仅已经参与到广告投放的过程中，而且也逐步变成营销的辅助工具，帮助我们做图、拍摄视频、生成文案、管理素材等。在阿里妈妈创意中心，你可以免费体验这些 AI 商品，如图 9-18 和图 9-19 所示。

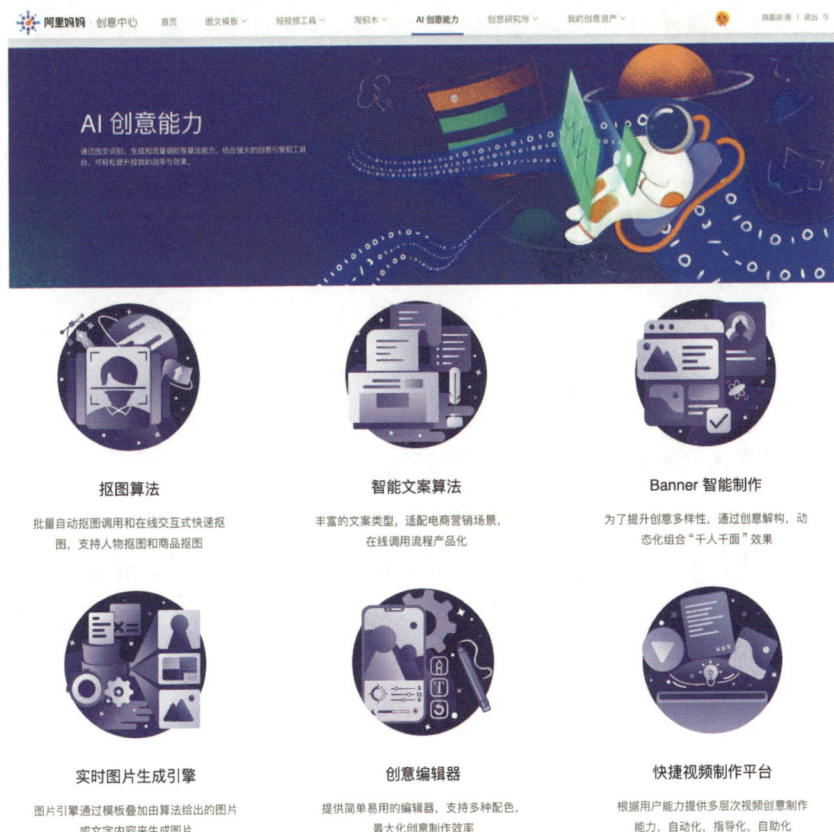

抠图算法
批量自动抠图调用和在线交互式快速抠图，支持人物抠图和商品抠图

智能文案算法
丰富的文案类型，适配电商营销场景，在线调用流程产品化

Banner 智能制作
为了提升创意多样性，通过创意解构，动态组合"千人千面"效果

实时图片生成引擎
图片引擎通过模板叠加由算法给出的图片或文字内容来生成图片

创意编辑器
提供简单易用的编辑器，支持多种配色，最大化创意制作效率

快捷视频制作平台
根据用户能力提供多层次视频创意制作能力，自动化，指导化，自助化

图9-18

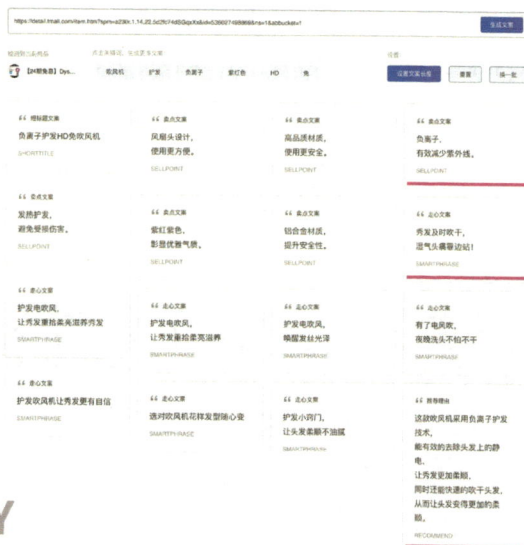

图9-19

【总结】

本章我们主要介绍了以下几点内容:

（1）数智化营销破解了原来广告投放不精准、广告效果不能及时评测的难题，通过标签的条件筛选，让营销的精准度大幅提升，营销行为的频度也从原来的以季度、月为时间单元变为以小时为时间单元。

（2）费率比、ROI、ARPU 三种不同的模式营销费用预算；通过DMP 等工具实时观测营销效果；数字化归因；把明星、IP、直播等营销资源的价值最大化等。

（3）AI 辅助营销创意，如"鹿班"智能作图、人工智能文案工具等，创意工作由人机交互来完成。

第 10 章
数智化新零售

零售是商品经营者或生产者把商品卖给个人消费者或社会团体消费者的交易活动。按照这个定义，在远古人类有了群体活动，即产生了以物换物的交易后，零售就产生了。不管是哪一个时期的零售业，其本质上都是一种生意，都有买和卖的行为，都是解决供应和需求的问题，都离不开"人、货、场"这三个元素。而在不同的时期，"人、货、场"又有不同的特点，特别是在零售叠加数智化后，它们更是发生了翻天覆地的变化，如表 10-1 所示。

传统零售的业务员基本上都是"守株待兔"，有客户来了就接待，员工上班期间大多禁用手机。而新零售的业务员可以主动获客、全域获客，没有客人的时候用手机去联系客户、去做直播，甚至设置全域销售、全域客服、网红直播、全员品牌大使等。

表 10–1 传统零售与新零售中"人、货、场"的区别

传统零售	新零售
业务员守株待兔，被动等待，上班时间禁用手机	业务员线上线下主动全域获客，老客户强运营；没有客户时鼓励用手机联系，并设置全域销售＋全域客服＋网红直播＋全员品牌大使
业务员"靠天"吃饭，天气太热、太冷、下雨、下雪等都会影响业绩	业务员可以实现每天24小时场内外销售，较少受天气影响，可主动营销（店内销售＋店外销售）
"人、货、场"是离线的孤岛，相对割裂，受时空限制	在线化和高效精准连接，可识别、可触达、可洞察、可服务
渠道为王，商品为王	渠道为王＋商品为王＋用户为王
千人一面，千篇一律，千店一面	智能提醒，有温度的服务
口头上客户第一，而实际上不重视客户的反馈	重视聆听客户，倒逼优化内部流程和质量
员工与零售商是纯粹的雇佣关系，员工是打工心态，离职率、流动率极高，没有较好的职业生涯规划	员工是店老板，事业合伙人；员工与零售商是利益共同体，命运共同体

　　传统零售的业务员主要是"靠天"吃饭，周一到周五客户较少，另外天气太热或太冷、下雨或下雪都会影响他们的业绩。传统零售的时效低、人效低、坪效低，其中的"人、货、场"是离线的孤岛，相对割裂并受时空限制。而新零售可以实现7×24小时场内外销售，完全在线化，可以高

效精准地连接客户且受天气影响较小，是一种主动营销行为。这样就极大地提升了时效、人效和坪效。

在传统零售中，渠道为王、商品为王。而新零售则从用户出发，不仅要连接更多的用户，而且还要考虑用户的活跃度、回头率和终身价值，因为只有这样才能在新品牌、品类扩充中获得机会。良品铺子的天猫旗舰店拥有3千多万的会员，整个渠道在全球有8千多万会员；海底捞拥有5千多万会员，这些能抓住用户的企业，在新冠肺炎疫情期间都能快速恢复。在这种非常时期，数字化用户资产就显得非常关键。

传统零售为了标准化和连续化，形成了"千人一面、千篇一律、千店一面"的局面，没有差异化。而新零售通过数据化，可以做到"千人千面、千店千面，精准触达"，为消费者提供各种私人定制的服务，甚至可以做一些智能化的必要提醒和有温度的服务。

传统零售商大多数口头重视基层员工，而实际并非如此，他们只是纯粹的雇佣关系，员工也大多是打工者的心态，没有系统的职业生涯规划，故离职率和流动性都很高。而新零售可以让员工真正做到人人都是主播，甚至是事业合伙人。总部给其贷款、融资、直接匹配货品，这样不论是在家还是出去玩，都可以直播卖货，员工和零售商成为真正的利益共同体和命运共同体。

在传统零售中，每天到店里逛的人较少，成交也就少，成交离店后跟店铺建立关系的概率很低。而新零售可以基于大数据进行需求分析、LBS引流，通过天猫旗舰店2.0、轻店铺、互动到店、离店交易等全方位运作获得更多的进店人数，成交更多的客户，同时还可以覆盖到潜在客户和与之匹配的泛潜客。

在工业经济时代，石油是能源，可以推动社会的发展；在数智经济时代，数据是能源，可以推动社会的发展。但跟石油相比，数据是越用越多，越用越有用。数据是驱动零售升级的关键因素。结合大数据"人、货、场"的重购，以消费者为核心的全网、全渠道的融合，实现了"人、货、场"的在线化、重构和高效精准连接，突破了时间和空间的限制，如图10-1所示。

图10-1

10.1　数智化"人"的重构

在零售的各个环节中，"人"是一个要素，其中消费者、导购、店长、经销商、品牌商、合作伙伴、投资者等都是"人"的一部分，都需要进行数智重构。

数智化后的消费者，不再只是某一类物理的人，而是用性别、喜好、习惯等一系列的数据标签来描述的消费者，这能够深度还原消费者的真实状态。"人"与"货"的互动数字化，是利用 AR、VR、魔镜等进行导购，让消费者更全面地了解货品信息。交易数字化，是利用智能 POS、刷脸支付提升支付体验，让消费者更便捷地完成购物交易并自助入会。运营数据化，是利用品牌号、手机淘宝、钉钉等工具对用户进行离店服务及触达。

数智化后的导购，不再只是一个"守株待兔"的柜员，而是可以集导购、顾问、主播、客服于一体，实时在线全方位精准服务消费者的"专家"。林清轩 300 多家门店中的 2000 多位业务员，在转型新零售中就摇身变成 2000 多位网红主播。在 2020 年冠状肺炎疫情的春节期间，林清轩在线下门店几乎全部关停的情况下，一线员工全面转钉钉在线上销售，导购成了用户的专属客服，他们在钉钉上发消息，消费者在手机淘宝查收，这样即使消费者没进店，导购和消费者之间的"路"也是通的。林清轩通过近几年的积累，已经拥有了几百万的粉丝，这些都是数智化的消费者。冠状肺炎疫情期间，林清轩的创始人带领导购进行全员直播，抓住在线新经济发展机遇的林清轩不但活了过来，还实现了业绩逆袭。由于通过网络平台重建了与消费者的连接，2020 年 3 月 1 日至 8 日，林清轩线上销售额同比提升 400%，线下业绩增幅也超过 140%。在淘宝网首个直播购物节期间，林清轩还登顶"国货好价榜"。

数智化后的店长，也不再是一个每天开晨会、统计店员业绩的负责人，而是一个跨渠道的线上线下全面服务消费者的"枢纽"。他们全面掌握消费者每天的消费数据并不断完善数据标签，借助各种数据报表精准预测每天的销售额，发现"认知、兴趣、购买、忠诚"消费者全链路中出现的问题，提升每一个环节的转化率，给消费者带来更好的服务体验，而且也可以为后端的新品创新提供数据支撑。

数智化后的经销商，也不再只是每年参加订货会下订单的"买家"。经销商是跟消费者接触最紧密的群体，以往品牌商对消费者不够了解，其最主要的原因就是，大多数商品都是通过经销商卖出的，但是经销商的各种数据并不会都同步给品牌商，这样品牌商跟消费者之间就是断层的。数智化之后的经销售，可以通过各种系统全面了解消费者群体，精准触达，增加销售额，同时品牌商也可以通过销售的一线数据更好地研发消费者需要的商品。

除了消费者、导购、店长、经销售的数智化，跟"人"有关的数智化还有很多。零售商在数智化后可以通过数据判断每个供应商的商品、服务品质、供货周期、服务响应的优劣等，还可以通过数据甄选更匹配的供应商。合作伙伴、投资者也可以建立数据模型，将数据分析作为参考，这样利用大量的数据沉淀叠加算法就可以做到智能化。

把"人"的概念扩大就是组织，组织也需要做到数智化。零售在组织这里还要做到五个在线：组织在线，即组织关系在线化，实现现代化的组织管理架构、权责清晰、扁平可视化、人脉资源共享。沟通在线，即组织成员在一个安全环境中实现高效沟通、相互尊重，实现工作和生活的分离。协同在线，即组织成员在一个安全环境中实现团队的任务协同、工作流协同，实现知识经验的沉淀和共享。业务在线，即通过业务流程和业务行为的数据化、智能化和移动化，实现企业的大数据决策分析能力。生态在线，即以企业为中心的上下游和客户都实现在线化、数据化、智能化，移动化产生的大数据将驱动生产销售效率的不断优化，以人为本的透明管理将推动生态体系中每一个人的创造力。红蜻蜓就是较早走在实现组织数智化路上的企业。2018 年，红蜻蜓与阿里巴巴达成合作，目前已将线下 1000 多家自营门店改造为智慧门店，完成了商品的数字化，并上线了智能导购。与此同时，3000 多家加盟店全部上钉钉，完成了组织的数字化。在一年多的时间里，红蜻蜓线下门店的导购引导顾客店内扫码，积累了 500 多万条线下会员的数据，这是离店销售的基础。红蜻蜓正是围绕阿里巴巴的消费者运营全链路模式，将这些会员社群化，再进行一对一的触达、营销、转换、拉新。新冠肺炎疫情期间，红蜻蜓集团的研发、财务、行政，甚至数据工程师都加入卖货的行列中。通过全员卖货，红蜻蜓 2020 年 2 月 14 日当天的离店销售额首次突破 100 万元，全年离店销售额接近 2 亿元。

10.2　数智化"货"的重构

商品能满足消费者的需求，这是传递品牌价值主张的落脚点。在考虑增加产品的举措时，品牌应该审视产品的整体布局是否能满足消费者的需求。通过洞察市场与消费者的新趋势，品牌可以对产品组合策略进行梳理，明确需要深耕的已有类目，以及应进入的新类目和未来可能爆发的趋势类目。品牌应该灵活制定产品的创新升级和定价的促销策略，从"质"和"价"两个维度上，真正满足消费者对"质优价美"的需求。在品牌进行产品创新升级时，可以综合阿里巴巴大数据洞察技术，借助天猫创新中心的功能，敏捷串联研发、营销、销售等各个职能部门，实现快速迭代。结合数智化，在"货"这个层面上，新品打造、个性化定制、柔性供应链等已经出现了革命性的变化。

针对新品打造，以往都是按照设计师的设计找原材料，然后进行生产的逻辑进行。如今，由于结合消费者数据可以对消费者进行洞察，实时反馈消费者的需求和期望，因此品牌都是通过数据来驱动产品研发的，并可以实现小批量、多批次的柔性供应链策略，避免滞销和库存积压。另外，全域精准营销更能做到有的放矢，让每一款新品变成"爆款"，做到真正盘活消费者资产，如图 10-2 所示。天猫数据显示，快消品类的新品开发已经从 18~24 个月缩短到 9 个月；美妆品类从每半年到一年上新调整成每月上新；服装品类从以往以季度为单位的订货会变成了以月，甚至以周为单位的线上新品发布会。

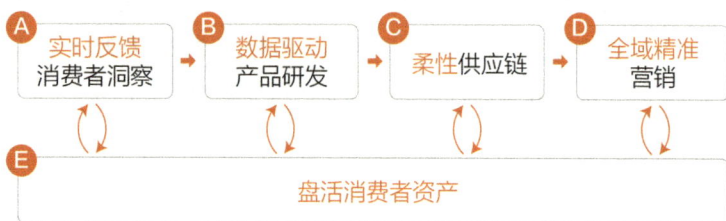

图10-2

通过对趋势数据的分析，九阳对比周期数据发现，收纳工具新品销售额增长超过100%，小户型家具新品销售额增长超过115%，一体式家电新品销售额增长达417%，由此开发了一人食系列小家电。其目标用户设定为学生、单身人员、小家庭，如一人食300ml容量的豆浆机。因为这完全是结合消费数据打造的个性化新品，所以首发当日即售罄，并持续大卖，同时还带来了大量的精准粉丝，如图10-3所示。

趋势数据

100%
收纳工具新品销售额增长

115%
小户型家具新品销售额增长

417%
一体式家电新品销售额增长

案例：九阳一人食系列厨电

目标用户	· 学生、单身人员、小家庭
产品	· "一人食"系列厨电用品，如300ml容量一人份"萌盟"豆浆机
营销	· 宣传符合年轻人审美消费需求的轻养生概念，首发当日即售罄，上市半个月销售2000台，单品为店铺新增粉丝数万人

图10-3

结合大数据，"货"层面供应链的优化可以做到精准预测销售，如大润发最初人工预测的销量准确率在 70% 左右，而结合大数据后的预测准确率超过 90%。

淘工厂通过将碎片化的需求与闲置产能匹配，从而实现了大规模的定制化生产。在淘工厂的整合下，设计师、品牌商、淘宝店主、工厂等多方的利益实现了最大化，这既满足了消费者的个性化需求，又满足了店主小批量、多批次的生产需求，同时闲置的产能也能被释放出来并产生价值，如图 10-4 所示。

图10-4

商品原本是指看得到摸得到的实物商品，现在网络已经把它虚拟化了，如消费者在淘宝网上购买一件商品，在快递员送到消费者手上之前的所有环节中，商品都是以虚拟化的形式存在的，而消费者都是通过文字、图片、视频、直播等形式全方位了解商品多维度信息的。商品的原材料采购、生产制造、供应链、物流等环节也都走在数智化的路上。借助大数据和不断迭代升级的算法，卖场可以做到智能补货、就近发货，而且柔性生产、个性化定制的效率也越来越高。以往都是人工盘点，做表格预测销量和订单，而现在可以借助大数据实时掌控商品的所有流向，机器人自动盘点、缺货预警、智能预测、智能补货已经在很多大型商超变成了现实，后文将通过良品铺子、大润发等案例进行详细讲解。

结合 5G 和区块链技术，可以把商品的设计、生产、物流、上架销售的全部流通环节都可视化，并做到实时回溯每一个节点，同时溯源系统也将迎来升级，做到可视化和透明化。互联网时代是因为信息的不对等而产生机会，万物互联时代是因为信息的透明而产生机会。"货"借助于数智化，将会越来越透明，消费者会越来越愿意为优秀的商品买单。

10.3　数智化"场"的重构

"场"不仅仅是指商场、门店或网店，而是指消费者所有生活、工作等与零售商产生交集的所有场景组成的集合。其反映在企业端，则需要围绕消费者需求的消费场，借助渠道、终端、场景、能力等方面实现更为精细化的运营。新零售的"场"既包括消费互联网的"场"，也包括供给侧端产业互联网的"场"。对于消费侧的"场"来说，不管是衣食住行还是吃喝玩乐，"人、货、场"都会被重新定义。消费者背靠商家服务，商家背后有导购、店长、经销商、品牌商、工厂，只有将这些链路连接起来，商家才能够感知到消费者的需求，继而设计生产出相关的商品来服务好消费者。针对现在的线下商场零售，"场"这个层面面临的最大问题是很难突破时间和空间的限制，在体验上也有待升级。而通过新技术的力量辅助，零售终端门店可以实现数据化运营、供应链效能、顾客购物体验等方面的升级。门店型的零售业可以进行多方位的数智化改造，以提升商业效率。

虽然线上网购的零售形式在数据获取、消费者分析、突破时间和空间的限制上都有很大优势，但其硬伤是缺乏体验，因此将线上线下结合就成了必然，而线上线下的优势互补也必然带动"人、货、场"三者的重构。结合大数据重构后的"场"，可以实现真正的全场所、全场景、突破时间和空间的限制，再结合各种黑科技进行强体验和互动，让消费者真正做到开心购物。同时，一个超远时空的"场"，也可以极大地增加人流、吸引老顾客再次消费和体验，起到提升人效、坪效的作用。

实际上，新冠肺炎疫情也已经让企业意识到了数智化的重要性。而在疫情之后，商业环境也将迎来新变化，新商业的"场"正在全面拥抱数智化，以创造出全新的体验空间和交易空间，带来更多的增长机会。

1. 新的"场"——淘宝直播

淘宝直播已经覆盖了各个行业，其用新经济的活力改造了传统行业，制造了众多风口。在增速 Top10 的行业中，汽车、大家电、图书等需要与线下商家结合的商品，通过直播引导成交增速最快。

截至 2019 年底，淘宝直播已积累 4 亿用户，全年 GMV 突破 2000 亿元，其中"双 11"当天直播 GMV 突破 200 亿元，177 位主播的年度 GMV 破亿。2020 年第一季度，我国网络直播用户规模达 5.6 亿，占网民整体的62.0%。商务部和中国互联网络信息中心的数据显示：2020 年一季度的电商直播超过 400 万场，全年预计将达到万亿级的市场规模。2020 年天猫"双 11"，淘宝直播高速增长，近 3 亿用户涌入直播间，淘宝直播的GMV 同比翻了一番；33 个淘宝直播间的成交额过亿，近 500 个直播间的成交额过千万，头部淘宝主播的直播间过百亿。

淘宝直播也是一个新的"场"，其不仅有主播和商家在直播间卖货产生的 UGC（User Generated Content，用户生产内容），而且也有淘宝直播官方联合各种组织、电视台、明星等，产生众多的 PGC（Professlonal Generoted Content，专业生产内容），从脱贫盛典到网络春晚，再到 2020 年冠状肺炎疫情背景下的武汉大学樱花直播等，都满足了用户对内容的多元需求。"万物皆可播"，在 2020 年有 100 多种职业转战淘宝直播间。除了天猫商家、新农人、手工艺匠人、茶艺师等，各个行业从业者运营的集市店铺也都在直播间大放异彩。直播已经成为商家增长的新引擎，国货、国际品牌都在淘宝直播中快速发展，直播成为一个典型的新场景。随着直播科技化的进一步升级，借助 5G、虚拟、VR 等新技术产生的虚拟直播间正在直播行业中掀起一场新的场景革命。虚拟直播间可以更真实、更便捷地进行场景呈现和切换，能带来更好的直播购物体验。

2. 新的"场"——快闪店

快闪店，也是近年来在一二线城市出现的新场景，即在商场的广场或者中庭开辟一个临时商店，以此聚焦一个场景。比如，针对某 IP 形象有各种基于该 IP 的衣服、鞋子、帽子、饰品、家居等周边商品，尽管这些商品并不是一个商家的，但是它们都是基于这个 IP 形象的，那么就可以聚焦这些不同品类的商品到快闪店，以此汇聚 IP 不同品类商家的粉丝到现场试用、体验，形成强大的粉丝互动。商场可以通过组织这样的快闪店以形成不同的"场"，并可以借助数据化的设备和工具对消费者进行全面分析，以便后续更好地运营人群，形成持续转化。快闪店也可以进一步结合 3D、VR、AR 等新技术进行全球直播，形成 24 小时持续在线商业体，如图 10-5 所示。

通过快闪店的形式，把线上的流量引到线下一个有体验、有互动的"场"

中，并与消费者进行深度交流和互动，如通过肌肤测试、试妆镜、智能试衣镜等数字化技术给消费者带来全新的体验，同时对消费数据进行全面分析，真正把线上的数据和线下的体验结合起来，形成新零售的"场"，如图 10-6 所示。

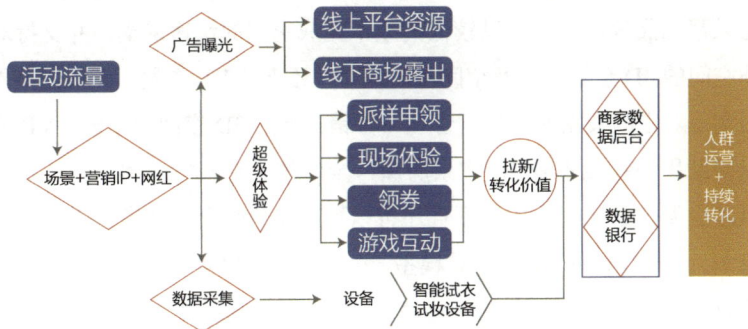

图10-5

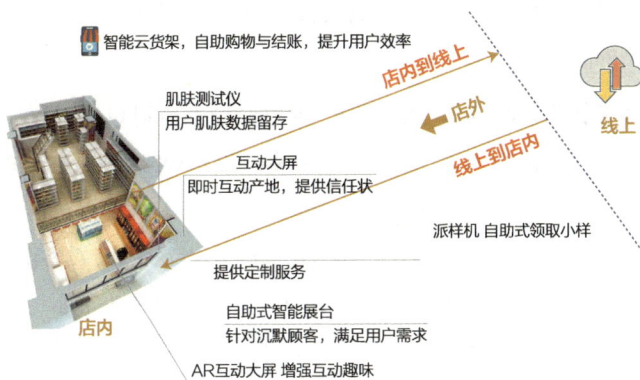

图10-6

3. 新的"场"——虚拟现实融合

目前,虚拟与现实正在越来越紧密地融合,线上与线下的界限也变得越来越模糊。如何让用户在线上更真实地感受线下的真实体验,这是技术持续推动社会进步的方向。比如,阿里云的"临云镜"就是类似于这样的解决方案,即对 3D 空间继续数字化重建,通过全景摄影测量设备和 3D 空间重构工具,对空间的全景摄影及实景重构,以实现空间 3D 模型的构建。这可以帮助品牌商与平台以较低的成本完成空间的快速采集,并支持对室内外空间的 3D 全景展示及空间漫游,同时还支持 VR 浏览、设备的接入,从而实现对空间数据的采集、管理与营销。通过 3D 空间的重建,VR 看房可以帮助用户在线查看 3D 实景房屋,全面体验空间格局和结构,这不仅可以减少无效看房的次数,而且还可以提升租售平台的业务效率,降低运营成本。装修样板间等 3D 全景模型,可以提升消费者对空间的真实感知,也可以提升房产装修行业的转化率。使用 3D 重建技术,酒店、度假村等场所可以进行 3D 建模,以便帮助用户实现在线看房订房,保证预期与实际入住体验尽量一致,提高用户的满意度,提升企业的口碑和品牌形象;零售企业可以做到让用户在线上获得线下实体店的体验,从而促进新零售线上线下的融合。

"临云镜"可以实现 3D 漫游,通过浏览器就可以进行展示,点击操作即可在空间内自由行走,模拟真实感受;720° 100% 还原空间真实场境,做到无死角、无遮挡;自由嵌入音频、视频、商品、地点、链接等信息,实现场景内的多样化展示及多方式的外部联系;支持 VR 设备沉浸式浏览;可以实现室内实景路线导航,如图 10-7 所示。通过全景展示链接,同时适配 PC、无线端、VR 端,可以在零售、酒店、工厂、房产等各种行业中实现虚拟与现实的融合,用户可以深度体验通过 3D 空间重建 3D 场景。

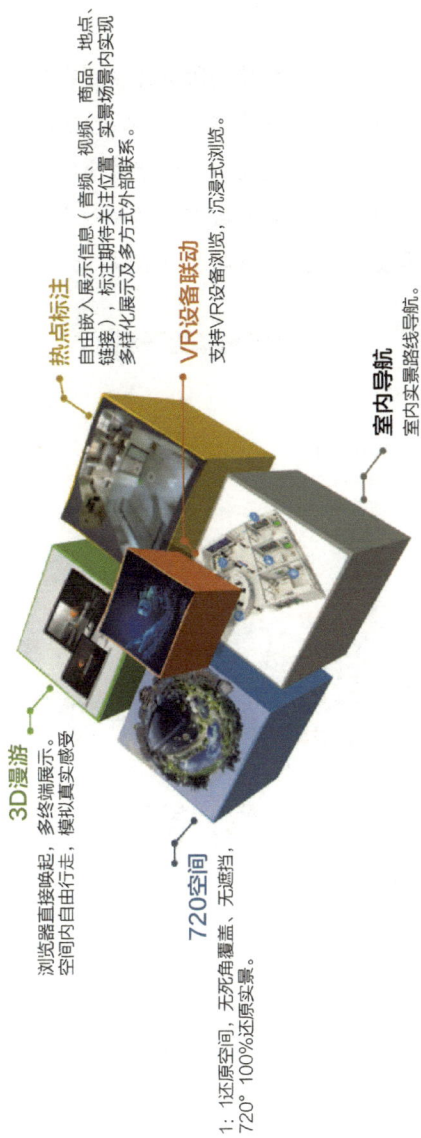

热点标注
自由嵌入展示信息（音频、视频、商品、地点、链接），标注期待关注位置，实景场景内实现多样化展示及多方式外部联系。

VR设备联动
支持VR设备浏览，沉浸式浏览。

室内导航
室内实景路线导航。

3D漫游
浏览器直接唤起，多终端展示。空间内自由行走，模拟真实感受。

720空间
1：1还原空间，无死角覆盖，无遮挡，720° 100%还原实景。

图10-7

10.4　零售终端体验升级

在数智化的推动下，零售终端的服务体验正在快速迭代升级。云端货架可以完全实现可视化制作交互触控、动画、3D展示等内容，轻松实现与客户的展示、互动和交流。借助数据同步共享的业务中台和数据中台，一改以往线上线下、不同渠道之间数据割裂和效率低下的状态。零售终端体验升级的主要体现如下，如图10-8所示：

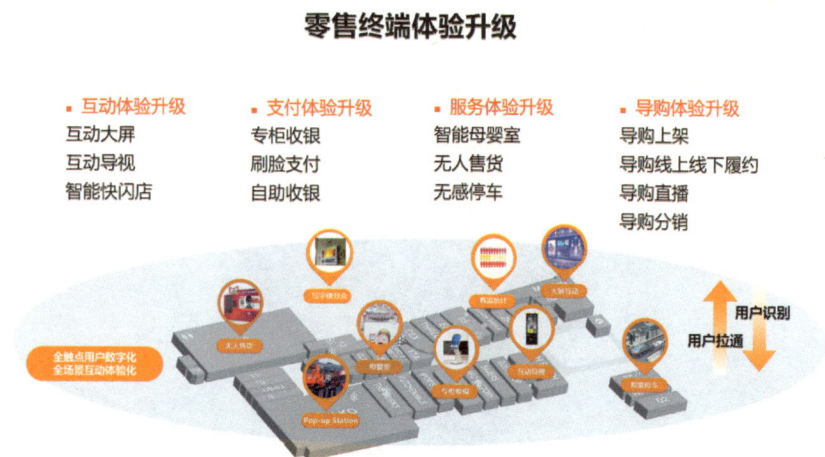

图10-8

1. 互动体验升级

以往消费者在零售终端是几乎没有互动的，消费者选购商品、买单结账，有时候有导购介入，但是体验感并不佳。如今，通过互动大屏、互动导视可以让消费者产生互动的新体验，通过高科技互动设备他们可以自行了解商品、选择自己喜欢的款式和型号。比如，在买口红时，智能试妆镜可以让消费者不必再涂到手上来看颜色选色号，而是在试妆镜里可以随意选择搭配；魔镜可以让消费者试衣变得更加方便快捷。

2. 支付体验升级

通过扫码、扫脸进行支付，方便快捷，省去现金买单找零的麻烦。现在很多零售终端还可以实现自助收银，这深受年轻人的喜爱。消费者在选购自己心仪的商品后，在自助收银区扫一扫即可完成买单支付，整个过程不需要人工参与，也不需要排队等候，十分便捷。

3. 服务体验升级

智能母婴室一改以前狭小空间的设计，其实现在它们不再只是给婴儿喂奶、换尿不湿的地方，各种母婴用品可以在里面体验试用，如果喜欢扫码就可以完成购买。在机场、火车站和办公楼中，无人售货也变得越来越流行。根据大数据的分析，无人售货机所销售的商品是消费者最常买的商品。无感停车也让人们开车购物的体验更顺畅，省心又省时。

4. 导购体验升级

以往零售终端的导购很多都是非专业人士，主要是起到推销的作用。当问到专业问题时，有时候导购的回答无法让消费者满意。而现在的零售终端导购更为专业，大多采用无扰式客户服务。如果消费者有问题，则给出专业回答；如果没有问题。则自己选购。同时，导购还有直播的功能，多维度服务于消费者。另外，导购也可以成为分销的一员，在工作之外还可以继续销售商品。现在的导购还可以兼顾顾问的功能，能结合各种专业工具和数据更好地服务于消费者。

10.5　商超百货行业的数智化转型

对于商超、百货、购物中心等零售商家而言，数智化转型更为复杂。购物中心可以在选址、资产管理、物业管理、招商、营销、支付、渠道等各个板块，通过业务中台和数据中台将业务运营、店铺运营、会员运营、服务运营等板块全面打通，建立运营能力中心。

目前，在阿里巴巴商业操作系统的赋能下，服饰、快消、美家、消费电子、餐饮、酒店、旅游等行业进行了数智化转型。它们结合阿里巴巴丰富的商业生态，重构了 11 个商业要素，以平台赋能商超和百货行业，如图 10-9 所示。

目前，基于客流数字化的数据智能正在支撑着智慧商业。通过大数据分析，商家可以看出哪些品牌的哪些品类在哪些地方的转化率高，同时可以进行不同维度的分析，并与各种专题、标杆做分析对比，在流失率高的地方做调整和优化。这相当于把线下的各种行为像线上一样全部数据化，从消费者进入购物中心的停车场开始，到逛不同店铺的移动路线、选择商品的过程、使用优惠券的情况、支付买单的形式，再到消费者离店，所有环节被打通且形成闭环。

除此之外，购物中心的智能停车、智能物业、智能金融、智能发票等业务也可以通过各种高科技更好地服务于终端消费者，让消费者的体验更智能、更便捷，如图 10-10 所示。

平台赋能　生态伙伴空间　品牌App　生态伙伴App

小程序　品牌App　生态伙伴App

平台产品（BaaS）： 淘宝网 Taobao.com　TMALL天猫　天猫超市　天猫国际　阿里巴巴 Alibaba Group　1688.com　AliExpress　农村淘宝　YOUKU　UC　优酷　高德地图　e饿了么　支付宝　口碑　菜鸟网络 CAI NIAO　盒马　大麦　淘票票　飞猪　钉钉 等

数据银行（DaaS）： 生意参谋　策略中心

行业（SaaS）：

服饰行业	快消行业	美家行业	消费电子行业	新零售商行业	餐饮行业	酒店/旅游行业
商品企划 智能供应链…	全域营销 供应链金融…	全域新零售 智能制造…	产品智能互联 智能制造…	开店选址 智能硬件…	门店数智化 食品溯源…	景区大数据平台 景区IOT平台…

企业数字大脑

业务中间件（PaaS）： 品牌　商品　制造　渠道　营销　零售　物流　服务　金融　组织　…

人工智能：机器智能　语言智能　情感分析　语义智能　货品识别　自然语言　智能安全　决策智能

技术中间件：淘宝开放平台（奇门）　SaaS加速器　星环　IOT　AECP　AliOS　EMAS　宣塔　Dataphin

应用弹性托管与中间件　运维监控诊断　QuickBI　RPA　DataWorks

零售云： 聚石塔　公共云　弹性计算　专有云

产品域（IaaS）： 网络　MD　存储　数据库　CDN与边缘

图10-9

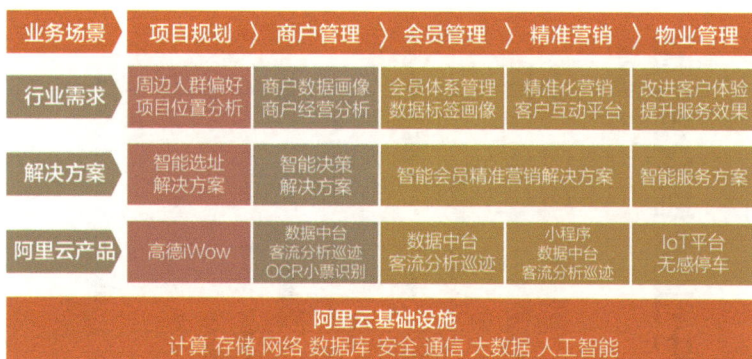

业务场景	项目规划	商户管理	会员管理	精准营销	物业管理
行业需求	周边人群偏好 项目位置分析	商户数据画像 商户经营分析	会员体系管理 数据标签画像	精准化营销 客户互动平台	改进客户体验 提升服务效果
解决方案	智能选址 解决方案	智能决策 解决方案	智能会员精准营销解决方案		智能服务方案
阿里云产品	高德iWow	数据中台 客流分析巡迹 OCR小票识别	数据中台 客流分析巡迹	小程序 数据中台 客流分析巡迹	IoT平台 无感停车
阿里云基础设施 计算 存储 网络 数据库 安全 通信 大数据 人工智能					

图10-10

10.6 数智化"人、货、场"的典型案例

1.银泰的新商场

银泰将实践多年的新零售能力沉淀为"新商场操作系统"。这个系统更像是阿里巴巴商业操作系统的一个子系统：核心服务运行在阿里云上；通过喵街 App、银泰天猫旗舰店、线下专柜，实现正品好货加线上线下同款同价；通过云 POS 线下收银，网上各个销售渠道将商品卖往全国；利用 IoT 硬件基础设施，与手机淘宝、支付宝的会员链接，以及 ISV 的软硬件互联，形成新零售规模化能力。在数字化转型初步完成后，银泰也更像是一家数据驱动货"找"人的商场。比如，通过对消费者动线的热力图分析发现，新客、老客和数字化会员的商场动线有很大差异，而基于阿里云的云 AP 和 IoT 设备，银泰可以根据顾客在商场内的动线轨迹和交易热度，对商品的呈现和品牌布局进行优化。原来基于位置建立的实体门店的价值，在数智时代已经被重新定义。

银泰还优化了母婴室，以往商场的母婴室一般只是一个简易的在洗手间旁边让妈妈给宝宝换尿不湿的地方，而现在全新升级的母婴室已经是一个新零售中相对独立的"场"。位于银泰北京大红门店4层的母婴室内不仅有舒适的沙发、婴儿床、热水器，门口还有一个大大的天猫母婴商品自动贩卖机。消费者通过屏幕扫码，1分钱就可以买到胶囊奶粉、纸尿裤、防溢乳垫、储奶袋等给宝宝喂奶或护理用的必备品。除此之外，母婴室内还提供了天猫独家发售的最新款智能冲调器、电动吸奶器、奶粉等知名品牌的畅销品给妈妈们体验，还设置了冲奶区、护理区、授乳区和公共休息区，而且同时可供多人使用。

对于商场来说，母婴室解决了妈妈们的逛街难题。对于品牌商而言，母婴室则是一个绝佳的场景化新客获取平台。作为国内最大的母婴电商平台，天猫母婴在母婴室为惠氏、美赞臣、好奇、美德乐、好孩子等一线母婴品牌，提供了直接触达消费者的通道。

2. 盒马新物种

传统生鲜超市都是把门店当作销售的"场"，让"人"和"货"在门店里相遇，并完成交易。在这个"人、货、场"的交易结构里，门店是交易的终点。因此，传统生鲜超市的所有工作，都是要把人拉到店里来。而只要是在线下完成交易，就会受到坪效极限的制约，只有把交易放到互联网上才能突破极限，而盒马正是这样去做的。盒马线下门店的任务就是收集流量，通过非常好的体验把附近的人群吸引到门店来，然后将他们转化为线上会员。消费者周末有时间，就来线下体验；工作日没有时间，就在线上购物。

这种崭新的"日销售"是对传统"周消费"的巨大升级，故新零售的坪效比传统零售的高出一大截自然也在情理之中。

跟传统生鲜超市相比，盒马最重要的不同就是"吃"（堂食）。

盒马不但有商品陈列区，而且还有一个就餐区（约占营业面积的1/3），以及若干食品加工的档口。用户在盒马买了海鲜，可以送到档口，支付很少的加工费，就可以请师傅加工成菜品，现场享用。用超市价就可以现场吃到新鲜海鲜，这种体验无疑是非常棒的，而且相比传统的海鲜馆，性价比很高。

其实盒马这么做并不是为了赚取加工费，而是通过给用户创造与众不同的良好体验，打消用户线上下单产生的疑虑，获得用户对其生鲜商品的信任和偏好。

在传统生鲜超市中，用户可以挑选商品，但是很难在网上看到超市的同款生鲜。在互联网平台上购买生鲜时，消费者没法亲自挑选，不知道会送来什么样的商品，对在网上买生鲜缺乏一份信任感。

盒马的出现完美地解决了单纯线上和单纯线下都不够好的问题，让消费者亲自在现场吃，感受"盒马品质"，打消顾虑，建立信任，同时提供3千米范围内30分钟快速送到家的即时送货服务。

盒马的顶层设计在成立之初就被确定：第一，线上交易要大于线下；第二，线上每天要做到单店5000单以上；第三，App能够独立生存，不需要其他流量支持；第四，在冷链物流成本可控的范围内，做到30分钟送达。此外，针对这个项目还有五个具体标准：线上线下统一会员、统一库存、统一价格、统一营销和统一结算。

从线下往线上导流，是完成四点顶层设计最重要的一跃。盒马的本质，是一个被门店武装了的生鲜电商，同时也是大数据驱动的极致供应链体现。

在商品采购预测方面，盒马依据阿里巴巴大数据和盒马自己的App数据精确做到门店的商品选品和采购计划及库存分配，同时在盒马 App 端做到千人千面，做到精准匹配、触达和转化。盒马的仓库分为两级：一级是兼具质检、商品标准化、活海鲜养殖功能的区域中心仓，另一级是盒马门店的店仓。店仓兼具门店零售的角色，采用电子价签来保证线上线下的实时同价，销售和补货同步进行；每个门店商品的货位和库存信息都能实时回传给中心仓，两仓之间实现库存智能调节，所有数据都能做到实时同步。订单包裹能在 30 分钟之内抵达消费者手中，也是盒马基于大数据优化的结果。

　　盒马系统会基于订单时效节点顺序、订单地址等信息，将不同订单在一个线路上做最优配送批次的串联，然后根据订单批次、品类、客户要求、配送员熟悉的配送区域、配送员此时所在的具体位置等信息，算出包括更佳配送路径的配送任务单，提交给更适合接单的配送员，而配送员送货的来回轨迹通过高德地图进行择优路径规划。盒马的触达、购买、送货等全链路环节都是基于大数据驱动的，这是盒马作为"新物种"的体现。

　　数智经济下的"人、货、场"重构，重构的是理念、方式和方法。数智经济重构"人、货、场"，能增加近场、远场、离店交易，同时拓展时间和空间，而人效、时效的提升也能带动坪效、店效的提升，同时也更好地提升消费者的满意度和商业运营的效率。2020 年的天猫"双 11"，也是数智化新零售的集中体现。在 2020 年天猫"双 11"期间，成交额达到 4982 亿元，每秒 58.3 万笔的订单创建了峰值，11 天里有超过 15 万亿次的 AI 调用量和 23.21 亿的物流订单总量，这些数字都是数智时代商业基础设施更趋完善的体现。另外，AI 虚拟主播已经现身淘宝直播间替代真人主播。虚拟主播能做到形神兼备，声音、情绪、动作逼近真人，不仅能听会说，对千万观众的问题对答如流，还能跳舞、唱歌，完成各种复杂动作。畅想一下未来的零售，全新的"场"以人为中心，贯穿消费端和市场端，既包括消费互联网，也包括供给侧的产业互联网。在大数据的驱动下，生产、经营和消费的全新形态得以重构。在万物互联时代，万"场"升级，一切都将在数智化的推动下升级迭代，驱动新的增长。

【总结】

本章重点讲解零售的数智化。驱动零售数智化转型的核心是大数据、云计算、5G、物联网、人工智能等新技术的应用，而随着这些技术的渗透和商业应用，对"人、货、场"的数智重构也越来越深入。

（1）数智化"人"的重构：能做到对消费者可识别、可触达、可洞察、可服务，为品牌和门店带来更好的消费体验。消费者可以随时随地买到想要的商品，精准匹配，体验升级。导购、店长、经销商、品牌商等做到数智化，可以满足消费者多元的需求，提高工作效率和消费者的满意度。从组织的角度要做到五个在线：组织在线、沟通在线、协同在线、业务在线、生态在线。

（2）数智化"货"的重构：借助新的数智化技术，新品创新可以开发和生产出更匹配消费者需求的商品；供应链可以做到库存在线、智能预测、智能补货、就近发货；生产制造可以做到柔性化、个性化、定制化；"货"的全流程可以做到透明化。

（3）数智化"场"的重构：一改以往"场"只是商场的定义，做到全网、全渠道、全场景、全触点的"场"，随时随地，不受时空限制。除了线上线下的各种店铺，直播、快闪店等已成为数智化新时代的"场"。

（4）零售终端体验升级。互动体验、支付体验、服务体验、导购体验都在数智化的驱动下进行升级，消费者的购物更便捷，更容易买到心仪的商品，同时购物也更加省心、开心。

（5）银泰百货、盒马等都是数智化"人、货、场"重构的经典案例。在数智经济时代，各行各业都会促生出数智化新物种。

（6）商场智能管理也可以通过数智技术实现购物中心的智能停车、智能物业、智能金融、智能发票等，让消费者更省心、更便捷。

第 11 章
数智化新服务

11.1 阿里巴巴"亲听"用户声音

阿里巴巴 CEO 张勇在 2019 年乌镇互联网大会上提出:"数字化时代的新商业文明,本质是要回到人本身,立足开放共享,从关注流量、关注交易量,到关注客户、关注消费者,再到关注一个个具体的人、关注全社会的效益、关注共赢"。"以客户为本,聆听客户的声音"一直是阿里巴巴高管们心中长存的价值理念!

阿里巴巴的 CCO(阿里巴巴集团客户体验事业群)是内部地位最高的部门。为什么这么说?因为马云、张勇等都先后到 CCO"亲听"客户的投诉和咨询。阿里巴巴一直坚持"客户第一、员工第二、股东第三"的理念,而 CCO 所负责的就是客户体验,是对接消费者和数千万商家的业务前哨。

"亲听",听什么?其实就是听用户的咨询求助,听用户的痛点反馈,听用户的情绪表达。业务员会到客服一线，在 CCO "师兄"的指导下听一听用户的需求。"亲听"项目的初衷是"让做决策的人听到炮火的声音"。这个项目在阿里巴巴一经推出，就迅速得到了各部门的积极响应。现在"亲听"在阿里巴巴已经成为一种机制、一种文化，并常态化。通过"亲听"可以让所有人共同听见、共同看见问题并解决问题。目前，阿里巴巴的"亲听"项目已经影响到整个生态和行业，加入和开展这个项目的企业也越来越多。

在数智时代，"客户第一"的商业价值观仍然有效，只是现在的消费者已经完成了从"买得到""买得好"到"买得爽"的升级，那么这是如何做到的呢？其实，在价值理念的坚持之外，还有数智平台做强有力的支撑。阿里巴巴所诠释的新消费时代的数智化服务有数据和智能的双内核，正在从单一的解决客户问题升级为保障消费者服务体验，承载着消费者数智化运营阵地的双重使命。

在企业的十一个商业要素中，服务是唯一与其他所有要素都能产生叠加效应的要素。

做服务就是做口碑，做口碑就是做品牌。除了传统的口碑效应，借助数智化客服对信息的收集和处理能力，可以将消费者提出的问题，可能是商品质量、外观设计，也可能是物流运输的反馈，分类汇总给对应部门，然后通过优化提供更好的服务，把口碑做大做强。

服务与商品是重要的平行关系，是为顾客创造价值的两个同等重要的因素，两者就像硬币的正反面。当把商品做到极致时，最好的服务能实现"没有服务"。设想一下，从服务数据中得到一线"情报"，然后企业快速反应，如做出"爆款"商品、实时补货调货、调整仓储布局、优化物流合作，甚至预测下一个周期的流行趋势并提前决策，这是不是可以为商家提供多重保障并提升用户体验。

所有相关要素的决策者，都需要从"服务"这里听到一线的"炮火声"，并快速将一线的信息和数据转化为下一步的行动指导。这种传递与反应，仅依靠传统的方式和人力是做不到的，而自建一套服务数据分析与反馈系统，投入和系统设计就是一个很大的门槛，更何况，这样企业只能拥有自身的小数据，而无法和全网的大数据进行比对和分析。

阿里巴巴向商家提供的数智化"新服务"，是阿里巴巴商业操作系统（ABOS）中关键的要素之一，即客户的反馈意见被数智化处理后再传输到其他要素中成为闭环，从而提升整套系统的商业运作能力。

11.2　数据智能形成反馈闭环

当没有进行数智化改造时，线上线下 CRM 与服务割裂，用户体验差；不重视消费者评价，评价只是客服部门在使用；无法形成闭环评价，售后服务差；售后与消费者的关系大多就此结束。

在开展数智化服务后，线上线下 CRM 和服务打通，有智能客服、店小蜜、云小蜜等及时响应，提升用户体验；线下售后服务在线闭环评价，形成透明的良性循环；重视全域消费者舆情，分类实时反馈到品牌、商品、制造、物流、客服等部门，倒逼企业优化内部流程和资源配置。

传统服务与数智化新服务的对比，如表 11-1 所示。

阿里巴巴的服务体验正在从"接得起"的 1.0 阶段，跨越"接得好"的 2.0 阶段，发展至以会员为中心全生命周期体验关注的 3.0 阶段，并向服务助力前端业务迈进。那么，要想提升用户体验，做好服务，商家的最佳状态应该是怎样呢？

表 11-1　传统服务与数智化新服务对比

传统服务	数智化新服务
线上线下割裂，无法闭环评价	线上线下贯通，形成反馈闭环
客服响应不及时，客户体验差	智能客服、店小蜜、云小蜜等及时响应，提升用户体验
与客户的连接，销售即完成	保持与用户的强连接； 销售只是过程； 重视用户的终身价值； 重视用户分享与利益共享
针对客户的反馈，内部传递不及时； 常止于客服部门； 从反馈到改进，环节割裂	重视全域消费者舆情； 分类实时反馈到全环节； 倒逼优化内部流程和资源配置

（1）想消费者所想，做消费者未想，比消费者更懂自己。

（2）能解决消费者的问题，日常有惊喜，可信任。

（3）触点和消费者洞察相结合，提升消费者的运营效率和每一次接触的价值。

商家只有做到这三点，才能深挖客户价值，提升流量效率，才有可能在售前、售中和售后展开全域消费者运营，实现服务价值的最大化。

在数智化服务中，客服不再是简单地接打电话和服务"兜底"人员。"阿里柔军"被用来形容阿里巴巴客服小二：他们是一支被智能辅助能力武装过的、秉承客户第一的"军队"，体验引擎就是武装小二们"听到"和"看见"客户心声的工具，这样的"超能力"让大量的客户问题被前置解决，而不是等到发生之后再被动处理。

简单来说，它是消费者和商家的一个数智化服务管家。这个管家可以帮助消费者在两个纬度上实现周全服务：①在单次购物体验中，全程提升消费者在每个环节的体验；②消费者一旦成为数智化服务触达的用户，无论是否购买，数智化服务都会给消费者提供最好的服务。前者称为全链路管理，后者称为全生命周期管理。

简单来说，数智化服务就是在消费者跟商家连接的过程中，给每个消费者设计一个既能了解到消费者，又能让其信任的数据触点，这个触点让消费者跟商家的每一次接触都能实现流量效率和价值的最大化。

这个管家最重要的是将传统的线下服务做到线上来，实现"三个化"：①服务过程的在线化，②服务要素的数字化，③服务能力的智能化。比如，为提升售前转化率，它针对新品多、活动多、服务难度大的快消品行业提供了智能小秘，不管是售前消费者有关商品和促销的咨询，还是售后的转化、留存、传播，都有涉及。

以前两年宝洁的预警和主动服务体系为例，"618"前夕，预警体系在后台发现大量用户咨询货品和赠品分开发货的问题，而后期通过快速地将订单和用户信息匹配，实现协调发货并主动通知用户，最终平稳度过"618"。数据显示，当年天猫"618"，宝洁退款时长下降30%。

11.3 数智化服务解决方案

按照解决具体痛点的差异，线上线下一体化服务方案可细分为以下方案：

（1）售前转化率方案。

（2）消费者体验障碍监控和主动服务。

（3）体验洞察反哺业务改善。

（4）会员全生命周期 MOT 助理方案。

（5）新一代智能店铺机器人：阿里巴巴店小蜜 3.0。

其中，每个方案既可以单独发挥作用，也可以结合起来成为一个体系。我们可以结合不同企业的规模、发展阶段，以及需要解决问题的类型，如当下问题或长期规划，最后确定方案。下面分别介绍上述方案的一些基本功能和使用场景。

11.3.1 售前转化率方案

当客服接待消费者时，经常会遇到下面的情况。

（1）消费者不知道买什么，而且懒得花时间去了解商品的性能、规格等信息，希望在提出自己的诉求后，客服能推荐合适的商品。

（2）现在店铺活动多、规则形式也多种多样，当有满减、打折等优惠活动，消费者需要凑单时，往往也会咨询客服让其推荐合适的商品组合。

（3）当消费者倾向于购买有优惠或者热销的商品时，有时也希望客服提供推荐。

（4）当消费者感兴趣的商品没货了，有即将流失的可能性时，需要客服及时推荐出满足消费者需求的替代品。

综上所述，客服在第一时间为消费者推荐准确的、满足需求的商品十分必要。

同时，这对客服的业务能力与素质要求也比较高，因为他们只有对消费者、店铺商品和活动规则十分了解，才能为消费者精准推荐商品。而具备这种敏锐观察力和判断力的客服往往可遇不可求，他们的销量与转化率都要高于一般客服。

而零售小蜜智能导购是客服的得力助手，在开发了智能摘要、智能会话、结束预测等提升客服工作效率的功能后，系统再次从提升客服询单转化的角度入手，研发了智能导购"猜你心意"功能，其在有无库存推荐、主动求购推荐、优惠活动（商品）推荐、默认推荐（兜底推荐）四种应用场景中，有效提升了询单转化率。与使用零售小蜜智能导购前的询单转化数据相比，在向消费者推荐了由该功能预测的商品后，他们的下单欲望提升了，销量增加了近20%。同时，这也有助于提升用户体验。

11.3.2　消费者体验障碍监控和主动服务

在消费者跟商家连接的过程中，系统会给消费者一个懂他，同时又能够让他信任的触点，这个触点能让消费者跟商家每一次接触的流量效率和价值实现最大化。是否懂消费者所想，触点是否可信任，直接决定了消费者体验的好坏，以及商家与消费者交互机会效率的高低。顺着消费链路走，下单后可能会由于各种原因出现未付款的现象，这时商家非常想知道是商品的原因、价格的原因、优惠的原因，还是活动的原因造成的。消费者体验障碍监控会基于消费者的洞察，让商家"看见"问题所在，并且提供解决方案来帮助商家提升转化率。系统利用线上数据加线下智能外呼的形式，对消费者在所有节点中遇到的问题做一个快速的洞察，并把这些洞察快速反馈到商家。通过这样一套组合操作，仅仅拍下未付款这一个场景，数智化服务每年在天猫为商家挽回的 GMV 高达数百亿。

11.3.3　体验洞察反哺业务改善

体验洞察，是品牌生命力的保障，而消费者洞察让品牌不再是"盲人摸象"，但是实际操作起来，这即便是对于国际连锁巨头也并非易事。以前，洞察趋势、洞察市场、洞察用户，大部分商家都是找外面的咨询公司来做。这样做有两个明显的缺陷：一是成本过高，动辄几十万，甚至几百万；二是时效太低，短则一个月，长则三个月。以今天消费市场的变化速度来看，这样的市场调研做到一半，消费的风向很可能就变了。现在，阿里巴巴平台基于全域数据、消费者声音与行为，以及商家与消费者的互动，构建了面向消费端的 NPS（净推荐值），用于反馈消费者的体验。该体系可以做到自动生成对商品的洞察、对服务的洞察及对营销的洞察，让影响消费者购买决策的关键因素从海量的数据中脱颖而出，以此来帮助商家快速改进商品的运营策略。

11.3.4　会员全生命周期 MOT 助理方案

会员是公司的重要资产，那么，怎样才能触达、陪伴、留存、转化、避免流失他们呢？又怎样做到会员全生命周期的管理呢？会员全生命周期管理有几个关键指标：一是，初始流量。会员初始获取量越大，整个会员的基数就越大；二是，会员的生命周期越长，会员所提供的价值就越大；三是，流失率。每个节点上的流失率越低，具有黏性和忠诚度会员的比例就越高。这三个指标也是决定会员运营体系有效、成功的三个核心因素。会员全生命周期 MOT 助理方案可以做到从关注到注册，从注册到购买，从购买到复购，整个过程都能让消费者感受到每个环节的舒适体验，提升从关注到注册的转化率，如图 11-1 所示。此方案在流失率高的节点上会减少会员流失；最大限度地引入初始流量，让更多的会员转化为忠实会员；对忠实会员深度运营，以此无限延长会员的生命周期，提供更多的价值。

会员全生命周期MOT助理方案

场景：会员关键时刻的触达和陪伴

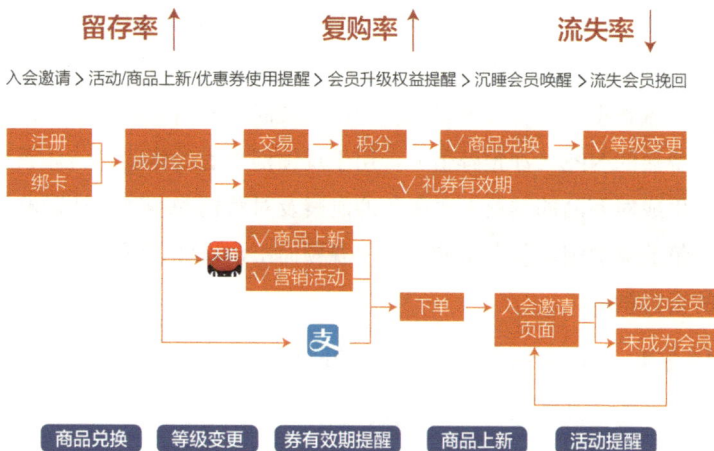

留存率↑　　　　　**复购率↑**　　　　　**流失率↓**

入会邀请 > 活动/商品上新/优惠券使用提醒 > 会员升级权益提醒 > 沉睡会员唤醒 > 流失会员挽回

```
注册          ┌→ 交易 → 积分 → √商品兑换 → √等级变更
绑卡 → 成为会员         √礼券有效期
              └→ 天猫 → √商品上新
                       √营销活动 ┐
                 支           ├→ 下单 → 入会邀请 → 成为会员
                                      页面   → 未成为会员

商品兑换  等级变更  券有效期提醒  商品上新  活动提醒
```

图 11-1

2018 年 7 月，红茶鸳鸯拿铁还只是出现在星巴克线下店里的一款并不被店员关注的咖啡，而有人在星巴克店里点了它，喜欢它的人开始在虚拟世界里表达对它的喜爱。这些粉丝在星巴克的 App 中留言，在饿了么平台上点评，在星巴克的微信公众号和微博上留下赞美的文字……那么，对于这款线下的咖啡而言，网上的各个端口就成了它的粉丝发表观点的窗口。

2019 年 7 月，所有关于星巴克商品的评价都被一个虚拟的大数据中心收集起来，并对信息做了分类整理。其中在一组分类中，它将消费者的一些体验重点词作为关键因子，再由这些因子组成一组新的数据，并根据新数据得出一个结论：这款咖啡很受欢迎，很多人希望可以在网上购买。

阿里巴巴数智化服务团队的成员第一时间把这个结论告诉了星巴克。第二个月，星巴克就上线了这款咖啡。红铁鸳鸯拿铁的爱好者们在某一天突然发现，他们可以在星巴克的各个外卖端口买到这款咖啡了。一个并没有在现实世界里被明确提出的意愿，就这样在一个虚拟世界的调查结果完成后，实现了。

　　最终，星巴克推出了新品，卖出去了更多咖啡。更重要的是，它能通过一份调查报告更了解自己的消费者。红茶鸳鸯拿铁只是 NPC 报告里的一个点，众多代表需求和意见的数据被这份报告反馈给了星巴克，其以此提高了服务的效率和价值；消费者隐藏在菜单里的需求迅速得到满足，这是一种很爽的体验。这样一个调查报告提供的服务甚至催生了一个新的供给侧，即挖掘出了新的商品需求并产生了新的供给。

　　这是一场堪称完美的配合，即数字化赋能服务销售的体验。那么，这一切是如何发生的呢？

　　简单概括就是阿里巴巴的商业操作系统帮助星巴克打通了线上线下商品的所有端口，从前端销售到后端服务再回哺前端销售。这样一来，星巴克就可以从一个端口知道所有端口反馈的信息，通过一个端口就可以管理所有线上线下的销售和服务。在这个系统中又有诸多的小系统，它们密切配合，组成了一套完整的阿里巴巴商业操作系统。

　　红茶鸳鸯拿铁就是在服务操作系统的某个环节（体验引擎）中发现了需求并快速反馈给商家，再传导到市场并解决需求的一个案例。整个服务方案运转的逻辑是只要和消费者产生服务，便产生了触点。从这个触点出发，只要接入了数智化服务，就能做好消费者单个购买过程中所有链路上的服务。另外，只要接触到了数智化服务，就能知道消费者需要什么。不管消费者是否购买商品，都会一直得到服务。这就是全链路和全生命周期管理，就是星巴克红茶鸳鸯拿铁爆红背后的数智支持！

11.3.5 新一代智能店铺机器人：阿里巴巴店小蜜 3.0

阿里巴巴店小蜜 3.0 于 2020 年 8 月 13 日正式发布，升级后的店小蜜将为大家带来全新营销服务智能系统的商品能力、销服一体高效兼容的生态合作，以及全新体验和深度赋能的商业化能力。在阿里巴巴店小蜜诞生的 5 年时间里，已经服务了近 140 万个商家。这次升级让阿里巴巴店小蜜实现了从"卖得了"到"卖得好"、从"接得住"到"答得妙"、从"样样行"到"样样精"的转变，以及打通了与生态伙伴的关系。

如何让每一个进店流量的价值最大化，在每一个链路上产生更多价值，阿里巴巴店小蜜 3.0 给出了新答案。在功能全面升级的同时，阿里巴巴店小蜜的操作却变得更简单，通过智能任务、智能诊断、智能辅助和质检培训等方式，以升级打怪的模式让商家快速上手，获取更好的服务和体验。

下面以店铺与淘宝直播数据的双向互通为例，来说明阿里巴巴店小蜜商品在多场景下服务能力的延伸，如图 11-2 所示。如今，淘宝直播已经成为很多商家带货、获客和品牌展示的重要渠道，而阿里巴巴店小蜜 3.0 将 AI 技术延展到淘宝直播领域，其实是赋能给大量的中小商家，让每一个商家都能更好地节约成本和提高效率，更好地参与到直播带货的新赛道中。

另外一个场景就是多店铺，此次阿里巴巴店小蜜对此也做了相应升级，实现了从单店管理到店群管理，这会让商家有更多主动营销的能力。阿里巴巴店小蜜 3.0 从客服阶段就介入店铺营销，从简单催拍功能升级为全链路，在浏览、收藏、加购、咨询、物流、签收和售后的多个环节中主动唤醒、提醒、关怀、挽留客户，促成交易。同时，阿里巴巴店小蜜也会自动跟进因为未及时跟进而流失的用户。

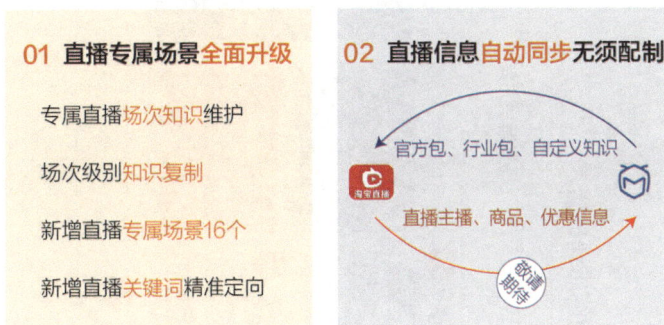

图11-2

在商家使用经验方面，新冠肺炎疫情期间某消毒杀菌日用品牌的咨询量爆增，在人力无法到位的情况下，阿里巴巴店小蜜通过配置关键词、欢迎语卡牌、关联订单场景，解决了 80% 的咨询量。而且此品牌已经多店启用店小蜜，日均解决率超过 55%，其 2019 年"双 11"的转化率比人工高 2%。某知名电商服饰品牌算了一笔账，一名人工智能客服训练师相当于 30 名有经验的人工客服，直接可以为店铺节约 50% 的人力，大促期间甚至可以节约 70%。不仅如此，阿里巴巴店小蜜还优化了客服团队的架构，24 小时值守增强了店铺的接待能力，减少了客户的流失，提升了用户的购物体验。如图 11-3 所示：

此外，2020 年阿巴巴里店小蜜 3.0 版，还有几个值得商家注意的亮点。

商业化：全新体验深度赋能，比如关联订单状态可提前准备好精准的

阿里巴巴店小蜜3.0 新一代智能店铺机器人

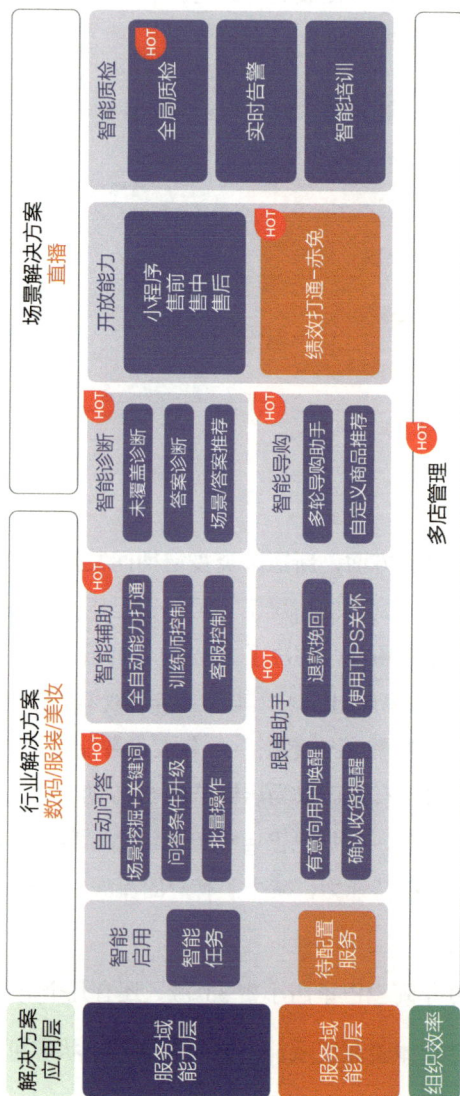

解决方案应用层	行业解决方案 数码/服装/美妆			场景解决方案 直播	
服务域能力层	智能启用 智能任务	自动问答 **HOT** 场景挖掘+关键词 问答条件升级 批量操作	智能辅助 **HOT** 全自动能力打通 训练/调控制 答服控制	智能诊断 **HOT** 未覆盖诊断 答案诊断 场景/答案推荐	开放能力 小程序 售前 售中 售后	智能质检 全局质检 **HOT** 实时告警 智能培训
服务域能力层	待配置服务	跟单助手 有意向用户唤醒 确认收货提醒	跟单助手 **HOT** 退款挽回 使用TIPS关怀	智能导购 **HOT** 多轮导购助手 自定义商品推荐	绩效对打通-赤兔 **HOT**	
组织效率			多店管理 **HOT**			

图11-3

客服问题。

服务升级：智能问答配置体验升级，并搭配后端大数据进行分析，同时比较同行业的水平；智能辅助答案更加准确并覆盖全自动场景（比如当客户询问商品风格时，店小蜜能自动调出相关商品的图片）。

行业深耕：阿里巴巴已经研发了垂直行业相关的客服知识包（比如3C电子、服饰等）。

与ISV（Independent Service Vendor）的搭配：如和ERP（Enterprise Resource Planning）厂商的智能结单或退款的实时打通，或与小程序服务厂商的工具打通，或与赤兔名品的绩效数据打通等。

如今，阿里巴巴店小蜜3.0已经可以和淘宝直播、小程序等结合，新的突破口和机遇已经到来。

【总结】

本章主要介绍了数智时代下的"新服务"所具备的融合数据和智能形成反馈闭环的能力。

（1）阿里巴巴数智化服务的灵魂来源于阿里巴巴的服务文化："客户第一、员工第二、股东第三"。

（2）阿里巴巴数智化服务融合数据和智能形成反馈闭环：阿里巴巴赋能线上线下CRN和服务打通，挖掘的数据反馈到品牌、商品、制造、物流、渠道等环节，倒逼优化内部流程和资源配置。

（3）阿里巴巴数智化服务方案的主要功能：①售前转化率方案；②消费者体验障碍监控和主动服务；③体验洞察反哺业务改善；④会员

全生命周期 MOT 助理方案；⑤新一代智能店铺机器人：阿里巴巴店小蜜 3.0。

　　服务的终极是用户，但数智化服务它所影响的却远不止用户本身。通过前端服务沟通，用户的反馈和建议会被输送到后端的业务部门，以便帮助其提升业务、改进流程等，从这个维度来说，"人人皆客服，企业即服务。"

第 12 章
数智化新金融

在阿里巴巴商业操作系统 11 要素中，金融是所有企业都绕不开的关键要素。一家企业从成立到结束，从设立账户到完成清算，其生命周期都与金融密不可分。只是在过去的技术条件下，传统企业对金融的感知大多处于收支发生的结点上，可以享受的其他服务有限，而企业常常需要面对以下问题：

融资能力不足：由于传统零售业的毛利低、成长性弱，因此它们在扩张过程中很难融资。

现金流压力大：作为直营体系，终端门店和生产线的扩张基本上依赖自有资金，从而导致现金流的压力增加。

资金端风控能力弱：由于企业无法掌握产业数据，如交易数据、库存周转数据、财务数据等，因此很难形成全局的风险控制能力。

而在经历过数智化转型的企业中，如零售企业通过网络与数智新金融的服务商产生连接，各类金融服务的应用场景就可以得到极大的补充与丰富，同时金融动作在企业的经营管理中也出现得更加频繁。

下面以网商银行的新金融服务为例，比较在传统金融环境和数智化新金融环境中，一般民营企业各类金融动作的差异，如表 12-1 所示。

表 12-1　民营企业在传统金融与数智化新金融的差异性中金融动作

传统金融场景	数智化新金融场景
企业收付款仅通过现金或银行渠道，消费者无法即时使用第三方的资金	收付款网络化、形式与渠道多样化，逐渐转变为无现金的形式，且更安全、更便利
融资难、融资贵、融资慢，并且需要资产抵押	借助供应链金融服务融资，有先款后货、现货质押、订单融资、预付采购、应收账款融资等多种形式可供选择，大数据风控，融资全程在线操作，即时简便，可随借随还。另有新型自保理业务融资渠道
理财商品选项少、门槛高，需要现场办理	有余额宝、定期理财、存金宝、基金、自保理业务等多种理财投资形式，手机即可操作
企业金融科技能力单薄	BASIC（区域链、人工智能、安全、物联网、云计算）等技术的整体输出

12.1　金融的发展趋势

趋势 1：结合新零售、新商业的新金融是未来的发展趋势。2019 年上半年，我国人均可支配收入超过 15 000 元人民币，近四年的复合增长率达到 6.5%，而我国居民的人均消费支出在 2019 年上半年也已经突破 10 000 元人民币；同期，我国的国民储蓄率由 2008 年的 51.8% 下降到 2018 年的 45.4%，如图 12-1 所示。逐渐增加的居民人均可支配收入与人均消费支出，以及稳定下降的国民储蓄率，就成为我国消费金融行业的资金总额基础。

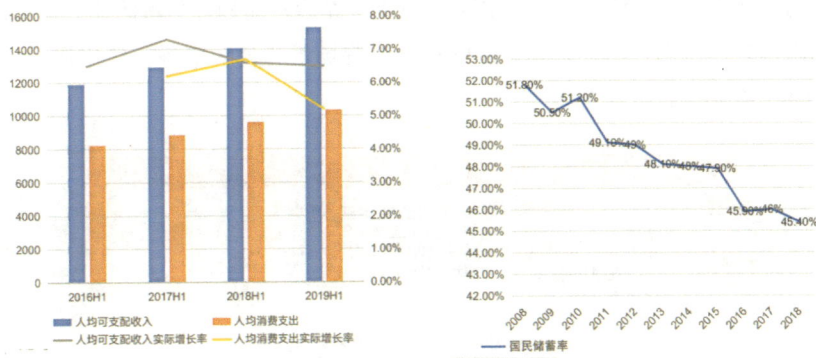

图12-1

趋势 2：消费成为经济增长的第一推动力。2019 年上半年，中国社会商品零售总额达到 17.4 万亿元人民币，同比实际增长 8.3%；实物商品网上零售额达到 3.8 万亿元人民币，同比实际增长 21.6%。数据显示，2018年中国最终消费支出对国内生产总值的增长贡献率已经连续 5 年在 3 大需求中排名第一，2018 年的贡献率更是高达 76.2%，这个比例远远高于资本形成，以及货物和服务净出口的贡献率。可以说，消费已经成为中国经济增长的最重要的推动力。

趋势 3：移动支付形成构建数字经济的基础。移动支付实现了 C 端与B 端的高效耦合，并从以下三个方向塑造数字经济新场景。

（1）无界化：线上和线下的边界被打破，互融互通，大众可以在线下获得体验，然后在线上下单购买；或者在线下消费，却可以通过支付被纳入线上进行管理。各类场景的边界也在被打破。

（2）场景化：根据 B 端向 C 端提供的服务不同，传统商业可以分解为零售、餐饮、民生等具体场景。场景不同，数字化服务的形式也会不同。为了应对以上新趋势，新金融需要与新商业结合从而构建全新的业务闭环，如图 12-2 所示，金融机构可提供基于消费场景的金融服务、信用服务、POS、营销、贷款服务等。

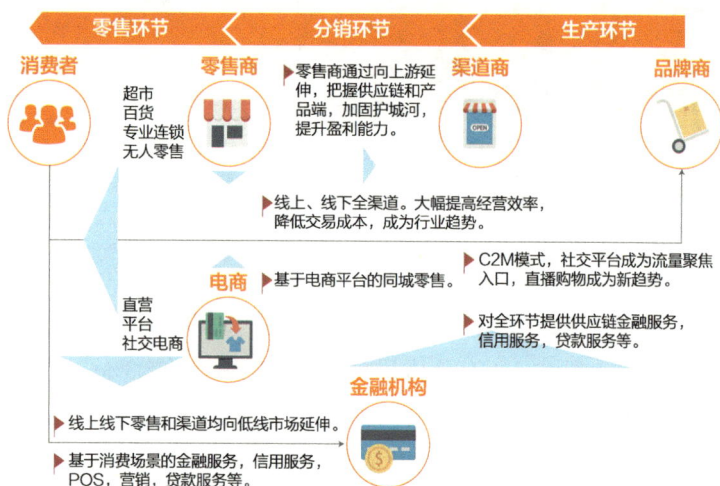

图12-2

（3）移动化：在数智时代，"人、货、场"都在不断地移动。无论是信息交换、客户获取、价格商议，还是支付触达，都不再拘泥于某个物理环境。移动支付构建并保障数字经济的信用基础：移动支付不仅是资金入口、用户入口，也是信用数据的入口，同时还促进了原有产业的数字化。例如，

餐饮："远程下单＋点餐免排队"，从前端到后端的全路线产业改革；

零售：消费者购物可即扫即走，企业的库存、预测、引流、会员系统、

物流等管理与消费者支付行为高效联动；

金融：消费者可享受便利和安全的普惠金融服务，中小微企业也有了快速融资通道；

政务：多走"网路"，少跑马路；

医疗：先诊疗后付费；

交通：打造智能城市的名片 。

12.2 新金融赋能"人、货、场"重构

在"互联网＋"向"数智化"转型的时代节点上，移动支付、刷脸支付、消费金融等面向消费者（人）都能很好地提升用户体验。供应链金融与商品（货）流的生存、制造、销售相融合，解决了上下游融资难、融资贵、融资慢等问题，提升了资金的使用效率；新零售商家从开店、采购到生产、制造，再到最终完成资金回流，整个环节都是数智化。它们都可以在小微综合金融赋能体系中，体验到金融服务的普惠与便利。如图 12-3 所示。

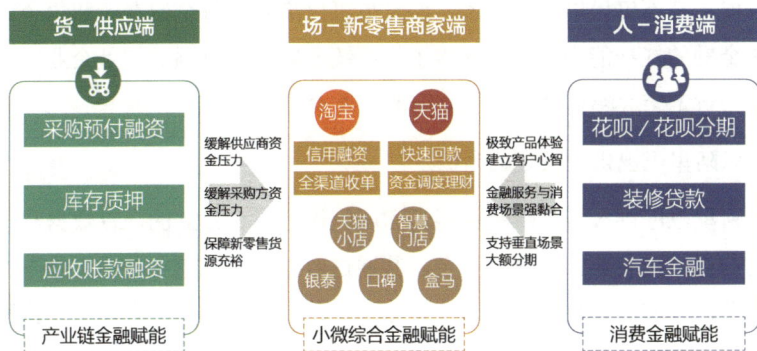

图12-3

12.2.1 消费金融：提升 C 端销售转化

用户在线上消费，结算是金融业务的真实场景，这一过程在打破时间与空间的限制、满足消费者便捷需求的同时，也能给消费金融提供更多的发展角度和流量导入。在这样的场景下，消费金融对于消费者而言，可以方便快捷地享受极致的购物体验；对于商家而言，可以有效地提升 C 端的销售转化。

数据与场景的深度融合，让消费金融的数智化转型可以取得"你买得高兴、我卖得开心"的双赢效果。

随着用户消费行为和习惯的改变，他们对商品的需求也在更迭，这就需要有更新的技术手段去实现商品实时高频地与用户交互，并能通过智能化风控体系来降低不良效率，这样才有机会提供不一样的服务。

12.2.2 供应链金融：盘活供应商应收账款

有些企业可以自己融资，但融资效率不高，另外若它的上下游用户没有贡献足够资金的能力，那它的业务便会发展得很慢。而随着供应链金融的开展，其不仅可以带来资本，而且也可以给它的每个消费者和每个商家带来金融的杠杆能力。一旦连接了供应链金融，可以预见的是企业用户的竞争力肯定会大幅提升，发展速度也会大大加快。

以阿里巴巴供应链金融为例：

阿里巴巴供应链金融是由菜鸟和网商银行联合建立的，以数据和技术驱动的供应链金融服务协同平台。其通过数据化，打通企业线上线下的各个环节，将商流、物流、资金流、数据流、信用流"五流合一"，让原本只有大宗商品、数码家电才能使用的"高大上"的供应链金融，也可以全面支持快消品、生鲜品等品类。

阿里巴巴先将应用平台上的交易流水与记录数据进行风险评测，然后确认信用额度，最终发放贷款，这在合理赚取生态圈上下游供应商的金融利润的同时，也极大地保障了生态圈的健康发展。利用商家从采购到销售全链路的数据，再结合商品（货）的物流信息，在商品运输途中、进入仓库、发货等各个环节，阿里巴巴都可以及时提供不同类型的金融服务。这些服务在阿里巴巴的体系中，集成为菜鸟供应链金融，其全景模式如图12-4所示。

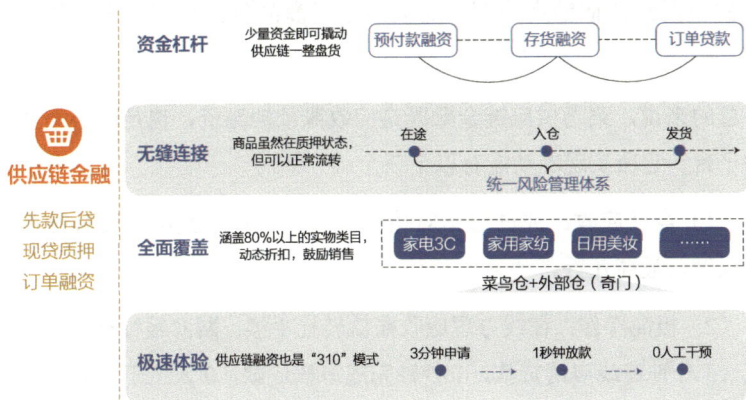

图12-4

菜鸟供应链采用存货融资、预付款融资、订单融资等多种模式进行融资。

存货融资是通过天猫、淘宝网上的动态销售数据采集存货的货物价值，通过菜鸟网络的仓储和物流服务来采集和控制存货数量的变化，以实现平台对货物实时价值进行计算和监控，并以此提供更好的金融服务。这种金融服务可以基于场景和数字化形成闭环，整体风险更小，同时应用空间更大。

预付款融资是在存货融资的基础上发展起来的，即在买方交纳一定保证金的前提下，供应链金融服务企业代为向卖方协议支付全额货款，然后卖方根据购销合同发货，货物到达指定仓库后即转为代垫款的抵质押物。

菜鸟的供应链金融服务从生产端到消费端全链路覆盖，已经打通了存货与销售的授信，后续还会从销售端向生产端延伸。除商家外，菜鸟生态圈内的物流合作伙伴也可以享受到供应链金融服务。菜鸟会通过平台上沉淀的数据来评估融资额度，对应的融资商品包括保理、设备贷、车辆贷等。

总的来说，菜鸟供应链金融既是应收账款池融资，也是核心企业自保理的平台。它所实现的功能有以下三个：

（1）盘活应收：通过数据对接，供应商应收账款可以实时转换成可融资额度，最高九折。

（2）极简操作：在线办理应收账款转让手续，网商银行推出了"310"模式（3分钟在线申请贷款，1秒钟完成审核放款，0人工干预）。

（3）赋能企业：SAAS化服务能够实现赋能核心企业开展供应链金融业务，拓展新零售的边界。

此外，针对线下的服务业，网商银行和支付宝还在不断升级服务模式，只需要一个二维码，小微商家就可以享受到收款、营销、培训、资金管理、贷款、保险等方面的多项服务，过去请不起会计的小商家如今却有了免费的CFO（首席财务官）、COO（首席运营官），还能在线体验急速放款。

12.2.3 新零售商家全链路综合金融服务

下面介绍金融对"场"的赋能,即新零售商家全链路综合金融服务。其具体来说提供的服务内容有以下几类。

1. 全渠道收单赋能

①为天猫提供全渠道收单支持,商家实现支付宝收款和自动分账,通过垫资实现收单即到账,增强商家体验。②为新零售商家提供智能 POS 聚合收单 + 云资金账户的整体解决方案。

2. 销售快速回款

订单贷款、提前收款业务为商家提供了快速回款服务,优化了交易结构,同时还可以盘活支付宝担保交易资金,将节约的资金全部反哺给商家。

3. 资金调度及理财

①网商资金调度中心可以帮助商家实现跨行大额实时转入转出。②余利宝可以帮助商家对闲置资金进行管理,累计服务客户达 1400 万。

【总结】

本章的主要内容:

(1)介绍了传统企业发展遇到的资金瓶颈。

(2)洞察新金融的未来趋势。

(3)新金融是如何赋能企业并重构"人、货、场"以达到新增长的。由消费金融提升"人"并加快 C 端销售转化;由供应链金融中的供货商应收账款等服务盘活"货"的销售;由商家全链路综合金融服务赋能"场"。

总之,技术和业务模式的创新只是开始,随之而来的是对分析、管理、风控和拓展能力的进一步提高。相信不远的未来，各类数智化技术将重塑金融商业模式，成为企业交互的基础，并带来更多产业破局和创新曙光。

而数据智能将建立新金融体系，并整合主流支付平台，以一致性、流畅性来提升消费者的支付体验和效率，并通过全链路支付提供金融、对账、额度和信用服务，为产融协同和开展企业金融服务提供数据基础。

第 13 章
数智化新物流

随着物流业的不断发展，基于 5G、物联网、云计算、大数据、人工智能等新一代信息技术的数智化物流成为当下物流行业的新风口。新物流通过大数据可以精准地制定商品投放计划，并能提前预测消费者所需要的商品，解决了"货找人"的难题。未来，企业可结合自动驾驶技术，构建新一代智能物流运输网络，使用无人货车代替部分传统的人工驾驶货车，实现 24 小时不间断的智能化运输，这将会大大降低终端零售店商品的补货时间和运输成本。

同时，我们也看到一些问题。一方面，很多企业在物流方面存在着大而不强、成本高、效率低、信息不全面、数据不通等问题。另一方面，传统物流的服务功能相对单一，服务意识不强，处于被动服务、被动执行状态，哪里需要补货就运往哪里，只是提供简单的位移服务，供应链侧重的是点到点或者点到线。

数智化新物流可对供应链全局优化，可实时掌握生产、销售情况，精准确定库存及补货数量，可以大大提高供需效率；数智化新物流还能提升产品研发、生产、销售的协同效率，预测产品销量，市场需要多少就生产多少，降低企业运营风险。

传统物流仓配问题诸多，库存无法共享，分仓不合理，甚至有单仓发全国的现象。遇到节假日需要提前大量备货，库存压力大，占用资金多，会给企业带来很大的运营困难。如果备货少，又容易断货，就会出现仓储配送弹性不足的情况。数智化新物流整合线上线下物流体系，将全部产品信息入网，信息共享，店仓一体，实现就近取货、发货，提高产品周转率。

传统物流线上线下货品和仓库分离、各渠道数据不通、不全、不准，销售周期长，导致企业决策不准、不及时。数智化新物流将大数据、云计算、GPS、北斗等先进技术应用在物流的仓储、配送、包装等环节，完成数据在线积累叠加，实时汇总，可视化呈现，帮助企业实时分析，及时做出正确决策。

传统物流自动化、数字化程度较低，大多数还大量采用人工操作，差错率高，效率也低。数智化新物流大量使用智能机器人、IoT 设备、智能分拣设备等数智设备，减少了人工操作，降低了差错率，从而整体提高了企业效率和用户消费体验。表 13-1 所示是传统物流与数智化新物流的对比。

表 13-1　传统物流与数智化新物流的对比

传统物流	数智化新物流
物流被动执行	供应链全局优化，研产销协同，滚动销售预测
单仓发全国	全国多点多仓布局，整体优化

传统物流	数智化新物流
一次性发往全国各门店，货品周转效率低	多级缓冲，多次快速补货，高周转率
线上线下货品和仓库分离	线上线下一体多级正向逆向混合，店仓一体，就近取货、发货，货通天下
自有仓，为高峰准备最高配置，日常资源浪费	自有仓＋社会仓，按需错峰配送，整体资源利用率高
靠人工，差错率高	使用智能机器人、自动传送带、IoT 等，减少人工依赖和差错

13.1　物流的数智化演变

在淘宝最开始的时候，用户在网上买一个东西，一般都是同城交易，一手交钱一手交货，后来有了快递。但是在十几年前，快递送达用的时间比较长。网购井喷式地发展后，快递的送货时间大幅缩短，甚至从三天送达变成当天送达，像盒马更是做到 3 千米范围内 30 分钟送达，用"突飞猛进"来形容中国物流的发展再恰当不过了。而物流的快速发展与数智化的发展有着紧密的联系。

贸易全球化是 21 世纪不可逆转的趋势，这也要求物流变得更高效、更智慧、更安全。依托互联网和数智化技术形成开放透明、共享共生、高效便捷、绿色安全的智慧物流生态体系，使得先进信息技术在物流领域广泛且深入应用，仓储、运输、配送等环节的智能化水平显著提升，物流组织方式不断优化创新。基于互联网的物流新理念、新技术、新模式、新业态成为行业发展新动力。用数智化来改造供应链，打造新的供应链竞争力，成为各个企业必须面对的课题。

数智时代的智能物流就是利用 5G、大数据、云计算、条形码、传感器、人工智能、全球定位系统等先进的数字技术、物联网技术通过信息处理和网络通信技术平台，广泛应用于物流业仓储、装卸、包装、运输、配送等基本活动环节，实现货物运输过程的自动化运作和高效率管理，提高物流行业的服务水平、效率，降低成本，减少自然资源和社会资源消耗。新的零售变革带来的挑战将给供应链的各个环节带来巨大的变革机会，也会带来物流行业的创新发展。

基于大数据分析来提升物流预测能力，将线上线下一体化的物流体系整合，各种物流数据做到实时在线，运用大数据驱动优化仓储供应链布局，利用智能调度体系及自动驾驶技术优化流程，从而提升运输配送效率，降低人工成本。物联网让传统物流技术与智能化系统相结合，呈现了一个智能物流体系，能够更好、更快地实现物流的信息化、在线化、智能化、自动化、透明化、系统化的运作模式。智能物流在实施过程中强调的是数据在线化、网络协同化和决策智能化。

在 2019 年的"双 11"，菜鸟借助物流的数字化、智能化，实现了新的突破。5 天发货率为 98.8%，库容预估准确性为 94%，售罄率为 73%，减少上亿件备货库存，菜鸟履约订单投诉率为 0.18%，节省近千万元仓库租金，相比 2018 年"双 11"有大幅提升。

菜鸟物流借助数字化、智能化实现了快、精、优的大促保障。到了 2020 年"双 11"，天猫"双 11"物流订单总量定格在 23.21 亿单，更是有 11.15 亿件商品入仓预测，直播订单智能预测峰值更是做到每场 5000 万单。历年"双 11"的数据显示，数字供应链的智能决策也越来越准确、高效。

在 2020 年 9 月 17 日的云栖大会上，阿里巴巴发布了第一款物流机器人"小蛮驴"，同时发布机器人平台，正式进军机器人赛道。小蛮驴机器人集成了达摩院最前沿的人工智能和自动驾驶技术，具有类人认知智能，"大脑"应急反应速度达到人类的 7 倍。

小蛮驴是阿里巴巴的第一款轮式机器人，能轻松处理复杂路况并择优选择路径，这款机器人"耐苦耐劳"， 4 度电就能跑 100 多千米，每天可送 500 个快递，雷暴闪电、高温雨雪、车库、隧道等复杂、恶劣环境均不影响其性能。

小蛮驴的超强性能源于阿里巴巴达摩院的前沿人工智能和自动驾驶技术。阿里巴巴达摩院自主研发的感知算法让机器人能够识别厘米级障碍物，高精定位算法让机器人能在无 GPS、北斗环境下实现厘米级定位，意图预测算法赋予了机器人超强意图识别能力，只需 0.01 秒就能判别 100 个以上行人和车辆的行动意图。机器人还拥有大脑决策、小脑冗余、异常检测刹车、接触保护刹车、远程防护等五重安全设计，确保更高的安全性能。

2020 年 10 月 30 日，由小蛮驴领衔的 22 个物流机器人进入浙江大学紫金港校区。2020 年"双 11"，阿里巴巴在浙江大学打造全球首个机器人送货点位，由机器人承担浙江大学菜鸟驿站 3 万多件包裹的送货上门服务。

13.2　数智化物流基础设施

想要实现数智化物流，需要做的是将各种物流有关的业务数据化、在线化，同时结合各种 IoT 设备，形成供应链的数智化能力。无人仓、无人机、无人车、自动流水线、智能分单等全部实现无人化，如图 13-1 所示。

正是这些无人的物流基础设施把每一个业务节点的数据传送到物流数据中台，完成在线的数据积累和叠加，形成物流大数据。通过复杂的算法模型、高效的数据运算，全渠道数据科学分析，可视化呈现，为商家决策提供可靠依据。数据实时呈现让分析一目了然，有数据、有依据，电脑端、移动端随时随地科学决策。

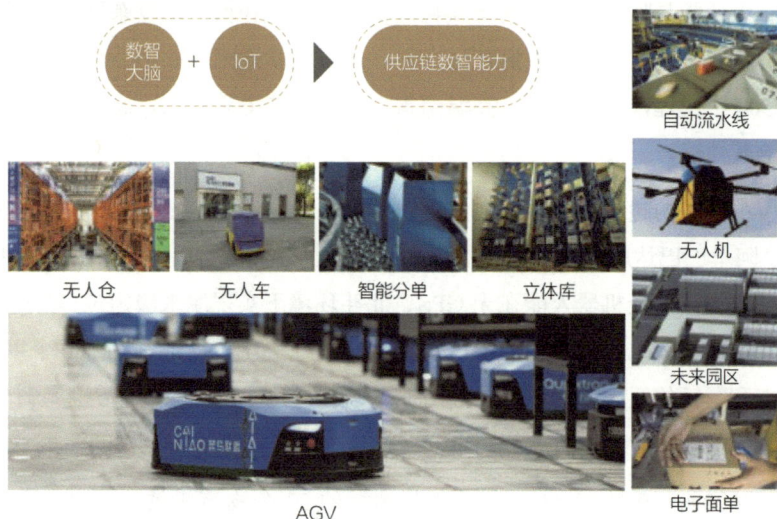

图13-1

13.3　数智化供应链

当物流插上数字化、智能化的翅膀时，供应链就有了飞翔的能力。不仅仅是物流仓配这一方面，更可以从全网供应链的高度、广度和深度来做全面的数智化供应链规划布局。

生产端生产计划联动优化，智能算法提高库存周转率，让资金利用效率大幅提升；智能算法也提高了消费者履约能力，让消费者的体验更佳。数字化辅助物流精准分仓，商家可做到销量预测、预售下沉、精准补货。优化后的供应链数智化解决方案，起到了释放资金，提高资金周转，从而提升企业效率的作用。

　　仓储供应链不再只是一个仓储物流部门，而是供需中转的核心枢纽。菜鸟供应链数字平台与天猫平台协同，让商流和物流做到真正的一体化。现在的商家都有线上线下多个渠道，不同渠道的订单要能做到及时履约，必须要把"一盘货"的供应链打通，仓库数据要做到实时同步。供应链应该做到全渠道、全链路的实时数字化，并能通过各种人工智能技术进行智能预测、智能补货。从消费者下单那一刻开始，供应链开始介入数据运算，实现多级仓库配货、多级分拨、终端站点就近配送，一直到商品送到消费者手上，全链路信息透明可追溯。

　　盒马正是数据技术的极致供应链体现。送货小哥取到要送的商品后，系统会统一规划路线，根据消费者购买的商品进行路线分析，选择优先配送的生鲜食品，这些都是通过数字化来呈现的。

13.4　数智化物流预测

　　通过中台采集到的各个维度的数据，形成各个方向的预测因子。可以根据商品的周期性、季节性、温度和天气等进行日销预测；根据活动渠道、活动类型、活动力度、价格弹性、商品属性等进行活动预测；根据新品试销情况、增长状况等进行商品生命周期预测；根据品类地域性、品牌地域性、尺码地域性、气候地域性等进行地域性预测；根据大促"爆品"识别、品牌调性、预热期行为、去年同期爆发系数等数据进行大促预测。

　　叠加以上多方预测因子，可以预测未来一周到数周的SKU和分仓销量。根据预测进行数智大脑决策，挖掘数智供应链新价值。

　　某知名快消品商家的天猫店铺，做"双11"分仓销量预测，提前四周的预测准确率是66%；提前三周的预测准确率是72%，部分"爆品"

预测准确率超 90%；占据销售总量 80% 的畅销货品，分仓预测准确率达 90%，按照预测进行补货的跨区比低于 1%。数据显示，通过数智大脑决策可以准确指导商家分仓。

菜鸟的决策宝可以轻松做到数据的可视化。可以为不同的角色职能提供对应的数据分析，对重点指标数据进行图表展示，还可提供单一指标详情及趋势，还能根据数据情况发送任务指令。

菜鸟供应链结合大量的实战案例，已经可以为众多行业提供一体化的数智化供应链解决方案，如数智大脑、数智仓配、数智全案、商流联动等，可以让货品离消费者更近，还可以从产品维度指导智能分仓、实时分仓、安全库存判断及分仓科学补货频率测算等，从而让商家做到精准备货，做好联合销售预测、联合产销计划、联合补货方案。科学运营让商家的每一次决策变得更有效。

13.5　数智化物流实践

奥克斯集团连续多年位列中国企业 500 强，其产业涵盖家电、电力设备、医疗、地产、金融投资等领域，而空调等家用电器是其重要的经济支柱。奥克斯空调是一匹黑马，出货量每年都破千万台，成为继格力、美的、海尔之后第四个超过千万台的空调品牌。天猫等电商平台是其线上重要的销售渠道，当然奥克斯也面临着较高的物流成本。如何降低物流成本，提高物流效率，增强品牌竞争力，就变成了奥克斯必须要解决的问题。

不论是空调配套零件还是空调成品，奥克斯的物流部门都需要将商品顺利送到消费者手中。我们通过研究这一系列庞杂的物流过程，发现很多环节可以优化或删减。

优化前，奥克斯的产品供应链信息是割裂的，各部门各自为政，沉淀在平台上的数据无法用来指导制造业公司高效、合理地生产和运输物品，整个物流链条错位，无法精准抵达用户，这些问题可以通过数智化物流来解决。

对奥克斯而言，借助菜鸟、天猫要达成的基本任务有两个。其一，利用大数据做预测，协同生产计划，告知商家备料和生产事宜。阿里巴巴的算法团队通过借助消费者行为、天气、地域等100多个因子，做出数据预测。经过一段时间的协同，菜鸟和天猫帮助奥克斯做的销售预测的准确率已经超过70%。其二，告知对方将货物入库、调拨、出仓。菜鸟的智能分仓能够做到提前告知商家产品分布，具体到某个型号的产品，在哪个地区，放多少台库存合适。如果把智能分仓比作一块拼图，那么菜鸟、天猫就是拼图的一部分，而奥克斯则是另外一个重要部分。拼图若想达到无缝拼接，则需要双方的每个数据点都达到耦合状态。

奥克斯之前的业务流程分为排产仓储、配送、签收三个模块，流程走完一遍一共有18个节点，需要消耗33小时。通过与菜鸟、天猫的合作与数据打通，整个业务的流程缩短为6个节点、1个多小时，效率在细节中得到了很大提升。

比如，填写报表等人工操作节点被取消，分仓布货、补货计划则实现精简、智能化运作。再如，配送环节，货物从A地仓出来送到B地客户手里，最开始的阶段奥克斯采用手工计算的方式进行统计，流程和时间上满足不了客户的需求。菜鸟针对这些问题，对奥克斯的业务流程做了升级和优化。经过初步计算，奥克斯智能分仓以及提前布仓备货预测的准确率都得到大幅提升。

夏天是空调销售旺季，像华南、华东、华中等高温地区出现缺货情况还是比较常见的，通过智能分仓等一系列流程优化之后，奥克斯在这些高温地区的缺货率下降了10%，货物的周转率提升了将近40%，与菜鸟合作后，仓储物流费用大幅度下降，截至2020年12月，奥克斯每年节省将近20%的成本。

对奥克斯来讲，与菜鸟合作带来的好处不仅是供应链效率的提升和物流信息的可视化、智能化，还可以让奥克斯迅速发现整个流程中的问题所在。

如何提高货物的搬运效率，是制造业乃至零售业的一大难题。它决定着商品的流转速度，影响着公司的现金流和利润。菜鸟、天猫与奥克斯合作，也是希望找到破解之法。

菜鸟能做的是依托它积累的一系列技术优势，将物流中产生的高价值信息高效传递给生产者与消费者。菜鸟所想的是通过一系列的改造实验，为制造业的降本增效提供新的可供借鉴的视角。图13-2所示是菜鸟的机器人仓。

图13-2

随着经济全球化的发展和网络经济的兴起，物流技术不断进化，物流功能不断细化，物流不再只是点到点的货物运转，而是通过发展物流来提高服务质量，提升企业综合竞争力。物流产业各方的界限也逐渐模糊，对物流生态链上的各方而言，数智化在行业竞争中扮演着更加重要的角色。物流行业正在快速迭代升级，而效率较低的传统物流行业参与者将被效率更高的数智化参与者所取代。

在不远的将来，自动售货机器人或许可以预测到一个小区住户的购买需求，自动运行到对应小区，满足居民购买商品的需求。曾经在科幻大片中上演的人工智能高度发达的社会正在向我们大踏步走来。

【总结】

本章主要讲基于 5G、物联网、云计算、大数据、人工智能等新一代信息技术的数智化物流成为有共识的新风口。通过数智化新物流供应链的全局优化，商家可以实时掌握生产、销售情况，提升产品研发、生产、销售的协同效率，预测产品销量。

（1）物流的数智化演变。从淘宝购物爆发后的井喷式发展，到盒马的 3 千米范围内 30 分钟送达，再到阿里巴巴发布物流机器人小蛮驴，中国数智化物流演变正在极速进行。

（2）数智化物流基础设施。无人仓、无人机、无人车、自动流水线、智能分单等无人的物流基础设施把每一个业务节点的数据传送到物流数据中台，形成物流大数据。融合不同来源的各方数据，帮助商家实现数据可视化、数据洞察及智能决策。

（3）数智化供应链。商家要想将不同渠道的订单及时履约，必须要把"一盘货"的供应链打通。数智化供应链应该做到全渠道、全链路的实时数字化，并能通过各种人工智能技术进行智能预测、智能补货。

（4）数智化物流预测。通过中台采集到的各个维度的数据，形成各个方向的预测因子，做到智能化的日销预测、活动预测、商品生命周期预测、地域性预测、大促预测等，大幅提高精准度和效率。

（5）数智化物流实践。奥克斯通过智能分仓等一系列流程优化之后，在高温地区的缺货率大幅下降，货物的周转率大幅提升，仓储物流费用大幅下降，供应链效率大大提升，同时物流信息的数据化、可视化、智能化，还让奥克斯迅速发现整个流程中的问题所在。

第 14 章
数智化新组织

　　人类改造世界的技术手段决定人类协作的组织方式。蒸汽机的出现，第一次要求人类与机器共事。随着机器数量的增加和复杂程度的提高，组织规模不断扩大，一个个的小工序都有人专司其职，组织结构日益复杂，逐渐形成了刚性的组织结构。

　　在数智经济快速发展的浪潮中，传统的层级组织已经跟不上时代步伐，当下快速变化的市场倒逼企业"革新"组织思维，这种革新不仅仅是企业内部的汇报、团队组建或企业战略，而是打破传统刚性组织模式，实现组织扁平化、生态化、在线化、数据化、平台化，重构一个全新的液态组织运转模式，在应对持续性的竞争和挑战时为企业赋能。如果数智化是一场伟大的技术革命，那新组织将是一场伟大的管理革命。

　　传统商业的组织是多层级的垂直模式，上下级之间是割裂状态，效率低下，决策者很难真实了解企业一线的一手信息。而数智化新组织是扁平的网络协同模式，信息透明，企业领导层和员工都能看到企业的一手信息，能及时发现公司出现的问题，有助于公司决策。

传统组织是离线孤岛，各自为战，沟通效率低下。数智化新组织是组织在线、沟通在线、协同在线、业务在线、生态在线，实现数据化运营，激发组织中每一个人的创造力。

传统组织强调管控、KPI 考核，不重视一线员工，导致员工主观能动性差，源动力不足，多是等、要、靠，效率比较低。数智化新组织赋能一线员工，充分发挥店长、导购和客服等一线员工的主观能动性，解放生产关系，释放生产力，让员工自己驱动自己，实现个人和企业共同受益。

传统组织强调个人经验，不重视学习。经验丰富的员工收入多，但是不愿分享经验，怕教会徒弟饿死师傅。数智化新组织注重实践、实效培训和学习，打造全员学习型新组织。把经验和大数据结合，个人智慧和组织智慧结合，把隐性知识显性化，显性知识标准化，标准知识系统化，个人知识组织化。再通过钉钉＋大数据＋云课堂的方式，把标准化、组织化的知识系统地赋能给员工，学教互促，实现良性循环。传统组织与新组织的对比如表 14-1 所示。

表 14-1　传统组织与新组织的对比

传统组织	新组织
多层级、垂直、割裂、"烟囱"	扁平、网络协同、信任、简单、透明
强管控、低效、利己	组织赋能、高效、自我驱动，上下内外生态平衡
离线孤岛、沟通效率低	组织在线、沟通在线、协同在线、业务在线、生态在线，实现数据化运营，激发组织中每一个人的创造创新力

传统组织	新组织
不重视店长、导购和客服	以消费者为中心，充分发挥店长、导购和客服等一线人员的主观能动性
个人经验差别大、不稳定	隐性知识显性化，显性知识标准化，标准知识系统化，个人知识组织化
不重视学习、知识储备少	注重实践、实用、实效培训和学习，打造全员学习型组织
教会徒弟饿死师傅	钉钉＋大数据＋云课程，全员大比武，比学赶超，鼓励分享，教学相长，学教互促，良性循环
雇佣关系、源动力不足	公司平台化：品牌背书＋工具赋能＋方法赋能＋资金赋能＋数据赋能，解放生产关系，释放生产力

14.1 组织的演化历程

在工业时代，社会的分工体系由工厂里的流水线决定，组织就是按流程、按岗位、按层级来进行安排的。在数智时代，社会的分工体系由社会化大协同，组织形式变成了基于互联网思维的非雇佣制新模式，这种新模式可以是灵活的、共享的、多样的、高效的。就比如滴滴出行拥有数以百万计的专车司机，但是这些司机并非滴滴的员工；饿了么拥有数以百万计的外卖小哥，但是这些外卖小哥并非都是饿了么的员工。

工业社会中，组织形态与社会阶层形态对应，呈现较明显的金字塔结构。而在数字化、智能化的万物互联时代，信息化和智能技术将取代更多重复性工作，组织将需要人们提供更具创造力、想象力、突破性的工作。这也很可能带来整个社会阶层变化，并衍生出更智能的替代基础工作的新技术和新工具。

数智时代的基础设施经历了不断的革命，从 PC 互联网革命到移动互联网革命，移动手机端成为连接的新起点，移动互联网通过在线应用的形式，将知识、服务、产品数智化。今天云网端（云计算＋移动互联网＋智能终端）成为新的基础设施。因此，人们的办公场景也发生了巨大变化：在 PC 时代，办公强调的是 OA 与 ERP 管理，本质是把业务体系化、流程化、软件化、自动化，是将过去比较有效的管理方法与既定工作流程通过软件的方式沉淀下来，从而提升管理效率。这只是基于过去管理经验的一种提升，是科层制组织结构下指令的逐层下达；在移动互联时代，为满足企业内部快速的信息传递和实时处理需求，统一内部技术和管理语言，打破资源壁垒，并使个体潜能得以释放，组织要提供更开放更多元的工作场景。使用移动办公软件以一体化平台的方式服务更多企业和员工，在此基础上，到 2021 年移动办公市场份额将达 500 亿元左右，移动办公平台作为组织的一种微观载体，可以推动企业深度地互联互通、透明共享，同时也是推动组织加速在线化、数智化、敏捷化的一股底层力量。

企业数智化转型重要的一步是转变为新组织。数智化技术是数智化组织打造的基石。基于数智化技术的能力，能够驱动组织商业模式创新和行业生态系统重构，实现企业业务创新和增长。数智化的企业经营能力需要新组织来保障，这要求管理者改变理念，推动组织本身走向数智化、液态化。在扁平、开放、灵活的组织形态下，一线的经营数据和反馈可以得到实时回流和分析总结，企业的核心能力可以高效地配置给每一位一线员工，一方面使流程服务于人，激发团队成员的自主性，另一方面能够大幅降低协同成本。

14.2 数智化组织升级的方向

未来的组织将以客户为中心，在客户体验、在线交互、群体创造、接口透明、智能驱动、网络协同等维度上，实现数智化。数智化组织升级的方向如图 14-1 所示。

图14-1

1. 客户体验

客户体验是指在用户需求高度差异化、个性化、快速变化的时代，通过衡量组织与外部客户关联互动的强度、对客户需求响应的速度以及及时进行内部体系优化的程度，判断组织是否以客户为中心运转。客户体验重点关注的是为客户提供增值、创新、深层次的个性化体验。

2. 在线交互

在线交互是指衡量在数智时代，组织的"在线化"程度，包括产品设计、生产制造、服务、交流、学习等的"在线化"程度，促使组织在更小成本下实现更高效率，消除沟通交互边界。在线交互重点关注的是业务的在线化和多向增值交互。

3. 群体创造

群体创造是指组织能力和组织创造力的激发，形成自组织，自我复制和迭代升级。群体创造受到个人能力、资源支撑和组织文化三部分因素影响：个人能力层面，知识型员工的潜能与力量需要进一步释放；资源支撑层面，机会提供、一线赋能、有效激励与个性化发展的需求亟待被满足；文化层面，指打破雇佣军文化，鼓励内部创新，并包容多元声音，乃至包容探索中可能的失败。并向外延展，真正实现跨边界的共生共赢。群体创造重点关注的是通过整合和吸引相关资源，实现对内跨部门、对外跨边界的共创共赢。

4. 接口透明

接口透明是指衡量组织结构对内对外透明开放的程度，对内以治理结构、管理语言的标准化为核心，将中后台打造为共享平台，工作信息与结果实时共享化，技术标准开放化，分享机制灵活化，从而能够更有效地培育核心能力。对外以打造开放透明的产品与服务提供平台为核心，保持沟通信息流的畅通与及时，推动产品资源整合共享，相互借力，推动社区化的集成发展。接口透明重点关注的是接口的开放性和扩展性。

5. 智能驱动

智能驱动是指在 AI、大数据、云计算等技术变革背景下，智能化工具或相关技术对业务的驱动作用，包括技术积累与应用能力，技术创新性。智能驱动可以更好地支撑企业产品持续创新与模式创新，比如，组织从以前的 KPI 周期评价转变为实时动态评价。智能驱动重点关注的是数据、算法和专家智慧针对业务的迭代驱动。

6. 网络协同

网络协同是指为响应个性化诉求，组织以满足客户需求为导向的内外结合、去中心化、灵活的组织形态。网络协同前端以自发性的业务单元进行动态组合、发展与演变，各单元相互紧密连接，实现高效资源调配。其重点关注的是协同的工作效率和决策的精准性，以及单边或多边网络效应的有效激发和科学治理。

14.3　数智化敏捷新组织

组织呈现何种形态或具备什么样的特征，本质上是为了适应外部环境，满足自身发展的需要。数智化组织的出现和演进是数智时代业务模式创新的必然结果，因为层出不穷的创新业务模式需要与之相匹配的、动态的、灵活的、可扩展的组织模式来支撑。数智时代对组织的最大影响就是对商业模式的颠覆。在数智化技术和共创文化的驱动下，传统价值链导向的商业模式逐渐向平台化的模式迁移。数智时代的竞争方式与过去相比，发生了根本性的变化，主要因为越来越多的消费者的消费习惯发生了变化，从有到好、再到个性化的消费升级。

哪家企业能够满足消费者的个性化需求和体验，这家企业就能够赢得消费者，并增强与消费者的黏性。满足消费者的个性化需求需要灵活且高效的组织来匹配。数智化的组织是创造出更多数智化产品和服务的前提，在原有的组织架构下很难做出创新的数智化产品和服务，很难形成敏捷新组织，很难更高效地服务消费者并提升消费者体验。要想结合消费者在消费过程中实时的评价、反馈，对产品和服务进行快速反应，这就要求组织能够做到敏捷高效，快速调整策略，最好在下一次产品或者服务的交付之前就已经迭代升级完成。

比如滴滴专车在完成一次打车服务交付时会自动跳出对乘坐体验的评价，每一次评价就是一个数据，多个数据交叉就可以判断车况、司机的服务态度，根据这些数据反馈可以完整分析出车辆及司机的真实情况，进行敏捷的调整优化，让消费者体验更好。

14.3.1 网络液态组织的新特征

网络液态组织是在网络时代演化出的一种全新的分工、协同模式，一种能够自我组织、自我适应的组织形态。在阿里巴巴商业操作系统中，组织是非常重要的引擎，是系统的核心驱动器和承载体。液态组织仍然存在部门，但部门的边界已不清晰，组织成员长期处于"共同创业"状态，随着组织目标的变化而变化。从外部来看，平台的所有权与使用权实现了分离，企业之间那种界限分明、基于资产专用性的组织边界正在发生很大的松动。大量的商业流程被流动的数据所驱动，并在企业之间展开灵活组合，新的组织边界也呈现为一种网状交融的格局，企业组织由此将进一步走向开放化、社区化。

在数字化和智能化的技术条件下，液态组织可以比较容易地突破边界的束缚，同时保持旺盛的活力。中国古语形容水说"天下莫柔弱于水，而攻坚强者莫之能胜"，天下没有比水更柔弱的，但攻坚克强却没有什么能胜过它，水是这个星球上最有力、最长效的形态。这种柔韧性将在组织管理学领域掀起一场迅猛的变革，极大地激发和释放企业的创新和创造能力。

从管理到治理，液态组织驱动企业理念变革，在这种组织形态下，企业将从管理走向治理。前者关心的是如何管理，后者注重的是如何治理。

管理是以流程为核心，追求有序和高效，而治理则是以人为本，关注成长的动力和可持续性。在柔性的液态组织里，企业将第一次实现全新的数智化治理模式：全员共创、全员共享、全员共治。网络液态组织将可以做到智能感知市场和激发客户需求，倒过来动态配置所有业务流程和资源，做到随需而动。

具体而言，液态组织为企业组织带来三大变化。

首先是组织者的变化。组织的参与者在组织中的角色不再局限于科层模式的严格设计，每个成员（Member）变成了驱动者（Driver），完成了从简单被动参与到主动积极驱动的转变。而管理者（Manager）变成了领导者（Leader），他们做的不再仅仅是管理成员，而是以身作则、共启愿景、挑战现状、使众人行、激励人心，带领团队和业务不断追求突破。

其次是组织机制的变化。第一个变化，从强烈依赖于自上而下的流程设计，转变为可以自我迭代和优化的流程机制；第二个变化，组织里的每个人从被流程驱动，转变为拥有数据驱动、算力驱动、算法驱动的独立动力，自行驱动前进；第三个变化，每个人从相对固定的角色分工，转变为一专多能，参与和承担各种可能的角色，即"向前一步"。

最后是组织形态的变化。在液态组织里，第一，内部结构是动态变化的，只会有瞬间的平衡；第二，结构与结构之间的边界也是比较模糊的，进行重构的代价较小；第三，每个成员之间的协同关系形成一个类似球状的多向网络，连通路径较短；第四，组织不再是单中心驱动的，而是多个中心同时或轮流进行驱动。

液态组织通常有四个显著的特点：一是几乎没有边界，所有成员都是平等的，因此可以做到全员共享。二是全面数据化，通过数字的流动和交换来实现信息透明，所以能够全员共治。三是成员自驱动，通过不断激发创新创造能力来持续突破效能的极限，所以在根本上实现了共同梳理的良性机制。四是使命感凝聚，在这样的治理模式下，每个优秀成员都可以被看见和认可。所以，液态组织能够实现平等、透明、高效、快乐的工作方式。

14.3.2　网络液态组织新的考核机制

管理学有一个基本定律：大多数人不一定会做你期望的事，但一定会做你设置了考核和奖惩机制的事。不同经营时代需要不同的考核指标，以往考核的是发展渠道数量、渠道产生的销售额、线下门店的销售额、退款率等 KPI 指标，是以店和货为中心的。在以消费者为中心的新商业逻辑下，考核的重点应该回归到人，经营消费者，沉淀消费者资产。需要有组织地承担线上线下跨渠道业务指标，不能单一考核线上或者线下的业务，要把一盘货作为一个整体来运营。需要有组织地整合线上线下会员数据和服务，不论是通过线上还是线下成为会员的消费者，都应该可以交叉使用权益。如图 14-2 所示，展示了不同的考核维度。

组织需要能结合产品和利益策略重塑分销渠道，让分销也成为品牌客户运营的一部分。组织还需要重构数字化导购的能力模型和激励体系，改变线下线上导购割裂的状态，同时培养导购成为专业顾问、主播，更好地服务消费者，激励体系也需要重建以激发员工的参与热情。组织还需要培养兼具全域商业和数字化能力的人才，通过考核筛选更优秀的人才来满足消费者的需求。所有员工定期汇报都基于数据，这样可以快速决策，发现问题，发现机会，改善服务，让组织逐步形成数智化决策的习惯和文化。

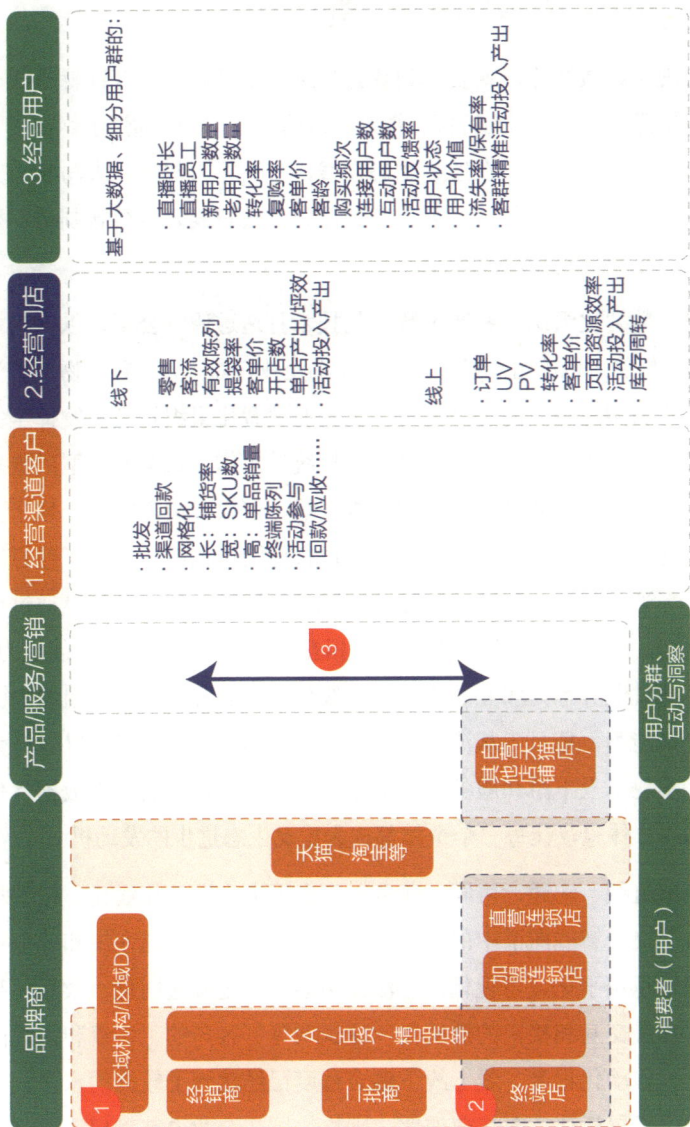

图14-2

品牌商

- 区域机构/区域DC
- 经销商
- 一批商
- KA/百货/精品店等
- 二批商
- 加盟连锁店
- 直营连锁店
- 终端店
- 天猫/淘宝等
- 其他店/天猫店铺/

消费者（用户）

产品/服务/营销

③

1.经营渠道客户

批发
- 渠道回款
- 网格化
- 长：铺货率
- 宽：SKU数
- 高：单品销量
- 终端陈列
- 活动参与
- 回款/应收……

2.经营门店

线下
- 零售
- 客流
- 有效陈列
- 提袋率
- 客单价
- 开店数
- 单店产出/坪效
- 活动投入产出

线上
- 订单
- UV
- PV
- 转化率
- 客单价
- 页面资源效率
- 活动投入产出
- 库存周转

3.经营用户

基于大数据，细分用户群的：
- 直播时长
- 直播员工
- 新用户数量
- 老用户数量
- 转化率
- 复购率
- 客单价
- 客龄
- 购买频次
- 连接用户数
- 互动用户数
- 活动反馈率
- 用户状态
- 用户价值
- 流失率/保有率
- 客群精准活动投入产出

用户分群、互动与洞察

14.4 数智化新组织的实施工具和方法

要想实现组织数智化，就要用到数智化管理工具。其中钉钉就是一个重要的数智化管理工具，因为钉钉有很好的协同能力。钉钉通过组织在线、沟通在线、协同在线、业务在线、生态在线，打造了人与人、人与物、人与事之间的协同，形成了数智办公、数智零售、数智娱乐、数智制造、数智教育等社会化大协同体。

在未来，数智化组织需要通过数智化技术打造透明、公平、以人为本的工作环境。钉钉可以给组织赋能，可以帮助企业打通"人、财、物、事"四大场景，重新塑造企业的管理平台，在企业数智化组织转型中发挥至关重要的作用。从观念的革新开始，钉钉使传统的工作方式全面转型成数智化的工作方式。第一，通过实现组织架构在线，使权责清晰明了，扁平可视化，以人为本构建组织。第二，钉钉通过打造沟通在线，实现了信息交互的高效、平等、安全、互信，激发了员工的自驱力。第三，钉钉通过任务的在线协同，使得每个任务管理之间能相互支持，激发了员工的创造力。第四，钉钉通过业务行为和业务流程的在线化，在业务上实现了组织的大数据分析决策能力，把员工从流程中解放出来。第五，企业通过以钉钉为组织中心，实现了上下游和服务对象的在线化连接，可以利用大数据优化整个生态的用户体验，让每一个个体都成为推动生态进步的发动机。

钉钉提出组织、沟通、协同、业务、生态五大方面的在线化，很大程度上能够直接提升智能图谱中的维度。例如组织在线、沟通在线和业务在线所强调的组织扁平化、可视化，交流去中间化，过程透明化、数据化极大地推动了在线交互和接口的透明化，这说明钉钉客户的工作流和沟通的在线化程度、移动化程度、线上线下融合程度已经达到了较高的水平。协同在线强调组织灵活化，对接口透明、网络协同在企业内部管理层面都要有一定的支撑性。还有上百种的应用，如营销、客户管理、财务管理等，以及企业自建的微应用极大地提升了组织运转效率。而生态在线的智能决策也为企业获得智能驱动力奠定了一定的基础。

通过钉钉的线上协作，立白集团无缝连接总部、销售团队、导购管理，深刻意识到企业的运作方式在发生深刻的变化，运营方式从流程时代的链式业务（严格按照流程传递信息及组织协作），走向数智时代的业务网络协同（以用户为中心的网状多维度连接及协同）。因此，立白集团通过钉钉实现了与1100多家经销商、1800多个销售团队、35 000多位导购员、5800多位配送司机的生态链人员全方位生态协同。"双11"期间，立白集团的信息传递效率提升了80%。原来线下会议需要几天的时间，通过钉钉群直播、视频会议，时长缩短到1天，大幅降低活动政策、培训的差旅成本；通过服务商、经销商、导购员、物流商等多方虚拟组织在线，更好地进行线上生态协同，提升运营效率，实现数据高效协同。对企业来说，钉钉帮助他们对内实现了高效协同，对外实现了生态链接，企业形成了一个内外完整的生态系统。打造数智化组织，数智化技术是基础。数智化技术能够推动组织商业模式的创新，重构行业生态系统，实现企业业务的革新和效益的增长。

居然之家成功地通过钉钉实现了企业的数智化转型，让企业的13 000多名员工组织在线，进行快速有效地沟通，可以随时随地开音视频会议，在培训时可以全国直播。在钉钉上面，企业内部销售、采购、HR、IT、财务等部门日均发起流程超过3000条，一年产生95万张审批单。企业内部财务、人事、行政、ERP、巡店全面打通，实现了企业组织在线化和透明化，提升了企业管理协同效率。

开放是钉钉另外一个组织升级能力。钉钉不但有扎实的基础能力，以及协同效率、供应链、企业文化等模块的自定义能力，而且还有第三方生态、阿里巴巴生态等体系的开放能力，钉钉的企业服务生态可以做到"服务即所得"。

钉钉企业组织数量超过 1700 万家，有超过 4 亿名用户在使用钉钉。这背后是钉钉软硬件一体化的能力。钉钉以阿里云为产品基座，通过整合智能办公硬件能力，打造钉钉专属服务中台和企业数据分析平台，丰富各种企业级应用，赋能各行各业，输出软硬件一体化能力。2019 年 12 月 9 日，钉钉首发一款智能硬件新品"钉钉智点 B1"，上市 10 天，就为数万门店实现了上下班签到、智能巡店、会议签到等功能。钉钉面向新零售、新制造、在线教育等，打造出了人与空间协同的数智化"场"。

14.5 数智化新组织的案例

在数智时代，越来越多的企业意识到组织调整的重要性，借助数字化、智能化，很多企业大胆进行组织创新，已经取得丰硕的成果，颠覆了工业时代对组织的理解和认知。洛可可就是其中一个数智化新组织的典型代表。

1. 洛可可数智化新组织

洛可可是一家成立了 16 年的设计公司，它的主要业务是为企业提供各种设计服务。洛可可在 16 年里进行了 7 次组织创新，如图 14-3 所示。其中 2016 年到 2020 年期间，分两轮进行了数字化、数智化的迭代升级。洛可可向设计共享平台转型时，由于共享资源模式要求组织打破原有架构，以支持供应链和诉求方之间高效的匹配和交付，难度很大，所以导致转型缓慢。洛可可开始使用钉钉进行企业组织的数智化改造，结合已有的洛客共享设计平台形成了一个新的数智化平台——洛钉钉。该企业的洛钉钉平台成功推动公司业务完成了 S2B2C 的模式转变。钉钉的液态组织形态很

好地支撑了这种业务的升级。

洛可可16年里7次组织创新

2019-2020	智能化组织创新 智能设计为核心 / 服务小微企业
2016-2019	社会化组织创新 社会化设计师资源 / 数字化线上平台
2011-2016	组合管理组织创新 业务组合 / 人才组合 / 管理组合
2009-2011	分形管理组织创新 业务分形 / 区域分形 / 人才分形
2007-2009	细胞管理组织创新 1+6最小核算模式
2006-2007	流水线管理组织创新 设计标准化流程作业
2004-2006	工作室管理组织创新 1个人带着30人跳舞

图14-3

洛钉钉成功帮助洛可可组织在线、沟通在线、协同在线、业务在线、生态在线这"五个在线"在企业内外实现落地。这"五个在线"帮助组织实现数智化，而且带来了显著的效果：作为新型业务的重要角色"邦女郎"的平均人效提高了 2.5 倍，时效提高了 300%。

2018 年，洛可可作为一家设计公司，考虑到市场业务的波动性和员工增加带来的管理成本，公司不可能无限量招募人员并构建无限量的细胞组织。所以洛可可希望创建一个社会化产品的创新平台，依托"共享经济"理念，通过了解产业端的创新想法、产品设计、生产制造等各种需求，将与设计师、社群用户组成的供给团队与之匹配，最终解决消费端的各种消费需求。新构建的生态化平台通过强大的中后台处理能力，再加上"邦女郎"（项目经理）调动生态系统中的各种设计与服务资源，精准匹配，平衡了诉求和供给，不需要再雇佣"邦德"（设计师），从而降低了成本，提高了效益。目前洛客共享设计平台大约有4万名注册设计师、百万名平台用户、3000个产业端合作品牌，洛可可的洛客共享设计平台如图14-4所示。

打造社会化创造平台基础设施——洛客共享设计平台

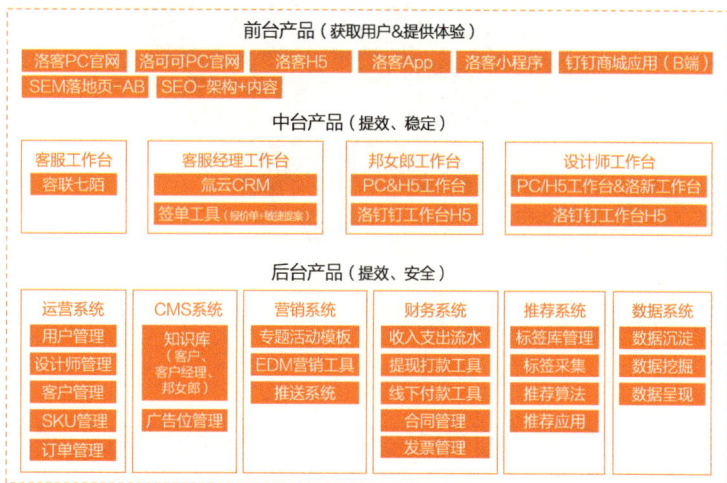

前台产品（获取用户&提供体验）
洛客PC官网　洛可可PC官网　洛客H5　洛客App　洛客小程序　钉钉商城应用（B端）
SEM落地页-AB　SEO-架构+内容

中台产品（提效、稳定）
客服工作台　容联七陌
客户经理工作台　氚云CRM　签单工具（报价单+秒速报价）
邦女郎工作台　PC&H5工作台　洛钉钉工作台H5
设计师工作台　PC/H5工作台&洛新工作台　洛钉钉工作台H5

后台产品（提效、安全）
运营系统　用户管理　设计师管理　客户管理　SKU管理　订单管理
CMS系统　知识库（客户、客户经理、邦女郎）　广告位管理
营销系统　专题活动模板　EDM营销工具　推送系统
财务系统　收入支出流水　提现打款工具　线下付款工具　合同管理　发票管理
推荐系统　标签库管理　标签采集　推荐算法　推荐应用
数据系统　数据沉淀　数据挖掘　数据呈现

图14-4

钉钉不只为洛客提供传统的组织沟通在线和处理办公的基础需求，而是与洛客的业务深度融合，共同搭建"洛钉钉"项目工作台，在工作台上设计师、客户、"邦女郎"都可以完成日常工作。在组织智能化上进一步赋能洛客，提升企业的竞争力。

产业互联需要的核心要素包含：足够广泛地涵盖上下游所有环节的产业参与者，大幅提高生产力而优化了协调分工为主的生产关系，一个有秩序的生态，数智化与智能化技术有机融合并持续赋能。结合消费互联网和产业互联网，洛可可用钉钉创新出了"公园模式"。

"公园模式"包含四个关键点：

第一个是"物种共生"。 产业端与消费端的参与者在生态系统中能互惠互利，需求者和供给者的角色可以自由转换。这方面洛客平台做得很好，该平台的很多产业客户既可以提出问题和需求，也可以是需求的解决者，提供各类产业服务。

第二个是"物质循环"。 这里说的物质是具有价值的服务流。比如产业客户提出诉求，社群用户提供创意，平台帮助找到解决方案，产业端的"邦德"提供服务，服务流最终要满足终端消费者的需求，而终端消费者又可能是社群用户。在生态系统中服务流经过循环，价值得到生态群体的认可。

第三个是"园丁治理"。 运转有序的生态系统可能不需要组织管理者，但需要治理体系和协助体系运行的"园丁"。园丁通过体系，保障"公园"生态稳定，解决争端，使"公园"中各种"生物"良性互动、有序循环。

第四个是"超级工具"。 依靠治理体系仅能让生态保持秩序，让生态"熵增"减缓，供的精准匹配需要依靠数智化、智能化技术的应用。"园丁"通过迭代"超级工具"推动生态系统中物质间更高效的循环。在洛客构造的社会化生态"公园"中，钉钉作为"园丁"的"超级工具"发挥了至关重要的作用。通过洛钉钉项目工作台，客户、设计师、"邦女郎"等各类参与者打破层级壁垒，围绕不同工作场景和需求，自由匹配，实现高度的在线化、去中心化沟通与工作协同。不同群体间的交流与互动也丰富了共同的知识与经验，激发了每个人的源动力和创造性，形成了群聚互补效应，促进"物种"繁荣共生、"物质"高效循环。洛客的公园模式如图 14-5 所示。

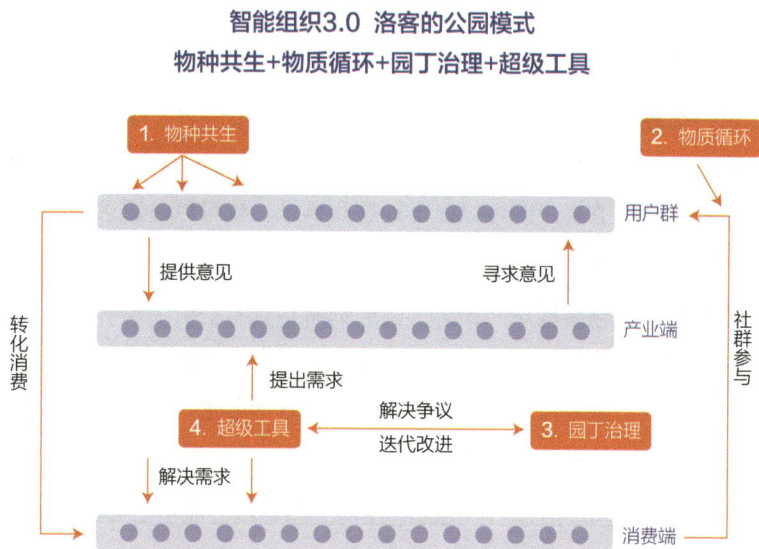

智能组织3.0 洛客的公园模式
物种共生+物质循环+园丁治理+超级工具

图14-5

具有生态化系统的社会化产品创新平台洛客，具备了未来更多组织管理所需要的特点。

1. 更为成熟的群体创造

在高阶智能组织中，参与生态系统中"物质"循环的所有成员都是群体，围绕供给与需求，群体可以自由切换自身角色，组织则作为维护秩序的"园丁"，推动生态系统中物质循环更加高效，供给和需求匹配更加精确。群体间的互动在洛客平台是非常积极频繁的，一个箱包品牌商提出一款产品的设计诉求，平台里的用户为品牌商提出好的创意，"邦女郎"根据创意找到理想的"邦德"，创意成了产品具体的设计方案，并交给品牌商。最终产品成功上市，提供创意的用户得到了创意奖励，并购买了这款自创产品。

2. 更为深入的共享生态

洛客的本质是共享经济的生态系统，系统内外都实现了高度的开放与透明，产业端与消费端各个环节的"物种"都被吸引并参与进来。洛客把内部组织的中后台打造成高效智能的赋能中心，系统内外信息流沟通非常顺畅，内外可共享需求匹配中的信息和成果，管理语言与技术标准规范化，各群体信任洛客这个负责任的"园丁"维护生态"公园"。

3. 智能驱动工具的广泛应用

初期的洛客平台，用户设计需求与设计服务的匹配是通过"邦女郎"人工完成的，尽管"邦女郎"经验丰富，能让供需双方找到理想的合作方，但"邦女郎"精力有限，不能无限制地对接。现在利用智能化的人工智能工具，品牌商设计需求的分类标签与平台具有适配性的设计师吻合后，系统自动匹配，或提供多个设计师做参考，邦女郎只要做简单的人工介入就能完成这个过程，极大地提升了平台可完成的匹配数量和效率。此外，洛客与钉钉的深入合作也帮助平台提高了"邦女郎"的工作效率，"邦女郎"通过钉钉日志，以天为单位跟进项目进度并汇报，通过日报，三方对项目执行过程一目了然。洛钉钉计划把普通项目的平均交付周期从 3 个月缩短至 30 天，把每个邦女郎的服务项目从一年 40 个提升到一年 100 个。随着更多更加强大的人工智能工具的应用，洛可可必将发展成统一的智能产品创新平台。

到了 2020 年，洛可可再次进行数智化组织升级。智能设计的价值在于打破创新能力的边界，海量的数据沉淀结合数据中台各个维度的数据，对企业的市场、行业、竞争、品类、销售、流量等经营数据进行分析，通过数智化设计出了一个个"爆款"产品,深受市场欢迎。以多设计场景切入柔性供应链,满足平台客户高频需求,如今的洛可可已经插上数智化的翅膀展翅翱翔。洛可可新组织下的业务新形态如图 14-6 所示。

以多设计场景切入柔性供应链,满足平台客户高频需求

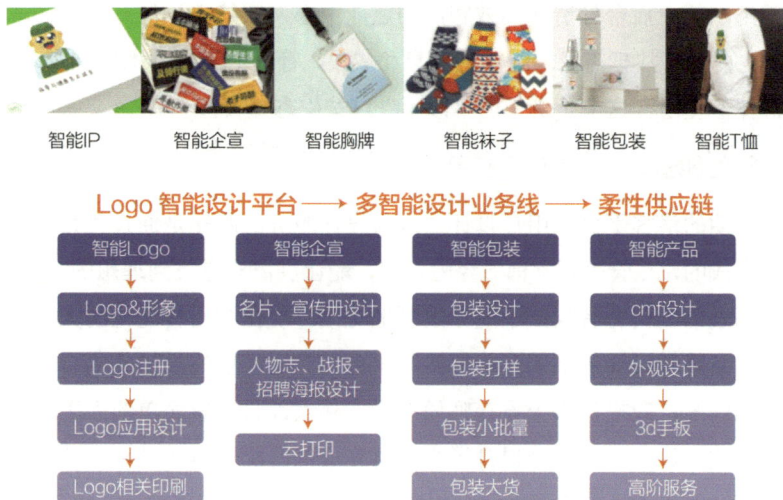

| 智能IP | 智能企宣 | 智能胸牌 | 智能袜子 | 智能包装 | 智能T恤 |

Logo 智能设计平台 ⟶ 多智能设计业务线 ⟶ 柔性供应链

智能Logo	智能企宣	智能包装	智能产品
Logo&形象	名片、宣传册设计	包装设计	cmf设计
Logo注册	人物志、战报、招聘海报设计	包装打样	外观设计
Logo应用设计	云打印	包装小批量	3d手板
Logo相关印刷		包装大货	高阶服务

图14-6

【总结】

数智时代已经到来,科技进步已经改变了社会经济活动中"企业组织"的面貌。层出不穷的创新业务模式需要与之匹配的动态的、灵活的、可扩展的组织模式来支撑。基于数智化技术的能力,能够驱动组织模式创新和行业生态系统重构,实现企业业务创新和增长。数智化的企业经营能力需要新组织来保障。

（1）从工业时代到数智时代，组织随着社会发展在不断地变革创新，组织正走向数智化、液态化。

（2）数智化组织升级将以客户为中心，在客户体验、在线交互、群体创造、共享生态、智能驱动、网络协同等维度上，实现智能化。

（3）数智化敏捷新组织将形成自我组织、自我适应的新形态。组织者、组织机制、组织形态都将发生变化。考核也将从考核渠道、门店销售到人为主体，更好地服务消费者。

（4）钉钉通过组织在线、沟通在线、协同在线、业务在线、生态在线，打造了人与人、人与物、人与事之间的协同，是数智化新组织的实施工具。

（5）数智化组织的实践：洛可可在 16 年里进行了 7 次组织创新，数智化组织创新取得了丰硕的成果。共享设计平台实现群体创造、多向交互，企业效率快速提升。

第 15 章
数智化新技术

　　ABOS 中的商业要素有 11 个，读者可从本书第 5~14 章介绍的内容中了解到前 10 个商业要素（品牌、商品、制造等），本章会从过去、现在、未来的时间轴上对第 11 个要素"技术"进行详述。

　　"技术"要素，原来指企业具备的信息化（IT）能力，用来支撑企业内部运营，可以达到降本增效的效果。在数智时代，企业需要面对新挑战和新机遇，"非数字化原住民企业"，指不是以 IT 产品或服务、互联网服务作为核心业务的各类传统企业，需要构建一套新的技术解决方案。一方面应对不确定的、个性化的、复杂的需求；另一方面，用来支撑企业的产品创新、业务创新、组织创新、管理创新。

　　在数智时代，为顺应上述变化趋势，技术架构也进入大迁徙阶段，正在经历从基于传统 IT 架构的信息化管理，向基于云原生、大数据、物联网、人工智能、移动互联网、区块链等数字新基建架构下所融合出的"数智化新技术"迁徙。

15.1　从 IT 到 DT 的必要性

随着数字新基建的发展，数字经济时代已经到来。伴随着消费者主权崛起，商业增长路径、获客模式变得越来越复杂，这种复杂源于消费的个性化和碎片化，源于产品和服务的多样性，源于场景的差异性，源于对供应链的新柔性要求等方面。

传统企业原有的基于传统 IT 架构的技术解决方案与满足当下商业复杂性的多种需求之间的差距越来越大，在数字化时代需要构建一套新的技术解决方案。一方面应对不确定的、个性化的、复杂的需求；另一方面，用来支撑企业的产品创新、业务创新、组织创新、管理创新。

中国商业正在由"消费红利"经济向"数智创新"经济进化，发展思路从单节点成本和效率提升，进化为消费品全生态重塑增长方式，数智技术触发了商业生态的全链路数智化转型，商业环境的变化推动技术架构的迁移，技术架构的迁移又加速企业数智化转型。

基于传统 IT 架构的信息化管理，与基于云架构的智能化运营，有着显而易见的差异。从技术功能上看，前者服务于管理，后者则是为了实现智能化运营，支持创新；在驱动因素上，前者是流程驱动，后者是数据驱动；在所采用的主导技术上，前者是 IT 技术，后者是以云计算和 AI 等为代表的一系列新技术集合；前者是管理导向，后者是创新导向。其他差异如表 15-1 所示。

表 15-1 传统的信息化技术与数智化新技术对比

传统的信息化技术	数智化新技术
技术是 CTO/CIO 的事	CEO 一把手工程
业务数字化	数据业务化
本地服务器	全面上云
系统独立，缺少连接	平台构架，彼此连通
数据割裂	数据统一
定制式，封闭式，从头开发	开放式，直接应用
以业务需求为主导	以客户需求为主导
局部、单一工具交付	全局、系统性赋能，支持企业运营、决策
基于硬件和软件的交付	数据＋算法赋能
管理思维	用户思维
局部数字化	全链路数智化

15.2 新技术驱动供需动态平衡

传统企业在面对自身 IT 技术升级转型时应特别注意：今天我们在思考企业自身技术能力时，考量如何升级调整的首要思维不能是由内而外去臆测添购或升级哪些软硬件，而必须是由外而内、由未来看现在的逆向思维。这里，首先要了解未来已来的数字经济时代，了解数智技术是如何驱动消费与供给两端的供需动态平衡，以及了解如何在两者之间产生有机连接，如图 15-1 所示。

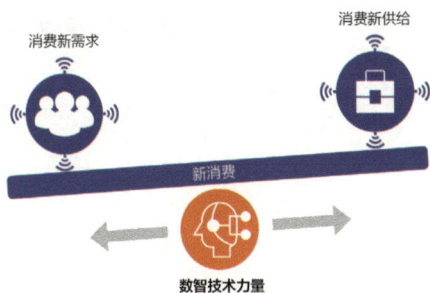

图15-1

- 技术同时作用于消费和供给两端，但随着技术持续演化，重点作用对象从原先的改造供给端、赋能消费端，变成了洞察消费端、影响供给端，进而激发新消费的动态交替变化。

- 供给和需求间可有机连接，达到动态平衡。一方面，技术赋能消费者，结合消费需求更加具有体验化、个性化和多样化的特点，激发新需求。另一方面，技术赋能供给端，使生产供应变得更柔性化、智能化和生态化，以满足持续动态变化的个性化消费新需求，形成新供给。

- 数智技术驱动新需求和新供给之间达到动态平衡和新连接，催生新消费。

15.3 全链路数智化转型升级：一云多端五中台 N 行业应用

如本书前文介绍的阿里巴巴商业操作系统，包括淘宝、天猫等电商平台，金融、物流、云计算等基础设施，不仅全方位涵盖了数据及技术，还有从零售、营销、产品研发到制造的全链路支撑，能够贯穿企业运营的各个环节。

这套商业系统赋能企业的"新技术架构"就是"一云多端五中台 N 行业应用"，如图 15-2 所示。

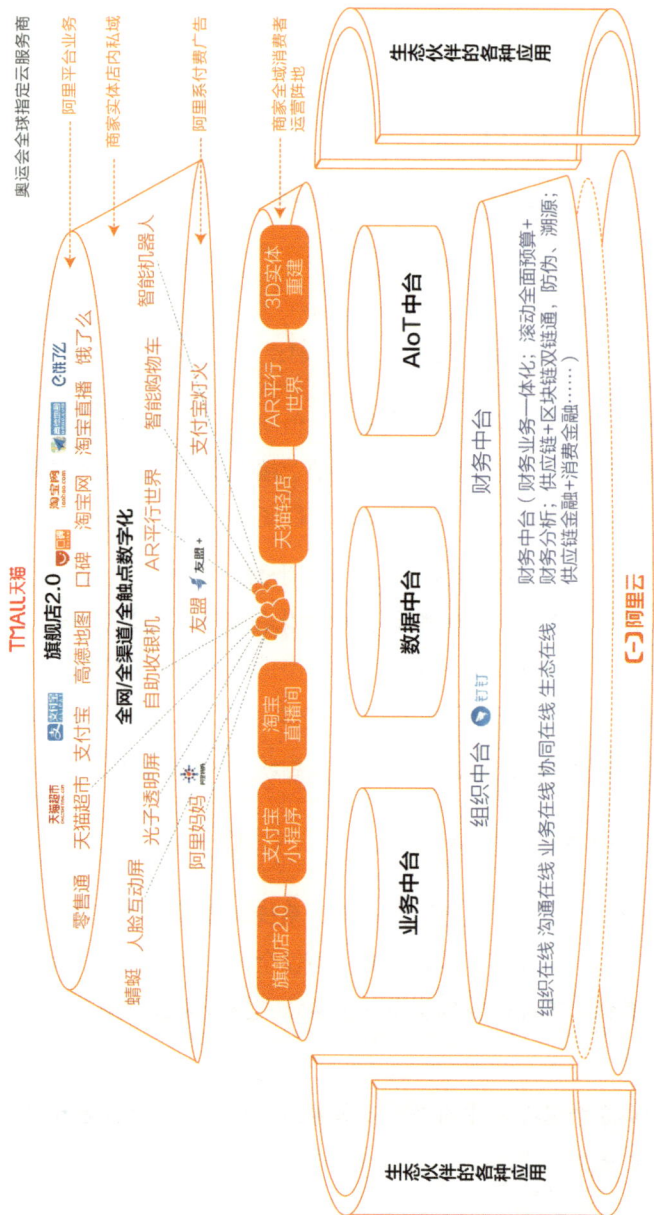

图 15-2

接下来，详细介绍"一云多端五中台 N 行业应用"的特色、应用场景和价值。

15.3.1 一云（阿里云 2.0）

阿里云在云计算领域深耕十年以上，集合了多种技术，云计算技术是诸多技术中的一个基础性技术。阿里巴巴提供的并不是一个单纯的云计算基础设施，它是云计算、大数据、物联网等新技术的综合，可以提供更强的服务。

我们从业务的视角来看，一云指的是什么呢？比如，企业作为品牌的运营者，肯定希望后端的服务功能都可以应用在自己的服务里，所有的端都能连接企业自身，以利于业务的价值最大化。这就是阿里巴巴想强调的一云，通过整体的云，来支持所有的端。

阿里云安全架构采用"五横两纵"七个维度的安全架构设计，从客户需求出发，覆盖了用户侧和云平台侧的安全架构的所有设计点，企业用户可以参考这七个维度来判断自身的安全能力是否缺失，以强化安全体系。"两纵"是指为账号安全提供安全监控和运营管理，同样包括了用户侧和云平台侧的不同实现。"五横"包括最底层的云平台层面的安全，以及对外用户侧层面的基础安全、数据安全、应用安全和业务安全。

阿里云平台的资源是动态扩展且虚拟化的，通过互联网进行提供，终端用户不需要了解云计算底层基础设施的具体细节，也不必具备专业的云计算技术知识，更无须直接进行操作，只要了解自身真正需要什么样的资源，以及如何通过网络来获得相应的服务即可。

从架构上看，"一云"在 IaaS（Infrastructure as a Service，基础架构即服务）这一层。在 Iaas 层，通过虚拟化、动态化将 IT 基础资源（计算、网络、存储）

聚合形成资源池，即计算能力的集合。终端用户（企业）通过网络获得所需要的计算资源，运行自己的业务系统。这样，用户不必自己建设这些基础设施，而是通过付费即可使用这些资源。

15.3.2 多端

业内的普遍认知，云平台以 IaaS、PaaS（Platform as a Service，平台即服务）、SaaS（Software as a Service，软件即服务）三层分类为主，而阿里巴巴却多了 DaaS（Data as a service，数据即服务）及 BaaS（Business as a Service，商业即服务）这两层，这是阿里巴巴在核心电商及本地服务过程中，通过商业并购和自身云技术的融合，将数据积累，才能发展出自身所拥有的智能驱动技术。此处多端的定位就是 BaaS。

2019 年 3 月，阿里云的 CEO 在云栖大会上对外发布了一云多端的项目。

大家今天最常见的是微信小程序，微信小程序实际上是一个变化的体系，在微信上开发一个小程序，只能在微信上运行。是不是可以有另外一种方式，比如：开发一个小程序，你写了前端代码，不但能在微信上运行，也能在支付宝、高德、今日头条、百度等平台上运行？

这样一来研发的成本要低很多，这就是多端的来源。

阿里巴巴想做类似于 Android 的开放联盟，形成整个阿里巴巴生态下的公司和外部的一些公司都能共用的小程序的一个框架，即共用小程序的一个体系。

多端小程序到底有哪些核心的价值？

（1）场景：数据表明，支付宝小程序留存率最高。其原因在于支付宝是一个场景化的 App，它主要面向的是支付和本地生活化的场景，用这个 App 的人其实就是它的目标用户群体，基于此再来开发 App，其实就很容易获客，而且用户的留存率和后续的转化率都很高。

（2）流量的价值：多端流量的价值在于将单一的微信生态流量逐渐扩大为全网的流量，因为有越来越多的 App 加入小程序的战场，互为流量。除此之外，像阿里系的高德、钉钉、淘宝等，更是已经沉淀有大量的企业能力和设备能力的数据，这些能够更好地帮助大家获取流量。

（3）业务：阿里巴巴平台有一个很大的优势，相对其他平台，其业务能力全面，包括金融支付能力、企业的服务能力、物流能力等，这一系列的能力都可以给企业赋能，让企业更好更快地开发自己的业务。

（4）用户黏性：通过渠道获得的流量，无论是单一渠道还是社交渠道，黏性都不高，但如果是在特定场景下获得的流量，这个黏性要高很多。

（5）成本：阿里巴巴小程序是一个新的战场，初入新蓝海时，被客户选择并使用的概率要大许多，这个时候获客成本相对低。

（6）品牌的效应：阿里巴巴平台可以带动整个小程序的品牌，触达阿里巴巴现有的 9 亿会员群体，能快速实现品牌的共知。

以上介绍的是小程序的背景，以及多端的机会。图 15-3 所示是阿里巴巴生态系统所对应的小程序多端。

图15-3

大家通过阿里巴巴小程序，可以获取到阿里巴巴内部的所有业务能力，比如，支付宝、钉钉、高德、淘宝等平台的能力都会通过小程序来对外进行赋能。

从架构上看，多端指的是 BaaS（Business as a Service，商业即服务）这一层。

15.3.3 五中台

2015 年的时候，阿里巴巴已经拥有了规模庞大的个人会员和企业会员群体，淘宝、天猫、1688、速卖通、飞猪等各个业务线之间相互依赖，团队众多，但不能及时响应业务的需求。在这样的背景下，阿里巴巴决定对组织架构全面升级，整合阿里巴巴产品技术和数据能力，建立"大中台，小前台"的组织和业务体制，实现管理模式创新。

一般业界是如何看中台的？如果用一句高度概括的话来讲中台，那就是"企业级能力复用平台"。中台的思想在信息化领域处于世界前列，是迭代 ERP 的一个新趋向。中台这个概念的火爆不是昙花一现，更不是机缘巧合，它将是中国企业信息化发展的一个里程碑。

同云一样，企业可以打造自己的中台，但不用从头开始，从零开始，阿里巴巴负责建造，商家使用即可。

1. 数据中台

在 2020 年云栖大会上，阿里云数据中台重磅升级，阿里云数据中台核心产品家族再添新丁。截至本书出版日，阿里云数据中台产品矩阵以 Dataphin 作为基座，用 Quick 系列对业务进行场景化切入。如果说数据中台是一艘航空母舰，那 Dataphin 就是航母的动力系统，不断夯实数据基础并提供动能，帮助企业实现"数据资产化"；Quick 系列则是舰载机，根据不同的业务场景提供不同的战力，帮助企业实现"数据价值化"。

2. 业务中台

所谓业务中台，是用来优化业务流程的系统。把前台业务的公共部分分离出来，并抽象化、标准化，形成通用的业务模块，大幅提高研发成果利用率，优化资源配置。

比如之前提到的淘宝、天猫、聚划算，将各自的订单、交易、商品管理、购物车等共性模块沉淀出来，形成了专为电商领域服务的业务中台。业务中台虽然不直接为终端消费者提供服务，但是可以大幅提高面向终端用户的前台的构建效率。在"业务中台"模式下，平台上的产品技术模块化，前端业务部门可以按需调取，从而快速搭建新业务场景。

阿里巴巴超过数十个业务单元（如天猫、淘宝、聚划算、1688 等）均不是独立构建在阿里云之上的，它们在后端阿里云技术平台和前端业务之间有"共享业务事业部"（也就是业务中台）。业务中台将各个业务之中的公共、通用业务沉淀下来，形成包括用户中心、商品中心、交易中心、评价中心等十几个共享单元，完成"厚平台的真正实现"。后端的阿里云成为提供计算资源和中间件 PaaS 云服务能力的高效载体。同时，依靠阿里巴巴近十年的"双 11""双 12"的高可靠、可稳定的运维保障能力，实现对整个系统的支撑。中台的使命是从下到上逐步完善阿里的整个体系，包括阿里云、数据、中间件、算法等，支撑各种业务解决方案，构建阿里巴巴自己的核心能力。

如图 15-4 所示，是以新零售为主要视角，侧重体现全渠道、会员营销、供应链业务的解决方案，重点是中间这一层和下面阿里云 PaaS 能力。中间这一层是中台建设的关键点，包括中台建设方法论、中台开发管理、中台运营治理、中台运行管理等。

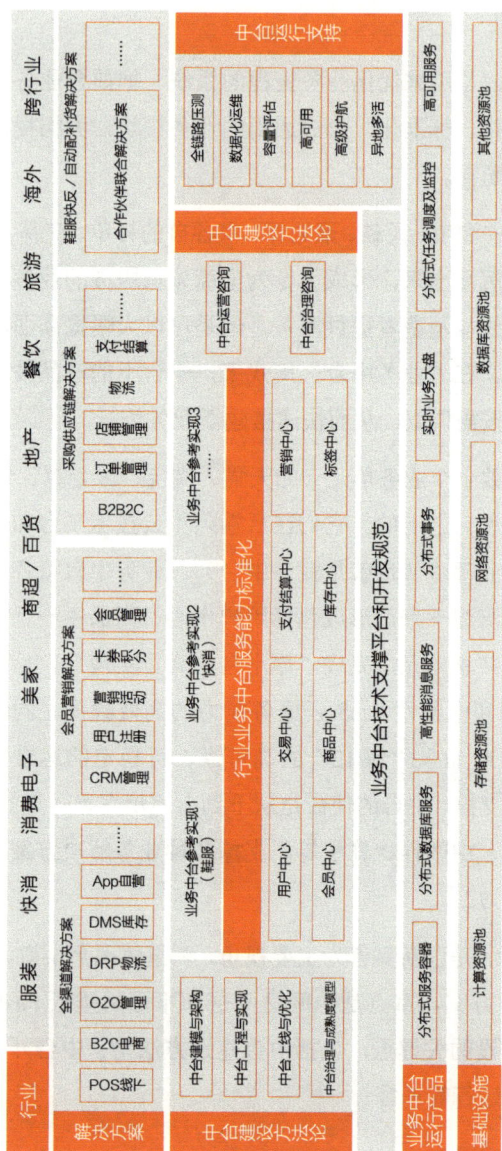

图15-4

阿里巴巴的业务中台对企业的赋能作用明显。对于传统企业，在做数字化转型的过程中，是否需要搭建业务中台呢？如果企业有如下问题之一，则有必要考虑建设业务中台。

- **系统重复建设**：内部系统重复建设、缺乏业务核心的固化沉淀、系统服役到期只能推倒重建。

- **业务具有不确定性**：自我创新困难，无法适应市场高速变化。比如扁平化管理、会员营销、全渠道运营等。

- **业务不在线**：企业信息化程度不足，还存在大量人工统计的情况，核心业务没有做到实时、在线、标准化。比如会员订单不完整、经销商进销存数据不在线等。

- **业务与互联网紧密相关**：在线程度高、消费者变化大、系统的弹性不足以支撑不确定的用户数量。

还有一种说法，认为业务中台只是大企业要考虑的，而对于业务不复杂、人员也不太多的中小企业并不适合。事实并非如此，无论业务复杂与否、人员是否庞大，只要企业的业务与互联网相关，存在消费者的不确定需求，需要打通"烟囱林立"的系统，需要业务在线来提高企业创新和协同，都可考虑建设业务中台。

那业务中台对企业有什么价值呢？这里简单罗列一下。

（1）**激发创新**：让企业可以沉淀核心能力，并在此基础上，提供快速创新机会和资源，由点到线拉通整体业务，降低试错成本。

（2）**业务在线**：服务中心化的架构打破了烟囱式的 IT 架构，有效实现核心数据的实时、在线、统一。

（3）人员提升：业务沉淀到中台，增强了 IT 人员的业务运营能力和全局意识，利于培养既懂业务又懂技术的核心战略人才。

（4）变现营销：通过中台可以将会员资产化，可以做全渠道下沉，补全客户画像，为新业务输入初始客户，提升精准营销的效率。

综合来看，业务中台无论对企业战略发展、商业模式创新，还是对内部高效协同、创造营销增量、人员培养提升等都会带来很多好处。

业务中台和数据中台的双能力是相互促进、相辅相成的闭环。

2019 年，"中台"概念引爆商界与科技圈。它必然也会像 20 年前的 ERP、5 年前的"企业上云"那样，在众说纷纭的"口水仗"之后，走过迭代试错的探索期，最终在行业头部企业的引领下，成为中小企业进行规模复制的"基础设施"，双中台也将会成为数智化企业的标配。

而对于处于不同发展阶段的企业来说，中台模式有着不同层级的应用价值。

对初创企业而言，中台模式能通过用户洞察、精准营销等举措，加速初期企业的自身定位及商业价值验证。

对腰部企业而言，中台模式主要能够驱动业务创新，提供增值服务，从而为扩大企业规模添砖加瓦。

对头部企业而言，中台模式将从决策智能化的角度，在各个商业要素的精益运营上，提升企业的产业驱动力。

3. AIoT（智能物联网）中台

人工智能和物联网技术不断深入现代商业活动中，从线下门店、百货商超到工厂厂区，各类 IoT（Internet of Things，物联网）平台、PAI（Platform of Artificial Intelligence，人工智能平台）、智能制造平台已在应用中。

AIoT 就是将智能信息终端技术、计算机通信和控制技术、互联网技术彼此渗透融合构造的一个覆盖世界上万事万物的巨大网络。

AIoT 中台的体系架构主要包括物联网智能设备及解决方案、操作系统 OS 层、基础设施等三层结构，并最终通过集成服务进行交付。

智能化设备是 AIoT 的"五感"与"手脚"，可以完成音频、视图、湿度、温度等数据的收集，并执行抓取、分拣、清洗等行为，所采用的方式大多数是物联网设备与解决方案配套完成的。

操作系统 OS 层相当于 AIoT 的"大脑"，主要的功能是对设备层进行连接与控制，提供智能分析与数据处理能力，并将针对场景的核心应用固化为多种功能模块，这一层对业务逻辑、统一建模、全链路技术能力、高并发支撑能力等能力的要求较高，通常以 PaaS 形态存在。

基础设施层是 AIoT 的"主体"，提供服务器、存储、AI 训练和部署能力等 IT 基础设施。

4. 组织中台

数智化转型是企业认知、战略、流程、组织、人才、激励的全方位变革，是一把手工程，企业核心高层的关注和重视才是第一生产力。企业核心高层必须做到亲自参与和推动，促进线上线下融合、各部门积极参与。组织的变革自然离不开组织和人。

一线的业务总是处于变化当中的，所以前台的需求一定不是标准化的中间件能够解决的，一定会存在大量的协调需求。比如，企业可以安排财务、人力、战略等部门组成 BP（Business Partner，业务伙伴），向前台派出相关人员，他们会进入前台的小团队，以专业视角与前台的小团队共同作战，同时也代表后台提供高效配置资源和政策。

组织中台，可以称之为赋能数智化转型成功的柔性团队，BP 可以根据业务流的推进，灵活地配置资源，成为前后台之间有效的"润滑层"，针对此类大量跨部门甚至跨供应链协作的沟通，阿里巴巴的钉钉移动智能协同工作中台发挥了极大的作用。图 15-5 展示的是新零售下的钉钉能力大图。

通过图 15-5 展示的平台，企业可以实现组织在线、沟通在线、业务在线、协同在线、生态在线，进而实现数据化运营。

通过云课堂，实现隐性知识显性化、显性知识标准化、标准知识系统化、个人知识组织化，打造教学相长的智慧型全员学习型组织，激发组织中每一个人的知识贡献、创造创新力和组织活力。

5. 财务中台

财务中台是一种新的财务处理模式。财务中台的建设就是要通过"业财融合"，在获取了交易及明细数据之后，以此为基础根据财务处理工作的需要进行抽象设计，从而尽量实现自动化处理的过程。可以把原来大量的依靠人员处理的工作交由系统来代替完成，比如资金对账、价税拆分、费用分摊、营收稽核、成本结转、凭证自动生成、报表自动出具等，通过这些自动化的过程真正给企业部门创造巨大价值，实现减员增效目标。进一步避免财务人员把大量的时间应用在重复工作上，并降低因人为操作而导致的错误率，进而可使财务人员的时间花在本书第 12 章所提到的各种新应用场景上。

ABOS 展现出的财务中台，核心目的是赋能"业务财务一体化"，比如滚动全面预算＋财务分析、供应链＋区块链双链通、防伪、溯源、供应

图15-5

链金融、消费金融……等功能已在相关产品上实现（详见第 12 章"新金融"要素）。

采用这样的组织和数据处理方式，就必须改变原有的传统的中间件 + 关系数据库的 ERP 模块化设计方式，而要重新设计、开发。在具体技术上，自然语言识别、OCR 图文识别、大数据分析、云化部署、人工智能、RPA（Robotic Process Automation，机器人流程自动化）等，都是财务中台需要借助的技术，运用这些技术，使财务中台达到更加灵活、更加自动化、更加智能化的应用目标。

在架构上，中台属于 PaaS 和 DaaS 两层的搭配。

PaaS 这一层不但提供基础计算能力，而且具备业务的开发运行环境，提供包括应用代码、SDK（Software Development Kit，软件开发工具包）、操作系统以及 API（Application Program Interface，应用程序接口）在内的 IT 组件，以提供给个人开发者和企业，将相应功能模块嵌入软件或硬件，从而提高开发效率。对于终端用户而言，这一层的服务可以为业务创新提供快速、低成本的环境。

DaaS，把数据转换成通用信息，为人们提供公共信息服务。

15.3.4 N 行业应用

因为行业的不同，所以各个不同的行业会有专属流程需要嵌入中台功能中，因此，阿里巴巴与行业生态伙伴共建面向新商业的 SaaS，赋能品牌商、零售商、制造商，实现全链路、全流程、全要素的数智化。目前的行业应用，有下面几类。

- 行业通用型：目前已有电子价签、消费者引流、智慧选址、智能客服、消费者引流、数字化支付等应用。

- 品牌商（快消 / 服饰 / 美家 / 消电）专属：目前已有零售参谋、数字化品牌店、牧场数字化、区块链溯源、产业智慧交易平台、消费者运营分析、货架商品识别、门店远程巡店、3D 服饰企划等应用。

- 零售商专属：目前已有数字化商超、巡店机器人、室内地图、智能导购方案等应用。

- 餐饮专属：目前已有智能明厨亮灶、ePOS 等应用。

- 文旅专属：目前已有景区数字化等应用。

从架构上看，"N 行业应用"（多个应用端），指的是 SaaS 这一层。

实际上，SaaS 出现在云计算概念出现之前，并随着云计算技术的发展得到了更好的发展。SaaS 的软件是"拿来即用"的，即不需要用户安装，也不用终端用户参与软件升级与维护。最值得提出的是，它是按需使用的软件，与传统软件购买后就无法退货相比具有无可比拟的优势。

数字原生，包含云原生、AI 原生、区块链原生、IoT 原生、5G 原生等新技术。数字原生商业操作系统，夯实了以云计算为代表的基础设施层，打通了业务、数据、智能、协同在内的数字创新中台层，进而实现上层全链路商业要素的全面在线化与数字化。数字原生商业操作系统，以工具化和产品化的能力加速商业要素流通，实现了标准化、模块化组装的技术搭建方式，不仅能极大提升效率，还将为社会打开更多创新空间，让更多商业新物种涌现。

【总结】

本章主要从以下几个维度，阐述了数智新技术要素：

（1）传统 IT 架构解决方案：面对商业系统的复杂性，过往 30 年所形成的传统 IT 架构，以及基于这套架构所形成的解决方案，越来越难以适应商业系统复杂性需求，对需求响应的周期、成本、效率难以满足客户的需求。

（2）数智化新技术驱动供需动态平衡和有机连接。

（3）ABOS 以"一云多端五中台 N 行业应用"的整体架构，全链路赋能企业的技术升级，让企业可以直接应用。用途最大化的过程，就是企业结合现实场景，按图施工的过程。

- 一云：阿里云。

- 多端：包括天猫、淘宝、支付宝、钉钉、线下所有门店等。

- 五中台：业务中台、数据中台、AIoT 中台、组织中台、财务中台。

- N 行业应用：各行各业 SaaS 应用，所谓"三分靠技术，七分靠应用"；业务数据化，数据资产化，资产服务化，服务业务化；汇、通、管、用、评各过程均得衔接打通。

一切基于数据、算法、算力，驱动整个商务运作过程！

"数智化新技术"是一个企业为了赶上数字经济时代、驱动新增长所需具备的能力，但不是非得自己从头建造不可，可以借助 ABOS 中的"数智化新技术"。

全链路数智化转型五部曲

第三篇

2019 年，阿里巴巴云栖大会上出现了全链路数智化转型的观点。基于消费品生态全链路数智化转型框架，全链路数智化定义了五个一级能力（五部曲），即基础设施云化、触点数字化、业务在线化、运营数据化和决策智能化。如下图所示为五部曲赋能商业操作系统的 11 个商业要素。

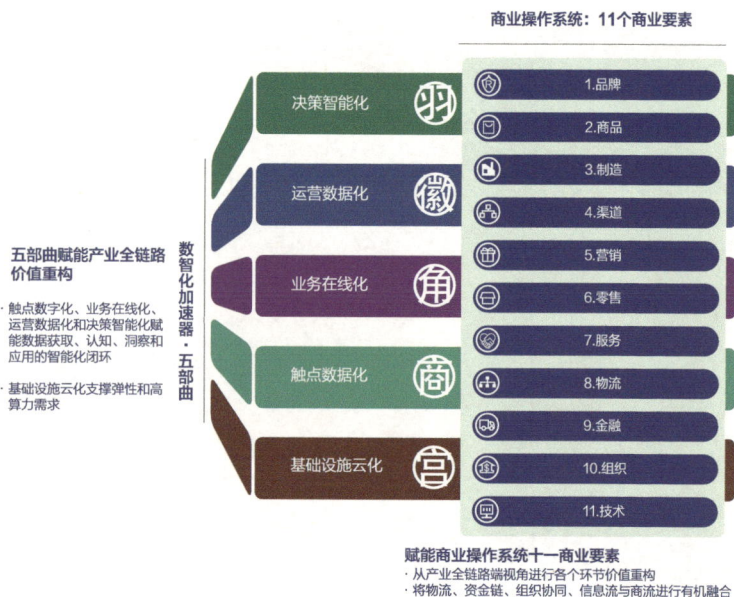

五部曲赋能商业操作系统站在端到端的视角，基于生态全链路对各个环节进行价值重构，将商流（品牌、商品、制造、渠道、营销、零售、服务）、物流、资金链（金融）、组织协同（组织）和信息流（技术）进行有机融合，达成全生态要素的价值共振，实现增量式创新发展。

基础设施云化是五部曲的起点和基础，通过全面上云支撑弹性和高算力需求，并通过触点数字化、业务在线化、运营数据化和决策智能化，从而达到企业从感知到行动的智能化闭环。

数智经济时代的基础设施早已不是过去传统的钢筋水泥所打造的物理设施，而是以云计算、大数据、物联网、移动互联网、人工智能、区块链等为代表的数字新基建，共同构成未来经济发展所需要的高经济性、高可用性、高可靠性的技术底座，并不断融合、叠加和迭代升级。构建一个数据驱动的平台化、生态型的基础设施，并不是任何一个单一新技术的单打独斗。

"上云"已是当下的流行词，企业希望可以通过上云驱动流程创新，实现业务创新，打造企业新的利润增长点。那么，什么是上云？为什么要上云？如何排除传统企业全面上云的障碍？

第 16 章
基础设施云化

16.1　企业为何要全面上云

传统 IT 架构解决方案的核心是解决企业内部的资源和架构的管理问题，即使进行了内部资源的优化，最终的结果也是构建一套封闭的技术体系。

而云计算与传统 IT 架构有着根本的不同，它不再只是提供"硬件＋软件"的解决方案，更多的是提供一套以消费者为核心、以服务为形式、以数字技术为手段的完整基础设施。

全面"上云"即企业 IT 基础设施云化。采用可靠且易用的"云"作为基础，让 IT 基础设施实现端到端的云化，就像当年工厂自主发电转变成完全的电网电力供电的电力变革，可以让大多数企业不去构建数字经济时代最重要的算力基础设施，就可以在云端获得可靠的 IT 资源和算力，而且具有很强的经济性。

所以，一旦我们把云计算看作是一种基础设施和技术体系建构方式，云计算所提供的就不再只是经常被提及的经济性和快速响应。云计算为企业在新消费、新经济的市场环境下提供了六个重要的价值。

- "云"为企业提供新技术和资源的供给。云计算不仅是数字经济时代的基础设施，提供算力、存储、网络等资源，还提供可靠易用的云平台、全局智能的大数据、云端一体的智联网和随时随地的移动协同，是一个具有很强经济性的新技术平台。以阿里云为例，阿里云上拥有 200 多个行业解决方案、近 40 个行业通用方案，这里面综合了大量前沿技术，并以云服务的方式封装后提供给企业，在很大程度上降低了企业的新技术应用门槛。

- 在"云"上的企业能够更快地与客户对接。随着数字经济转型进入深水期，选择全面上云的非互联网企业将会越来越多，云计算的支出正在成为每个公司的标配，企业基础能力的重要组成部分和指标之一便是使用云计算的能力。这意味着在互联网和传统产业融合的过程中，上云是企业与客户的业务系统、产品平台和技术体系接轨的必经之路。同时，在同一套云平台下建立企业间的数据、技术和产品链接，简化系统架构和业务接口的复杂性，要远比在物理 IDC 及封闭技术体系上操作更加简单、迅速。

- 云计算架构在经济学上更加经济。云计算是一种大规模分布式计算模式，规模化所产生的经济性是它的重要推动力。在这种模式下，抽象的、虚拟化的、可动态扩展的和可被管理的计算能力、存储、平台和服务汇聚成资源池，按需交付给外部用户。虽然在云计算中，无论是基础设施、平台还是软件，都需要较大的初始固定投入，但是这些硬件和软件一旦被建成，就可以反复公用且耗损极小，从而可以通过分享基础设施、平台和软件来降低边际投入成本。

在用户侧，对于云上的企业来说：

■ 由于云服务商边际成本降低，因此企业可以用更加经济的方式获得基础设施；

■ 企业个性化的增值业务，只要增加一项较低的边际成本投入，就可以展开广泛的服务，无须从零开始进行基础设施、平台和软件的开发；

■ 采用新技术的初始成本高且具有不确定性，上云则为企业提供了按需付费、以租代买的方式，可以很好地降低企业的投资成本。

● 技术的领先性降低了新技术采用门槛。IT 技术发展的趋势是加速发展的，而且其发展速度要远远超过一般企业 IT 基础设施迭代的速度，这意味着在下一个更新周期到来之前，企业必须持续地为性能、效率和可用性逐渐落后的 IT 基础设施付费，从另一个方面来说，竞争对手很可能已经通过云上的技术红利获得了更优质的 IT 资源和 IT 技术。

● 云计算驱动企业模式创新。传统 IT 架构难以有效支撑大数据和人工智能等新技术落地。当下，全球数据呈现爆发式增长、海量聚集的特点，数据已成为新的生产资料，很多企业也逐渐意识到大数据的重要性。同时，人工智能技术的发展也引发诸多领域的变革，"大数据＋人工智能"转化为数智驱动，不仅有效实现企业内部流程和业务的优化与增效，更能进一步推动企业管理模式的变革。另外，云架构带来了更大的灵活性和移动性，通过云端的大数据处理，企业可以对庞大的交易、管理等数据做大数据分析，帮助企业精准地进行用户洞察，同时能提供分级用户管理、会员终身管理、精准营销等服务，从而使数据增值；人工智能更是以大数据为基础，提供更加高阶的场景化服务，推动企业进行智能设计、智能研发、智能制造、智能协同、智能营销、智能决策、智能客服等多方面的业务创新。

- "云"的安全性和可用性避免风险支出。云计算的安全性远远高于内部部署的服务器的安全性。人们不必再担心由于自然灾害或计算机故障丢失关键数据和业务应用程序。保险起见，一些云服务商甚至将数据备份到其他远程服务器，因此不会发生数据丢失的情况。云服务商的安全措施相较企业在本地服务器的安全措施，会执行更多的常规安全审核，这样不仅可以使其密闭，而且企业的敏感信息也会被保密。2019 年，CNCERT 接到网络安全事件报告超过 10 万件，而随着"互联网 +"加速与产业融合，安全威胁从线上到线下，意味着企业面临着比以往更加复杂、规模更大的安全问题。

企业上云的优势明显、路径清晰，是不可逆的趋势。

除以上诸多因素外，企业全面上云的必要性还有以下三点。

- 围绕云计算将建立新型技术体系，企业全面上云将享受"数字产业上下游技术升级"。以云计算为核心的新型技术体系，建立的是完全不同于传统 IT 架构的全新架构体系，硬件从高性能单一系统转向大规模定制化、分布式平台，中间基础软件被云操作系统、云原生软件所代替，前端应用向软件即服务的模式转型。

- 数字原生时代的应用与智能将以"云"为基础爆发，"云"及云上的能力将成为企业应对问题的关键。数字原生的生产方式正在推动各个产业升级，伴随数字原生时代到来的是应用大爆发、智能大爆发，以及企业用户大爆发。据 IDC 预测，到 2023 年，使用云原生方式开发和部署的数字应用程序和服务将超过 5 亿个，相当于过去 40 年开发的应用程序总数。城市大脑、自动驾驶、科技抗疫、淘宝直播等数字原生的应用越来越广泛，而我们所知道的任何传统 IT 基础设施都已经无法满足数字原生大爆发的需求。

- 经济增速放缓、市场竞争加剧，在相当长的一段时间内留给"从容上云"的窗口期将越来越短。随着人口、资本和规模三大红利的消失，现在的实际情况是整体经济增速放缓，市场竞争在低增速背景下正逐渐加剧，在相当长的一段时间内，企业的主要精力将放在生产与营销领域，拉动企业业务增长将主要通过新技术采用、新产品上市和新营销手段。在云上的业务系统、前端应用乃至业务团队可以专注商业模式和创新，逐步减少到屏蔽底层的技术建设的需求，在这个过程中为每个创新主体提供便捷、快速、智能的平台，实现数字原生的数智化建设方式，快速实现数字化应用构建和部署。企业 IT 团队将聚焦于团队的服务需求，留给传统 IT 基础设施的资源有限且不足，并很难在短期内推动云下系统的上云旅程，"从容上云"的窗口期将越来越短。

以阿里云为例，在为企业的数智化需求提供服务的过程中，用"云"逐步代替传统的 IT 基础设施系统，从而实现弹性计算、分布式处理、大规模存储计算和安全服务。

- 用云上的数据中台、大数据平台等帮助企业进行数据采集、清洗、归档、分析的同时，实现数据在感知、分析与预测方面的能力建设。

- 云上钉钉帮助各企业根据用户的使用习惯和需求进行移动协同的建设。

- 云上 IoT 能力和 AI 能力有助于企业感知能力、认知能力和决策能力的提升。

16.2 企业如何上云

企业全面上云可以分为四个阶段。

1. 基础设施上云

企业基础设施全面上云包括五个方面：一是计算资源上云，二是存储资源上云，三是网络资源上云，四是安全防护上云，五是办公桌面上云。为此，阿里巴巴做了很多工作，推出了服务器的新型架构——神龙服务器。企业可以一次性搬到云上来，不需要改造自己的基础架构，一次性变成"云"的基础设施。云新型服务器可以在后续更容易地用云原生服务，包括一些调度、监控及云原生（第 16.4 节会具体介绍）能力，如存储、数据库等。

2. 大数据上云

即使将整个系统上云，也可能是烟囱式的，只是原来大家都在各自的地盘上建"烟囱"，而现在所有的"烟囱"被建在同一个地方了，这也是一个非常大的进步。另外，还需要让数据联通，这是核心。

3. 中台上云

这么多的系统上云之后，接下来要做的就是把所有的系统打通，这时就有必要建立一个新的业务中台，阿里巴巴本身是完全基于业务中台来构建的，五年前阿里巴巴集团第一次提出要建立一个业务中台时，很多人不知道这个业务中台到底是什么，为什么有前台、后台、中台呢？

下面以业务中台来说明。业务中台把集约化的能力全部统一包装并提供服务，比如提供用户服务、账单服务、交易服务，这些都是基础服务，很多与业务有一定的关系，但也不一定跟业务完全有关系。比如，要为天猫商城、淘宝网、饿了么等上云，它们的共同点是要交易、要处理账单，而这些就没必要将各个业务系统都做一遍，只要提供一个中台，大家进行调用就可以了。所以，提供中台以后系统会大幅度收敛。

中台上云，即整体的业务上云，包括协同办公应用上云、经营管理应用上云、运营管理应用上云、研发设计上云和其他应用上云等。

4. 云上智能

有了足够的数据，也有了足够的系统，就可以做一些创新、智能化的应用，这就是最后一步做云上的智能。目前，阿里巴巴集团每天要处理繁多的数据，都是通过阿里云的大数据平台来处理的。数据处理完成后，上场的就是智能化应用了。比如，在 2020 年"双 11"期间，淘宝网有几十万个页面，每个人看到的页面都不一样，这些都是阿里云基于整个云上的智能系统即时生成的，都是智能化的应用。其他智能化的应用还有很多，覆盖各行各业。

16.3　上云需要避免的误区

企业全面上云需要制定优先策略、目标，然后综合技术愿景、业务需求和 IT 策略三个层面，找到与全面上云之间的结合点和价值点，并在这三个层面产生不同的投资回报，同时考虑全面上云对企业财务情况和财务模型的影响。

企业在制定全面上云的优先策略时，需要避免以下几个误区。

- 上云在任何情况下价格都是最优的：更高的经济性是上云的主要驱动因素，在制定全面上云的优先策略时，CFO 可能要求企业 IT 在任何情况下上云都能获得最优的价格，但事实上可能并非如此，尤其是在上云迁移、转换和应用初期，有些隐性成本很容易被忽略，看起来似乎是最优价格，但结果 TCO（Total Cost of Ownership，总体成本）可能更高，得不偿失。

- 全面上云应当一批入云：全面上云并不是说要一次全部上云，某些业务驱动因素可能会导致企业选择混合的、分次序的上云解决方案，全面上云是一家企业借助上云实现核心技术的互联网化、应用的数据化和智能化的旅程。

- 忽略数字资产规划：数字资产包括虚拟机、容器、应用程序、算法和数据等，上云是从物理设备到（虚拟）服务的转变，在上云迁移策略制定的过程中，许多企业往往仅监控流程，忽略了数字（IT）资产规划的建立、盘点和计量。由于云服务计费分账机制的建立仍然需要一定的周期，因此 IT 团队将很难统计数字资产与业务收益的关联关系，IT 团队应当使用数字资产将业务成果映射到发布计划和技术工作上面。

16.4　云原生架构：IT 架构敏捷化

1. 云原生架构的定义及设计原则

云原生架构是基于云原生技术的一组架构原则和设计模式的集合，主要将云应用中的非业务代码部分进行最大化的剥离，以便云设施接管应用中原有的大量非功能特性（如韧性、弹性、安全、可观测性、灰度等），使业务不再被非功能性业务的中断所困扰，同时还能具备轻量、敏捷、高度自动化的特点。

2．云原生架构与传统架构的差异

新的计算架构正在改变企业搭建和使用计算资源的方式，从物理机到虚拟机，提高了硬件的利用率并使资源的使用和变更更加灵活。云原生技术进一步降低了应用对运行操作环境的依赖，提高了应用的可移植性和交付效率。根据 Gartner 的报告预测，到 2021 年，全球 70% 的企业将实现应用的云原生化部署，传统 IT 架构向云原生转型是大势所趋。

3．云原生架构对于企业的价值

（1）从 IT 架构角度看云原生价值

云原生架构最大程度地继承了"云"的强大功能和设计思想，并极大地释放了云计算的红利。云环境中的应用开发由于基于原生架构，所以能够在资源编排机制、分布式部署、高可用架构等方面得到较好的基础支撑，通过新的架构和技术保障，应用系统变得更加健壮，云原生最大程度地发挥了云的优势。

云原生架构具有更加极致的弹性能力，可以有效解决异构环境的部署一致性问题，促进资源的标准化，为服务化、自动化提供基础。云原生技术体系以容器为基本的调度单元，资源的切分粒度相较虚拟机细化到了进程级，而共享内核的轻量化设计进一步提升了资源的弹性效率。

云原生架构能够兼容应用开发多元的技术栈。与传统架构下的单体应用强行绑定语言和技术栈相比，云原生架构下的应用在业务域划分上是相互独立的，这使得不同业务域有不同的技术选择权。

云原生架构实现了使用多元技术栈做应用开发的兼容统一，业务团队能够根据实际需求灵活地选择最佳技术路线。

云原生架构能够更好地提升业务稳定性。自动化程度高、自愈性高，云原生使得应用本身具有"韧性"，即具有面对强大压力的缓解能力及压力过后的恢复能力。

（2）从企业运营角度看云原生价值

云原生架构大幅减少了企业的 IT 成本。企业应对峰值业务所产生的预留资源浪费，可以通过云原生极致的弹性免除，提高资源的复合利用率，降低资源成本。同时，传统 IT 架构下的应用中捆绑了大量的非业务功能，重复造"轮子"现象严重，研发成本居高不下。

云原生架构带来更快速的业务交付速度。在数字化转型的紧迫需求下，企业中越来越多的业务衍变成数字化业务，数字化对业务渠道、竞争格局、用户体验等诸多方面都有更加严苛的要求，数字化企业的核心竞争优势体现在面对用户需求时更加快捷的响应能力。采用微服务化开发，服务之间使用标准接口进行通信。云原生技术实现了应用的敏捷开发，降低业务试错成本，大幅提升交付速度，快速响应用户需求，增强用户体验，加速业务创新。

云原生架构带给企业更小心智负担的使用体验。传统架构下的中间件通常与业务捆绑，不能实现通用中间件的有效复用，在应用部署过程中需要投入大量的精力重复构建且极易出错，用户使用体验较差。基于公共云搭建的云原生架构，基础设施层烦琐的运维工作大部分由云服务商承担，企业用户可一键部署云原生集群，搭配平台提供的各种标准化中间件服务，实现应用的快速上线部署，减少了用户使用过程中的心智负担，使用户能够聚焦价值更高的业务逻辑，提升研发整体效能。

16.5 "云钉一体""云端一体"让应用开发更容易

随着云计算的发展与普及，以及云原生的广泛应用，越来越多的从业者、决策者清晰地认识到"云原生化将成为企业技术创新的关键点，也是完成企业数字化转型的最佳路径"。具有前瞻思维的互联网企业从应用诞生之初就扎根于云端，数字化程度高的新零售、政府、金融、医疗等领域的企业与机构也逐渐将业务应用迁移上云，深度使用云原生技术与云原生架构，并逐步向全行业迁移。面对架构设计、开发方式到部署运维等不同的业务场景，基于云原生架构的应用通常针对云的技术特性进行技术生命周期设计，最大限度地利用云平台的弹性、分布式、自助、按需等产品优势。

1. "云钉一体"与"云端一体"

以云服务为基础，结合云上的数字化、智能化、中台化和移动化的能力，跨越传统软件工程中将功能代码作为组件的"传统组件化"，将能力视作组件，重新定义软件应用的开发方式，云服务突破 IT 基础设施的物理限制后，进入企业应用开发领域的新使命是帮助企业快速构建任何种类的软件应用。

许多企业都拥有数量繁多的应用，拥有几百个应用的企业屡见不鲜，过去企业构建应用时使用垂直烟囱式的方式，不仅在构建过程中没有很好地使用组件式方法和资源复用，而且数据链接、应用互联、流程交互等方面的问题也难以解决。正因为如此，许多企业根本无暇考虑 IT 基础设施的云化或数字化、智能化，经常忙于处理复杂的应用体系。

阿里云"云钉一体"（云服务＋钉钉）的目标，即为那些并非 IT 技术出身的企业用户提供更为简单易用的云计算服务，就像当年微软公司为计算机普及提供 Windows 操作界面一样，帮助企业在"云钉一体"的基础上更容易地开发企业应用。随着"云钉一体"为企业用户提供更便捷、简易的应用开发环境，企业的应用数量乃至整个生态中可使用的应用数量，也就是产品数量将被极大地扩充。

因此，"云钉一体"将在提升企业移动协同水平的基础上，让企业应用开发变得更加敏捷和一体化，形成整体融通、全局最优的应用体系，并基于敏捷性而提升试错、迭代的速度，加速企业创新与协同能力的构建，从而帮助企业在数字经济时代保持充足的活力。

与此同时，"云端一体"让万物皆有算力。

"云端一体"即云服务和端的融合。一方面，"云端一体"为 PC 端、移动端等提供云服务的能力，让端具有云端极致的算力、大规模存储能力、高度安全的能力；另一方面，让部分边缘计算的端，在边缘侧提供全栈云计算产品和服务，通过与云端的协同，提供低延时的服务并降低对网络的消耗，IoT 设备通过智能化的技术，实现数据的处理和采集，并将数据上传到云上进行大规模的计算。

"云端一体"的融合模式为各种场景提供了最高的效能、最低延迟的解决方案，云服务将和各种各样的端，包括 IoT 端、IT 端，以及其他新兴的端组成新的"云端一体"，真正让全社会都能够获得和发挥数字化、智能化的能力，让万物皆有算力。

2. 阿里云 2.0

现有的云计算产品形态和服务能力已经难以满足更好地实践"云钉一体"的目标，因此推动"云端一体"，建设一个基于云，其上具备移动协同、数据智能的、IoT 一体化能力的操作系统成为新的目标。

以阿里云为例，这个操作系统以钉钉、数据中台、业务中台、IoT 中台为核心，为每个创新主体提供数字原生的数智化建设方式，填补底层算力与数智创新之间的技术鸿沟，为每个创新主体提供便捷、快速、智能的平台，让应用开发变得非常简单，即使不会写代码的人也能用低代码与应用平台搭建自己所需的操作系统，快速实现数字化应用构建和部署。

企业可以通过这个数字原生操作系统直接调用数据、应用和端，专注商业模式和创新，逐步屏蔽底层技术建设的需求，通过操作系统就可以调用各种能力。

阿里云飞天云平台和数字原生操作系统将共同组成"阿里云 2.0"，这意味着从狭义的云计算平台进化为一个为企业数字原生需求服务的复合型平台，在解决算力等云需求的基础上，把人工智能、移动协同、IoT、数据与业务流程管理、应用开发等能力进行封装，实现上层应用直接调用各类能力，普惠每个组织，进一步释放全社会数字化、智能化的创新能力，特别是让中小微企业参与到数字化中，让原来用不起云服务的用户都能得到即开即用的云。

【总结】

本章主要介绍阿里巴巴商业操作系统方法论五部曲中堪称标配的第一部曲——基础设施云化：

- 企业为何要全面上云；

- 企业该如何上云；

- 全面上云策略制定过程中需要避免的误区；

- 阿里云，中国云原生架构，赋能企业 IT 架构敏捷化，加速全面上云；

- "云钉一体""云端一体"让应用开发更容易，"阿里云 2.0"由狭义的云计算平台成为一个为企业数字原生需求服务的复合型平台，将实现更强大的平台和组织间的协作，既改变了云服务的使用方式，又改变了企业开发应用的方式，让云服务可以像水、电、煤一样，普及更多的企业、更多的人、更多的系统。

因此，阿里云的全面上云目标，并非简单的"全站上云"或IT基础设施的迭代，它将把未来的信息系统变成一个智能化的、面向未来的数据智能、移动化的新型系统的起点，从全面上云开始，结合数字原生操作系统，为企业和社会带来本质的改变。

阿里云自身从无到有的建设过程是基础设施云化的最佳典范！

第 17 章
触点数字化

触点数字化是企业数字化的前提条件，包含消费者触点数字化、交易触点数字化、商品触点数字化、物流触点数字化、生产触点数字化等。触点数字化反映企业在数智化转型的过程中，与各方交互触点数智化水平的成熟度。触点数字化主要通过各个触点的移动化、智能化达到多维度的消费者感知、员工感知、组织感知、商品状态感知、合作伙伴感知、生态系统感知，使得企业在全链路保持连接和数据获取能力，如图 17-1 所示。以消费者需求为核心，实现触点的数字化还能倒逼供给端的改革升级，提高供给端的灵活性，更全面地满足消费者的各种需求。在数智时代，数据是企业重要的资产之一，数据的质量和数据产生的价值有着重要的关联关系，如何利用数字化触点采集大量的、丰富的、安全的、高质量的数据是当下企业需要思考的核心问题。企业保持数字化触点的轻量和敏捷是企业推进数智化"小前台，大中台，强后台，富生态"策略的"排头兵"。

图17-1

17.1 触点全面数字化

过去，企业主要向客户单向推介产品和服务，现在逐步过渡到双向沟通甚至多向互动。多向互动指企业与客户、供应商、经销商、生产商等即时交流和互动。通过移动互联网、物联网、大数据、云计算等新技术了解客户的需求，更好地满足他们。因此，主动设计多向互动机制、实现客户个性化的体验是数智化创新工作的重点，这种机制可以激发各方的积极性、创造性和参与感。

就零售业务而言，触点类型涉及线上触点（如天猫商城等）、线下触点（如智慧门店等）、商业触点（如广告等）、社交触点（如 SNS 等）。单个触点或多个触点组合形成多面、多角度的触点网络，构建企业与客户之间连接的桥梁。各种形式不同、维度不同的触点形成一个真正数字化的智能网络，各个网络节点之间相互关联并实时进行数字化运算，根据客户消费触点的变化，进行智能决策调整，包括生产、物流，以及"人、货、场"全场景的线上和线下全触点。触点数字化是连接物理世界和数字世界的关键节点，业务在线化、运营数字化、决策智能化的数据基础就在触点数字化这个关键环节。

17.2　触点数字化的关键点

触点数字化是实现商业竞争力"升维"的基础，触点数字化改造涵盖以下关键点。

17.2.1　消费者触点数字化

早期的会员卡模式对消费者识别维度单一，消费者的信息只有姓名和电话，缺少数据化标签，产生的消费数据也无法分析、沉淀、反馈和触达，因此无法更深层次地进行消费数据价值的发掘。通过数字化会员的形式，企业对消费行为路径进行触达，消费者发现、研究、购买、付款、配送、售后每个行为环节都有触点；还可以对消费者属性、地区、习惯、行为等多维度数据进行分析、统计、建模。通过手机淘宝 App、钉钉等即时商业沟通工具，与线上和线下的消费者进行实时在线沟通，服务直接触达，培养和区分优质消费者，让消费者数据产生价值，提升企业的盈利能力，可参考第 2 章图 2-3。

通过会员信息的数字化，给予核心会员更大的权益，能够更好、更精准、更用心地服务好消费者，实现健康的、不以补贴为前提的线下流量增长，从而提升坪效和商业效率。

借助会员数字化，百货类企业还可以为入驻品牌提供增值服务，指导品牌更有效率地进行营销推广。会员数字化是商家希望增加对消费者的了解、实现"以人为本"服务最基本的一步，也是百货类企业深度触达消费者、做超前引流的基础。

17.2.2 交易触点数字化

受转型前的商业模式所限，百货类企业对交易行为只掌握大颗粒度的信息，关注的重点在收入而不是交易内容的本质，重要的数字资产处于无积累、无沉淀、无分析的状态。

通过将交易行为数字化，零售百货"场"的效应可以在实现全渠道经营的基础上，得到最大程度的发挥，同时还能摆脱商场受时间、空间影响的局限，让交易随时随地进行。

通过识别消费者在线上和线下的购物品类和喜好，结合消费者的习惯和行为，进行全面的数字分析和预测，能够优化场内的进货品种和货品摆放位置。在消费数据被打通的前提下，交易数字化可以进一步提升消费者体验。比如，消费者的消费情况可以和场内的停车优惠折扣自动关联，消费者不再需要到服务台兑换停车优惠券，省心又高效，极大地提升了消费者的购物体验。图 17-2 所示为交易触点数字化。

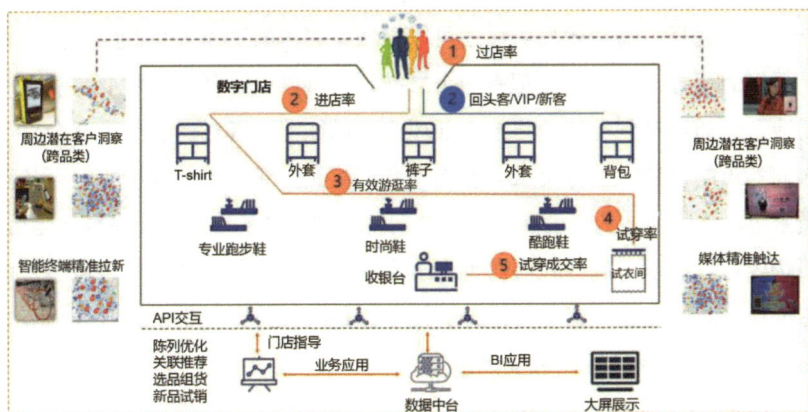

图17-2

17.2.3 商品触点数字化

商品数字化是百货类企业转型过程中需要逾越的最大障碍，非标品经营和非直营的商业模式都会为商品数字化带来巨大的挑战。然而，商品数字化的意义不仅是实现线上销售，更是为数据驱动"人、货、场"的重构提供坚实的基础。商品数字化带来的数据增量可以构建以消费者为中心的、场景化的商品知识图谱，反向促进线下购物场景的翻新，进而更好地优化供应链；更完整的数据维度产生更精准的消费者洞察，配合数字化会员体系，为消费者带来更好的购物体验。

从入驻品牌的角度分析，商品数字化可以帮助品牌依托商场资源自动实现库存的同城、同域统一调配，提升门店运营效率和消费者体验。商品数字化可以让消费者通过扫码就能全面了解商品信息，以往因为业务员对商品不够了解而使客户流失的情况将不复存在。

线下的百货商场受空间限制能陈列的商品始终有限。通过商品的数字化，基本可以做到无限扩大商品陈列，让消费者可以拥有更多款式、色彩、个性化的选择。消费者离店后还可以继续跟店内的工作人员产生链接，享受更好的服务。每件商品都有一个二维码，可以通过溯源了解商品从生产制造、流通运输到上架销售的全部环节。以往消费者对商品的了解全靠一名业务员的讲解，业务员水平参差不齐，商品更新换代的速度快，而且种类繁多，这些都加大了消费者清楚透明地了解商品的难度。商品数字化后，消费者可以清晰、高效、实时地了解商品的信息，包括商品价格调整、优惠促销信息，商家不必另行通知。这些都是商品数字化带来的极大优势。图 17-3 所示为商品触点数字化。

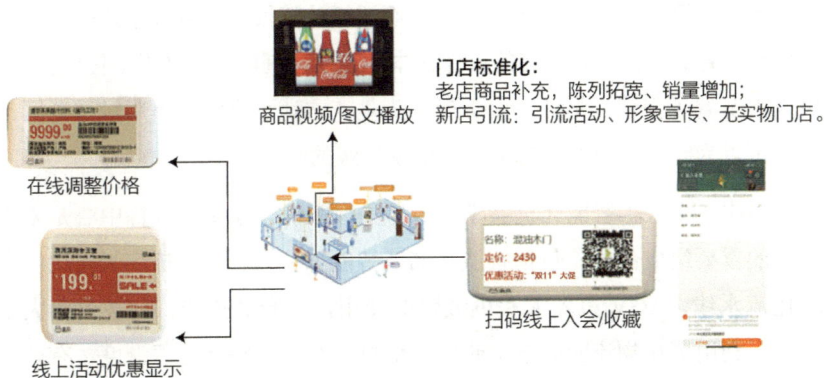

在线调整价格

线上活动优惠显示

商品视频/图文播放

门店标准化：
老店商品补充、陈列拓宽、销量增加；
新店引流：引流活动、形象宣传、无实物门店。

扫码线上入会/收藏

图17-3

17.2.4 物流触点数字化

在物流这个环节，触点数字化首先要求"一切设备均有传感器"。菜鸟是我国首个使用 LoRa 物联网协议的物流园区。通过传感器，整个园区内的设备、设施被连接在一起，从而实现对园区电表、水表、温度、湿度，以及仓内堆高情况、地下室浸水情况甚至井盖倾斜情况等的实时感知，一旦出现异常，可立即报警，减少了园区传统的依靠人工抄表、巡查的工作量，并且更加可靠。

其次，物理触点数字化要求"一切摄像头自主运算"。未来园区里分布的摄像头和普通物流园区里分布的摄像头看似相似，却有着本质的不同，未来园区里的每个摄像头都能通过捕捉的影像实时计算和分析，可以实现车辆的智能调度、备货的科学管理及员工异常行为的预警，这意味着不再需要人工在监视器前 24 小时值守。

同时，云计算的模式虽然提供了强大的计算能力，但对网络带宽提出了更高的要求，每个园区几十个甚至上百个摄像头的视频全部上传到云端，没有哪个园区具备足够的带宽能力，而边缘计算很好地解决了这个问题，摄像头具备计算能力，所有的事件在本地识别和判断，将结果上传到云端，极大地节省了带宽。另外，由于摄像头是在本地计算的，不用经过公网，所以可以为园区本地的异常事件提供毫秒级的响应速度。

再次，"人工智能让机器学会思考"。智能化仓储及分拣中心是未来园区的重要组成部分，包括智能存储、智能拣货、智能分拣三大模块。自动化流水线、AGV 机器人和机械臂的使用，让仓储拣选、分拨效率大幅提升。利用菜鸟物流园区自主研发的信息系统进行整体管理调度，有效解决了传统物流中心存储效能低、拣货效能低、分拣效能低的问题。物流园区内采用菜鸟独有的全机器人作业场景，所有作业员工的行走全部使用 AGV 进行替代，作业员工行走距离减少 90% 以上；柔性化 AGV 机器人的运用打破了传统自动化以输送线、旋转货架、阁楼货架等为主的设备状态，在可复制性、模块化、调整柔性上更胜一筹。对比目前行业内流行的普通 AGV 机器人货到人拣货模式，菜鸟物流园区进一步开发出 AGV 组车功能、AGV 车到人功能、AGV 货到人功能、AGVrebin 功能、AGV 投线功能、AGV 盘点及商家功能六大功能模块；复杂的机器人及自动化应用场景依靠的是强大的系统作业控制及调度算法，菜鸟在 AGV 机器人调度算法、补货智能算法、多区作业均衡算法、机器人多功能混用模式算法等方面从无到有，开发出行业内首例 AGV 全流程应用模型和算法系统。

17.2.5　生产触点数字化

生产触点数字化指生产设备的数字化、智能化。工业时代制造业的基础是机械设备和电动零件，而如今的制造业已经成为包括芯片、传感器、网络设备等硬件，以及数据库、生产管理软件等在内的复杂系统。设备的数字化、智能化已经在越来越多的行业和企业中成为现实。仅以机器人为例，类似机器人等智能化设备进入工厂车间的过程早已开始，机器人的应用场景也越来越广泛。

　　索菲亚的数字化工厂就十分现代化，从接单到数据处理、生产，再到发货、安装，所有的环节都有系统，每个系统都有各种触点数据。生产触点数字化后，可以对生产的各个环节进行控制。在生产制造过程中，接单、数据处理、生产、发货、安装这些业务环节都有关联，每个业务环节都可以做到数字化。索菲亚 4.0 车间集智能仓储、智能装备、智能物流设备及智能质量检测设备于一体，实现全智能化生产。从智能立体原料仓出发，每一块板件经历开料、封边、打孔、分拣、打包……全程不落地，不经人手。索菲亚 4.0 车间成功地将传统生产车间的制造孤岛联结为一条智能化生产线，大大缩短了每批次板件的生产周期，加快了物流转运，减少了工序之间的等待时间，如图 17-4 所示。

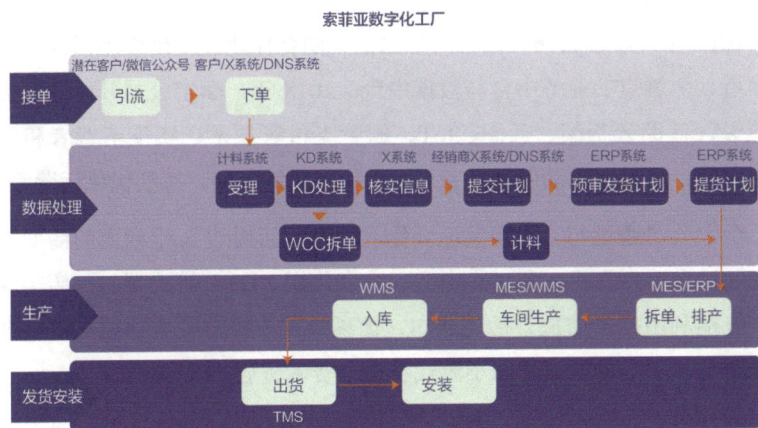

图17-4

　　商品在从生产到销售，再到物流的全链路过程中，除消费者触点数字化、交易触点数字化、商品触点数字化、物流触点数字化、生产触点数字化这些常见的触点数字化外，还可以在营销、市场活动、售后等方面实现触点数字化。触点数字化是业务在线化的前提，有了一个个网状的触点数字，业务才能以数据的形式存在。

17.3 触点数字化的实践与案例

在新零售和大数据时代的浪潮中，传统零售企业纷纷进行数智化转型来寻找新的业务增长点。多数传统零售企业选择联合阿里巴巴这样的商业平台进行全触点数字化的升级和转型，整合全渠道和全触点数据体系，赋能和指导前台触点的应用。

李宁公司作为传统零售商的"排头兵"，率先意识到传统零售门店存在缺乏对市场的感知力和对全局的把控力、对消费者洞察不足、数据积累零散且碎片化严重、无法快速响应消费者需求的问题。

2015 年，李宁公司开始与阿里巴巴集团合作建设基础设施云化，搭建全渠道、全触点的业务中台与数据中台；2018 年，李宁公司开始门店数字化建设，借助云货架、云码、IoT、刷脸支付等技术，实现消费者和门店数据积累，用数据驱动做触点布局，优化产业链各端，持续优化运营策略。

李宁公司通过与云码等渠道合作，辐射门店周边 3 千米内的商圈，消费者通过自动售卖机、租借充电宝、分众传媒、OTT 等终端与门店实现链接，终端利用广告布放、活动通知、优惠券发放等方式主动出击，精准匹配消费者，用互动橱窗趣味小游戏吸引消费者进店。

消费者在线下门店选购商品，付款时店员会建议消费者关注"李宁"公众号，免费注册会员；消费者离店后，李宁公司还可通过会员系统继续触达消费者。当有新品上架或有营销活动时，会员会收到个性化商品推荐或优惠券，持续与李宁公司进行互动。

李宁公司借助 CBA 赛场推出"中国李宁"这个新的概念及产品，推出一系列融合了运动员李宁当年在吊环、鞍马比赛项目中的标志性潮流新品，让更多的人愿意为最新的联名限定款排队、抽签、等待，成功塑造李宁品牌全新的市场形象和调性。

在产品方面，"李宁 YOUNG"在产品主题和科技性能上进行创新，推出了包括时装周亲子款、BADFIVE、迪士尼合作款等潮品，同时推出蕴含科技元素的季节性产品，加强产品的科技属性。

在渠道零售方面，李宁公司加快了渠道客户及店铺的拓展速度，持续进行店铺形象升级。

在市场营销方面，"李宁 YOUNG"逐步建立起自有的数字营销矩阵，并借助母婴圈 KOL、运动达人、明星等宣传渠道，与消费者保持互动，增强消费者黏性。

从 2015 年开始，李宁公司进行全触点数字化转型，会员数量增加到 1000 万人，给线上和线下店铺带来约 5% 的额外销量增长。2019 年上半年，李宁公司盈利 8 亿元，同比增长 123%，平均存货周转天数下降至 74 天，股价与 4 年前的股价相比增涨幅度超 6 倍。数字化门店采用先试点后推广的策略，目前已经超过 1300 家。图 17-5 所示为李宁公司 2011－2019 年销售额与增长率趋势图。

李宁公司2011—2019年销售额与增长率趋势

	2011年	2012年	2013年	2014年	2015年	2016年	2017年	2018年	2019年
■销售额(亿元)	3.86	-19.79	-3.91	-7.81	0.14	3.1	4.46	7.15	14.99
—增长率		-612.69%	-80.24%	99.74%	-101.79%	2114.29%	43.87%	60.31%	110%

■销售额（亿元）　　—增长率

图17-5

　　李宁公司之所以能够掀起一股新国货的风潮，主要在于其发展和升级了品牌数字化触点，敏锐地捕捉到消费者与市场的细微变化，以中国传统文化为卖点，持续高效地创新产品。

　　在移动互联网时代，消费者的需求一直在变，单纯的商品生产、售卖已无法满足企业的快速发展，可以将自有品牌与当下潮流文化有机结合，巩固品牌实力。品牌潮流时尚化和多元化是企业品牌价值转型的一大发展方向，使企业与消费者更近，让企业在未来走得更远。

　　除李宁公司外，飞鹤集团也是一个触点数字化的典型案例。近两年，飞鹤集团与阿里巴巴集团合作建立数据中台，重塑 CRM 系统，通过 C 端触点数字化和智能化实现消费者与商品全链路的链接，达到多维度的消费者行为感知。

　　飞鹤集团构建以"人"为核心的导购触点，搭建"智慧导购"数字化工具。数据中台将更佳的导购经验应用于业务前台，设定精细化的顾客标签，顾客到店后，历史行为数据通过智能算法在"沟通记录""购买记录""顾客标签""推荐话术"等维度提示导购，让导购更加快速地熟悉顾客；利用数据中台的大数据能力，"智慧导购"可以设定和推荐某些特定的导购行为，更好地服务顾客。

数据显示，2016－2019 年飞鹤集团的销售额逐年增长，增长率相比之前却逐渐放缓，这正是飞鹤产品销量增长乏力的表现。飞鹤集团与阿里巴巴集团合作进行数字化转型后，飞鹤的销售额得到了整体增长。图 17-6 所示为飞鹤 2016－2019 年销售额及增长率趋势图。

飞鹤2016-2019年销售额与增长率趋势图

	2016年	2017年	2018年	2019年
销售额（亿元）	37.24	58.87	115	151.8
增长率		58.08%	95.35%	32%

■ 销售额（亿元）　—— 增长率

图17-6

飞鹤集团在触点数字化转型中，建立"智慧导购"数字化工具，赋能一线导购，全面助力飞鹤存量顾客的深度运营及顾客全面生命周期运营。

新零售"社交＋电商"让导购成为品牌新的流量入口，相比冷冰冰的商品详情页和一线导购不专业的商品介绍，"智慧导购"更了解一线导购的痛点，能够提升顾客的购物体验。截至 2019 年 6 月，从事导购的一线从业人员已达 1.2 亿人，盘活及赋能导购是市场发展的大趋势。

联华集团也是触点数字化的实践者。联华旗下鲸选 App 打通线上和线下渠道，实现消费者线上下单，系统线下派单。消费者在外卖平台和鲸选 App 下单，通过第三方（饿了么等）或联华自有派送队伍派单，为周边 3 千米内的消费者提供上门配送服务，并承诺提供 1 小时内的送达服务。

将线上和线下打通，利用网格化配送方式，有效提升了消费者的购物体验，同时通过线上和线下的消费数据，可以精准把握周边消费群体形态，反哺线下生产、补货及仓储系统。联华将线下和线上触点融合并智能化，打通"人、货、场"。线上下单、线下派单的方式充分利用了线下门店资源，从等着消费者主动上门转变为主动上门服务消费者，打破电商壁垒，提高消费者购物的便捷性，增加与周边消费者的持续互动。

当实体购物差异化越来越难拉开时，新颖的体验就起到了越来越重要的作用。联华互动屏用极具特色和话题性的主题内容，开启了交互的新模式。互动屏作为一种创新的触点方式，不仅可以实现广告投放传统意义上的变现方式，还可以将商超优惠信息、商品信息、新店开张信息、公众号 App 等通过游戏、娱乐互动的形式触达消费者，提升消费者的活跃度，创造愉快轻松的购物环境。

联华超市发布的 2018 年上半年业绩报告显示，联华集团 2018 年上半年实现营业额 130.79 亿元，归属于公司股东的净利润约为 3937 万元，实现扭亏。

借助触点数字化取得成功的中国企业正处于新一轮高速增长期，这些利用好数智化的企业正是数智驱动新增长的最好说明。

【总结】

触点在全产业链布局的完整程度可以用来衡量企业触点数字化的程度，同时通过平台工具管理好规模庞大的触点设备将是衡量触点数字化成熟能力的重要维度。企业与数字化触点之间的连接方式、承载能力、连接效率、连接安全，以及在网络连接质量面临考验时触点的自治能力和自愈能力都是企业构建数字化触点时需要思考的核心能力。

（1）触点全面数字化，通过移动互联网、物联网、大数据、云计算等新技术了解消费者的需求，更好地满足消费者的个性化需求。从生产到销售，再到流通的各个环节实现全面触点数字化是利用数据运营决策的关键。

（2）触点数字化的关键点是消费者触点数字化、交易触点数字化、商品触点数字化、物流触点数字化、生产触点数字化。这些主要环节的触点数字化是形成数据网络的重要步骤。

（3）在触点数字化实践与案例方面，李宁、飞鹤、联华等企业都是利用触点数字化取得销售额增长的经典案例。

第 18 章
业务在线化

触点数字化完成后，要让这些数字化后的触点连接各个业务模块，从而实现业务的实时在线。各种业务在线后衍生出来的就是业务中台化，即把所有业务的数据汇集、沉淀。线上的自建商城、天猫商城、饿了么、小程序等线上订单，以及线下专卖店、便利店、百货商场、智慧门店等线下订单，分别形成相关数据。这些数据以前都是割裂的，并没有被统一。现在以中台为中心枢纽，各个不同渠道的关联业务相互流转，会员可以在线上和线下任意渠道下单，订单统一汇总到业务中台，业务中台根据会员权益、商品促销活动、优惠券、积分等计算该笔订单实际支付金额和积分。消费者的消费过程从数据的割裂、不统一到融合共享、全渠道全链路数字化高效处理，就是业务中台的功能体现。

18.1　业务全面在线

在以往的商业逻辑里，业务常常都是不在线的。一家商场，要想查询仓库中某个型号的商品有多少件，需要人工盘点后才能知道，后来有了ERP系统，可以查询仓库的库存，但是要分析当月的进销存报表，就需要每月"结账"后才能进行。相比之前的人工盘点方式，ERP盛行的时代确实已经进步了很多，但是所有的数据依然处于半在线状态，并不是真正的在线。如今，互联网成为基础设施，数据成为生产资料，计算成为公共服务。移动互联网带来的真正影响，是人们的大部分时间都消耗在在线的网络社会上了。

移动互联网是比传统互联网在线程度更深的互联网。因为智能手机被随身携带，所以我们可以在手机上解决生活中衣、食、住、行的所有问题。随着物联网时代的到来，手机只是诸多的在线设备之一，未来每个设备都会变成互联网的终端，万物互联的时代正在加速到来。电的时代，因为做到了随时插上去就会有电，所以迎来了各种大小家电的发展。移动互联网时代，万物互联，数据成为新的生产资料。每个原子、每个比特，一定都依附在在线系统上。离线系统的规则，一定不适用于在线系统。没有数据流动，一定不是在线系统。数据不像石油，石油越用越少，而数据越用越多、越用越有用，围绕着大数据、云计算展开的是计算经济这种新的经济形态。要想做到真正的数字化、智能化，业务在线是前提，业务持续在线就会产生各种数据，业务的数据化就变成了现实。

一切业务数据化，一切数据业务化。业务与数据就像一个阴阳太极图，业务与数据的关系就是阴中有阳、阳中有阴。先是业务数据化，然后是数据资产化，接着是资产服务化，最后是服务业务化，回到数据对业务的创新，如图18-1所示。

图18-1

业务与数据共同支持前台为会员提供从营销推广、转化交易到智能服务的闭环，促进企业全方位能力的提升和发展。业务因为持续在线产生各种数据；资产可以被调用，让后端业务资源到前台易用的能力得到提升，形成服务；最终通过数据叠加的服务能力形成一种业务功能，更好地推进业务创新。下面就来看看现在已经很普遍的各种业务在线。

18.1.1　人工智能客服

目前，淘系有超过 20 亿量级的在线商品库，用户数量同样在数亿规模，每天淘系平台会产生基于购物咨询的海量服务请求。消费者的问题是多元的、复杂的、个性的，对于一些大的店铺，实时的咨询量也是海量的，因此客服尤为重要，其回答涉及商品的转化问题，一个问题回答得不好或不及时很可能会失去一单生意。客服工作给商家带来了庞大的人工成本，在这样的背景下，客服业务极其需要中台的解决方案。阿里巴巴集团推出的"店小蜜"正是一款面向淘系千万商家的智能客服，通过"店小蜜"官网及千牛工作台，所有淘宝网及天猫商家都可以申请接入。经过授权、调试，商家可以让"店小蜜"取代大部分人工客服的工作，从而减少人工客服的工作量。"店小蜜"可以在售前导购下单环节实现自动回复询价、回复询单、关联商品回复、智能推荐尺码等；在售中订单咨询环节实现自动回复发货时间、确认发货快递、确定订单修改、未付款订单催付等；在售后退款服务环节实现自动回复退货流程、回复退货事项、七天无理由处理、退款状态答复等，如图 18-2 所示。这些客服工作以前由人工客服逐一完成，现在全部在线实时完成。"店小蜜"是业务在线的体现之一。

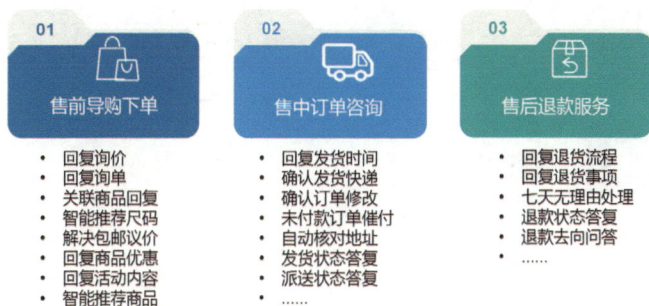

图18-2

18.1.2　海报智能设计平台

做商品主图、做海报、做广告图、改文字、调设计，每名设计师需要对接几个运营人员，每天不停地做图、设计。淘宝网每年都有"双11""双12"等主题活动，店铺还有店庆、聚划算活动，针对每个营销场景都需要做不同的图。海报设计复杂而烦琐，效果还受限于设计师的水平。海报设计也是一个常见的业务场景，向上承接消费者对商品图片的需求，向下承接运营。前面讲到了一切业务数据化、一切数据业务化，那么海报设计结合数据会变成什么？"鹿班"正是这样的业务在线体现。

"鹿班"是由阿里巴巴智能设计实验室自主研发的一款设计产品。基于图像智能生成技术，"鹿班"可以改变传统的设计模式，在短时间内完成大量 banner（网页导航）图、海报图和会场图的设计，提高工作效率。用户只需输入想要的风格、尺寸，"鹿班"就能代替人工完成素材分析、抠图、配色等耗时耗力的设计项目，实时生成多套符合要求的设计方案。图片美工设计原本是一个完全线下的业务场景，现在通过"鹿班"已经变成一个实时在线的业务场景，如图18-3所示。

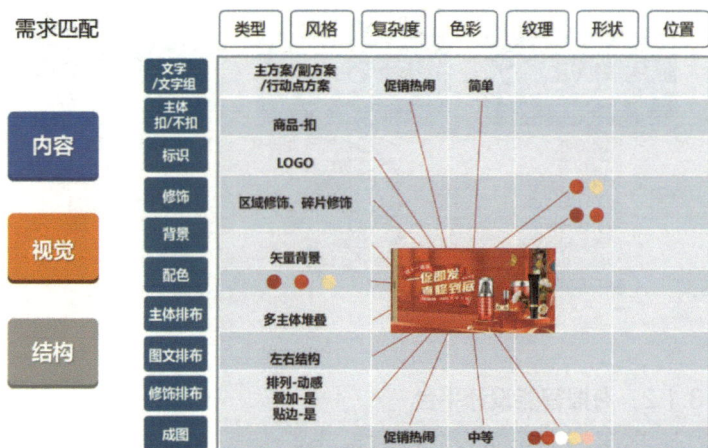

图18-3

18.1.3　各种形态的业务在线

人工智能客服和海报智能设计平台只是业务全面上线的典型代表。银泰百货的"喵街"把逛街业务在线化，也就是现在流行的"云逛街"。利用场景化直播等新技术，购物结合 VR 和直播，可以非常真实地在线上模拟线下业务场景，实现零售业务的沉浸式在线化体验。智能货架方案可以让更丰富的商品实时在线。越来越多的业务在线，梳理出不同业务的底层逻辑，最终形成了业务中台化的概念。

18.2　业务中台化

从单一业务在线到业务全面在线，衍生出来的就是业务中台化。业务中台的建设要对业务进行抽象建模，整理出企业的功能需求。比如，服饰零售企业对中台的功能需求是支持企业的组织管理、数据管理、商品管理、营销管理、会员管理、订单管理、物流管理、财务管理等模块，把这些汇总起来形成功能需求表。业务中台强调商业能力的共享和复用，促进企业核心生产力提升，推动生产关系再变革；集合企业的商业运营能力、产品技术能力，支撑前台业务低成本敏捷创新。

"业务中台"由"业务"与"中台"两个词组合而成。"业务"很容易理解，公司里有各种各样的业务，这些业务既可以是产品，也可以是技术或服务。说到业务中台，我们很容易想到前台、后台，那么，业务中台里的"中台"与前台、后台有什么关系呢？

大家可能知道，前台是直接为用户提供服务的交互界面，这个界面往往包括各个服务功能，包括首页、订单、商品查询、个人信息等，提供购买途径。如果说前台面向用户，那么后台便面向运营人员、行政人员，他们需要对用户信息和商品进行管理，为前台提供配置支持。很多项目都有一些重复的业务，重复的业务带来无效的工作，降低效率。为了提高工作效率，不少公司对业务进行梳理，建立业务中台，将所有业务统一起来，提供一个公共资源。因此，通俗地说，业务中台就是把各个业务中公用的部分进行沉淀，进而形成一个个通用的服务平台，比如订单中心、商品中心、库存中心、营销中心、结算中心、用户中心等。

业务中台是服务于业务的，所以在搭建业务中台前要梳理企业的业务，对业务进行逐层归纳、抽象，形成业务的全景图。一家企业的业务表面上看起来可能非常复杂，从职能上看有采购、生产、销售、服务等业务，从地域上看有国内业务和海外业务，从模式上看有 B2B 业务和 B2C 业务。表象上是很难梳理归类的，我们要剥离表象，分析这些业务的实质，才能找到能在企业里通用的、支持各项业务的功能。不论外表多复杂，都有一些基本的业务，比如产品、渠道、支付、会员、服务等，以这些业务为基础，用不同的序列进行组合，就形成了复杂的业务表象。

业务中台的构建要符合企业的顶层设计，不同的企业目标会对业务提出不同的要求。企业的商业模式也是随着环境和竞争不断变化的，业务中台的建设也要随着迭代跟进。业务中台作为企业的中枢系统，支撑企业核心业务的运行，所有企业的应用系统都必须与之建立联系，让企业的全部运营行为数字化，并沉淀到数据中台。

以阿里巴巴集团某个基础业务为例，业务中台化的全局构架从业务负责人开始，经过产品经理管理视图、运营人员管理视图、商家管理视图，统一全局业务身份，抽象并梳理业务控制数据中心、基础数据中心，结合消费者视图产生的过程数据，驱动招商平台、商品平台、商家平台、营销平台、交易平台、物流平台更高效地运转，如图 18-4 所示。业务中台化通过业务能力标准、业务运行机制、业务分析方法论来配置、管理、执行系统，调配运营服务团队，使各业务方能够快速反应，提升低成本创新的能力。

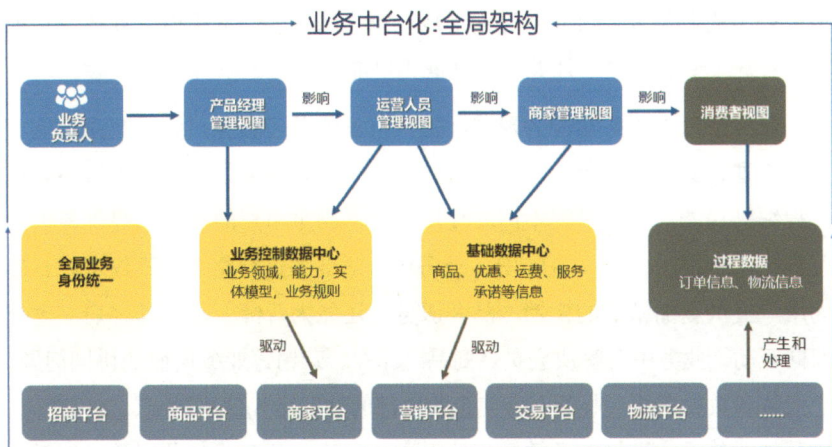

图18-4

18.3 业务中台的功能

业务中台的各个中心接收来自于不同业务端口的数据，提供不同的服务，具有不同的功能。各个中心就像人体的呼吸、循环、消化等各个系统，各自承担一部分独立的功能，又相互协调支撑整个体系的运作。各个中心的划分要在空间上考虑各中心的独立性和协同性，同时也要在时间上考虑建设的先后顺序。业务中台本质上是一个系统化的体系集合，它实现了企业核心的业务运行机制，因而处于企业运行生态的核心位置，所有应用系统都必须与之建立联系。业务能力输出的内容主要是核心业务数据和业务流程，从单一业态的价值链来看，每个业务环节的产出不仅会影响下游环节，还会反作用于上游环节，因此每个业务环节都需要将其核心业务数据进行实时共享。涉及企业的主要业务，从生产、商品、物流、销售到会员、营销、订单处理、结算等，都要做到数字化、在线化。业务中台把各个项目中公用的业务进行沉淀，进而形成一个个通用的服务平台。业务中台的存在打通了数据壁垒，让业务联动成为可能。

业务中台以服务功能为形式，提供常见的业务服务，比如产品订购、订单管理、支付系统等。除产品、营销、支付等服务外，业务中台还具有流程编排功能，可以根据不同的使用场景，满足用户的需求，提供各类应用，比如小程序、App、H5 等。业务中台对业务进行整合，不仅可以直接为用户提供更加精准的营销产品和服务，还能为营销人员推荐客户，进行双向互动。业务中台解决会员、商品、库存、营销等业务层面的协同问题，让业务和数据在线。业务中台使企业内部的开发迭代效率提高、交付变快，提升创新效率，满足业务敏捷创新诉求，加速业务变革，做到敏捷创新。业务中台使互联网架构升级，提升整体性能，对企业运营决策提供高效支撑，让业务变得智能。业务中台驱动企业流程和组织的优化，在中台共享体系下解决流程冗余、组织协同有壁垒等问题，让组织协同更高效。当然，业务中台的作用不仅于此。越来越多的公司搭建业务中台，提高业务的灵活性和响应速度，提升精准化营销和服务能力，为企业发展提供强有力的支撑。业务中台的几大常见业务中心都有其自身功能和作用，解决企业的不同问题。

订单中心承接交易订单的信息和应用，对订单进行分类检索、合并分析、比较分析，让业务可视化、自动化。比如，从门店订单排行榜中可以清晰地看到全国门店、渠道销售的情况，同比、环比的增幅，哪些商品的销量最多等。在没有业务中台时，线上订单的数据和线下订单的数据是孤立的，不同渠道的数据也是信息孤岛，订单的查询、退换货等都是割裂的，数据不通。业务中台的订单中心可以协助运营端融合线上和线下的数据，甚至融合不同渠道的订单数据，进行统一订单管理，可以设置共享的订单策略，进行更好的履约，遇到售后问题和交易仲裁时也能更好地服务消费者，提升消费体验。

商品中心具有管理商品核心数据的功能，围绕商品构建商品品牌、属性、类目等关联数据。对商品的创建、修改、查询等数据进行集中管理，对商品的发布、审核、上架、下架等进行操作。在没有业务中台时，商品数据是不统一的，线上一个型号，线下一个型号，线上的价格和线下的价格也不统一，消费者存在疑惑，品牌形象很容易因为不统一而受损；商品数据管理混乱，甚至出现库存很多而销售端显示没货的情况。业务中台的商品中心可以协助运营端对品牌进行管理与审核、前后台类目管理、商品管理与审核，实现商品的数据统一、关联商品销售、智能补货、销售预测等。

库存中心具有对仓库、库存、货品、包裹、物流运输等管理的功能。库存中心能够对仓库的位置及仓位、货品进出库、调拨出入库及审核、货品盘点单生产及查询、履约库存查询、运费管理、物流状态等进行系统管理。在没有业务中台时，库存信息不准确，不同仓库的数据不能共享，导致超卖或库存积压。业务中台的库存中心可以协助运营端进行可售库存设置、物流库存同步、渠道库存管理、安全库存管理等。

营销中心对商家的活动计划、申报、审批、执行、核销进行全链路管理，对营销活动的策略模板、规则配置、权益资格、运费减免等实现活动管理。在没有业务中台时，不同渠道的促销类型、促销方式、促销对象、促销条件、优惠方式都不一致，导致不同渠道的顾客消费体验不一样。业务中台的营销中心以顾客体验为中心来设计营销活动，设置优惠券，多渠道大促，比如"双11"这类大型活动，有了业务中台营销中心的商家才能做到线上和线下同时进行促销。

结算中心提供结算收单、账单生成、账单调整、账单查询、对账、打款等功能。对顾客在消费活动中的优惠抵扣、储值卡、余额、积分进行自动识别和结算。在没有业务中台时，账单来源没有原始数据追溯，容易出现重复计算、漏算、多扣积分等情况，多种支付方式也不能兼容。业务中台的结算中心可以集中统一处理各种结算单管理、调整单审核、打款管理，提升效率和准确度。

基础信息中心和用户中心提供商家、物流、组织、用户身份、权限、角色等各方面基本信息和用户信息的管理功能。承接用户的注册信息，识别用户全渠道的唯一 ID。一位顾客在线下门店和线上店铺分别产生了购买行为，要能识别出是同一位顾客，还要处理好顾客的归属问题，这也是打通线上业务和线下业务的前提。

图 18-5 所示为业务中台功能大图。

18.4　业务在线化案例分析

2020 年由于疫情的影响，大部分人都谨慎出行，虽然线下逛街的人少了，但是线上"云逛街"的人一点都没少。数据显示，截至 2020 年 6 月 18 日，超过 3000 万人次体验了"云逛街"，品牌商家提供了一万多个 3D 样板间供消费者进行云体验。活动期间开通"天猫 3D 购"的天猫商城家居商家，其店铺转化率比类目店铺转化率的平均值高 9 倍，成交量增长翻倍。"云逛街"就是典型的让业务在线。阿里巴巴集团旗下的家装家居设计平台——躺平设计家，是让家居业务在线的主要推手。

18.4.1　线上渠道形态的再进化——实时场景在线化

天猫商城在 2020 年"618"大促期间首次大规模应用 3D 购物技术，将宜家上海宝山店 3000 平方米的线下卖场，用数字化 3D 实景复刻技术，按照 1∶1 的比例复刻至线上，用虚拟展厅的方式让消费者在线"逛街"。

业务中台功能大图
7大功能中心赋能全渠道用户触点

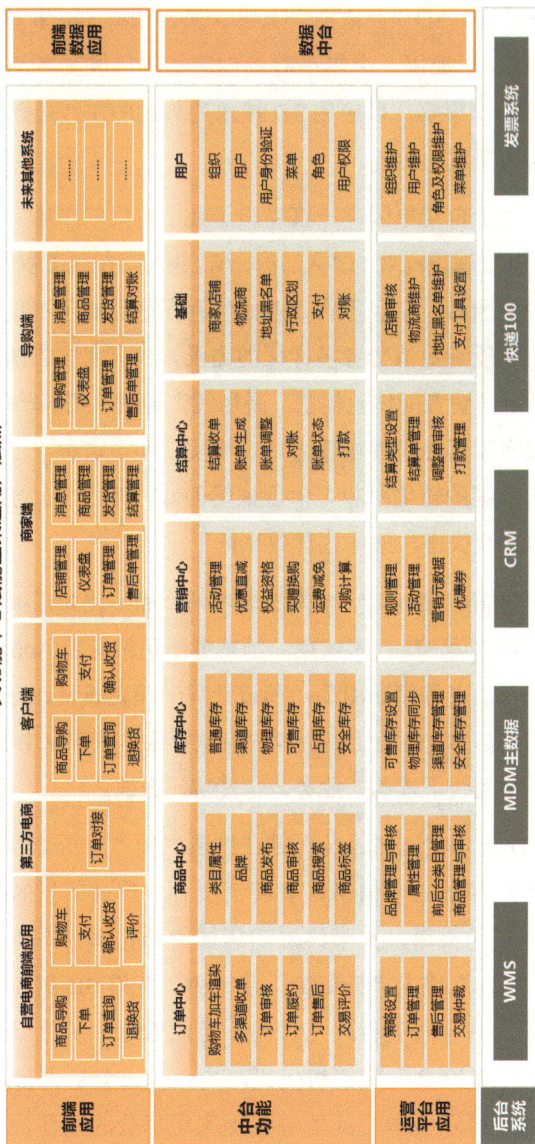

前端应用 / 前端数据应用

自营电商前端应用	第三方电商	客户端	商家端	导购端	未来其他系统
商品导购	订单对接	商品导购	店铺管理	导购管理	…
下单		下单	仪表盘	仪表盘	
订单查询		订单查询	订单管理	订单管理	
退换货		退换货	售后单管理	售后单管理	
购物车		购物车	消息管理	消息管理	
支付		支付	商品管理	商品管理	
确认收货		确认收货	发货管理	发货管理	
评价			结算单管理	结算单对账	

中台功能 / 数据中台

订单中心	商品中心	库存中心	营销中心	结算中心	基础	用户
购物车加车追溯	类目属性	普通库存	活动管理	结算收单	商家店铺	组织
多渠道收单	品牌	渠道库存	优惠直减	账单生成	物流商	用户
订单审核	商品发布	物理库存	权益资格	账单调整	地址黑名单	用户身份验证
订单预约	商品审核	可售库存	买赠换购	对账	行政区划	菜单
订单售后	商品搜索	占用库存	运费减免	账单状态	支付	角色
交易评价	商品标签	安全库存	闪购计算	打款	对账	用户权限

运营平台应用

订单中心	商品中心	库存中心	营销中心	结算中心	基础	用户
策略配置	品牌管理与审核	可售库存设置	规则管理	结算类型设置	店铺维护	组织维护
订单管理	属性管理	物流库存同步	活动管理	结算单管理	物流商维护	用户维护
售后管理	前后台类目管理	渠道库存管理	营销元数据	调整单审核	地址黑名单维护	角色及权限维护
交易中枢	商品管理与审核	安全库存管理	优惠券	打款审核	支付工具设置	菜单维护

后台系统

WMS	MDM主数据	CRM	快递100	发票系统

图18-5

根据数据统计，3D "云逛街" 上线 3 天，就有 500 多万人次体验，宜家更是在 "618" 当天用一个半小时就创下了单日成交新纪录。这些数据的背后反映了一个事实，以应用 3D 技术为基础的在线化购物体验正在改变家居线上零售渠道的形态。

家居产业由于自身原因，一直受限于线下有限的 "场"，是完全不在线的状态，没有实现更高效的 "人、货、场" 链接。在线下受制于运营成本、场地大小等商业因素，家居零售行业始终存在产品展示不足的问题，生产什么卖什么，不能满足消费者多样化的需求。线上家居店铺也存在明显的缺陷，不能满足消费者的体验需求。采用线上导流、线下转化的 "半融合" 方式是当下很多家居品牌的操作方式。事实证明，这种 "半融合" 方式的线上家居零售店铺的转化率和客单价依然偏低，而且线上导流、线下转化存在很大的客户流失率，整体运营效率低下。

由于线下场馆的限制，一些无法展示的产品，比如样板间的一体化效果，在线上就可以用 3D 技术实现。消费者用手机淘宝 App 可以自由搭配电视柜、茶几、沙发等家居用品，和设计师一起完成设计方案。这样不仅增强了用户的参与感，也能让消费者提前预览家具放在家中的真实效果等。这种消费者日常到线下选购的业务，也能实时在线。

数字化 3D 技术构造的 "场" 是在创造一种 "展示美学"，使消费者能够接收展示产品的更多信息，提高消费者对产品信息的接收率，同时提高消费者购买的概率，并最终提高店铺的转化率。"躺平设计家" 在 2020 年天猫 "618" 线上 "云逛街" 活动中，使用 3D 线上场景的数字化应用，解决了电商家居类目线上体验不足的难题，从而提高了店铺的转化率，告别了 "半融合" 的销售模式，构造了一个从 "云逛街" 到 "3D 云体验" 再到 "展示美学" 的促进线上家居消费的闭环，真正实现了业务在线。

天猫商家的数据统计也能证明消费体验对产品转化的促进作用。在2020年"618""云逛街"活动期间，3D样板间里的商品转化率是普通商品转化率的2~3倍，而且消费者很喜欢在3D样板间里面逛，停留时长增加了50%。这也是在技术驱动下，通过"场"的数字化变革引起的家居行业"人、货、场"的数字化重构。

18.4.2　提供全链路闭环的解决方案——"人、货、场"在线化

零售行业的本质是"人、货、场"的链接关系，3D技术使得"货"和"场"两大要素数字化，实现了线上产品数据维度和视觉维度数字化重塑，使产品、工艺、流通等环节同步实现数字化，改变了家居行业的销售模式，意义重大。

通过数字化重塑，消费者能够选择更多品类的产品，获得线上体验的深度优化，也可以提高商家在供给端的效率。过去，家居一直是一个注重线下店铺的行业，可是线下购物始终受天时、地利的影响，消费者也只能了解有限的信息。如今，数字3D技术的应用让消费者足不出户就能获得更多的产品信息，真正打破了传统家居零售的壁垒。线上场景体验的改善，也能促使消费者直接在线上购买，提高转化率。

实体店的坪效也一直受限于店铺的承载力，而随着3D数字技术的应用，线上虚拟展厅突破了场地的限制，增加了商品展示的种类和数量，而且展示的种类和数量可以结合店铺自身情况灵活增减，不受限制。3D技术也解决了家装家居行业线上体验差的难题，现在体验、设计、支付、交易全链路数字化，使得家装家居线上交易得以形成从体验到转化的完整闭环。

阿里巴巴集团的"躺平设计家"运用 3D 数字技术，解决了线上家居行业体验差且不完整的缺陷，从家居设计、颜色搭配到场景展示，客户都能参与，形成了线上引流、线上体验、线上决策、线上转化的完整闭环，大大提升了家居行业供给端的效率，如图 18-6 所示。

"躺平设计家"用数字化 3D 技术重塑了家居行业数字化的"场"，用数字化的方式衔接家居行业上游的生产和下游的消费，更好地提升线上家居零售的转化率。

18.4.3　让整个行业的生态实时在线

家居的数字化 3D 购物体验能够实现，是因为线上零售已经积累了大量"货"的数据，以及"躺平设计家"以高效的 3D 设计工具为基础的 SaaS 解决方案，把虚拟的"货"的数据"可视化"，并通过虚拟和现实世界的深入交互，实现数据端的生产到服务的链接，并以此形成家装家居行业的数字化全链路闭环生态系统。

在"躺平设计家"生态系统中，"躺平设计家"承载了家居行业数字化和设计师生态部分，吸引大量线下设计师入驻，塑造一个完善的设计师生态，让设计师也实时在线。

同时，在协同效应下与淘宝网、天猫商城等平台深度融合，塑造全链路的闭环生态系统，让生态系统也实时在线。"躺平设计家"为了实现线上 3D 场景，以 3D 云设计工具为技术支持，用 4K 渲染技术，依靠大数据对百万个精准户型库进行极速渲染，设计师随时随地可以搜索、调用，提高商家产品供给效率，如图 18-7 所示。

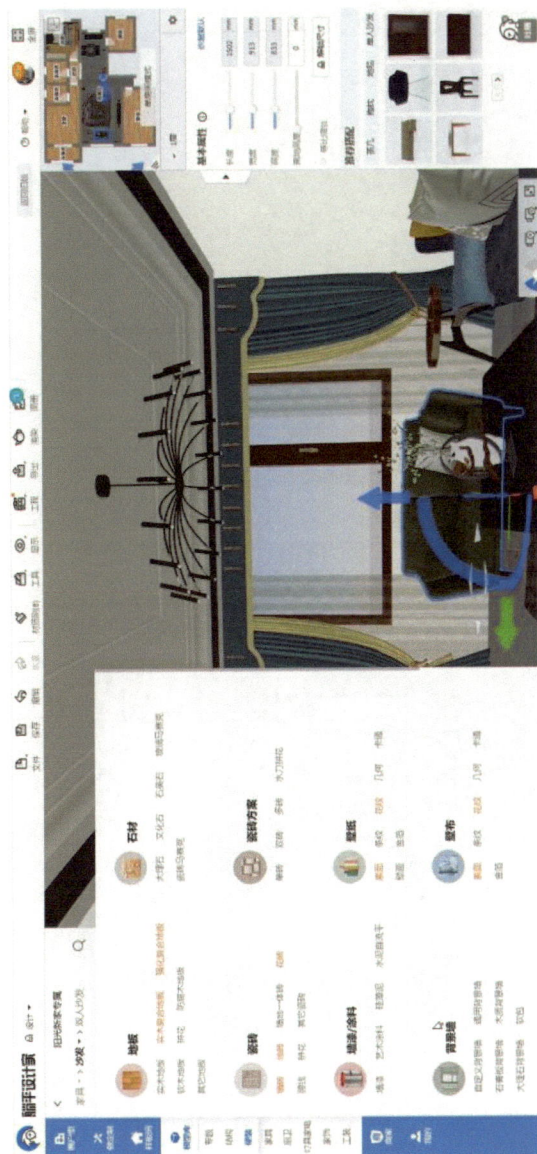

图18-6

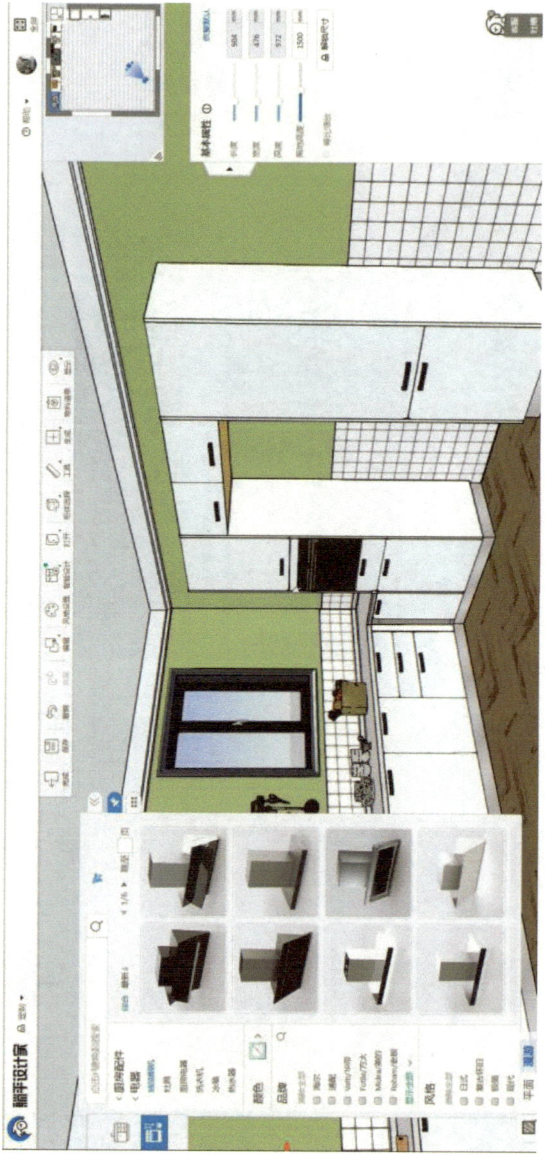

图18-7

"躺平设计家"联合淘系算法团队，通过个性化推荐技术精确匹配消费需求，把合适的产品推送给需要的消费者，实现供需数字化的精准链接，引导消费者从单品消费向场景消费过渡，实现线上一站式购物，实现整个行业生态实时在线。

"躺平设计家"是一个典型的业务在线化的案例，越来越多的企业通过业务中台让业务在线。居然之家、飞鹤、良品铺子、海底捞、特步等企业的业务中台都已经成为行业的标杆，后文会进行详细讲解。

【总结】

业务以各种在线的形式存在，各项业务在线之后就呈现出业务中台化的搭建思维。业务中台是业务在线的系统化体现。业务中台让企业的各项能力沉淀，让业务共享，同时让业务实时在线。通过业务中台共享业务中心实现业务互联互通、消费体验一致，提升品牌价值与用户黏性。

（1）人工智能客服和海报智能设计平台是业务全面上线的典型代表，越来越多的业务在线，梳理出不同业务的底层逻辑，最终形成业务数据化、数据业务化。

（2）业务中台化是各个业务在线的结果。业务中台强调商业能力共享和复用，打通从前台到中台，再到后台的数据融合，促进企业核心生产力提升，推动生产关系再变革，同时通过中台和后台的功能反向支撑前台业务低成本敏捷创新。

（3）业务中台本质上是一个系统化的体系集合，实现了企业核心的业务运行机制。业务中台常见的业务中心有订单中心、商品中心、库存中心、营销中心、结算中心等，每个中心都有自己的独特功能，同时又与其他业务中心联动。

（4）"躺平设计家"是业务在线化的典型案例。实时场景在线化，"人、货、场"都做到在线，整个行业的生态也实时在线。越多越多的企业通过业务中台让各项业务在线，推动企业创新。

第 19 章
运营数据化

19.1　构建数据化的运营逻辑

每年 6 月，某白酒企业都会召开"双 11"启动会，制定"双 11"活动的目标、产品策略、营销策略和实施时间表。该企业参会人员对"双 11"期间主打产品采用高端瓷瓶装还是低端玻璃瓶装进行了激烈的讨论，双方各执其辞：财务经理通过数据分析，得出上半年由于主推低端产品造成毛利大跌，所以建议下半年主推高端产品；电商经理通过前一年市场数据和竞品数据，得出本企业高端产品的价格竞争力不强，主推高端产品将无法实现销售目标。财务经理和电商经理的依据都是数据，但是得出了完全相反的结论。这种现象每家企业都可能遇到，这个现象反映的是企业现有的数据都是孤岛，数据没有联通，烟囱式的数据架构让数据的价值大大减小。数据中台就是用来解决这个问题的。同时，商业的复杂度不断加深，我们不仅需要销售数据、库存数据等物理数据，还需要风险评估、销售预测、智能选品等与业务高度结合的数据，这些数据都要依赖数据中台提供的数据服务来支撑。

数据中台就像一座灯塔，照亮企业整个运营过程，让营销、研发、生产、仓储、终端管理等企业运营的各个环节透明可视。数据既是起点，也是终点，更是在运营过程中控制运营结果的关键因素，在运营过程中根据发现的监测数据调整运营行为。

从企业级的运营行为到部门级的运营行为都以数据为核心来展开，通过分析数据，找到企业运营的问题，分析问题的成因，制定相应的策略和行动方案。新的行为产生新的数据，再针对新的数据发现问题，这样快速循环迭代业务流程、资源配置和管理方式，形成数据时代企业的运营基本逻辑。要实现这种快速迭代的数字化运营方式，就需要双中台的支撑，即业务中台和数据中台。

那么，双中台是如何支撑数字化运营的呢？

首先，业务数据化让企业的多数行为在线完成，每个行为既有数据触点，又有数字记录。通过数据的采集、记录，形成数据源。数据资产化对采集到的数据进行管理，通过数据清洗、归类和目录管理把原始数据变为可用的数据资产。资产服务化对这些数据进行 API 封装，形成工具，让数据具备服务业务的能力。服务业务化根据业务需要随时通过工具调取数据，对数据进行加工，支撑业务的发展。

业务数据化首先是让业务相关环节和流程以数据的方式来运行。比如，顾客在盒马超市结算时，店员会要求顾客下载盒马 App 来买单，这个操作看起来很麻烦，甚至会因此失去一部分顾客，但是这个操作让顾客数据得以留存，盒马从自己的 App 中直接获得了这位顾客的交易行为数据，包括商品偏好、价格偏好、时间和地域偏好。这个 App 也是激活离店销售的重要手段，能和下一个业务环节形成数据化的链接。

再比如一个化妆品品牌，其门店业务流程里和顾客有关的重要数据有覆盖度（这个门店地理上覆盖的地区有效消费者总量）、进场人数（进入商场的潜在顾客数）、日进店人数（每天进入化妆品门店的人数）、成交人数、成交商品属性（购买哪些商品、连带购买哪些商品、哪个营销手段发生了作用等行为属性）、入会人数等。对于多数品牌来说，这些数据以前是缺失的。通过数字化改造，加入智能设备，采录进店、动线、成交等数据，让支付、盘点、调价、进销存等业务在线进行。同时，把商品数据、生产数据、物流数据、财务数据等进行数据清洗，输入数据中台，形成数据资产。在品牌推出新品、进入新渠道时，数据资产就会发生作用，通过历史数据可以看到什么样的商品在什么样的渠道更受欢迎，每件商品的开发周期、利润贡献率、门店售罄率等关键指标都可以通过数据中台里的已有数据进行加工，并将数据产品展现给业务方，数据资产转变为对业务的服务能力。

三星中国的电商部门把原来孤立于各事业部的数据横向打通，建立三星超级会员系统，让电冰箱、洗衣机、电视、影音各事业部的会员升级为三星超级会员，实现了同品牌内部跨事业部的数据共享，使连带率（一位顾客购买多件商品的指标）大幅提升，购买电冰箱的顾客同时购买洗衣机、微波炉、洗碗机的比例大幅提升，数据共享提升了单个顾客的 UV 价值（一个流量创造的成交金额），在没有大规模广告投入的情况下让业绩大幅增长。

惠氏作为品牌商把自己的数据分析结果分享给渠道方，还成立"企业大学"为渠道方赋能，帮助渠道方进行数智化转型。在原来的商业世界里，数据不能被加工、处理、形成产品应用，所以品牌商和渠道方在某种程度上是竞合关系；但是到了数智时代，数据资产的共享、数据产品的复用不但几乎没有成本，而且还会随着应用的不断验证和优化，使数据价值越来越大。

传统企业克服数据采集困难是一个系统的工程，很难一蹴而就，可以分步骤、分阶段实施。比如，门店在采集交易数据和会员数据时，若顾客使用现金买单，导购要引导顾客用手机扫码成为会员，以达到数据采集的目的。在这个过程中有些企业会要求员工手动录入顾客数据，这个方法看似简单，但是在执行的时候难度极大。导购的意识和能力决定着数据的真实性和标准性。由于手工录入数据烦琐，也不是导购所擅长的，所以往往一开始在强考核的推动下实施了几天，几周后就无人问津了。业务的数据化需要技术的支撑，不能做成"人肉数据化"，这样不但没有增加效率，反而降低了效率。

数据业务化是业务数据化的一体两面，收集数据的目的是应用于业务本身。数据业务化即把数据作为应用来赋能旧业务和创新新业务。举例来说，数据应用最常见的一种形式是数据可视化，通过数据分析形成可视化的业务看板，让管理者清晰、高效地监测业务情况，比如销售业绩实时监控大屏。

数据可视化免去了原来大量的人工统计数据并输出数据表格的工作，把原来进行数据简单输入并整合的人们解放出来，开展更有价值的数据创新工作。管理者不需要听下属汇报就能了解业务情况，直接看数据大屏即可。

前面几章提到的用数据算法监测广告效果、用预估的行业数据进行新品开发、用加购数据预警库存等都是数据对原有业务的赋能。数据业务化同样适用于赋能创新业务，比如抖音等社交媒体的兴起。新媒体效果如何用最小的试错成本进行评估？可以把目标客户的标签进行提炼，在新媒体上针对旧媒体上有效的客户样本属性进行投放，经过一段时间的测试和优化后，就可以拿到新媒体和旧媒体的对照数据。数据会反馈新媒体人群的内容偏好、行为偏好，以便快速做出调整来适应新业务。如果没有老客户数据沉淀，就没有数据效果反馈能力，要不要开展新媒体业务会成为一家公司内部旷日持久的讨论话题。

数据创新也可以表现为数据能力的向外输出，对产业上下游进行数据赋能和对生态合作者进行数据赋能。品牌商可以对代工厂开放销售数据，让代工厂提升供应链管理效率，代工厂原材料和生产线的准备工作就会更及时。多个品牌方也可以共享一个厂方数据，数据经过汇总，能够产生集约效率。比如，两个品牌的两款男鞋需要使用同一款大底（鞋底），那么这款大底就可以被集约生产。多品牌的订单如何拆解、合并、协同？这就变成了一个数据业务化的问题。

业务数据化和数据业务化是一个增量闭环，业务产生数据，数据赋能业务，良性循环。要特别说明的是，这个循环加强的过程不仅仅是量的增加，因为数据被不断地加工优化，量变会引发质变：同一个业务载入的数据越多，其精度就越高；不同业务载入的数据越多，整体价值就越大。

前台小而灵活，每个前台聚焦单一业务，形成高内聚性，前台需要的支持从中台调取。中台沉淀前台和后台的功能，拆解成模块，变成可复用的企业级能力，对前台进行支撑。数据中台和业务中台相互增强，用数据不断优化业务，支持业务创新。

19.2 阿里巴巴赋能运营数据化的产品

阿里云把数据中台实践中的方法论、实施经验和工具形成产品，赋能企业建设自己的数据中台。在商家域通过 Dataphin 和 Quick 系列产品搭建数据中台系统。Dataphin 用来进行智能数据构建和管理，是数据中台建设的引擎；Quick BI 用来进行实时在线数据分析；Quick Audience 用来进行消费者运营管理，以及消费者分析、定向和扩容；2020 年上线的 Quick Stock 是物流数据引擎。阿里云的全域数据中台架构全景图如图 19-1 所示。

19.2.1 数据中台搭建工具 Dataphin

Dataphin 是整个数据中台的引擎，具有数据采集、数据管理和规划、数据模型构建和数仓规划、输出主题式服务等功能，如图 19-2 所示。

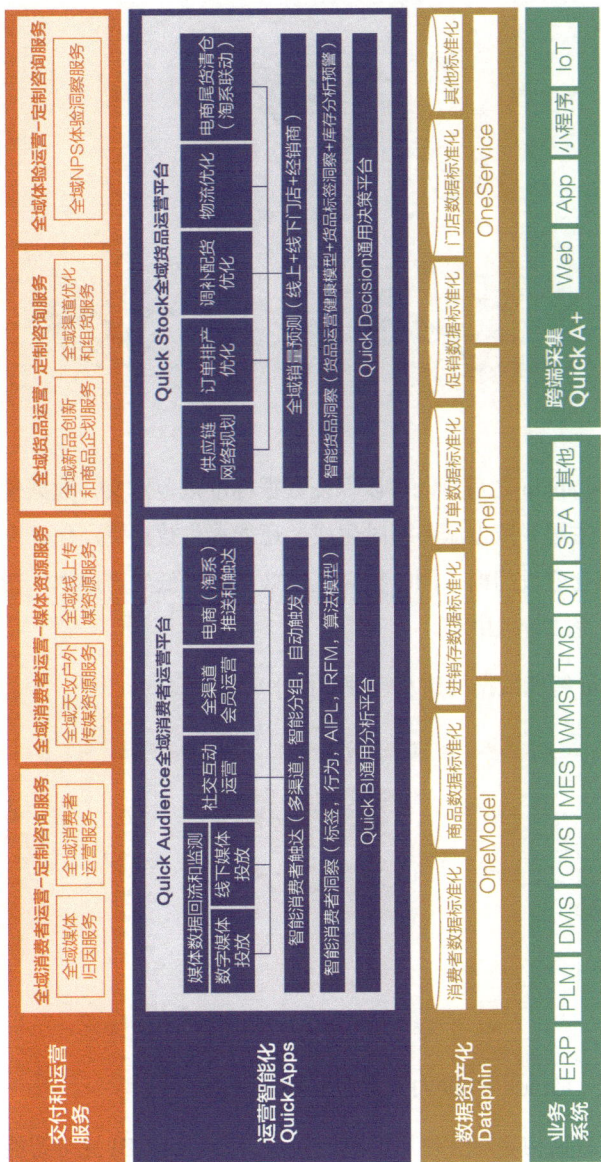

交付和运营服务

全域消费者运营－定制咨询服务	全域消费者运营－媒体资源服务	全域货品运营－定制咨询服务	全域体验运营－定制咨询服务
全域媒体归因服务 | 全域消费者运营服务	全域天攻内外（传媒资源服务） | 全域线上传媒资源服务	全域新品创新和商品企划服务 | 全域渠道优化和组货规划服务	全域NPS体验洞察服务

运营智能化 Quick Apps

Quick Audience 全域消费者运营平台

- 媒体数据回流和监测：数字媒体投放 \| 线下媒体投放
- 社交互动运营
- 全渠道会员运营
- 电商（淘系）推送和触达
- 智能消费者触达（多渠道，智能分组，自动触发）
- 智能消费者洞察（标签，行为，AIPL，RFM，算法模型）
- Quick B通用分析平台

Quick Stock 全域货品运营平台

- 供应链网络规划
- 订单排产优化
- 调补配货优化
- 物流层优化
- 电商尾货清仓（淘系联动）
- 全域销量预测（线上+线下门店+经销商）
- 智能货品洞察（货品运营健康模型+货品标签洞察+库存分析预警）
- Quick Decision通用决策平台

数据资产化 Dataphin

消费者数据标准化	商品数据标准化	进销存数据标准化	订单数据标准化	促销数据标准化	门店数据标准化	其他标准化
OneModel		OneID		OneService		

业务系统

ERP	PLM	DMS	OMS	MES	WMS	TMS	QM	SFA	其他

跨端采集 Quick A+：Web | App | 小程序 | IoT

图19-1

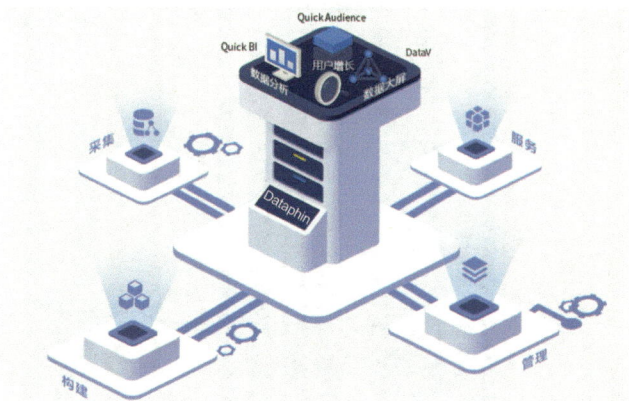

图19-2

有了 Dataphin 之后，既可以保证数据标准规范定义、数据模型设计自动化开发、主题式数据服务即时生成，还能提供数据资产化管理的门户，有效降低数仓建设门槛，同时提高生产效率、降低生产成本，让数据从成本中心真正变成价值中心。

Dataphin 智能数据构建及管理如图 19-3 所示。

Dataphin 智能数据构建及管理：设计逻辑化，计算存储虚拟化，代码自动化

图19-3

19.2.2　Quick BI 助力云上企业数据分析

进行大数据构建与管理后，我们需要利用 Quick BI 这个智能数据与可

视化组件将数据背后的价值展现在人们面前。Quick BI 是一个专为云上用户量身打造的智能 BI 服务平台，可以提供海量数据实时在线分析服务，支持拖曳式操作和丰富的可视化效果，可以快速进行数据分析、业务数据探查、报表制作等工作。

比如，零售业的决策人员要基于数据做决策分析，而数据源依赖各地、各部门提供的数据报表，最后由数据分析师汇总。各地数据分析本地化严重，一不小心就会出错或丢失，数据分析师不停地收到需求，对不同格式的数据进行整理、汇总和分析，但分析结果出来后往往情况已经发生了变化，再做决策已经来不及了，数据分析的时效性无法得到满足。图 19-4 所示的 Quick BI 实时数据模块（图中金额单位为"元"）可以让决策者实时观察销售动态，发现问题后及时调整和优化。

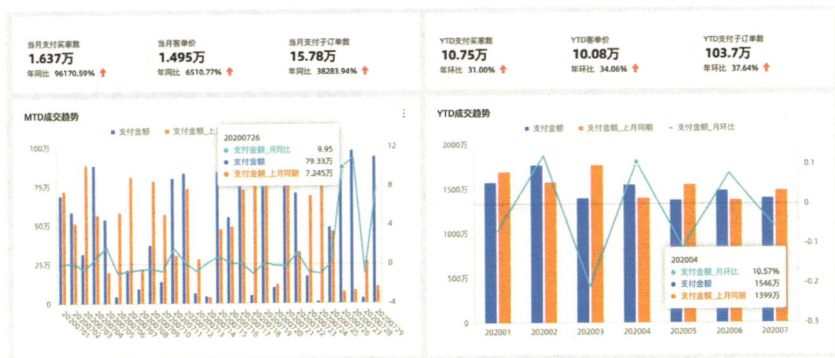

图19-4

以前，数据源不同且数据标准不统一，有 ERP 数据、财务数据、销售数据、导购数据等，分析的结果大相径庭，数据之间的关联分析缺失，在"支离破碎"的数据的基础上很难找出真正的业务关键点。决策人员可以请数据分析师对数据进行汇总和关联分析，但是一线业务人员往往没有权限调动数据分析资源。Quick BI 为一线业务人员提供智能化的分析工具，业务人员借助 Quick BI 的自动化表格自助查询、可视化仪表搭建，能够对品牌整体经营销售情况、渠道流量及消费者资产进行分析，从而优化渠道投入、针对性提升销量、追溯消费者变化原因，真正做到数据化运营，让数据产生价值。如图 19-5 所示（图中金额单位为"元"，数量单位为"个"），通过 Quick BI，一线业务人员可以查看和标注订单量、预测未来的订单量变化趋势，结合运输成本波动数据和价格变动趋势，在最佳的时机备货。

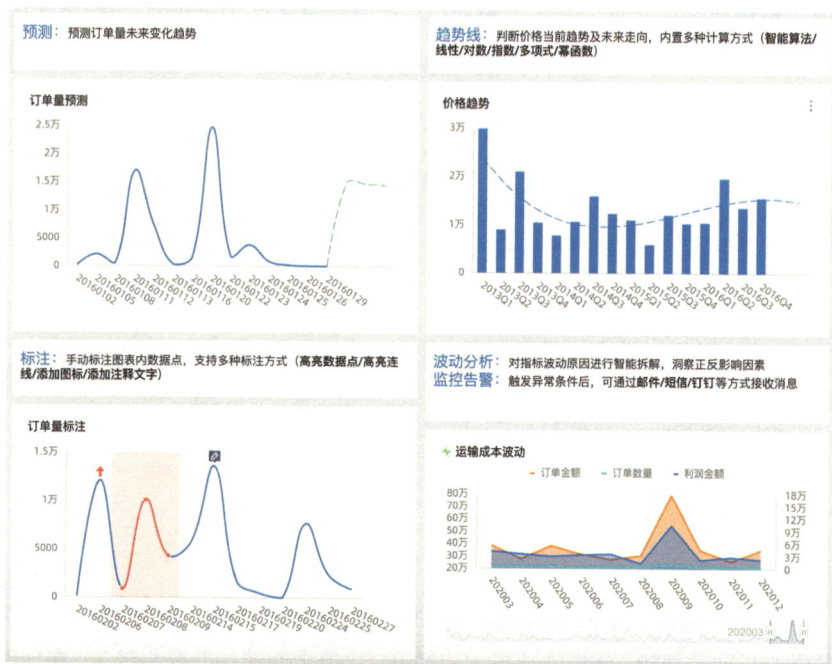

图19-5

19.2.3　Quick Audience 助力企业实现智能用户增长

Quick Audience 以消费者为核心，通过丰富的用户洞察模型和便捷的策略配置，完成消费者多维洞察分析和多渠道触达，助力企业实现智能用户增长。Quick Audience 包含以下几大功能模块：数据源及数据集配置、洞察分析（透视分析、AIPL 及其流转分析、RFM 分析、受众分析）、受众圈选、受众管理。

图 19-6 所示为 Quick Audience 全域 CDP（Customer Data Platform，客户数据平台）。

Quick Audience 通过媒体监测并回流全网品牌投放数据，通过埋点采集自媒体和自有商城数据，并同步集成品牌线上和线下的销售数据，形成客户数据的回流和沉淀，实现客户信息、客户行为、客户关系的数字化管理，为数字营销提供数据基础。

图 19-7 所示为 Quick Audience 全域 C 端数据中心。

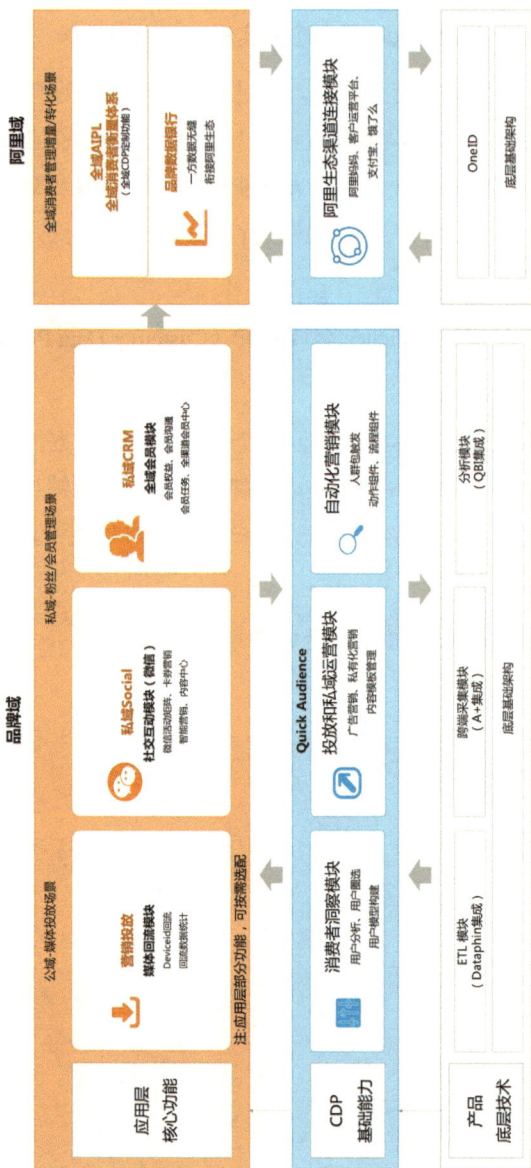

图19-6

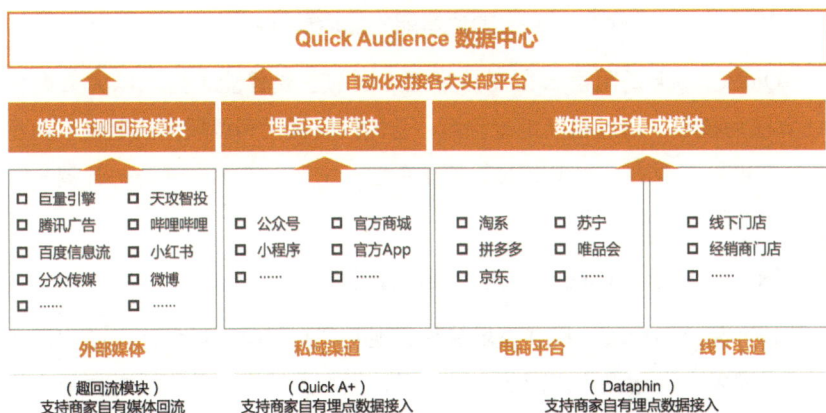

图 19-7

在营销过程中，通过精准的数据圈选实现人群的分类精准触达。比如，一家钻石品牌线下门店在开业前可以通过 Quick Audience 圈选举办婚礼的人群，基于 LBS 进行本地化投放，用线索表单、媒体监测并回流等形式评估投放结果，进而优化投放计划。

用好 Quick Audience 进行人群圈选并优化投放计划很重要。

小程序、官方 App 等交易渠道和私域的微博、微信公众号、微信社群数据渠道形成私域流量－交易闭环，可评估和优化各种活动方案的效果和自媒体触达效果。自有门店的引流广告如天弓智投、分众传媒等基于 LBS 投放能够精准引流进店和提高进店转化率，形成基于门店的流量－交易闭环。电商淘宝网、天猫商城等平台作为交易渠道，阿里妈妈、抖音、小红书等作为触达渠道，形成电商流量－交易闭环。Quick Audience 整合全域流量，数据银行进行消费者 AIPL 周期管理，激活门店、电商、私域三个闭环的流量－转化能力。

19.2.4　Quick Stock 全渠道智能货品运营平台

Quick Stock 是阿里云在商品管理方面的重要智能工具，以大数据和 AI 算法为核心，通过精准销量预测、仓储网络优化和调拨算法逻辑，构建企业产销协同能力，实现高效货品在企划—生产—首铺—试销—补调—清尾全生命周期的数字化运营。

图 19-8 所示为 Quick Stock 全渠道智能货品运营平台。

在产品企划阶段，根据市场趋势和现有产品情况，提供品类结构调整和新品研发方向建议。在商品生产阶段，提高产销协同效率，根据销售计划和采购计划提供物料计划和智能排产，让供应链反应更加敏捷、更具弹性。在商品流通销售阶段，以库存自动监控和预警为基座，以白盒化的销量预测为"大脑"，帮助企业更有效地管理库存，根据实时数据变化预判市场变化，输出全渠道首次铺量、预测补货量、预警滞销清仓等建议，智能化地调整和分配各仓库和门店的库存。

图 19-9 所示为 Quick Stock 的预测归因分析。

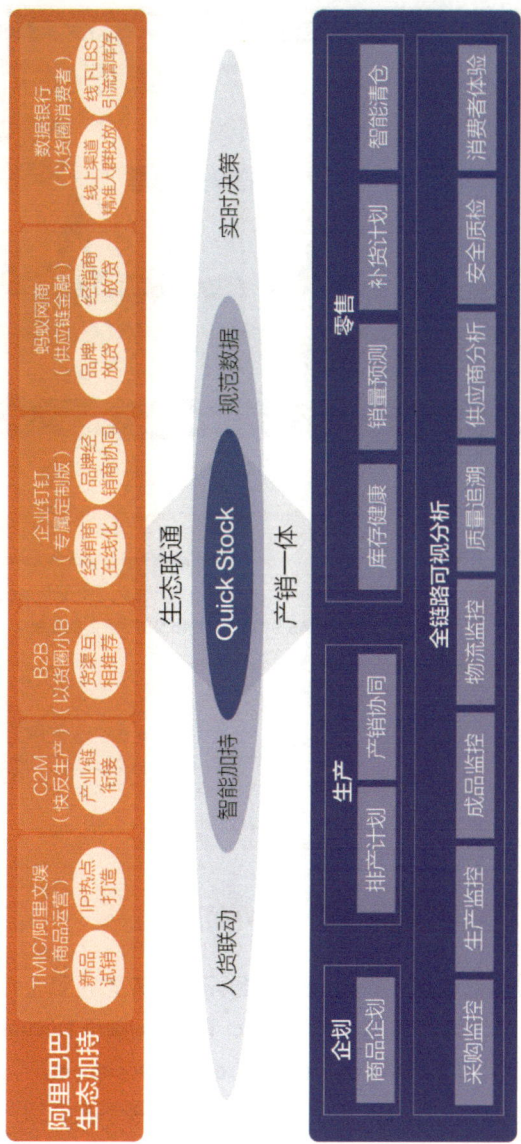

图19-8

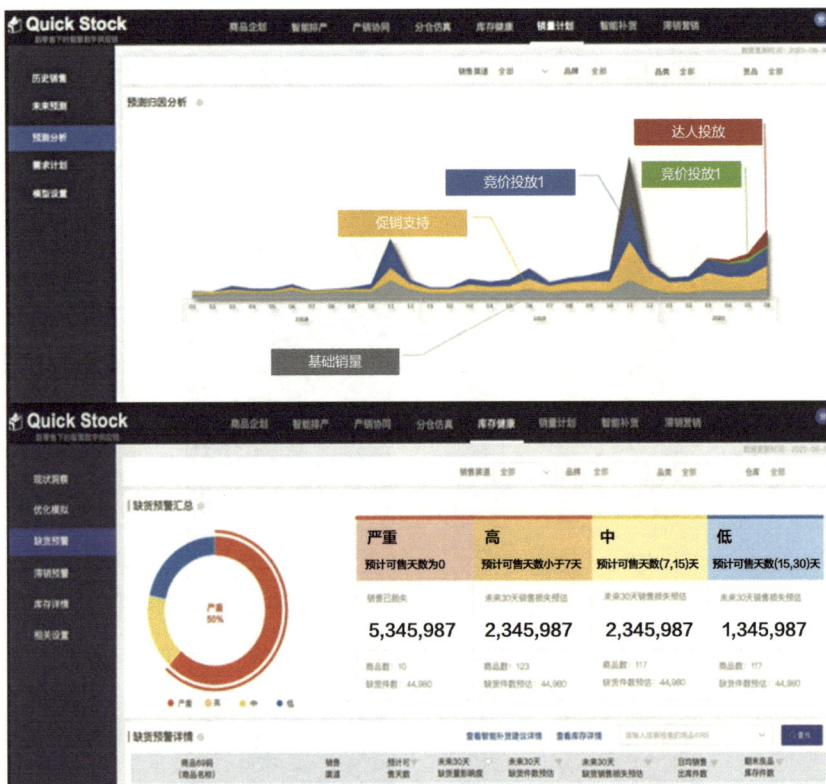

图19-9

19.3 阿里云助力企业数据中台搭建实践

阿里云助力企业数据中台搭建有一套完整的方案，整个过程一般分为
5步：①数字资产调研；② MRD（Market Requirement Document，市场需
求文档）蓝图设计；③ PRD（Project Requirement Document，产品需求文档）
功能设计；④数据产品开发；⑤上线调试优化。接下来介绍两家企业进行

数据中台搭建的背景和实施要点。

1. 伽蓝集团数据中台搭建的背景和实施要点

伽蓝集团旗下拥有自然堂、美素、植物智慧、春夏、COMO 等 6 个美妆品牌，各品牌各自拥有商场渠道、KA 渠道、电商渠道等。因为每个渠道都是一个独立运营的体系，所以伽蓝集团内部原来的系统是烟囱式的，造成不同品牌之间、不同渠道之间的数据比较孤立，容易形成数据孤岛，无法发挥数据效益最大化。比如，对于流失客户的定义，在 A 品牌，客户 N 天没有购买该品牌商品就被定义为流失客户，而在 B 品牌，客户可能 X 天没有购买该品牌商品才被定义为流失客户。这种不同的定义会造成业务人员做整体分析时不准确。

数据孤岛问题及数据碎片化是不少零售企业的"痼疾"。如何梳理和整理这些数据，使之标准化、规范化，并将整个链路打通成为闭环，成为这些企业数智化转型的最根本诉求。通过梳理和整合原本"各自为政"的数据，打造企业本身的数据中台的能力，可以为企业业务的分析、洞察提供支撑。这也是伽蓝集团以数据中台为数智化转型起点的一大重要原因。

在伽蓝集团数据中台项目一期中，阿里云针对 8 个域做了一些筛选、调研、设计和分析，这 8 个域分别是会员、积分、消费者、商品、营销、门店、BA（导购）、渠道销售。根据 8 个域的调研结果，设计指标洞察的维度和核心指标，上线之后可以为这 8 个域的数据提供支撑。

使用数据中台可以打破企业内部原有的界限，实现品牌之间、渠道之间、线上与线下的数据连通，更好地帮助企业管理人员理解数据、运营数据，从而获得精准化营销策略，进行消费人群运营和创新产品研发。

2. 海底捞数据中台搭建的背景和实施要点

海底捞和阿里云合作开发在线点餐、个性化推送、新会员体系、全渠道投放和线下统一核销等功能，激活海底捞千万名会员的活跃度，提升会员回店率。使用阿里云的 OneData 方法论体系和相应产品后，海底捞数据中台搭建的 IT 开发成本降低 30% 以上，如图 19-10 所示。

海底捞用 6 个月的时间完成原来 Siebel 上的 CRM 数据迁移，以及重构营销、商城、内容中心等核心业务模块，为 App 上线 20 多个大功能项，系统提效 18~46 倍。

数智化不是大企业的专属，对于中小企业来说，"拥抱"大数据才有机会面对未来的竞争。

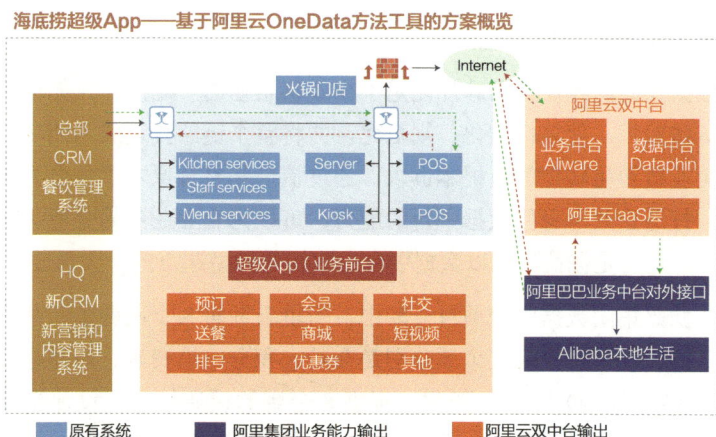

图19-10

19.4 电商运营数据化实战

一年一度的"双 11"活动是对企业运营能力的一次大考。品牌商家在每年 6 月就开始进行"双 11"活动的计划分解、商品筹备，9 月营销"种草"，10 月 20 号开始进行消费者召回，11 月 11 日集中开售。在整个营销过程中，数据扮演了重要的角色。

首先，根据数据分解目标。"双 11"活动的目标可以根据 5 个不同的数据维度进行制定，如图 19-11 所示。5 个数据结果相互验证，提升目标的准确性。

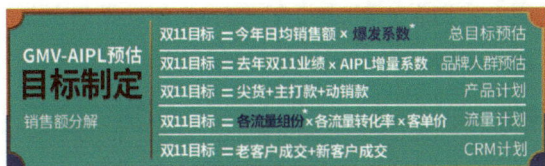

图19-11

其次，根据数据测试结果进行"双 11"商品选品、选图，以及设定人群推广路径。对商品进行数据分析，分析结果符合"尖货指数"的商品再做"双 11"备货计划。同时，协调"双 11"商品和流量之间的动态配给关系，通过数据监测实时调整。根据 AIPL 数据变化、商品加购数据变化、预售数字和计划的吻合度来决定是否增加备货量、是否加大流量曝光，如图 19-12 所示。

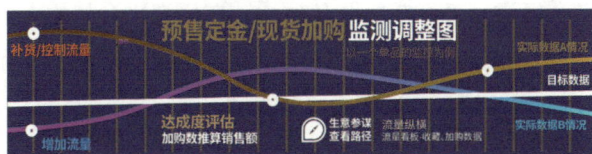

图19-12

通过数字化营销工具 DMP 精准营销，通过 Uni Desk 全域触达消费者。

本书作者为读者绘制了"双 11"商家运营地图，这是一个长图，详见书中的折页。

19.5　全域数据化运营实战

数据中台是企业数智化的新基建，阿里巴巴集团认为数据中台是集方法论、工具、组织于一体的，是"快""准""全""统""通"的智能大数据体系。那么，通过数据中台，企业是如何提升数据化运营能力，从而实现增长的呢？我们看一下 2020 年"618"活动期间企业数据化运营的全渠道最新实战。

1. 良品铺子

在 2020 年"618"活动期间，良品铺子全渠道累计销售额突破 5 亿元。零食品类面对的消费群体非常庞大，全国十几亿人都可以看作是良品铺子的潜在客户，但是零食是一个随意性购买特征非常明显的品类，"大多数人平常不会想着去买零食，如果刚好有一个零食货架在他旁边，那么他很可能就会购买"。这也意味着像良品铺子等快销品品牌要推动业绩增长，就必须覆盖尽可能多的渠道和场景。

目前，良品铺子产品多达 1000 多种，全渠道会员已突破 8000 万人，覆盖了 2400 多家线下门店、天猫旗舰店、饿了么、微信小程序、自营 App 等 50 多个渠道，"复杂的业务结构，在原有平台架构上运行起来十分困难"。将不同渠道中的会员信息打通，最终实现以客户为中心的精准化全域营销，是良品铺子首先要解决的难题。

在 2020 年"618"活动期间，良品铺子借助阿里云数据中台零售行业解决方案，通过 Quick Audience 上传自有全渠道信息，同时对广州、深圳两座城市的潜在客户群体进行深度分析，将单端购买消费人群发展成线上和线下多端购买消费人群，提高消费者黏性，在线上和线下多端拉新，提高商品复购率。同时，阿里云数据中台零售行业解决方案还帮助良品铺子打通实体店、手淘轻店和饿了么，实现通过手淘轻店和饿了么为实体店引流的目标。

2. 合生元

在 2020 年"618"活动期间，通过全域深度营销，合生元销售额比 2019 年同期增长 83%，创下千万元销售额的纪录，成为行业中的佼佼者。在 2020 年"618"活动期间，合生元摒弃以往传统营销方式，借势话题综艺"乐队的夏天"，从音乐与夏天两大元素着手，打造"宝宝的夏天"营销策略，为品牌打造有温度、好玩又有创意的营销策略，完成"618"品牌声誉与销量的联动。活动前期，合生元通过投放明星广告、"种草"内容，不断获得关注。在整个活动期间，通过在抖音、宝宝树、微博、高德地图、UC、优酷等平台开屏，不断触达粉丝人群，覆盖妈妈群体和娱乐生活的多个场景，其中抖音曝光量更是突破 7400 多万次，将"宝宝的夏天"话题持续"炒"热。通过完善的品牌曝光、转化链路，与消费者进行高效沟通，为"618"活动预热创造了一个大量的潜在客户流量池。

品牌的市场行为往往很难对销售结果进行归因，品牌做品牌的工作、销售做销售的工作，形成"品"和"效"割裂的困境。合生元通过数据化精准营销，高效利用站外流入人群，深挖品牌潜在人群并且再转化。

在老客户运营方面，合生元在"618"大促期间除制定针对老客户的产品机制和玩法外，更关注优化机制的呈现及提升机制的曝光。通过不断地调整优化，最终，在 2020 年"618"期间，店铺老客户曝光率高达 87%，老客户复购率达到 6.4%。

3. 新豪轩门窗

新豪轩门窗在 2020 年第一次参加天猫"618"活动就获得了家装定制

窗品牌排名第一的佳绩。2020 年 6 月 1 日－6 月 20 日，新豪轩门窗在天猫商城的总销售额突破了 3000 万元。

在"618"活动期间，新豪轩门窗在淘宝网新零售直播（如图 19-13 所示）中，采用全网最先进的绿幕技术，实现了家居场景 3D 呈现，让消费者仿佛身临其境。本次绿幕技术的应用，在门窗行业直播中尚属首次。

图19-13

2020 年 5 月初，新豪轩门窗就开始在 16 个省开展新零售培训，参与活动的门店工作人员超过 2000 人，全国 1800 多家门店中已加入天猫新零售的门店达 600 多家，并且完成了天猫活动和新零售工作台的门店培训工作。线上和线下数据化运营全程覆盖，数据化监控有 5 个转化链路：线上曝光点击率、线上订金下单率、门店接待转化率、火凤凰（天猫家装新零售产品）核销率和用户好评分享率。

数据化触点采录门店考核接待转化率和核销率，BI 系统实时展示门店业绩和转化排行榜。线上导购和线下导购配合完成订单，共享奖金池。利用阿里新零售系统管理运营过程，对销售结果实时调控。

参加"618"活动的商家的数据化实践，数据化运营是核心，销售目标的制定、营销拉新、转化监控都以数据为中心展开。数据化运营控制整个过程，每个运营环节都可以被调整、优化，过程可控，结果就可控。相对于没有数据支撑的商家，数据化运营的商家更像一个制导导弹，动态调整目标、实时修改路径，能够精准地捕捉市场的变量，对目标人群进行精准营销。

【总结】

本章主要介绍了以下几点。

（1）数据化运营可以更有效地协调企业的各种资源，通过数据进行预判，对运营行为和要素的作用进行判断，从而实现快速迭代和调节。建构数据化的运营方式需要双中台的支撑，即业务中台和数据中台。

（2）阿里巴巴集团提供赋能运营数据化的 Dataphin、Quick Audience、QuickBI、Quick Stock 等产品，让企业搭建自己的数据中台，实现用户的智能增长和货品全渠道的智能运营，让经营过程数据可视化、实时化。

（3）在电商运营数据化实战和全域数据化运营实战案例中，通过伽蓝集团、海底捞、良品铺子、合生元、新豪轩门窗等企业在数据化运营中的实战，看到数智化如何从局部到系统影响企业的运营逻辑，让企业具备新的竞争力。

第 20 章
决策智能化

决策智能化是企业数智化转型五步曲的最后一步，也是企业发展战略从"业务驱动"转向"数据驱动"的实现过程。大数据分析技术的应用实践日益发展，相应的企业中的智能化场景也在不断丰富，智能化决策通过对大数据进行不断地训练与学习，能够做出更加合理的决策，并不断形成良性的学习反馈闭环，最终帮助企业实现全链路的高效决策。

20.1　什么是决策智能化

1978 年，美国诺贝尔经济学奖获得者赫伯特·亚历山大·西蒙提出：管理的本质是"决策"，而决策最优化原则成立的两个先决条件是"理性的""效率的"！决策的本质，通俗来说就是让合适的人，在合适的时间，以合适的方式做出决定。数据驱动决策就是让决策者分析与决策对象有关的数据，挖掘出数据中隐含的与决策对象之间相关的偏好关系的信息，根据所得到的偏好关系信息再对决策对象进行分类、分级或排序，最终做出选择的全过程。

决策智能化指的是基于自动化和设备的智能化构建大数据分析的能力，使"数据"转化为"洞察"，进而由洞察产生行动，不仅在技术上提升洞察分析能力，也能够从组织、管控、能力的角度同步得到提升，真正实现顺利运作"感知－洞察－评估－响应"闭环并且能够循环提升。简而言之，决策智能化就是通过对深度学习、优化技术、预测技术等进行算法设计，在人力调度、货物分配、资源优化等场景上面，对精确营销、计算资源、收益管理、风险控制、智慧物流、派送调度、工业制造调度、航空、电力市场等实现智能决策。

统计显示，如果企业数据智能化程度提高 10%，则其产品和服务质量就能提高 15% 左右。时代的新趋势便是智能决策支持系统的构建。据 Gartner 公司测算，到 2030 年，智能决策将超过所有其他类型的人工智能活动，占全球人工智能衍生商业价值的 44%。

20.2　实现决策智能化的重要步骤

从决策的角度讲，决策智能化目前还是一个世界级的难题，决策过程也是人脑中最复杂的一种功能。决策智能化难以实现，主要有以下几个方面的原因。

- 决策过程是主观与客观、理智与情感相融合的过程。目前，计算机只擅于处理理性的可计算部分，还需要更好的建模和逼近路径。

- 影响决策的因素非常多，人们的决策环境往往多种信息密布，需要具备能够有效甄别和提取有效信息的能力，同时要对未知信息进行推理和假设。

- 各个行业运用决策智能的场景往往要求实时决策，甚至要求高并发决策，在互联网中需要返回给用户的推荐结果通常是毫秒级的，因此对系统架构的挑战也很大。

不管多难，新基建技术正在持续进步中，决策智能技术更是风起云涌，各专家平台百花争鸣，传统企业并不需要招聘一批数智化专业人才自行开发决策智能工具，没有必要重覆造"轮子"，但是该有的认知还是要有，同时也要有所准备，天助自助者。

20.2.1　传统企业实现决策智能化的两个重要步骤

首先，要完成核心的业务在线化，即所有的业务流程软件化，企业的流程和业务要做到有迹可循、可追溯。其实，对于绝大多数企业而言，实现企业智能化的第一步就是核心的业务在线化，通过数字化和软件化将传统的服务迁移到线上。

其次，要完成业务环节的自动化和运营数据化，也就是使用数据中台技术构建客户运营体系，满足这个条件以后，企业的核心业务就能构建在"云"上，再由软件驱动，就具备了往智能化演进的可能。在此之后通过人工智能技术，就能真正实现企业的智能化。企业智能化是"能学习的决策机器"，不仅能实现自动决策，而且决策的效率和效果也可以通过学习的闭环不断优化和改进，在本书第四篇"大润发"的案例中就有提到：经过近一年的调整和学习，大润发开始全面启用智能系统预测线上订单，而且预测的是每家门店每天的订单，准确率已经超过人工预测的准确率，达到90%以上。

20.2.2　通过业务上云、数据整合、应用创新打造企业的智慧大脑

结合阿里巴巴集团实现企业智能的实际经验，可以从以下三个方面着

手打造企业的智慧大脑。

1. 打破信息孤岛

信息孤岛主要指企业内部的数据不互通。业务发展的不均衡和技术发展的先后关系是造成这种情况的原因之一。业务系统和技术系统在描述同一个业务概念的时候，使用了不同的数据模型，导致数据无法被打通。另外，大量的数据还存在于线下，比如纸质文件、法律文书、报销票据等。

2. 深度融入应用

用"行业+AI"的方式将 AI 融入应用。传统行业的组织内部运作虽然已经较为成熟，但是存在大量的人工操作，效率较低且容易出错，AI 的介入能够更好地提升运营效率。

3. C2B 迁移

将 C 类应用成功的 AI 经验迁移到 B 类应用中。虽然 C 类应用与 B 类应用存在差异，但是一些好的 C 类应用经验与技术实践能够用在 B 类应用场景中，有效地缩短企业智慧大脑的构建路径。

在数智化转型"大浪"来临之际，留给人们的时间并不多。对于传统企业，尤其是非数字化原住民企业来说，最容易切入并能达到事半功倍效果的恰恰是在原产业知识下业务"场景"的决策智能化，深入探索如何深耕业务在线化、运营数据化即可有事半功倍之效！

20.3　决策智能化在各行业中的应用场景

目前，我国的企业管理大多还停留在梳理商业规则（Business Rules）和搭建商业规则阶段，少数进入了自动分析决策智能（Automatic Prescriptive Analytic）阶段。当然，这跟 20.2 节讲到的要实现智能化的重要前提还没准备就绪有直接的关系，但我们可以"小题大作"，就像技术专家写代码，采用"分治法"（Divide And Conquer），通过一些决策智能化个案的启发，进一步选择自身企业重要、紧急且合适的"场景"切入。因此，本节将介绍一些行业中有代表性的决策智能化的应用场景。

20.3.1　智能购物中心

深圳有一家在国内算是很早导入商业智能系统的大型购物中心，其管理者充分发掘、利用现有数据，从海量的数据中提取对管理者有意义的信息，用数据辅助支持决策，通过精确一致的数据、更及时的响应速度、更灵活强大的分析工具、更丰富的经营分析支持，辅助管理者及时发现隐藏的商机和风险。下面列举部分应用场景。

（1）通过对销售数据的多层次分析，对各门店及专柜的经营情况分析，对历史数据和当前数据的同比、环比衡量，对实际销售情况与计划销售情况的差距评价，为每月销售考核制度、商场营销活动方案提供决策依据。例如，通过对专柜年、月、周、日的实际销售情况进行同比、环比及横向对比，为评估分店、楼层、柜组的业绩及其他分店的销售占比、差异情况、增长率提供数据支持，满足商场对专柜经营业绩增长趋势分析的要求，清晰掌握各分店专柜销售的表现及优劣。

（2）挖掘价格中蕴藏的多方面信息。通过分析商品价格，更好地掌握目标商品类别的价格，更深层次地设计商品的陈列方式和价格分布，确定商品在商场中的价格或最恰当的卖点，为经营决策者提供商品类别的商品定位及应当引入和放弃商品的判断依据。例如，对商品的价格进行弹性分析，通过计算调价生效前后一周内商品的销售环比与价格的弹性值，衡量需求量对价格变动敏感性的关系，管理者通过了解更多相关价格变动及需求量的变动，能够掌握所经营商品的价格弹性，提升商品销量及促销的投资收益，也可作为与供应商合作进行定价的数据支持。

（3）用促销数据评估效益。对每次促销活动进行分析，探讨每次促销活动是否能够真正帮助销售人员开展业务、实际效果如何及后期如何改进等问题。例如，对促销商品进行销量分析，通过对比促销活动中商品的销量与促销前后商品的销量，分析促销调价带动的销量增长，分析相关促销商品对价格的敏感度。

将相关基础业务数据集中到数据中台，经过一系列的数据处理，利用前端工具及技术实现对各类业务的分析及查询，同时在数据中台的基础上，建立合理的业务分析应用平台，为营运、招商、采购、财务、客服等职能部门及公司管理者提供全面、高效的数据分析平台，为经营管理提供更好的智能决策支持。

如图 20-1 所示为智能购物中心解决方案的产品架构。如图 20-2 所示为智能购物中心解决方案大图。

20.3.2 新能源行业智能基建

阿里能源云是为新能源行业提供的丰富的专业化云端业务与技术解决方案，帮助能源运营商、服务商快速搭建标准化或定制化的商业平台，实现业务应用的灵活开发与落地，并能够构建能源互联新生态。

阿里能源云通过实时能源监测和分析，降低能耗、优化能源策略。

阿里能源云适用的场景包括迅速构建数字化光伏电站、新能源电场规划及投资收益预测、快速构建电动车分时租赁系统、按规模精益建成电动车联网、利用大数据做精准能效管理、构建轻量级运营数据大屏。

以上方案具备如下优势。

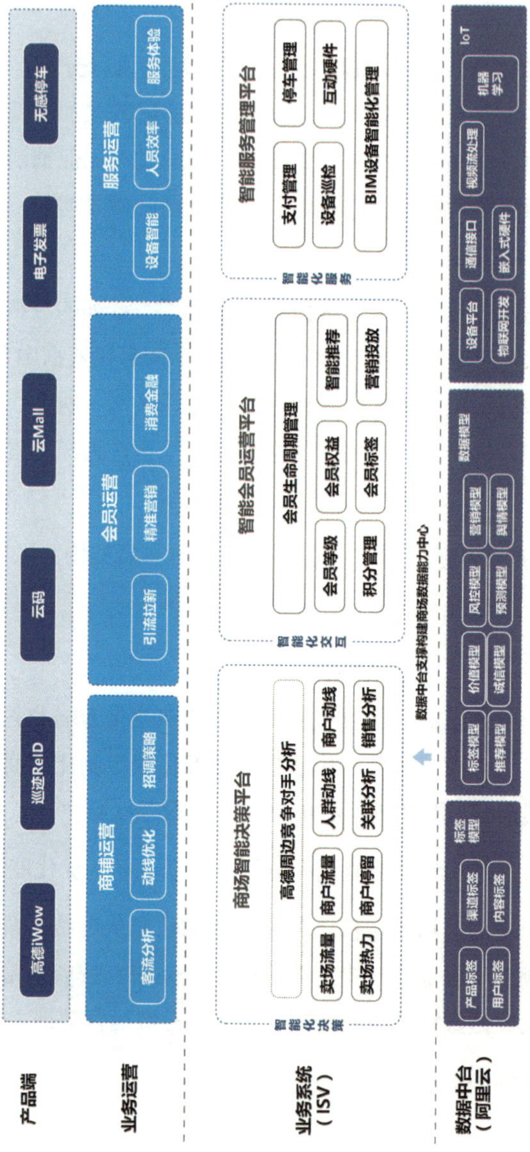

图20-1

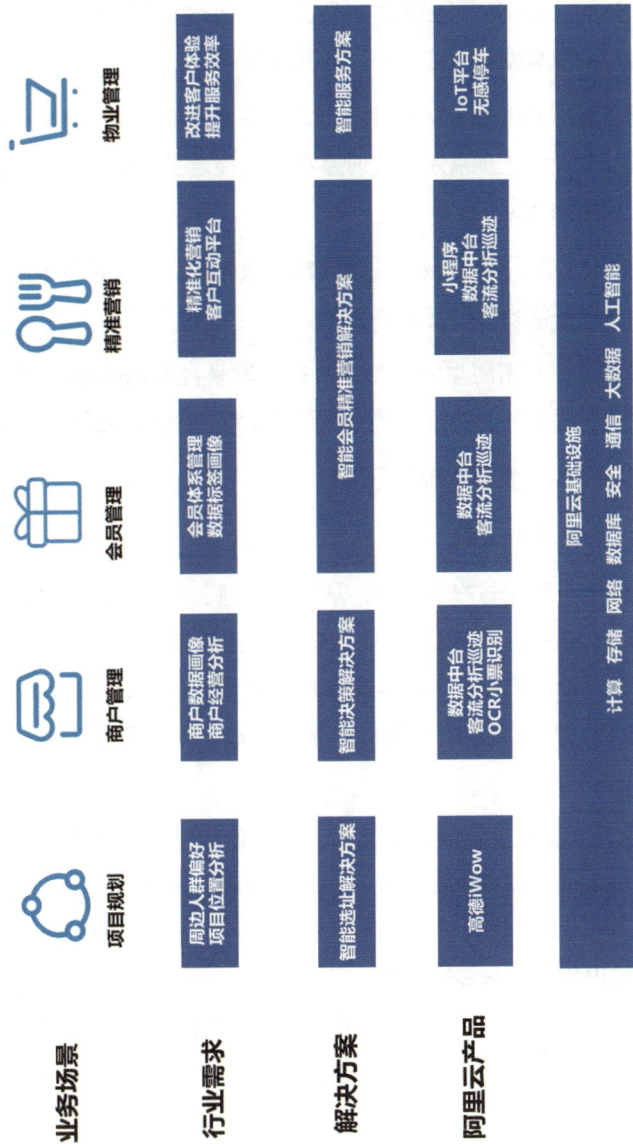

图 20-2

业务场景

	项目规划	商户管理	会员管理	精准营销	物业管理
行业需求	周边人群偏好 项目位置分析	商户数据画像 商户经营分析	会员体系管理 数据标签画像	精准化营销 客户互动平台	改进客户体验 提升服务效率
解决方案	智能选址解决方案	智能决策解决方案	智能会员精准营销解决方案		智能服务方案
阿里云产品	高德iWow	数据中台 客流分析巡迹 OCR小票识别	数据中台 客流分析巡迹	小程序 数据中台 客流分析巡迹	IoT平台 无感停车

阿里云基础设施

计算 存储 网络 数据库 安全 通信 大数据 人工智能

- 全面感知：利用阿里云 IoT 解决方案全面感知海量异构的用能设备数据，降低数据接入成本并进行高压缩存储。

- 全景洞察：利用 DataV 组件技术，不需要专业复杂组态软件，就可以进行专业级大屏展示，实时掌握综合能源平台的动态信息，使客户直观感知数据。

- 创新孵化：采用企业级互联网架构微服务产品，实现竞争激烈的综合能源服务能力的沉淀。

- 数据决策：利用阿里云一站式数据开发平台 Dataworks，用数据支撑综合能源服务的决策，例如投资回报率、营销效果和客户圈选等。

如图 20-3 所示为智慧能源服务平台。

20.3.3 智能农业大脑

阿里云将人工智能与产业结合，从城市管理、工业制造到农业都有所涉及。ET 农业大脑是阿里巴巴集团自研的农业关键核心技术端到端闭环的"数据 + 分析 + 决策"的产品体系，该产品经过行业深度融合实例验证，深耕农业各大行业，沉淀 16 个行业引擎，通过了多个领域客户的最佳实践检验。

ET 农业大脑拥有最优的产品架构，接入便捷，这些都基于阿里云公共云部署，成本低、模块化按需服务、升级便利、服务响应快。与阿里系其他产品一样，ET 农业大脑也是阿里生态协同伙伴共创的平台，通过数据连接阿里巴巴集团的新零售、新金融、物流，可实时对接阿里全球的市场、客户和仓储。目前，该项目应用于生猪养殖、苹果种植及甜瓜种植等领域，可以进行数字档案生成、全生命周期管理、智能农事分析、全链路溯源等。

智慧能源服务平台以"产业+技术+数据"为核心驱动力，以"能源+数据+金融"为创新发展主线，积极探索"平台+生态""S2B2C经济发展模式，支撑传统能源服务向"互联网+"综合能源转型升级，构建共建共治共赢的产业生态圈。

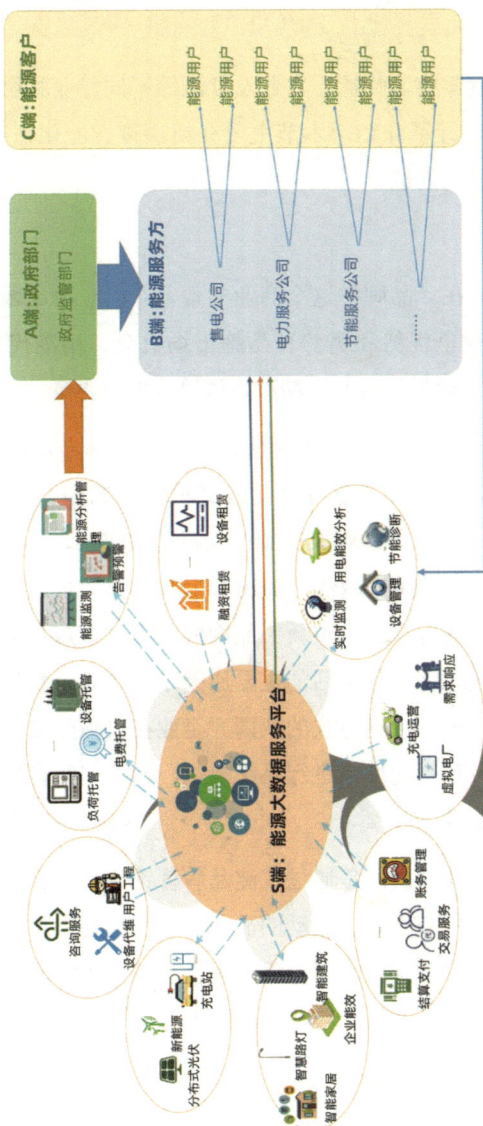

图20-3

20.4　决策智能化在 ABOS 11 要素中的呈现场景及价值创造

前面分别就零售、物流、农业及能源等不同行业利用阿里云实现决策智能化的场景进行了介绍，本节主要介绍决策智能化在 ABOS 11 要素中的呈现场景及价值创造。

1. 品牌

决策智能化在"品牌"这个商业要素上，已应用领域包括品牌市场定位分析、品牌竞争优势和劣势、品牌市场机会、精准代言人 /KOL（Key Opinion Leader，意见领袖）、精准媒体等分析与决策。

2020 年天猫"双 11"活动首次开辟了新品牌专场，据不完全统计，11 月 1 日当天，1800 多个新品牌的成交额超过 2019 年"双 11"全天的新品牌的成交额，94 个新品牌成交额增长超过 1000%。天猫平台上的新品牌从 0 到 1 的成长速度越来越快，2020 年呈现的是"现象级爆发"，完全不同于往年的单点涌现。一大波新锐品牌成立不过短短几年，为何能迅速爆发甚至超越传统大牌？其背后的主要原因是消费者对新品牌的认同，尤其是对新品牌所代表的生活方式的认同。企业在天猫商城和阿里平台上基于消费者数据分析和互动反馈进行品牌定位，为不同的客户群体提供价值创新，实现品牌发展。

以上现象究其缘由，是通过沉淀品牌营销、舆情、行为偏好等多方数据帮助企业实现了基于数据驱动的品牌运营，通过构建智能化算法赋能品牌运营和决策场景，实现品牌策略和调性与目标人群的精准匹配，实时掌握品牌舆情动向，促进品牌忠诚群体的转化和持续运营。

2. 商品

决策智能化在"商品"这个商业要素上，已经运用在精准挖掘增量市场新机会、预测流行趋势、智能定价、智能选品、智能组货等方面。

以李宁公司为例，在过去相当长的一段时间里面临着品牌老化问题，消费群体还停留在老客户群，与新生消费群体越来越远。从 2019 年开始，李宁公司与阿里云进行合作，双方共同打造数字化门店，在门店运用了云货架、云码、IoT 等技术；还联合打造了数据中台，并基于数据中台构建了卖点分析、智能组货等高阶应用。如今，李宁公司通过对品类、商品、竞品和消费者需求等数据的深度挖掘，能够快速且准确地分析出不同商品品类受欢迎的程度。同时，通过触点的连接加强了对消费者的认知，从而更好地服务消费者。如今，行进而立之年的李宁品牌变得越来越年轻，公司的商品销售收入也在持续上涨。

下面是一个智能补货的例子。在波司登"零售云"项目中，试点区域取消了经销商仓库，供应链系统自动为经销商门店和直营门店补货，节省了库存成本。利用在线大数据监控供应链库存节点快速、高效，在准确的时间、恰当的节点分配合适的库存。除通过库存后移、协同生产制造资源、快速补货减少零售网点的结构性缺货外，还推进应用了门店客流与巡店、门店看板分析、无卡支付等系统；应用互联网大数据分析，改造了传统门店的运营管理模式，提升门店运营效能；通过大数据分析降低了门店缺货率，促使门店业绩同比增加双位数。

3. 制造

决策智能化在"制造"这个商业要素上，运用在智能制造、产能预测、生产缺陷监测等方面。

制造过程的决策智能化是从制造到"智造"的跨越。

通过将传感器、智能机器、工业机器人、智能车间与员工等数字化触点有机整合，保证触点采集的设备数据、生产数据、交互行为数据准确，同时将采购、排产、生产调度等核心业务在线、开放并与生态实现协同，从需求到生产真正实现高效集成和协同。通过数据挖掘实现更精准的需求预测、更高效的制造建模与仿真，实现优质、高效、低耗、清洁、敏捷的生产。

例如，在光伏切片的生产过程中，有数千个生产参数会影响切片的良品率，比如砂浆温度、砂浆密度等，任何一个变量的细微变化都会直接影响最终的产品。而通过阿里云的大数据分析算法，就可以对苏州协鑫光伏科技有限公司生产过程中采集到的全部变量进行分析，找出与良品率最相关的关键变量。"根据这些关键变量为该公司搭建生产参数监控模型，在生产过程中对这些变量进行分析，一旦变量超出模型范围，监测系统就会及时预警。"经过项目一期的实施，该公司每年节省数千万元的成本，"小"目标并不遥远。

4．渠道

决策智能化在"渠道"这个商业要素上，应用于集成和融合全渠道的客户、商品、库存、订单数据，以及完善和丰富渠道定位、智能选址、进行客户洞察等数据智能应用，赋能门店、经销商等合作伙伴，这样不仅提升了整体渠道管理水平，而且促进了全渠道的一致体验。

以智能选址为例，为了吸引周边客流进店，重庆新光天地采用高德的智能选址解决方案，以商场位置为中心点，快速分析周边的消费群体特征、消费习惯、职住分布，之后通过支付宝小程序等，精准触达潜在消费者和现有会员，用发送优惠券等手段吸引目标消费者到店消费。

5. 营销

决策智能化在"营销"这个商业要素上，应用于直播、网红、短视频和社交媒体等新兴数字触点，全方位埋点来进行全链路数据采集，形成精准客户群体和会员画像，依靠技术和数据配置营销资源，实现营销活动计划、执行、优化的全链路在线与自动化，能够积累客户、活动、消费者和三方数据并形成数据洞察，优化营销的投入和产出，实现精准的消费者触达和全营销生命周期的消费者资产运营。

阿里巴巴集团一站式智能广告网络完整的广告投放流程如下：从实时预算分配优化、全媒体投放策略协同，到人群洞察和人群推荐，再到创意合成、创意优选，让品牌可以在给定营销需求的情况下，获得完整的智能营销策略，实现全方位一站式营销。对于商家来说，通过消费者的实时诉求进行精准的营销投放，可以大幅提升商家的投放效率。AI人工智能能够分析消费者的购物习惯、浏览习惯，例如消费者喜欢某款连衣裙，AI人工智能可以分析出该消费者是偏爱裙子的颜色还是偏爱裙子的剪裁风格，深度利用消费者的行为，实现消费者与商家的高质量匹配。

6. 零售

决策智能化在"零售"这个商业要素上，应用于添加智能货架、电子价签、客流识别和互动屏等数字化触点，采集消费者的体验数据，充分发挥全渠道触点和融合场景优势，能够交付丰富的消费体验。融合消费者、商品、订单、库存和交互行为等数据形成商业洞察，为智能选品、客流分析和运营分析等提供数据决策支撑，同时赋能一线，提振一线业绩，创造活力，提升消费者体验，促进消费转化。

"商业可视化经营分析看板"是一套整体解决方案，通过建立统一的数据与计算平台，在面对多业态、多项目的经营管理与决策场景时，用以经营数据为核心的时空大数据进行分析与展示，汇集并处理商业运营过程中的收入与合同、店铺销量与客流、会员与服务等核心数据，同时对整个经营过程进行基于时空数据的可视化管控。在应用层进行细分，具体如下。

在招商主题下，出租管理可以将铺位的出租情况以可视化的方式进行展示，为招租决策提供数据支撑，以便快速地调查及处理铺位招租问题。

在运营主题下，客流统计可以对人流分布数据进行高精度的分析和统计，进行有效的营销和推广等，为入驻商户提供丰富、准确的客流信息，协助商场以实际数据为依据与商户进行租约洽谈、指导经营，实现精细化运营，提高管理效率，减少运营成本。

这个系统已在多个大型商业集团投入使用。通过时空大数据的分析与展示，切实解决商业管理过程中对宏观与微观数据、信息上报与指导决策的需求，可视化的创新交互方式，真正创建了发现问题、分析原因、工单推送、解决反馈和记录可追溯的工作流程，构建实用的、可落地的经营管理"驾驶舱"，帮助各大商业机构摆脱管理效率危机，减少人工运营成本，最终使商场能够进行智能化管理，抢占行业先机。如图 20-4 所示为商场经营分析看板。

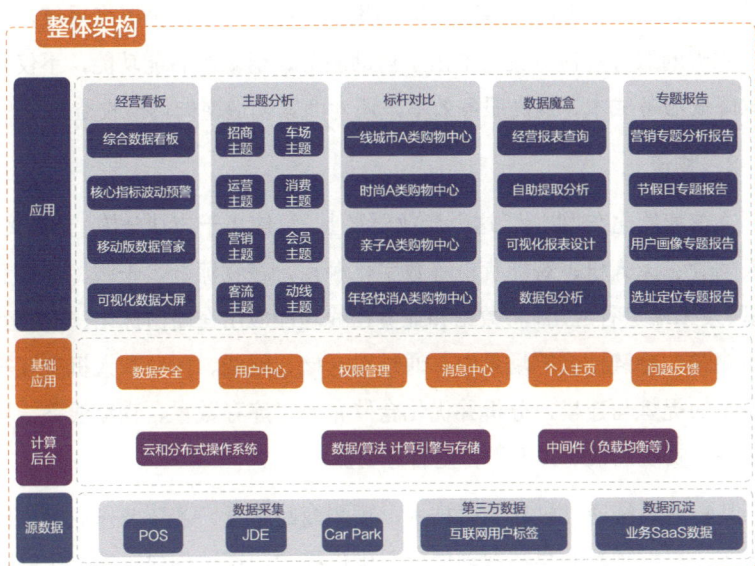

图20-4

7．服务

决策智能化在"服务"这个商业要素上，已经应用于智能客服、舆情分析等智能要素，通过互动、链接、体验来提高服务效率，以保障体验效果与满意度。通过物联网设备与数字化商品全场景链接，构建智能化资源调度、知识库迭代能力，提高服务精准度。

近年来，越来越多的品牌开始加码线上服务。和传统线下实体店不同，线上服务很大程度上决定了新客户对品牌的第一印象，也影响着老客户对品牌的忠诚度。提升服务智能化水平是大势所趋。全触点地进行数字化升级，沉淀数据对传统离线服务中心的咨询、投诉、退货、现场维修和检查等，提供在线培训学习、工单管控等业务服务能力，在科技、数字、产品能力的基础上，结合阿里巴巴集团 20 年服务经验和人力资源调度系统，形成一套完善的服务解决方案，推出了自助服务、退款等智能功能，不仅帮助商家降低服务成本、提高服务效率，还为商家创造逆向增值收益。

8. 物流

决策智能化在"物流"这个商业要素上，已应用于自动分拣、无人叉车、无人驾驶、无人机、智能货柜等数字化触点，在物流仓、干线、"最后一公里"及末端进行应用，将数据和业务在线功能应用在路由优化、安全运输、产品溯源、冷链控制等场景中。通过对仓储、路线、库存和人机交互等核心数据的提炼与建模，分析并优化仓储布局、库存数量、物流线路、协同发货等，实现高效能生态平台型智慧物流。

某物流系统通过机器学习技术，预测商品销量、各环节作业量、作业时效等，根据预测结果在规划层建立优化模型，通过创建运筹优化算法，获得仓库最优存储面积及最优货架类型组合方案，对商品上架建议、库存建议、补货方案、理货方案等进行一系列的布局优化，使仓库容量利用率提升 42%，综合作业效率提升 35%。

智能供应链数智大脑

菜鸟供应链数智大脑，通过数智化分仓、数智化预测、数智化决策等产品组合，助力商家通过数智化技术驱动供应链升级，做到更高效、更智能。

同时，还有全新的数智仓配组合、综合的供应链数智全案服务，以及商流联动服务。供应链数智大脑力推以下三个产品。

- 分仓宝：助力商家更科学地分仓，让货品离消费者更近，让消费者时效体验更佳。

- 预测宝：利用联合销售预测、产销计划、补货的 CPFR 工具，使商家周转更快、资金释放更多。值得注意的是，预测宝的销量预测功能可以预测未来 4~13 周的 SKU 和分仓销量，目前处于预测的头部水平。

- 数据宝：通过可视化数据看板，驱动数据化运营，让决策更科学。

很多天猫商家在数智大脑的帮助下，获得了优秀的供应链回报成绩。例如，宝洁天猫旗舰店的商品周转天数从 2018 年的 73 天减少到 2019 年的 29 天。

事实上，随着数据化商业的深入发展，天猫商城等电商平台的数据化营销方式越来越多，供需的数据化协同也越来越迫切，对商家物流供应链的数据化和智能化要求也越来越高。

比如，大促活动中通过将商品提前备好，使预售商品实现当日达甚至小时达，全部建立在数据化、智能化的物流供应链的基础上。而菜鸟供应链的供应链大脑将销售前台和供应链后台打通，在商家大数据、算力和算法上都有独特的优势。

9. 金融

决策智能化在"金融"这个商业要素上，应用于企业 / 个人征信、供应链金融、电商商家线上免抵押信用贷款等。

对于商家来说，每年"双 11"活动就是一场供应链金融"大考"，一方面需要大量资金用于备货，另一方面中小规模商家从传统金融机构贷款的手续烦琐，审批周期长。同时，商家的周转时间越来越快，很难实现销售与贷款效率匹配，这都会导致商家经营成本和经营风险上升。现在，商家无须再为上述情况烦恼。商家在天猫平台上的历史经营行为，都会积累成信用记录，成为金融机构放款的重要参考依据。除精准融资服务外，阿里巴巴集团还通过一整套可视化系统，帮助商家精确控制营销、运营活动，提高资金收付效率，加速整个供应链物流和资金流高速运转，降低供应链综合成本，提升整体服务水平。

10. 组织

决策智能化在"组织"这个商业要素上，主要应用在智能岗位（Robotic Process Automation，RPA，自动化软件机器人），以及任务选人、用人、派人的智能匹配人力资源（智能晋升辅助系统，减少人工主观偏差）等场景。

在人力资源领域的晋升场景中，一个有一定规模的团队在考虑人员晋升时，通常会遇到如下两个问题：有哪些候选人有晋升潜力；不同的候选人，谁更符合晋升标准。

过往的操作方法主要是由主管给出答案，但这中间会存在不可避免的人工偏差。如果使用 AI 进行辅助决策，就可以尽量减少人工操作带来的主观偏差。

目前，智能晋升辅助系统的 AI 决策主要用在提名和评审阶段。针对初级职位和中级职位，智能晋升辅助系统已经达到 98% 的预测准确率，并且能够覆盖 40% 的潜在晋升人群。对于阿里巴巴这样一个大的集团而言，这个数字对于企业效率的提升有着很大的帮助。

此外，阿里巴巴集团还为员工晋升工作创建了面试官评价模型。

面试官的面试技能和成熟度直接决定了招聘的效率和效果。不同于智能晋升辅助系统，面试官评价模型缺乏客观的历史数据。对此，构建面试官评价模型时需要选择主动学习的方式，将人工建模与机器建模结合。在人工建模阶段，深入引入专家经验，人工生成指向性规则指标，再通过对样本的人工标注结果，反推数据进行调整，直到生成最终的面试官评价模型。

获取人工标注的数据后，进入机器建模阶段。在机器建模阶段，不仅能得到自动模型，还能从数据里挖掘特征，如面试官符合哪些特征、面试官有哪些倾向性。这些数据特征可以用来辅助人工建模与标注。

通过主动学习（Active Learning），这个面试官评价模型在对面试官评价的准确度上能达到 90% 以上，并且覆盖 20% 的面试官。虽然 20% 这个数字本身不大，但它已经足够支撑招聘团队去针对面试官进行面试技能培训、复盘跟进等相应运营调整。

11. 技术

决策智能化在"技术"这个商业要素上，应用于云原生（已于第三篇第 16 章"基础设施云化"中说明其定义）架构定义及设计原则（过程自动化原则）。在软件交付标准化的基础上做到自动化，通过配置数据自描述和面向终态的交付过程，让自动化工具协调交付目标与环境差异，实现软件交付和运维的自动化，而这也正是人工智能融合云计算、大数据、物联网、移动互联网、区块链等数字新基建后呈现的持续优化和价值创造。

正是看中了云原生技术能够给申通快递带来的价值，所以申通快递决定使用公有云作为主要计算资源。在跟阿里云方面进行多次技术交流后，申通快递最终确定阿里云为唯一合作伙伴，为申通快递提供稳定的计算、数据处理平台。目前，申通快递每天处理的订单量在千万级别，处理物流轨迹在亿级别，每天产生的数据量有 1TB，使用 1300 多个计算节点实时处理业务。

申通快递上云总负责人提到，随着申通快递业务的日益增长，采用云原生架构方案可以解决传统应用升级缓慢、架构臃肿、不能快速迭代等问题。通过阿里云全面转型为云原生架构体系，在成本、稳定性、效率、赋能业务四个维度获得显著成效，这些云原生技术带来的价值是申通快递使用公有云作为主要计算资源的核心动力。

【总结】

决策智能化是企业的发展方向。实现决策智能化后，企业战略将从"业务驱动"转向"数据驱动"。本章主要介绍了以下几项内容。

（1）决策智能化即基于大数据，通过对深度学习、优化技术、预测技术等进行算法设计，在人力调度、货物分配、资源优化等场景上，对企业各种经营活动进行智能决策。

（2）企业通过"业务上云、数据整合、应用创新"实现决策智能化。

（3）决策智能化在不同的行业为客户实现数据价值，包括智能选址、智能营销等功能的展现。

（4）决策智能化在 ABOS 11 要素中的呈现场景及价值创造。

企业实现从经验决策到"数据＋算法"决策的转变，需要不断挖掘、汇聚、分析消费者数据及研发、生产、供应链等数据，基于"数据＋算法"构建一套新的决策机制，替代传统的经验决策。

数智转型先行者

第四篇

第 21 章
大润发：做零售业的数智化领军者

1998 年，大润发在上海开设了第一家大卖场。在此后的十几年里，凭借着主攻二三线城市的开店策略、极其精细化的门店运营方案、总部集权加门店分权的混合管理模式，大润发的营业额实现了爆发式的增长。

截至 2009 年，大润发已在全国 21 个省、市及自治区开设了 143 家门店，年营业额达到了 404 亿元，单店业绩超过 3 亿元。作为独立的零售品牌，大润发超过家乐福和沃尔玛成为我国规模最大、运营效率最高的零售商。事实上，从那时起，大润发就一直占据了中国零售业领头羊的位置。

不过，就在大润发登上零售业宝座的同时，中国的消费市场环境正在酝酿着一场大变局。

2010 年，电子商务在中国迅速发展。欧睿统计数据显示，2012—2017 年，我国标准超市零售额和大卖场零售额的年均复合增长率分别为 2.31% 和 1.39%。与此相对照，电子商务推动的网络零售额的年均复合增长率达到了 45.7%。截至 2017 年年底，标准超市和大卖场的零售额分别占全部零售业态的 17.1% 和 5.2%，而网络零售额占到了 23.8%，超过标准超市的零售额成为第一大零售业态。

电子商务的兴起，带来的不仅是新的零售业态，还有消费者购物习惯的改变。通过互联网几乎可以购买所需的一切商品和服务，消费者尤其是年轻人开始选择在网上购物，而不是去线下实体门店购物，这可以从大卖场的消费者画像中看出来。在大卖场中购物的十有八九都是年纪偏大的人，年轻人的身影越来越少，这与年轻人作为社会主流消费人群的事实显然是相悖的。

这些变化很快就波及到了大润发。从 2011 年开始，虽然大润发的总营业额仍在持续增长，但商超行业最重要的经营指标——同店销售指标增长趋缓，并在 2014 年出现了负增长。据大润发母公司高鑫零售 2014 年年报显示，同店销售增长减少的主要原因是整体消费市场增长放缓、消费者消费渠道更加多元化。

面对年轻消费者的不断流失，传统大卖场该何去何从？

时任大润发董事长的黄明端很清楚，大卖场要生存下去，必须进行转型升级，最核心的问题就是要与年轻的消费者建立链接。既然年轻的消费者都去了线上，那么大卖场也必须到线上去。

于是，在 2013 年年底，大润发上线了自营 B2C 电商飞牛网，开始了互联网化、数智化的探索。然而，这条路并不好走。高仓储成本、高履约成本、高流量成本、低配送效率，让飞牛网陷入持续亏损的窘境。

3 年后，飞牛网转型，使用店仓合一的模式，兵分两路，探索线上和线下整合。其中，一路开发大润发优鲜 App，为门店周围 5 千米内的消费者提供 B2C 生鲜一小时到家服务，满足年轻消费者的购物需求；另一路推出大润发"e 路发"App，为门店周边的中小超市、餐饮店、娱乐场所、企事业单位等提供 B2B 进货服务。

2017 年年底，阿里巴巴投资高鑫零售，大润发的数智化转型进入了快车道。到今天，大润发在中国大陆开设的 414 家大卖场都完成了数字化改造，除大润发优鲜 App 外，还通过阿里系的淘鲜达、饿了么、天猫超市等多个端口，为门店周围 5 千米内的消费者提供一小时到家服务，为门店周围 5~20 千米内的消费者提供半日达服务。

截至目前，大润发线上会员已有 1000 多万人，其中 20%~30% 与线下门店会员重叠。线上日单量接近 40 万笔，线上销售额占总销售额的 20%，未来希望能达到 50% 以上。2019 年，大润发生鲜电商实现全面盈利，并且同店销售增长指标在连续 5 年的负值之后开始转正。

数智化的核心在于数据，用数据驱动业务运营、提高运营效率、实现决策智能化，是数智化的最终目标。要获得数据，就需要利用互联网技术和硬件设备，把业务运营的所有流程和所有触点都做到在线化和数字化。而要提升业务运营效率，也会对组织能力提出更高的要求，需要组织内部之间，以及组织与外部之间实现更流畅、更高效的协同合作。同时，伴随着线上和线下全渠道的业务融合，需要更具弹性、更安全、更可靠的云服务来保障运营效率和稳定性。

从大润发的数智化转型实践来看，它在云端迁移、触点数字化、组织协同合作、数据驱动业务、智能化决策等方面都进行了积极的探索，并取得了显著的效果。

21.1 基础设施云化

截至 2020 年 1 月，大润发已在中国大陆开设了 414 家大卖场，遍布华东、华北、东北、华中、华南五大区域，服务范围覆盖全国 29 个省市及自治区，拥有 10 多万名员工和 10 万多名导购，每天为 400 多万名消费者提供服务。为了方便管理，也为了避免可能的断网给门店生意带来影响，大润发的基础设施系统采用了分布式架构，区域总部系统、门店系统、POS 机系统都是相对独立的，基本上每个门店都有自己的一台服务器。总部系统和门店系统之间并不是实时在线的，它们之间的信息交换以日结的方式批次上传或下达。每天的交易数据由各门店独立汇总，然后定时上传到总部系统；总部开展各种活动或新增商品，也是按日批次将信息下达给各门店系统，门店对信息进行处理后，再推送到 POS 机系统。任何一个环节的断网，都不会影响门店生意的正常运转。"这样的系统架构，对传统零售连锁企业来说都是必备的，否则就做不了生意。"大润发 CTO 陈俞安说。

经过 20 多年的优化，大润发的这套系统已经运转得非常流畅了，并且融合了许多成熟的管理机制，这些优势共同帮助大润发成为国内最大的零售商。但是，系统再好，也只是为传统的线下零售而服务的。当新的时代推动传统零售企业转型升级，需要它们到线上做生意，实现线上和线下一体化的时候，一道坎摆在了他们面前——分布式架构无法支撑线上生意，更无法适应线上和线下一体化。

陈俞安解释说，零售企业要在线上做电商，面对的就是全国的消费者、全国的库存，在这种情况下，系统彼此独立的分布式架构是无法发挥作用的，只有集中式架构才能统一对接消费者，提供准确的库存信息。如果零售企业想基于 LBS，使用店仓合一的模式，给门店周围的消费者提供到家服务，不仅需要集中式架构来承接所有消费者的 App 或第三方平台，还需要让部署在集中式架构中的业务系统与每个门店的系统进行数据交互，这样就构成了一个混合式架构，即一部分业务系统在集中式架构中，另一部分业务系统在线下的分布式架构中。所以，"如何从分布式架构跨越到能够做线上生意，甚至实现线上和线下一体化，是传统零售企业需要迈过的一道坎，迈不过去，就做不了这个生意"。

大润发在 2013 年做飞牛网的时候，线上业务跟线下大卖场业务是分开的。飞牛网团队自建线上商城和全国大仓，还搭建了一个本地 IDC（互联网数据中心），飞牛网的系统就集中部署在 IDC 上。飞牛网有各种各样的促销活动，一做活动，平台流量就猛增。为了避免冲垮本地 IDC，飞牛网还使用了第三方云服务，形成一个本地 IDC 和云服务的混合云配置。"有大促的时候，我们就租用云服务器，实现弹性扩展。活动结束，就停用云服务器。"陈俞安说。

对于大润发来说，飞牛网的自营电商模式面临诸多挑战。大润发新零售事业部总经理吴春相坦言：首先，大润发经营的是快消品，往往单价低、体积大，所以大仓的仓储成本很高；其次，商品从大仓到消费者手中，一路要经过第三方物流的多次中转，整个履约配送成本也很高；再次，商城发展新会员的成本超出想象，而且会员留存率极低；最后，快消品是消费者急需的商品，飞牛网却只能提供次日达服务，配送时效慢。所以，在刚开始几年的时间里，飞牛网的营业额虽然在增加，但是亏损幅度始终没有收窄。

"其实，我们内部一直在讨论，这个模式该怎样走下去，可就是找不到能够改进的点。"陈俞安说。2016 年，盒马出现了，这种以门店为中心、线上和线下一体化的新零售模式让大润发发现了机会，因为这种模式比较匹配大润发的核心优势——供应链和门店网络。

于是，大润发决定转型，开发了大润发优鲜 App 和 "e 路发" App，分别为门店周围的消费者和企业客户提供到家服务和进货服务。由于线上订单需要线下门店发货配送，所以集中部署在混合云上的线上零售业务系统需要与每家门店的业务系统进行会员、支付、库存、营销、物流等数据的交互，由此形成了混合式系统架构，既有原来门店的分布式架构，又有能够实现线上和线下一体化的云端集中式架构。

2017 年年底，大润发获得阿里巴巴投资后，开始将部署在第三方云上的系统和设备迁移到阿里云上，利用阿里云 ECS、RDS、ARMS 等产品提供的弹性后台计算、可扩展网络带宽等强大能力，更安全、更可靠地保障线上和线下一体化业务的稳定运行。大润发原来的云架构由此变成了本地 IDC 和阿里云的混合云。

说到迁移云的好处，陈俞安举了一个例子。在 2020 年疫情期间，大润发做了一个线上和线下联动的预售活动，预售的是一款极为热销的商品，在任何渠道几乎都是被秒杀的。在此次活动中，消费者先在大润发优鲜 App 上下单预定，然后到门店提货，这样可以减少消费者在门店的逗留时间。大润发把预售系统部署在本地 IDC 上，由于对活动没有做过多宣传，因此前两次预售活动进行得还算平稳，到了第三次预售，汹涌的流量一下子冲垮了服务器，导致大润发优鲜 App 上的其他消费者都无法下单。于是，大润发把预售系统整个迁移到了阿里云上，并为此次预售扩展了 36 台云服务器，以应对峰值流量。

"迁移和部署这 36 台服务器，一个礼拜就做完了。如果还是用本地 IDC，仅仅跟厂商下单买 36 台服务器，就得一两个月才能到货。现在，做任何活动，如果发现流量很大，我们就把阿里云上的资源加大，等于企业应对外界变化的弹性变大了。"陈俞安补充道。

当然，无论是混合式系统架构，还是混合云，都不是大润发的最终目标。陈俞安透露，大润发的混合式架构相当复杂，数据流转需要从总部到门店、门店到云端中台、云端中台再到阿里巴巴中台，中间只要有一个地方断开，整个系统就会出问题。所以，大润发希望能够简化数据流转路径，而要做到这一点，只能把所有系统都集中到云上，才能直接在云上进行操作。为此，大润发准备用两三年的时间，把原来线下的系统都"搬"到阿里云上，将现在分布式和集中式混合的系统架构彻底升级为部署在云端的集中式架构。

同时，目前的 IDC 在服务器到期后不再继续购置，部署在 IDC 的业务系统会迁到阿里云上。到那时，IDC 和阿里云的混合云配置就会变成纯阿里云。

21.2　触点数字化

数智化转型的一个核心操作是获取数据，换句话说，所有业务流程和触点都要做到在线化、数字化。

大润发在成立之初，就导入了 ERP 系统。"要做连锁、规模化，底层就需要一套信息化系统来支撑，这样才可能在上海管理华南的门店。"陈俞安说。有了 ERP 系统，再加上多年的功能开发和优化，大润发线下门店的业务流程基本上实现了信息化，供应链、商品、交易、会员等数据都沉淀在系统中。

2013 年，面对电子商务的猛烈冲击，大润发开始探索线上零售，推出了飞牛网自营电商，以期触达日益壮大的线上消费群体。但是，飞牛网这种模式挑战太大，在连续亏损几年后，大润发看到了新零售的机会，于是放弃自营电商的想法，将飞牛网转型为线上和线下融合的门店配送模式。

消费者通过大润发优鲜 App，可以享受最近门店的 1 小时到家服务，商户则可以通过大润发"e 路发"App，获得最近门店的次日达进货服务。

不过，无论是大润发优鲜 App，还是大润发"e 路发"App，拉新能力都有限，其用户大多来自线下门店的原有用户。阿里巴巴集团的投资则为大润发开拓了一个广阔的线上市场。2018 年 3 月，大润发开始接入淘宝网的淘鲜达项目。跟大润发优鲜 App 一样，淘鲜达项目也是针对生鲜食品的 1 小时到家服务。所以，对于大润发来说，等于在大润发优鲜 App 的基础上，又多了一个触达线上消费者的端口。更重要的是，这个端口位于手机淘宝 App 上，后者的巨大流量不仅给大润发门店带来了可观的线上销量，也让大润发迅速获得了大量的新用户。

此后，大润发又入驻饿了么平台，还与天猫超市达成"共享库存"的合作，为门店周围 5 千米内的消费者提供 1 小时达服务，为 5~20 千米内的消费者提供半日达服务，进一步扩大了大润发的线上流量和用户数量。

至此，大润发的新零售业务就有了 4 个线上端口，消费者可以选择任何一个端口下单。门店收到来自不同端口的订单后，会通过同一个履约系统进行配送。"我们前端不一样，后端完全一样。我们把邻近社区的订单合成一批，交给一个小哥去送，订单够密集，配送效率才高。"陈俞安解释道。

截至目前，大润发所有 414 家门店都已接入 1 小时配送到家业务，有 200 多家门店已上线天猫超市半日达业务。线上用户数已突破 3300 万人，活跃用户数超过 1000 万人；"e 路发"商户数超过 53 万户，活跃商户数接近 24 万户。据吴春相介绍，线上 4 个端口的用户人群虽有部分重叠，但总体区别明显：大润发优鲜用户以家庭用户为主，大部分是大润发的忠实用户；淘鲜达和天猫超市的用户主要是白领；饿了么平台用户则是更年轻的群体，主要购买零食和水果。

对于线上用户，大润发各个门店安排了专人建群、维护和运营。他们为来自不同端口的线上用户分别组建了小优群、小淘群和小饿群，目前小优群有 25 万名会员，小淘群会员接近 40 万名。大润发每个区域总部都有一个用户运营部门，该部门会跟据新品促销或节日活动设计运营方案，产出内容，然后传送到门店，由门店人员推送到群里。如果用户有疑问，也可以在群里得到解决。"这些群里会员的购物频次，要远高于整体线上用户的购物频次。"吴春相说。

除线上的数字化端口外，大润发也在尝试使用社区团购模式来触达更多的用户。一方面，大润发跟菜鸟驿站合作，由后者把菜鸟驿站的站长发展成团长，让他们去建立和运营社区团购群，然后在小程序下单，由大润发门店统一配送到社区。另一方面，大润发自己也组建了专门的团队来做团长，还有"e 路发"的业务代表也可以做团长。

在拓展线上销售端口的同时，大润发对所有门店实施了新零售改造，使它们具备线上运营能力。门店使用了阿里云 POS 机和自助收银机，既打通了跟阿里巴巴的商品和库存数据，也将门店支付环节变成了消费者数字化触点，如图 21-1 所示。

图 21-1

为了提高拣货效率，在 20 分钟之内完成场内拣货，门店安装了悬挂系统，并部署了快拣仓，如图 21-2 所示。陈俞安解释说："门店货品，尤其是生鲜品和快消品，基本上都是线上和线下共用的。对于周转比较快的货品，有可能出现的情况是，线上顾客下单了，门店还没来得及拣货，货品就被门店顾客买走了，或者货品已被门店顾客放入了购物车，还没有结账，但线上库存仍显示有货。为了避免类似的缺货，我们对周转慢的长尾货品不做区隔，为周转快的货品专门建立了快拣仓进行物理区隔。目前，我们出货的缺货率在 0.6% 左右。"

图21-2

大部分快拣仓的面积在 300 平方米左右，可以容纳 3000 多个品项，以生鲜品、奶制品、饮料等为主，也包括热销的日用品和特价商品，出货占比达到 80%~90%。快拣仓根据大数据来指导货品种类、摆放位置和库存数量。仓内拣货动线经过设计，能减少拣货员来回拣货的频次。

21.3　业务在线化

为了保障线上和线下全渠道业务高效、流畅地运营，尤其是大润发在线上有多个零售端口，要对接线下各个门店的分布式系统，大润发需要一个中间系统来实现线上和线下的对接和交互。

2017 年大润发上线优鲜 App 和"e 路发"App 开始做新零售时，就建立了这样的一个中间系统，称之为大润发中台。这个业务中台当时被部署在大润发的 IDC 和第三方云的混合云上。未来，待混合云变成全部阿里云的时候，大润发业务中台就会集中到云端。

现在，业务中台以秒级速度实时跟大润发优鲜 App、饿了么平台、阿里中台进行交互，同时也跟所有门店的业务系统进行交互，以获取库存、价格、商品、物流等数据。因为大润发门店的 ERP 系统是单机系统，没有服务能力，所以大润发又在各个门店部署了一套本地系统，作为业务中台和门店系统之间的中转站。

通过云端的业务中台，大润发实现了多渠道业务同时上线，并能够进行统一的资源管理、数据管理、运营管理、业务管理，有效推动了整体业务的稳定增长。到 2019 年年底，大润发线上零售业务已经实现盈利，而门店的同店销售增长也开始转正。

在全渠道新零售业务卓有成效的同时，大润发也在用数字化、移动化手段重构门店的底层效率。以前，由于采用 ERP 系统，因此门店的移动管理比较少，每天基本上都是一早打印出一大堆报表，分发给门店相应的人员，这些人员拿着报表去做上面列出的任务，所有任务做完，再把报表交回。现在，大润发利用 PDA 设备，把门店收货、理货、上架、拣货、包装、配送、盘点等任务，都做成了移动化管理。"很多工作可以通过系统分配到相应人员的 PDA 上，他们接到任务后去完成，最后直接在设备上上报就行了（如图 21-3 和图 21-4 所示）。"陈俞安解释说。大润发还开发了一个"店总参谋"App，店总人员在自己的手机上就能随时查看门店的销售、履约等情况。

图21-3

图21-4

大润发共 414 家门店，覆盖全国 29 个省市及自治区，拥有 10 多万名员工和 10 多万名导购，组织结构既庞大，又分散，这给内部沟通协同带来了很大的挑战，而钉钉的引入大大改善了这种情况，如图 21-5 所示。

"对我来说，钉钉最大的好处是方便找人，因为我们组织结构太复杂了，人员分散在各地。现在，我要找某个店总人员，通过钉钉上面的组织架构，很容易就能找到他，而且他也可以知道我是谁。在 2020 年疫情期间，我们要召开全国会议，在钉钉上按一下键就能马上联系到所有人进行视频。钉钉让我们的工作效率提升了很多。"吴春相说。

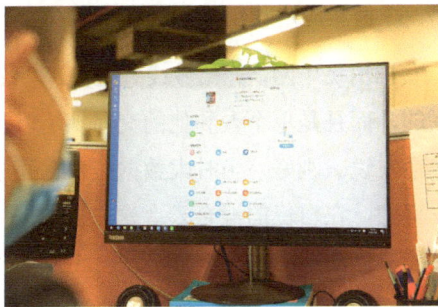

图21-5

新零售部副总经理扈庆芬表示，大润发的内部沟通、考勤、通知、报表公文签核等日常工作，基本上都放到了钉钉上，实现了移动办公。原来，很多培训都在线下进行，差旅成本、时间成本很高，现在借助钉钉上的云课堂，成本大大降低。而且，在线化以后，有多少人参加培训、课程有没有学完、有没有参加考试，都一清二楚。"疫情期间，出差不方便，我们就把所有培训都转移到了钉钉上，一季度的线上培训数量比去年一年的培训数量还多，效果也不错。"

21.4 运营数据化

ERP 系统使大润发门店基本实现了信息化，而利用系统中沉淀的进销存数据，大润发建立了非常强大的商品管理能力。"该采购什么商品，哪个商品卖得好，哪个商品卖得不好，怎样对商品进行管控，这是我们做连锁大卖场最厉害的地方。"陈俞安说。

不过，除进销存数据外，其他数据比如会员数据，更多时候就只是数据了。正如吴春相所说，对于顾客，大润发只知道量，不知道质；知道这个区域有多少顾客、一周来几次，但不知道他们是谁、什么性别、多大年纪、有什么偏好。所以，很多数据只是输出一些统计报表，供管理者决策参考，离真正的数据处理、挖掘和应用相距甚远。

2014 年，大润发推出飞牛网，开始做线上业务。"我们知道，在线上，人跟交易是要关联的，而且是单个人和他的交易。所以，我们需要把交易都抽取出来。"陈俞安说。刚好，当时大数据技术已经成熟，大润发就利用一个大数据开发框架，在自己的混合云上建立了数据中台。只是这个开发框架采用开源系统，存在一定的安全风险。

所以，目前大润发正在跟阿里云合作，利用阿里云的 DataWorks 大数据开发平台和 MaxCompute 大数据计算服务，在阿里云上重建数据中台。预计在 2020 年年内，大润发就会将会员、交易、履约等相关数据导入新的数据中台。

线上订单的履约配送是大润发和蜂鸟即配合作完成的，整个过程完全靠数据来驱动。当大润发门店系统收到线上多个端口的订单后，会自动将订单分派给拣货员，后者根据 PDA 上显示的订单信息分区拣货。拣完货、打好包后，拣货员在 PDA 上单击"完成"按钮，订单信息就会自动流转给蜂鸟的智能调度系统，由系统自动通知骑手进行派单。

蜂鸟即配为大润发定制了驻店配送模式，以提高配送效率和服务质量，目前配送准点率达 99%。同时，蜂鸟系统会根据订单覆盖区域、配送路线，将同一个区域的多个订单集合起来，交给一名骑手进行配送，不仅极大地提升了配送效率，也增加了骑手的收入。

21.5　决策智能化

在陈俞安看来，接下来 10 年 IT 技术发展的方向是智能化。人工智能在 20 多年前就有了，只是在应用层面还不是那么成熟。而最近几年，人工智能技术已经相当成熟，也有了成功的案例，只是还没有那么普及。所以，陈俞安相信今后 10 年，能够建立数智化能力的企业将会继续生存。

陈俞安还表示，数智化能力一旦沉淀在公司里，可以做的事情还有很多。大润发虽然有一套完整的 ERP 系统，能产出很多报表，但这些报表只是资料和信息。阅读这些资料和信息，然后把它们转换成一个恰当的决策，基本上还是靠人。当然，决策也分不同层次，有些属于日常型决策，有些属于业务型决策，有些则属于战略型决策。实现数智化以后，日常型决策和业务型决策是可以被取代的，这样经营效率会更高。

比如，大润发承接 1 小时到家业务，有两件事很重要：一是库存要准确，因为顾客下单后 1 小时就要送达；二是要有足够的人力来配送订单。而要满足这两个条件，就得提前储备库存和人力。但是，储备多少才够呢？要回答这个问题，大润发必须尽可能准确地预测订单。

起初，大润发预测线上订单都用人工，提前一个礼拜，一家店一家店地进行预测，准确率大概在 90%。2019 年年初，大润发开始尝试利用阿里云的智能系统进行预测。"刚开始，智能预测的准确率在 70%~80%，有时只有 60% 多，因为需要考虑很多决策因子，需要不断用数据进行训练。"吴春相说。

经过将近 1 年的调整和训练，2020 年 4 月 1 日，大润发开始全面启用智能系统预测订单，而且预测的是每家门店每天的订单，准确率已经超过人工预测的准确率，达到 90% 以上。"有了准确的订单预测，我们就能提前准备好库存和人力，经营效率就会得到优化。后面，我们会继续对智能系统进行调整，让它学习新的东西，希望未来预测能达到小时级。"吴春相补充道。

【总结】

陈俞安认为，智能化带来的是效率的提升。大润发是流通商，一头连着消费端，另一头连着供应端，连接的通道就像一个管道，常常会有堆积的地方。如何通过一个更有效率的系统，让两端之间没有任何堆积而顺畅地流通，是大润发应该去做的事情。比如，现在门店跟总部的交互是日结，总部收集信息后反馈给厂商可能需要两三天，厂商再发货可能是一周以后的事情了，这段供应链的信息流通其实是迟缓的。将来，在互联网和智能化的架构下，如果信息流通能变成秒级，那么对整个供应链及企业的经营管理会带来怎样的影响是值得探索的。

　　所以，在数智化转型上，大润发接下来要做的是构建一个基于云架构的更主动、更智能的 IT/DT 系统。同时，利用阿里巴巴集团的资源和能力建立大润发的智能化能力。"当我们有这样的能力的时候，我们的决策就会比其他零售企业快一些，经过日积月累，差距就会越来越大。"陈俞安憧憬道。

第 22 章
居然之家：用数智重构"人、货、场"

1999 年，居然之家在北京北四环开了第一家门店。截至 2020 年 11 月，居然之家门店已经遍布全国 30 个省、市、自治区，覆盖 220 个城市，累计开店数量达到 409 家，年销售额超过 850 亿元，成为中国家居龙头企业，并在深交所上市。

现在，居然之家已经从一家建材市场成长为以家居为主业，以大消费为平台，业务范围涵盖室内设计和装修、家具建材销售、智慧物流、金融服务、现代百货、院线餐饮、体育健身、数码智能、居家养老等领域的超大型零售商。

居然之家集团总裁王宁表示，2019 年居然之家以大家居实体店连锁发展为核心，努力推动大家居和大消费的融合、线上和线下的融合，以及产业链上下游协同融合的"一个核心，三个融合"的发展战略。2019 年，居然之家营收 90.85 亿元，净利润 31.26 亿元，同比增长分别为 7.94% 和

60.08%。

从 1999 年居然之家开第 1 家店开始，到第 100 家店开业用了 15 年的时间。从开 100 家店到开 200 家店，时间缩短到 3 年。到 2028 年，居然之家计划开 1200 家门店。王宁说："2020 年乃至以后，我们会继续加快开店速度。"

在"一路奔跑"式的成长过程中，居然之家也曾遭遇"成长的烦恼"。2013 年之前，在国内房地产热潮的助推下，家居建材行业总体呈现供不应求的态势，家居卖场的"日子"普遍过得不错。

2013 年之后，房地产行业发生变化，上游地产商主打精装房和拎包入住，整装崛起，截流了家居消费，再加上各大电商平台对线下门店的冲击，消费者有了更加多样化的选择，对体验的需求也日渐重塑。随着"80 后""90 后"成为整个零售消费市场的主流人群，主要家居品牌纷纷"触电"，号称要"横扫"线下实体卖场的互联网家居品牌开始兴起。形势逐渐变得严峻，居然之家等传统家居卖场开始焦虑。

2013 年，居然之家把线下卖场搬到了线上，做"居然在线"商城。由于对线上和线下关系的理解有误，这项尝试反而造成了线上和线下两个市场的割裂。滴滴打车的出现，让居然之家开始思考平台模式。他们注意到家装设计正在成为家居建材行业的流量入口，于是建立一个以家装设计为入口的家装平台，成为"居然在线"商城改版的方向。

2016 年发布的"居然设计家"平台逐渐成为居然之家线上流量入口之一，但是居然之家经营的焦虑依然没有解决，家居零售业依然面临着新的挑战：随着电商"最后一公里"问题逐渐得到解决，线上与线下购物的屏障已经被基本消除。专业家居物流服务商、巨头购物平台物流服务等，基本上可以满足消费者的家具网购需求，消费者对线下购物的依赖更小了。

过去人们购买家具一般去家居卖场或建材家具市场，随着家具与家居的界限逐渐模糊，人们可以在任何具有家居消费场景的地方购买家具，甚至不需要购买而是租赁家具。当消费者的时间越来越碎片化，消费者越来越看重便利、舒适的购物体验时，远离市中心、体量庞大、迷宫式布局的传统卖场是否会被逐渐抛弃？

新兴技术正在为家居零售业变革提供可能。传统家具门店由于所能展示的产品有限，很难满足消费者的体验需求，获客难、坪效低，愈发形成恶性循环。随着云设计等软件的普及，门店可远程为消费者设计理想家居，并在线匹配多样化的产品。尤其随着 5G 时代的到来，数据传输和虚拟展示帮助门店极大地延伸展示空间，通过大屏幕实现沉浸式的体验和互动。未来，门店或许不再需要动辄几百平米或上千平米的豪华装修，而是成为具备"设计＋体验"功能的集成多功能空间。

居然之家遇到了高度认同居然之家商业模式和商业逻辑的企业——阿里巴巴集团。2018 年 2 月，双方签署战略合作协议，居然之家新零售之路由此开启：重构"人、货、场"，加速数智化转型。

居然之家的数智化转型是对"人、货、场"关系的重新梳理。在传统的场景里，关于"场"的定位，以及基于"场"如何服务周边的人、基于服务如何做商品定位和货的部署，都没有太细致的安排，这是传统零售场带来的问题，而且经营决策往往基于经验。

在这样的"场"中，品类布局并不是由居然之家这样的平台商来决定的，而是由品类经销商决定的。家居卖场平台以物业运营为主，提供的是兜底服务，比如先行赔付、绿色环保、无理由退换、送货安装零延迟等。居然之家就是业内最早确立"向消费者倾斜"经营理念，打造行业服务标杆的企业之一。

"但是现在运营逻辑变了，"居然之家运营管理中心总监李选选说，"整个市场发生了比较大的变化，整个零售体系逐渐走向成熟，原本提供的先行赔付服务应对的是商家经营不善和跑路等问题，或者商家没能力承担售后服务责任等，现在商家的运营能力在逐渐提升，商家本身提供的兜底能力在减弱整个平台的兜底服务的必要性。"

一项全面赋能居然之家的合作正在进行。居然之家获得阿里巴巴集团的全面赋能，从基础设施云化、家居建材售卖数字化升级、赋能合作品牌、融合多种新零售业态打造生活服务综合体，到自身运营管理和决策能力的提升。现在，居然之家新零售转型已成为传统家居卖场的风向标，对整个行业都具有参考意义。

如图 22-1 所示为居然之家业绩走势图（2016—2019 年）。

单位：亿元   单位：家

营收：64.98　74.04　84.17　90.85
净利：8.33　11.23　19.53　31.26
门店数：162　223　303　355
2016年　2017年　2018年　2019年

营收　净利　门店数

图22-1

22.1　基础设施云化

从与阿里巴巴集团合作开始，居然之家就确立了向大数据驱动转变的发展战略。数智化转型是居然之家战略转型的重要里程碑，被认为是一个长期、可持续、分阶段的建设过程，而基础设施云化是居然之家数智化转型的第一步。李选选表示，基于该项战略定位的根本出发点是，通过全面云化提升自身的信息化水平、提高信息化的生产和服务能力。

2020 年 6 月，居然之家的第一阶段上云项目验收结束，居然之家将原有系统分步骤、分阶段实施基础设施云化，为新零售建设夯实了灵活度高、扩展性强、兼容性优的 IaaS 设施，使业务系统、大量应用的发展不再受基础设施及运维压力的制约。

实际上，早在 2015 年，居然之家的"居然在线"便做过云化尝试。由"居然在线"升级而来的智能设计和家装管理平台"居然设计家"，包括设计云平台、家居材料采购平台、商品销售平台、施工管理平台、物流配送平台和智能家居服务平台六大部分。原来的"居然在线"成为其中的一部分，也就是家居材料采购平台。2016 年被收购的美家达人 3D 设计软件则支撑了设计云平台。

明确的上云需求随之出现。在这个为设计师和商家提供免费设计工具与渲染服务的设计平台上，随着用户体量的不断增加，尤其是海外用户的快速增加，即使服务器规模迅速扩展至数千台，依然很难平稳度过每日的流量高峰。特别是在展现家居设计效果图时，渲染技术需要进行大量的计算，这对 CPU 资源需求非常高，每日高峰时段的任务数波动又比较大，经常出现高峰时段渲染出图任务需要等待几十分钟甚至几小时的情况，设计师无法忍受这样长时间的等待。更可怕的是，一旦计算资源超过设计值，就会导致所有执行中的任务全部崩溃。而在流量低谷时，大量服务器处于空转状态，资源得不到合理利用。

"居然设计家"的研发团队擅长 3D 图形及图像处理等领域的研发，却不得不在自身非核心的方向，比如基础设施运维上投入大量的精力和金钱，而且随着规模的持续增长，这部分成本越来越高，导致软件研发成本也开始越来越不受控制，摊薄了本该用在核心产品上的资源投入，让研发团队非常苦恼。

高稳定性、高系统弹性和高性能成为"居然设计家"向云转型的必然选择。2016 年，"居然设计家"开始运用第三方云服务，并使用云原生技术进行开发改造。2018 年，在阿里巴巴集团投资后，"居然设计家"整体迁移至阿里云。2019 年，"居然设计家"升级为"躺平设计家"，成为阿里巴巴电商生态的重要一环。

2020 年年初，居然之家集团 IT 部门、新零售部门、营销部门合并为运营管理部，成为新零售体系的一部分，从全盘业务角度进行数智化转型。在使用云服务之前，使用自己的数据中心很难满足短期内产品紧急上线的要求，传统信息化建设更多的是在解决内部应用问题，从对资源的需求来看是可控的，需要多少台服务器、怎么部署都是可预见的。

随着居然之家向新零售和数智化转型，业务规模虽然没有太大变化，但数据和系统的运算能力需求大幅度地提升了。现在需要挖掘沉淀下来的数据价值，因此整个基础的运算能力各方面都跟不上了。

"开发也进入高产阶段，不再是原有的传统信息化建设，部署数据中台、业务中台都需要弹性化的云方式实现信息化和产品开发。比如近期上线的小程序，从谈判到最后上线前后只用了一周的时间，这在以前根本是不可能搞定的。"李选选说。

22.2　触点数字化

数智化转型是居然之家携手品牌商共建共赢的一大利器，而加快新零售门店数字化转型是居然之家在加速数智化转型升级路上迈出的第二步。

参与过装修的消费者都知道，家居卖场面积大，逛起来费时，消费者对家居品牌的认知度也不如对快消品牌的认知度高，常常搞不清楚自己的需求，也记不住品牌。

位于北京西四环的居然之家金源店是居然之家首家智慧门店，如图 22-2 所示。消费者一进店便可利用数字化产品——智慧大屏，根据自身偏好和习惯检索详尽的产品信息，以及查找之前在网上搜索过的某个品牌店铺在卖场中的位置等，如图 22-3 所示。门店还把周围 100 多个小区的户型纳入系统，附近消费者可以直接根据自家户型匹配装修风格。

图22-2

图22-3

家居大卖场内的建材商家也进行了智慧门店改造。在店里,消费者不仅能够触摸和体验瓷砖产品,还可以在店铺的显示屏上看到不同装修风格的3D样板间,样板间里使用的瓷砖就是店铺里展示的产品。这项被称作"装修试衣间"的服务,能直观地看到产品在装修后的实际3D效果,可以让消费者很快做出购买决定。

在使用"装修试衣间"时,消费者可以先在触摸屏上搜索自己小区和单元号,从户型库中找到自家的户型,然后从装修案例库中选择自己喜欢的装修风格,比如北欧、中式、现代、田园等,接着系统会自动将户型和风格进行匹配,将所选风格迁移到消费者选择的户型中,并在30秒内成功渲染出3D装修效果图。消费者可以扫码将装修效果图保存到自己的手机里,也可以找设计师对效果图做一些调整。除此之外,设计图中出现的所有家居和建材产品都能在居然之家卖场或线上卖场买到,真正做到了"所见即所得"。

在付款时,消费者不必再去收银台排队缴费,可以直接扫描导购手中

PAD 上的二维码付款。接下来,消费者只要在家坐等送货上门就可以了。居然之家的物流系统已经跟厂家对接,就像在天猫商城、淘宝网上购物一样,消费者在居然之家订购的产品从生产下线到送货入户,每个节点的信息都可以通过消费者的手机端查询获知。

这样的便利不仅消费者感受得到,商家也有明显感受:在配备显示屏的装修效果的示意空间,导购与消费者的交互时间可以延长 25~30 分钟,和以往消费者只愿意在店里停留 5 分钟相比,转化率和成交率成倍地提高了。

金源店作为智慧门店的样本在全国居然之家推行,在 2018 年"618"大促中,北京 8 家居然之家卖场与阿里巴巴集团实现了支付通和会员通,通过线上特权订金等方式给线下引流,3 天活动中 8 家卖场共实现 10.68 亿元的销售额,同比翻了 3 倍。

2019 年,居然之家已经完成 110 家智慧门店的改造,预计在 2020 年年底完成全部门店的数字化改造,在商品、订单、营销、支付、消费金融等方面与阿里巴巴体系打通,构建居然之家线上和线下一体化的基础。

如图 22-4 所示为居然之家大卖场智慧推荐。

图22-4

22.3 业务在线化

在实体门店数字化改造的基础上，居然之家大力发展线上业务，联合打造本地化电商平台——同城站。同城站于 2019 年 5 月上线运营，打通了线上和线下的运营阵地。

同城站实现的本地化消费是未来趋势。最初，同城站只在北京、郑州、武汉、重庆、天津 5 个城市上线。王宁介绍，2020 年年初新冠疫情出现后，5 月中旬同城站数量已经达到了 126 个。2019 年年底，最初的 5 家同城站的商品数量屈指可数，现在商品数量突破了 80 万件，访客流量也从去年日均 3500 人次，到现在日均超 30 万人次，"五一"等小假期的数据更高。到居然之家同城站访问的用户不是闲逛的，他们有明确的家居或家装需求。

在家居线上和线下的销售场景中，地区代理商和工厂之间存在博弈，导致线上和线下割裂。同城站以经销商或代理商为运营中心，用城市维度链接淘系 7 亿用户，为线下分店和商户打造本地化增量平台，通过在同城站上的商品运营和在线化营销，协助入驻的品牌商户运营同城站这个私域流量，完成转化带来的销售增量。

王宁说："最初在推广同城站时，很多经销商有些抵触，大家看到了同城站带来的流量之后，都积极参与了进来。目前，同城站有两万多个经销商，超过全国经销商总量的三分之一，这个数量还在增加。"

另一个线上流量入口从家装家居设计而来。寻找这个线上入口，居然之家在理解上走过弯路。2013 年年底，居然之家把线下卖场搬到了线上，做"居然在线"商城。当时他们认为，线上和线下是两个不同的市场。居然之家将线下消费者定位为中高端人群，而认为线上消费者看重的是性价比，所以在经营模式上，"居然在线"选择跟品牌厂商直接合作，以出厂价拿货。

但是，他们很快就发现这条"路"不好走。家居建材行业离不开售后服务，需要送货、施工、安装，而提供服务的都是各个城市的经销商。从某种程度上说，"居然在线"从厂商拿货，售后服务却让线下经销商来做，等于把线下经销商当成了廉价劳动力。

更没想到的是，"居然在线"分流了线下卖场的消费者，对线下经销商构成了直接威胁。除经销商不高兴外，"居然在线"还面临流量和议价问题。作为一个较晚进入线上的垂直平台，想从现有的"巨无霸"平台上抢夺流量根本没有机会。同时，线下卖场消费者可以讨价还价，而在线上消费者却无法做到。

滴滴打车的出现，让居然之家开始思考构建平台模式。居然之家注意到，家装设计正在成为家居建材行业的流量入口，创建一个以家装设计为入口的家装平台成为"居然在线"改版的方向。2015年，"居然在线"以设计、材料、施工三大家装业务板块为切入点，搭建了线上和线下一体化的智能设计和家装管理平台——"居然设计家"。

通过"居然设计家"平台，设计师可以免费获取效果图、施工图、预算一体化的 3D 家装设计工具，实现设计独立和个人的自主创业；消费者可以发布装修需求，找到自己满意的装修设计方案和心仪的设计师，也可以自己设计；家居材料生产商可以将数字化的产品库与家居材料采购平台无缝对接，扩大销售网络；家居建材经销商可以获得免费的线上销售平台，实现线上和线下营销一体化；施工队可以凭借信誉和口碑获取派单，实现家装过程的自动化管理和监控；家装的物流配送服务可以缩减配送次数，并实现后家装服务的智能化管理。这个在线家装平台实现了设计师、工厂、经销商、卖场、施工队、消费者六方利益趋同。

2019 年 9 月，居然之家获得阿里巴巴集团投资后，将"居然设计家"升级为"躺平设计家"，作为阿里巴巴电商生态官方家装家居设计平台，实现了家居设计的全流程数字化，并为家居设计师探索了销售分成变现等新商业模式，如图 22-5 所示。

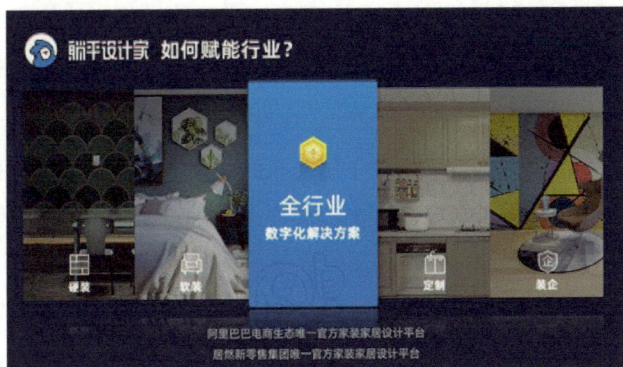

图22-5

随着业务逐渐在线化，业务中台的建设需求也越来越明显，需要统一的平台支持多个系统对业务的管理要求。事实上，早在 2016 年居然之家便有了业务共享的概念，市场、家装、超市、餐饮、影院等所有业务共享会员体系和营销体系。当时已经有了业务中台的雏形，但比较粗糙。因此在建设过程中，居然之家采用了数据中台和业务中台同步建设的策略，当数据中台能够调用所有业务部门的数据之后，业务中台便能更好地发挥自己的作用。

线上和线下的融合让整个居然之家的经营模式发生了变化。居然之家各门店、各入驻品牌的销售排名、客流统计、周边小区居民的消费数据分析等都汇集在一起，管理思维从物业管理型转变为大数据驱动型。

为了支撑业务的快速发展，居然之家一直在建设 IT 系统，一方面斥巨资打造内部大 ERP,建立前台、中台、后台架构的"智汇家"系统,另一方面引入阿里巴巴集团的理念与技术建设新零售平台。

然而,与业务系统的不断创新与完善相比,企业内部协同系统的建设水平却相对滞后。庞大的组织结构带来了企业内部沟通不便、信息上传下达链路过长等问题。为了使企业管理更加扁平化,组织协同更加高效,2017 年年底居然之家开始使用钉钉,从组织在线入手开启了企业数智化转型之路。

钉钉的产品功能很好地解决了组织在线、沟通在线的问题。而企业流程协同、应用搭建及业务集成方面需要更专业的产品来支持,以满足集团型企业下的复杂场景和低成本使用的表单流程搭建需求。

钉钉是统一入口的移动办公门户,如果使用传统 OA,则需要额外投入资源打通产品与钉钉的组织人员权限。因此,需要选用高度可配置的表单和流程,能和钉钉的组织人员数据打通,并且满足 PC 和移动双端适配的开发平台、强大的接口功能及可配置化的服务调用。阿里巴巴 SaaS 的"宜搭"软件满足了居然之家的要求。现在,居然之家的行政办公流程、HR、财务等工作都可以从钉钉进入,实现在线办公。

突如其来的疫情不是威胁居然之家发展的"危局",而是一次对近年来居然之家数智化转型成果的检验,也是对企业未来继续加速数智化步伐的倒逼。王宁表示,特殊时期,居然之家一方面通过在线办公系统"钉钉"的成熟运用,帮助居然之家万人团队沟通自如、协同作战,另一方面居然之家早在 2019 年就开始布局的"淘宝直播"彰显了作为营销前端利器该有的锋芒。

如今,企业分为两种,一种是有数字化能力的,另一种是没有数字化能力的。有数字化能力的企业未来发展空间越来越大，没有数字化能力的企业最后免不了被淘汰出局。"以前我们认为大家都是地面部队，未来要做天上的事情，就要重新组织一拨人去当空军吗？后来发现，我们在营销上和在底层架构上需要把两者结合在一起。线上和线下高度融合不是一句口号，组织也要同步适应数字化能力结构，在人员配备上，对各个职位的要求和KPI也不一样，我相信很多进行数字化能力转型的企业都会感同身受。"王宁说。

22.4 运营数据化

大数据驱动是居然之家向新零售转型重要的"发动机"之一，居然之家大数据平台项目被称为"1321大数据平台建设方案"：打造"一个生态融合体系"即支撑居然之家多角色全触点数字化协同能力，大家居与大消费融合，上下游融合赋能体系；赋能"三项业务"——数据驱动的精细化营销、数据驱动的招商运营、数据驱动的连锁拓展；优化提升"两类管理"——数据驱动的内部运营管理和数据驱动的服务管理；最终构建"一个大数据平台"，形成居然之家的完整数据生态。

大数据平台建设方案正在逐步落地过程中，期间遇到了一些实际问题。李选选表示，在从物业管理型平台向数据驱动型平台转型的过程中，首先要改变的是使用习惯。比如，招商运营的管理，过去靠经验，依靠经理个人在行业内的积累，以及城市和产业体系的联系进行操作，即使没有产品和数字化体系的帮助，依然能做好业务，但在数智化转型中，流程、标准、节点、数据要形成完整的闭环，因此需要各项标准流程。类似谈判未成功也需要记录执行细节和数据参考问题，都需要一线业务人员去适应。

在这种情况下，上层高管全力推动，才能逐级有序实现转变。另外，还要加大培训力度，通过运营、监督和考核发挥工具的价值。

企业内部对管理上的投入取得成效之后，居然之家作为平台，也在思考面向居然之家体系内的品牌合作伙伴输出自己的信息化管理能力。2019年年底，居然之家发布"零售参谋"数据产品，这是为品牌商服务的数据产品，能够帮助品牌商进行数字化转型。这意味着与居然之家建立合作的130多家 VIP 品牌工厂、300多家战略合作品牌，以及全国超6万家经销商都将成为这项数据产品的受益者。

李选选说："下一个阶段考虑向品牌商、合作伙伴开放信息化业务。这些业务数量会呈几何倍数的增长，随之而来的是成本、运营费用的大幅度增加，因此需要思考这些是否要成为数字化业务、能否产生业务价值。这和阿里巴巴集团自身的平台转型一样，从最初提供卖货的平台到之后提供更好卖货的平台，两者之间的差异就是平台所能提供的能力、数据工具、营销推广工具等。而这些能力和工具将成为平台的业务，平台也因此需要具备运营能力。"

数据中台和业务中台成为构造大平台能力的根本。在居然之家，数据中台和业务中台将被同步建设，这是因为数据中台要将以往分散在各业务部门的数据进行统一的整合。

在建设两个中台的过程中，居然之家也发现了很多原有信息化建设中的问题，需要重新梳理和构建。比如商品中心，此前存在多个商品中心，没有实现数据和业务共享，那么现在要对商品中心进行重构。还有一些业务需要能力补足，比如尽管居然之家会员在多业态当中共通，但会员体系服务能力不足，原本只是基于卖场业务搭建的会员体系，现在要在中台上优化和提升。

李选选表示，"现阶段双中台建设，就是从大系统角度来看哪些部分需要优化、哪些要推倒重建、哪些要重新设置、哪些要合并同类项"。

22.5　决策智能化

数智化转型的重要方向是让企业拥有一个"数智大脑"，依靠基于复杂智能算法的推荐、预测、决策等结果，企业可以直接采取相应的行动，并根据实时数据反馈不断完善和补充，形成良性的学习反馈闭环，最终帮助企业实现全链路的高效决策。

在李选选看来，实现决策智能化还需要 3~5 年的时间。在 2020 年年底之前首先完成企业内部数字化，将内部所有和运营决策相关的数据进行清洗、梳理。现在进行的数据中台项目也是在解决这个问题，在此基础上输出数据产品和应用，服务不同的角色和群体。

其实原来很多决策所需要的数据维度和数据都存在，只是分散在各个业务系统中，因此要在每个业务系统中对数据进行加工运算，并且将原本的手工数据也通过数字化方式实现。同时，进行数据资产的盘点，比如将人力资源和业务体系之间的数据联通，从而在业绩评估、KPI 考核等方面实现数据的价值。

在第一阶段完成之后，招商运营管理、连锁管理、物业管理、营销管理的数字化服务能力会成为输出重点。物业管理是相对比较烦琐的业务，但是由于使用了智能楼宇系统，所以水、电等基础设施的数据采集和管理都相对比较完善。"业务清晰、复杂程度又相对简单，这部分将是最早实现决策智能化的部分。"李选选说。

【总结】

在互联网时代，商家和消费者之间原本基于传统卖场和运营模式的沟通方式发生了变化，口碑成为商家服务能力的印证。而线上渠道的崛起、互联网家装公司的出现，让消费者的选择更加多元化，消费者需要具有商品服务能力和洞察能力的供应体系。

这就决定了居然之家要进行根本性的转型，在实体上探索卖场、经销商、工厂三方合作的经营模式，帮助商家运营，用营销把商品和消费者联系起来，这涉及对品类、货品结构、品牌差异等各类问题的精细化运营。

新零售的转型、"人、货、场"的重构，从本质上讲是中台和后台能力的支撑，数智化对于居然之家是体系化建设，数智化转型需要基于中台和后台运营、决策、管理能力的提升而进行。原本基于传统信息化建设和经验主义进行决策和运营的效率很难得到提升。李选选说："在新零售的理念下，管货是一套复杂的系统，要有一套完整的运营体系，这就要求重新评估和推动数智化的转型。"因此，在这个过程中，前台业务形式调整，与之相对应的中台和后台能力重构将是不断持续深化的过程。

第23章
飞鹤乳业：插上数智化的翅膀

近年，国内婴幼儿奶粉行业杀出了一匹"黑马"——飞鹤乳业。从二次创业的 2001 年算起，飞鹤从东北一个县城起步，用不到 20 年的时间，成长为首家营收过百亿元的国产婴幼儿奶粉品牌，占据国内婴幼儿奶粉市场的龙头地位。

飞鹤乳业在 2008 年那场行业"旋涡"中独善其身，并不是运气好，而是因为在行业的高速发展期，所有同行都在攻城略地的时候，它却在"种草养牛"，埋头建设自己的产业集群。

飞鹤乳业历时十余年打造了中国婴幼儿奶粉第一个专属产业集群，从牧草种植、奶牛饲养、鲜奶采集，到生产加工、渠道管控，所有环节做到全程可控。同时，依托于专属产业集群优势，飞鹤还形成了 2 小时产业生态圈，从原生态牧场挤奶厅挤出的鲜奶，通过全封闭的低温安全运输车，2 小时内运到世界级工厂，然后直接喷雾干燥生成奶粉，保证了产品的营养新鲜。

2016—2019 年，飞鹤乳业的营收从 37.24 亿元增长到了 137.22 亿元，年复合增长率为 54.5%，业绩稳健、持续增长。在市场占有率方面，根据 AC 尼尔森 2020 年第三季度的数据，飞鹤乳业的整体市场份额为 17.2%，远超第二品牌。

如图 23-1 所示为飞鹤乳业业绩走势图（2016—2019 年）。

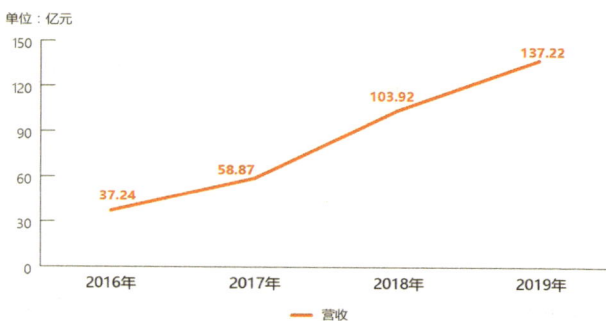

图23-1

2019 年 11 月，飞鹤乳业在港交所成功上市。截至 2021 年 1 月 28 日，飞鹤乳业上市整 14 个月，股价从 7.44 港元上涨至 23.05 港元，总市值超过 2000 亿港元，位居中国乳业第二名。如图 23-2 所示为飞鹤股价走势图（截至 2021 年 1 月 29 日）。

图23-2

虽然飞鹤乳业成为市场领导者，但是一个不容忽视的事实是，自 2017 年以来，国内出生人口持续下降，2018 年出生 523 万人，2019 年出生 465 万人，连续创下 1961 年以来的最低出生水平。出生人口总数持续减少，意味着国内婴幼儿奶粉市场的总体容量会逐渐缩小。

于是，飞鹤乳业在 2018 年确立了强化头部地位的战略。为此，飞鹤乳业和阿里巴巴集团达成合作，开启了数智化转型之路。如图 23-3 所示为飞鹤乳业数智化战略规划。

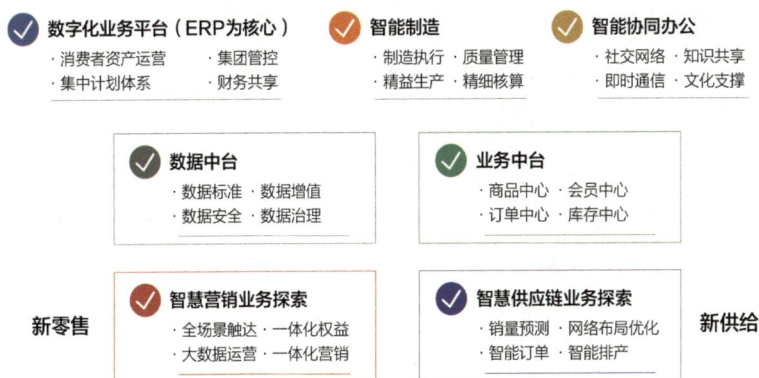

数字化业务平台（ERP为核心）
·消费者资产运营　·集团管控
·集中计划体系　·财务共享

智能制造
·制造执行　·质量管理
·精益生产　·精细核算

智能协同办公
·社交网络　·知识共享
·即时通信　·文化支撑

数据中台
·数据标准　·数据增值
·数据安全　·数据治理

业务中台
·商品中心　·会员中心
·订单中心　·库存中心

新零售

智慧营销业务探索
·全场景触达　·一体化权益
·大数据运营　·一体化营销

智慧供应链业务探索
·销量预测　·网络布局优化
·智能订单　·智能排产

新供给

图23-3

飞鹤乳业的数智化转型主要以数据中台建设为切入点，到目前，以新零售为核心的一期项目已经完成，围绕打造智慧供应链的二期项目正在积极推进中，而聚焦算法智能应用的三期项目也已开始启动。

对于实施至今的数智化转型，飞鹤信息化中心负责人冯海龙认为，数据中台建设让飞鹤获得了同源、敏捷、预知、倒推、双向等数智能力，真正实现精细化运营和数据反哺业务。

23.1　基础设施云化

相比传统线下的 IDC（互联网数据中心）模式，将服务器和数据库放到云端，最大的好处就是可以获得很大的弹性和灵活性。一旦业务量短期内出现猛增，比如"618""双 11"大促期间，可以马上将云端服务器和数据库进行扩容，以获得高并发时的计算和存储能力。一旦业务量恢复正常，则可以退回容量，降低成本。

同时，基础设施云化后，还可以减少运维成本，提高系统稳定性和安全性。与阿里巴巴集团的合作项目启动后，飞鹤乳业将原本运行在第三方云端上的业务系统逐步迁移到了阿里云。飞鹤这么做，主要是由于双方合作过程中发生的一段小插曲。

那时，飞鹤运行在第三方云上的业务系统数据库发生故障，影响生产，当时的云服务商技术支持不力。危急之下，飞鹤找到了阿里云的项目经理，请求阿里云专家帮忙解决。阿里云的项目经理协调技术专家迅速解决了数据库故障。经过这一番遭遇，飞鹤方面下定决心，要把业务系统迁移到阿里云上，由此开启了全面上云的新阶段。

23.2　触点数字化

飞鹤乳业的产品通过庞大的销售及经销网络销往全国，而遍布全国的销售网点，飞鹤并不直接进行管理和运营，但借助各种数字化手段，飞鹤也跟消费者建立了链接。比如，飞鹤在每一罐奶粉的罐底都印了一个二维码，消费者购买后可以扫码溯源，并获得积分，飞鹤可以由此实现对消费者的识别，与消费者建立链接。

除销售场景的数字化外，对于产销协同要求比较高的奶粉行业来说，生产端的 IoT（物联网）数字化改造也势在必行。一旦生产端数字化以后，就可以跟前端的销售数据和销售预测数据打通，这样整个产业链就会更加高效。

比如，从牧场采集的鲜奶该用于生产哪个品类的产品？该送往哪个工厂？如果在送往工厂的途中，工厂设备出现故障，无法继续生产，鲜奶接下来该被送到其他哪个工厂？在生产端实现数字化并与前端进行数据连通的情况下，这些问题的回答将带来效率的最优化。

为此，飞鹤乳业已经开始了智能工厂的探索。它试点上线了 MES 系统（制造执行系统），后者与生产设备对接后，能够把生产执行数据和设备信息在数据中台一一呈现出来。它还引入了 LIMS 系统（实验室信息管理系统），跟工厂的 60 多种检验设备对接，检验人员可以在这个系统上制定检验计划，由系统给检验设备下发指令、上传数据，这些工作以前都只能手工操作。

23.3　业务在线化

一件有意思的事情是，飞鹤乳业和阿里巴巴集团当初接触的时候，双方沟通的话题是业务中台，而不是后来实施的数据中台。只是在沟通中大家发现，经过多年的信息化建设，很多企业都拥有了大大小小很多的业务系统，而且这些业务系统经过多年的梳理和优化，在运营效率上也表现得可圈可点。现在，如果引入一个业务中台，彻底改变原来的业务系统架构，这并不是一件容易的事。这也是为什么现在不少企业在引入业务中台的时候，更多的是把线上和线下融合的全渠道业务直接放到了业务中台，而对于企业原有的线下业务系统，则选择分阶段、循序渐进地迁移到业务中台上。

飞鹤目前的线上业务还不广泛，对线下销售网点又不直接参与管理运营，所以在线上和线下融合的全渠道业务上需求并不那么迫切。换句话说，飞鹤暂时还不需要业务中台。虽然双方当时没有看到业务中台的合作机会，但在沟通中大家对数据中台的价值方面达成了共识，于是就有了后来的数据中台建设项目。

不过，故事还没完。在飞鹤的品牌力日益加强、合作伙伴体系日益完善的背景下，业务中台技术架构向互联网分布式、微服务架构进行转型，能够很好地满足业务不断创新和变化的需求。同时，能够赋能飞鹤的合作伙伴在"人、货、场"方面做好全面的数字化支撑：聚焦全触点、全客群，做好全渠道优势资源整合，完成库存共享，实现全国统一管理。

这让飞鹤方面改变了之前的想法，下定决心要跟阿里巴巴集团合作业务中台，以实现业务中台和数据中台之间高效的数据连通和数据赋能。目前，飞鹤业务中台项目的调研工作已经基本结束，即将进入建设、交付阶段。

如图 23-4 所示为飞鹤 IT 系统架构规划。

23.4 运营数据化

随着国内婴幼儿奶粉市场规模的整体下滑，奶粉企业的竞争必然会从增量用户的争夺，转向存量用户的留存和运营。飞鹤乳业（下简称飞鹤）要保持行业头部地位，就要把用户运营的重心放到存量用户上。

而要深入地运营好用户，首先得知道用户都有谁。于是，飞鹤到底有多少存量用户、他们都是谁、他们的黏性如何、复购率如何……这些问题至关重要。而要回答这些问题，有一样东西是必需的——数据。

"深入的存量运营需要数据的支撑。当你有了数据赋能之后，你就有机会对以前的业务模式和运营进行调整和优化。"冯海龙说。

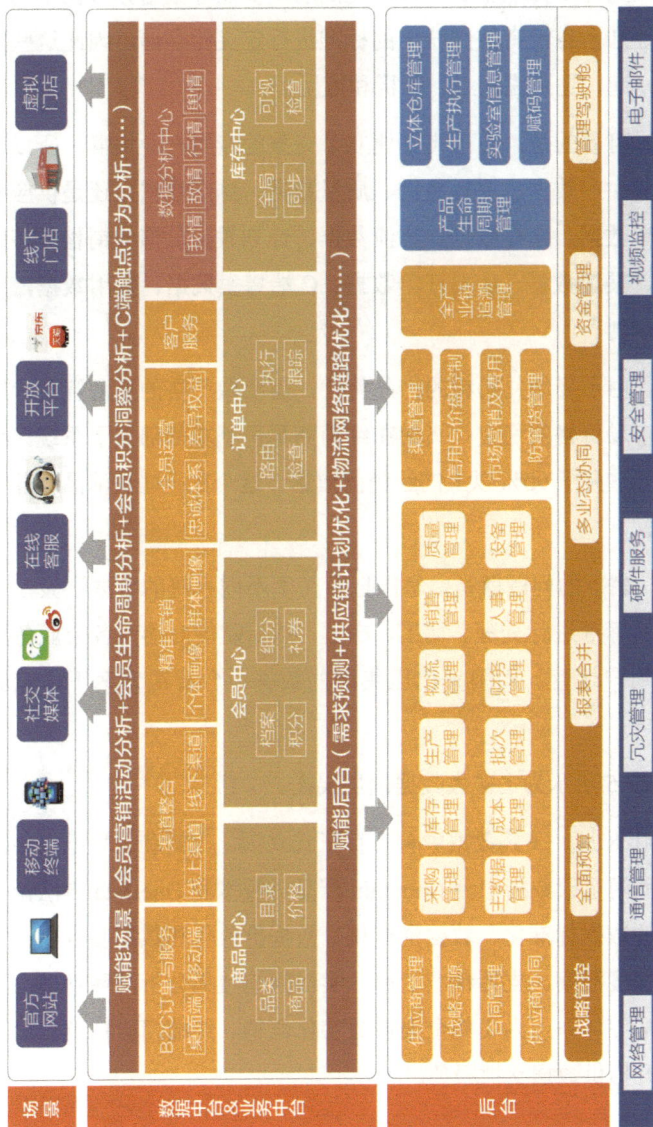

图23-4

赋能场景（会员营销活动分析＋会员生命周期分析＋会员积分洞察分析＋C端触点行为分析……）

商品中心
B2C订单与服务（渠商端｜移动端）
目录　价格
品类　商品

渠道整合
线上渠道　线下渠道

会员中心
精准营销
个体画像　群体画像
档案　积分
组分　礼券

会员营销
客户服务
会员权益
忠诚体系　会员画像

订单中心
执行　跟踪
路由　检查

数据分析中心
我情　敌情｜行情　舆情

库存中心
全局　可见
同步　检查

赋能后台（需求预测＋供应链计划优化＋物流网络链路优化……）

战略管控
供应商管理
战略寻源
合同管理
供应商协同

全面预算
采购管理
库存管理
主数据管理
成本管理

六次管理
生产管理
物流管理
财务管理
批次管理

报表合并
质量管理
销售管理
人事管理
设备管理

多业态协同
渠道管理
信用与价盘控制
市场营销及费用
防串货管理

资金管理
全产业链追溯管理
产品生命周期管理

硬件服务
立体仓库管理
生产执行管理
实验室信息管理
赋码管理
管理驾驶舱

场景
官方网站　移动终端　社交媒体　在线客服　开放平台　线下门店　虚拟门店

数据中台＆业务中台

后台

网络管理　通信管理　六次管理　硬件服务　安全管理　视频监控　电子邮件

然而，跟许多传统企业一样，飞鹤的众多业务数据分散在不同的系统中，没有连通，也没有按照统一的标准进行定义和存储，因此这些数据很难合并在一起，更别说加工、分析和应用了。

不过，可喜的是，由于飞鹤建立了完整的专属产业集群，所以无论是生产环节的生产数据、原料数据、质量数据、排产数据，还是供应链环节的采购订单数据、库存数据、物流数据、计划数据，抑或销售环节的市场活动数据、渠道数据、B端订单数据、C端售卖数据、费用数据，"核心数据都能拿到"。

比如，由于婴幼儿奶粉的产品特性，需要做严格的追溯管理，同时也为了监督市场价格的稳定，飞鹤在经销商那里基本都部署了系统。这样一来，飞鹤就掌握了90%以上的经销商数据，这个在一些快消品行业里是很难做到的。

所以，剩下的问题就是，怎样把存在于不同系统的数据汇聚在一起，按照统一的标准进行处理、加工、产出，然后赋能前端的各个业务运营，比如存量用户运营。而阿里巴巴集团的数据中台解决方案正好能够满足飞鹤的需求。

如图23-5所示为飞鹤大数据顶层架构。

2018年8月，飞鹤数据中台项目正式立项。飞鹤和阿里巴巴集团达成共识，借助阿里云数据中台Dataphin产品、技术和OneData方法论，全面实现飞鹤的数据标准化、数据资产化、数据价值化和数据服务化；实现对消费者的深度洞察，支持精准营销，实现营销效果分析闭环管理；构建消费者统一标签体系，为飞鹤全渠道数字化营销、终端门店精细化运营和客户体验提升提供数据支撑服务。

飞鹤大数据顶层架构

飞鹤

| 数据应用 | 会员洞察分析 | 商品洞察分析 | 渠道洞察分析 | 营促销洞察分析 | 指标标签体系 | 数据分析大屏 |

智能大数据平台

数据资产管理：资产地图、资产分析、资产管理、资产应用、资产运营、资产安全

智能数据研发：数据引入、规范定义、数据研发、任务调度、数据运维

面向数据应用及开发的统一数据服务

	消费者数据	门店数据	商品数据
采取数据中心	会员 交易 营销 渠道 日志 公共 财务 供应链		
公共数据中心	数据域+业务过程+分析维度		
基础数据中心	消费者数据 消费者权益 消费者行为 产品主数据 营销活动数据 销售数据 线上电商平台		

数据来源

第三方数据	业务日志数据	消费者业务数据	供应链业务数据
供应商数据	C端埋点日志	CRM系统　主数据系统　终端销售系统	ERP　MES
开放平台数据	业务系统日志	线上电商平台　星购会　官方网站	VMS　DRP
			赋码系统

图23-5

第23章 飞鹤乳业：插上数智化的翅膀 | 383

同时，整个数据中台将搭建在阿里云上，一端与飞鹤原有的各个系统对接，将这些系统所有沉淀的数据都汇集到数据中台，另一端则与前端的业务运营系统对接，为各项业务运营提供数据赋能，如图23-6所示。

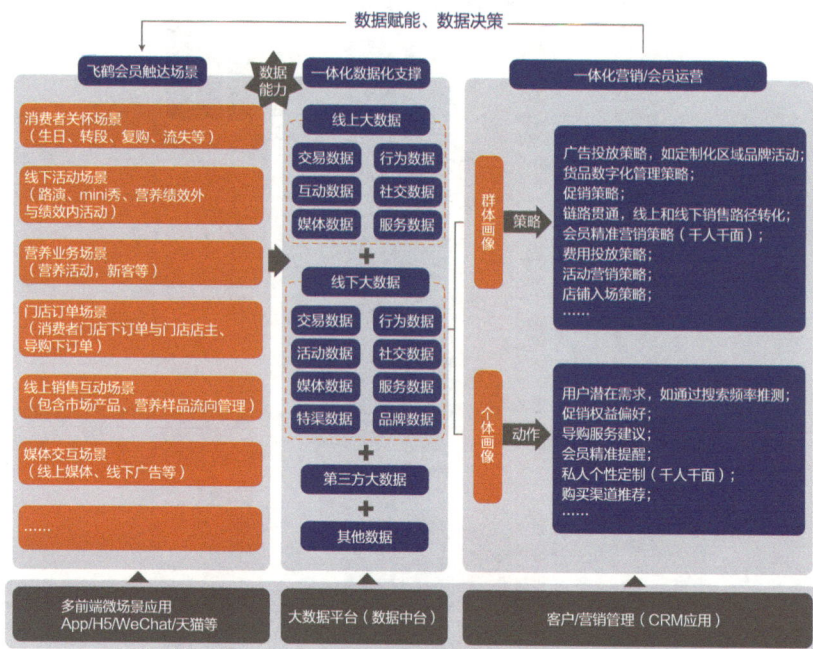

数据赋能、数据决策

| 飞鹤会员触达场景 | 数据能力 | 一体化数据化支撑 | 一体化营销/会员运营 |

飞鹤会员触达场景
- 消费者关怀场景（生日、转段、复购、流失等）
- 线下活动场景（路演、mini秀、营养绩效外与绩效内活动）
- 营养业务场景（营养活动，新客等）
- 门店订单场景（消费者门店下订单与门店店主、导购下订单）
- 线上销售互动场景（包含市场产品、营养样品流向管理）
- 媒体交互场景（线上媒体、线下广告等）
- ……

一体化数据化支撑
线上大数据
- 交易数据　行为数据
- 互动数据　社交数据
- 媒体数据　服务数据

线下大数据
- 交易数据　行为数据
- 活动数据　社交数据
- 媒体数据　服务数据
- 特采数据　品牌数据

第三方大数据

其他数据

群体画像｜策略
- 广告投放策略，如定制化区域品牌活动；
- 货品数字化管理策略；
- 促销策略；
- 链路贯通，线上和线下销售路径转化；
- 会员精准营销策略（千人千面）；
- 费用投放策略；
- 活动营销策略；
- 店铺入场策略；
- ……

个体画像｜动作
- 用户潜在需求，如通过搜索频率推测；
- 促销权益偏好；
- 导购服务建议；
- 会员精准提醒；
- 私人个性定制（千人千面）；
- 购买渠道推荐；
- ……

| 多前端微场景应用 App/H5/WeChat/天猫等 | 大数据平台（数据中台） | 客户/营销管理（CRM应用） |

图23-6

阿里巴巴的项目团队负责规划和搭建整个中台架构，然后开发上线消费者关怀、营销业务活动、线下活动、门店订单、线上销售互动等九个业务分析场景，用这些场景的智能分析结果实时呈现业务状态，同时指导前端的业务运营，如图23-7所示。

在冯海龙看来，有了数据中台，飞鹤就可以探索新的业务模式。所以，

营销&消费者场景设计

A 消费者服务

A1 消费者洞察
- 消费者特征分析
- 消费者行为偏好分析
- 消费者沉睡唤醒匹配分析
- 消费者流失唤回分析

A2 积分洞察
- 积分异常预警分析
- 积分生命周期分析—生成、消耗、消耗
- 积分复购促进及沉睡唤醒

B 营促销业务

B1 营销活动
- 营销计划管理
- 营销费用管理
- 营销参与度分析
- 消费者营销偏好
- 营销力分析
- 场均效益分析

B2 异业联盟
- 产品分析
- 异业活动分析
- 异业合作效益分析

C 渠道洞察

C1 终端门店销售
- 铺货分析
- 库存分析
- 费率分析
- 销售分析

C2 基于LBS的消费者分析
- 商圈消费者画像
- 消费者与门店匹配区域分析
- 消费者活跃度及沉睡度

C3 导购能力
- 导购覆盖
- 导购全面评估
- 导购绩效
- 导购画像

D 客户体验及服务

D1 会员C端全渠道行为分析
- 用户留存分析
- 用户活跃度分析
- 内容影响力分析
- 商品价值分析

婴配粉业务

VW（美维仕）业务
- 流量分析
- 商品分析
- 交易分析
- 物流分析
- 客户价值分析

图23-7

在数据中台正式开建之前，飞鹤就提出要探索新零售模式，并确定了飞鹤新零售要实现的四个核心目标：第一，有效留存增量用户；第二，深入运营存量用户；第三，全力赋能导购；第四，实现全产品域运营。

如图 23-8 所示为飞鹤建立与消费者的全域在线链接。

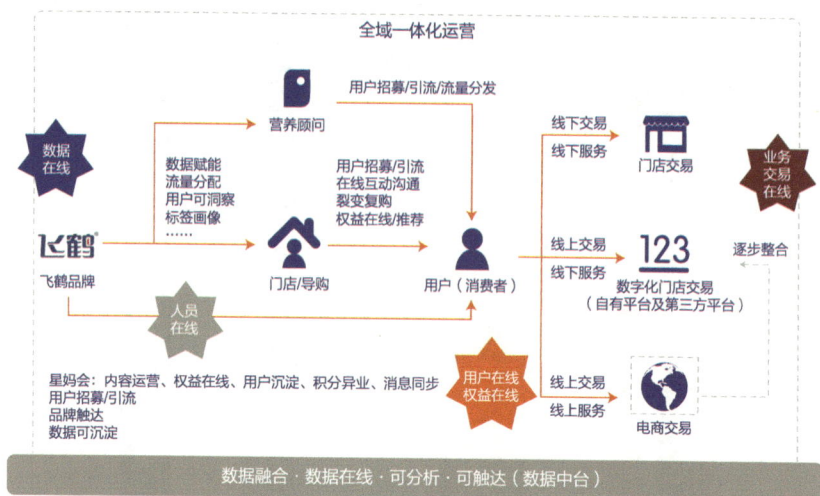

图23-8

在数据中台赋能的前端业务系统上，飞鹤主要自建了两个系统。一个是叫作"智慧导购"的业务运营平台，另一个是叫作"飞鹤星妈会"的消费者运营平台，它们都以 App 形式运行。"智慧导购"是一线导购和业务人员使用的，整合了营销、巡店、区域管理、活动管理、会员管理等多项前端业务。"飞鹤星妈会"则是消费者使用的平台，给消费者提供了各种服务，如产检提醒、育儿贴士、宝宝喂食、专家咨询、星妈课堂等。

2019 年 9 月，以飞鹤新零售为核心的数据中台一期项目结束，通过数据标准化和服务化方式，打通了数十个业务前端，沉淀了千万量级会员、数万家门店和导购等核心数据资产。

在冯海龙看来，数据中台一期项目建设给飞鹤带来了五个方面的价值。

第一，提供统一的数据源，让公司上下对业务能够有统一的认知。在很多同类消费品公司，老板看到的是"繁花似锦"，中层看到的是"危机四伏"，一线人员看到的是"四处皆坑"。但是，通过数据中台，大家谈论的是同一个世界，看到的是同一个业务表象。

第二，能够让飞鹤变得敏捷。有了实时的数据呈现，就能快速看到变化，然后快速决策响应。

第三，能够快速精准地发现问题和机会。事实上，在数据中台一期建设过程中，团队就发现了不少问题。这些问题提醒了业务人员需要进行控制，也对机制做了进一步优化。

除发现存在的问题外，当然也能发现机会。比如，飞鹤会对各省市的线上和线下销量增长率进行排名，通过排名数据，他们发现，某个城市线下排名第 16，线上却排名第 1，这反映出什么？在线上购买奶粉之前，消费者可能平均只搜索 1.6 个品牌，而且线上购买不会受到身边有没有门店的影响，所以线上销量增长能够代表一个地区对品牌的认可度。既然那个城市的线上销量增长率那么高，就说明飞鹤品牌在当地有很好的认可度。这就是一个机会，飞鹤应该在当地投入更多的线下资源，以推动线下销量的增长。

第四，能够倒逼业务部门实现精进。在数据不那么透明的时候，前端的有些业务部门运营起来会随性一些。有了数据中台，一切操作和数据都变得透明了，这可以帮助大家重新审视业务，并逐步精进。

第五，数据中台是双向的。数据中台跟 BI（商业智能）最大的区别在于，后者是单向的，只是滞后地呈现过去业务的汇总数据，无法对前端业务进行赋能。数据中台则从前端业务系统采集数据，然后对数据进行加工分析，再将数据聚合之后产生的能力赋予前端业务，而这样的数据能力正是探索业务变革模式的基础。

比如，根据已进行系统对接的母婴连锁店所提供的实时 POS 数据，数据中台分析得出了婴幼儿奶粉的销售高峰期有两个时段：一个是早上 8 点到 10 点，另一个是晚上 8 点到 10 点。有了这个数据分析结果，飞鹤的销售管理人员未来可以对导购一天的行为进行管理，告诉他们什么时间做什么事。

也正因为有了数据中台的赋能，在新冠肺炎疫情期间，飞鹤将原来的许多线下活动都转移到了线上。2020 年 2—3 月，飞鹤线上互动活动接近 9 万场，最多时一天做了 2000 多场，触达消费者超过 210 万人次。飞鹤的电商业务同比实现了 200% 的增长，并带动了线下 10 万多个零售网点进行销售。

虽然数据中台一期建设在 2019 年 9 月就结束了，但在冯海龙看来，数据中台建设只是开始，还远远没有发挥应有的作用和能力。飞鹤希望将数据中台的数据能力输送给后端的供应链和生产，打造出飞鹤的智慧供应链和智能工厂。

于是，2020 年春节后，飞鹤乳业和阿里巴巴集团启动了数据中台二期项目。目前，双方的工作重点是，将飞鹤的供应链和生产端数据进行标准化、归一化处理，然后全部导入数据中台，实现全链路数据打通，如图 23-9 所示。

图23-9

与此同时，飞鹤也已经启动了三期项目的实施，目标是全面推进数据的算法智能应用与数据业务化，不断优化、拓展场景应用，最终实现决策智能化。

23.5　决策智能化

一直以来，绝大多数企业在做管理决策和业务决策时，虽然有一定的市场数据和内部运营数据作为依据，但更多时候决策依靠的是人为的洞察和经验。这样的决策在合理性和有效性上往往会大打折扣，甚至出现失误，从而影响企业的经营效率和发展进程。所以，借助技术手段减少决策失误、提高决策成效，是所有企业长久以来共同的愿望。

互联网、大数据、云计算、物联网、人工智能、智能算法等技术的出现和成熟，正在让企业的这种愿望变为现实。数智化转型的重要方向就是要让企业拥有一个"数智大脑"。依靠基于复杂智能算法的推荐、预测、决策等结果，企业可以直接采取相应行动，并根据实时数据反馈不断完善和补充，形成良性的学习反馈闭环，最终帮助企业实现全链路的高效决策。

对于智慧供应链，飞鹤希望能够做到用数据精准获取前端的需求，然后根据需求来进行需求量预测、库存管理、配送方案制定，用最经济、最合理的投入去支撑和满足市场，如图 23-10 所示。

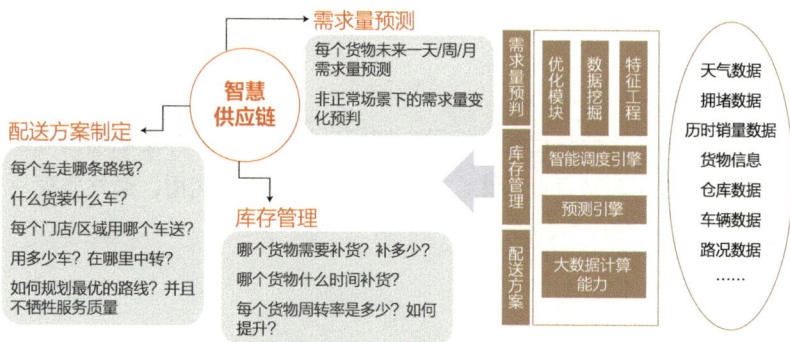

图23-10

虽然二期项目仍在推进之中，三期项目也才刚刚启动，但飞鹤已经开始尝试用历史数据针对每个区域进行物流部署和安排，根据成本、运力、运输费用等，计算出最高效、最合理的物流方案。他们还在考虑将来自零售商的第三方数据跟自己的供应链打通，实现智能补货。

【总结】

"我们之前看业务，就像看一张360像素的低分辨率照片，模模糊糊，看不清局部，也看不清全貌。现在，有了数据中台，业务就像一个3D高清的模型，可以上看、下看、左看、右看，仔细琢磨。这种感觉简直让人欲罢不能。"冯海龙对数据中台一期建设如此评价道。

而通过数据中台的搭建，飞鹤正在让海量的数据分泌出"营养"，从而为产业链升级、业务持续发展和新业务探索提供源源不断的动力和能力。

不过，冯海龙也表示，数据中台没有建设完成的一天，因为业务模式在变化，数据在更新，每出现一个变化，就需要对数据中台做出调整，比如开发新的接口、调整数据标签、增加数据分析维度等。从这个意义上说，飞鹤的数智化转型之路还将往更深、更广的领域持续推进，并继续引领整个行业的升级转型。

第 24 章
海底捞：服务就要无微不"智"

20 世纪 90 年代初，从技校毕业的海底捞创始人张勇在四川拖拉机厂工作，他当时的工资是一个月 90 元，而他的邻居詹婆婆凭借祖传的熏鹅手艺，已经成为当地的万元户。受此触动，张勇下海创业，开起了火锅店。

多年后，詹婆婆仍在街边店卖熏鹅，而张勇经营的海底捞已经成为全国连锁的火锅店，他还把店开到了海外。海底捞于 2018 年 9 月在中国香港上市，成为中国首个营收破百亿元、市值破千亿元的餐饮品牌。截至 2019 年年底，海底捞的全球门店数量达到了 768 家，拥有 5498 万名会员和 10 万名员工。在上市后短短两年的时间内，海底捞的市值就翻了一番，从刚上市时的 900 多亿元到 2019 年 10 月的 2000 多亿元。

街边店与连锁店的最大区别在于能力复制——把一家店的成功复制给更多的店。数字化是能力复制的重要手段之一。在海底捞首席信息官（CIO）邵志东博士看来，数字化是业务发展的必然趋势。

首先是点餐收银的数字化，这是刚需。20多年前，只开一两家店时，点餐收银就用一个表格记，很容易出错，那时用 POS 系统满足需求。

接下来是会员的数字化。开一家店时，服务员靠脑记就可以让所有顾客有宾至如归的感受。但现在要开 100 家店、1000 家店，人员是流动的，服务员会到新开的门店工作，在这个过程中要把顾客的信息沉淀下来，就只能数字化。

在之后的发展过程中，除订单信息、会员信息外，人事信息、财务信息、供应商信息等也都被纳入系统，这些同样也是一个数字化过程，不做就没有办法发展，甚至没有办法生存。所以，在邵志东看来，数字化既是发展问题，又是生存问题。业务的发展、技术的发展，自然而然会驱动企业的数字化进程。

不过，系统的上线只是最基础的，并不能说明数字化程度有多高。当数据不再用人工录入，而是能自动化采集、沉淀与集成时，系统与系统之间互联互通，继而通过对数据的整合分析，形成数据驱动业务的体系，到最后数据驱动智能决策，数字化才进入了互联网化、智能化的更高阶段——我们称之为"数智化"。

在谈到自己企业的数字化程度时，邵志东强调了行业差异：有些企业天生就是"长"在网上的，比如电商，它们的数字化程度几乎是百分之百的，而餐饮行业原来基本上没有数字化，所以数字化升级遇到的挑战比较大。的确，《中国餐饮报告 2019》显示，2018 年中国餐饮线上化水平只有大约 10%。这份报告中还有一个数据：中国餐饮 2018 年的连锁化率为 5%，而美国餐饮协会公布的 2018 年美国餐饮连锁化率是 30%，是中国的 6 倍。

2016 年 5 月，海底捞董事长张勇在中国餐饮行业会员消费指数发布会上曾经感叹："我很难想象，哪一家餐饮（企业）能够做到 10% 的市场份额，但是在很多行业里面，它的比重是远远大于 10% 的。"会上，张勇提出要用 IT 技术、人工智能、自动化技术结合起来的新技术改变整个餐饮行业成本结构的想法。自此之后，海底捞不仅在门店扩张之路上"狂奔"，也开始在数字化升级之路上"狂奔"。

2016—2019 年，海底捞每年新增的门店数分别为 30 家、97 家、193 家和 302 家，相比 2015 年及之前每年 5~8 家的新增门店数，扩张速度显然大大加快。门店数量、会员数量的激增使得原来的系统不堪重负，故障频频、速度迟缓。快速增长的背后必然要有相应的数字化基础设施作为底层支撑。2016 年，海底捞开始将核心业务系统陆续上云；2018 年，海底捞和阿里云合作搭建数据中台、业务中台和移动中台的基础架构，并在此基础上升级海底捞超级 App，重构会员体系，加强与顾客的紧密联系，同年在北京开设了第一家"智慧餐厅"，采用自动配锅机、智能传菜机器人和智能厨房管理系统，实现"千人千味"、降本增效且保障食品安全；2020 年，计划完成核心业务系统的全部上云，将自动配锅机和智能传菜机器人推向数百家门店。在餐饮行业的数智化方面，海底捞已然走在了前列。

如图 24-1 所示为海底捞业绩走势图（2015—2019 年）。

图24-1

24.1 基础设施云化

在海底捞 CIO 邵志东看来，上云跟企业自身的发展是一体化的。当门店拓展到 100 家时，云计算技术业已成熟，上云毋庸置疑是必然之选，不上云就无法继续生存了。

海底捞经过 20 多年的发展，已建立各种各样的系统，包括顾客端的点餐收银系统、统一订餐排号系统、CRM 会员系统，生产供应端的 IKMS（智慧厨房管理系统）、CKMS（中央厨房管理系统）、供应商管理系统、门店库存管理系统、产品管理平台，内部运营方面的智能人事系统、ERP 系统，业务拓展方面的新店建设系统、智能大数据选址平台、BI（商业智能）系统，还有鼓励员工提出创意的创新系统等。邵志东对这些系统如数家珍："各种你能想到的系统，我们都有了，总计 136 个系统。"

但是这些系统在 2016 年之前都未部署在云上，而是被部署在传统的

IDC（互联网数据中心）机房里。据海底捞信息部部长程起伍介绍，传统的 IDC 有几个弊端：第一，扩展比较困难，购买机柜、服务器等都需要经过较长、较复杂的审批流程；第二，故障率较高，经常需要检修设备；第三，容易遭受 DoS（Denial of Service，拒绝服务）攻击，造成网络拥堵而无法使用。基础设施的落后已经成为公司业务发展的掣肘。

于是，在 2016 年，海底捞决定让系统上云，云环境下系统的扩展性更好，故障率大大降低，稳定性和安全性也更强。第一个上云的就是点餐收银系统。上云不是简单地迁移，原有的系统需要重构，解决兼容性的问题，系统之间的接口要重新联调或部署，应用防火墙的规则等也要调整。工作人员一家店一家店地修改、调试，就像蚂蚁搬家，历时两年才完成重构上云。上阿里云之后，门店数量扩张到 2000 家、5000 家，系统都不会出现问题。

第二个上云的就是会员体系。2018 年 5 月，海底捞与阿里云合作实施海底捞超级 App 项目，同年 10 月 16 日该 App 正式上线。海底捞超级 App 项目的背后其实做了两件关键事情：一是中台的搭建，即在阿里云上建立移动中台、业务中台和数据中台的基础架构，相当于挖好地基，为以后业务部门的"造房"需求提供底层支持；二是重构整个会员体系并上云，以支持高并发流量的需求。

在上云之前，海底捞原有的会员体系不支持秒杀等类似电商的促销推广活动，当时几乎什么活动都不能搞，并发流量一高，系统就会崩溃，而在上云之后，类似电商那些活动在 App 上就可以实现了。新系统现在可以轻松支持亿级的会员数量和千万级参与者的营销活动。

在谈到超级 App 项目给海底捞带来的好处时，邵志东说："通过这个项目，阿里巴巴集团帮我们从架构上支撑电商体系，为我们未来自己在这个版本上迭代提供了一整套工具，而且还教会了我们如何使用这些工具，这是最大的收获。"

"现在我们整个架构梳理清楚了，移动中台、业务中台、数据中台这套架构非常清晰，开发的工具、并发的架构都很好，相当于地基已经挖好，但是地基上面到底造什么样的房子，不是技术部门说了算的，而是由业务部门决定的。"邵志东解释道。目前，业务部门还在根据业务需求不断调整、迭代各自的应用，现在建立在阿里云上的业务中台完全可以支持前台的各种应用调整，不像以前一调整就宕机，这样业务部门就可以毫无后顾之忧地努力尝试和创新，去实现自己的想法。稳定、灵活的架构体系是业务创新的基础保障。如图 24-2 所示为海底捞系统架构图。

2019 年，海底捞的订餐排号系统被搬到了云上。2020 年，海底捞将 PeopleSoft 人事系统与 SAP 的 ERP 这类后勤系统上云，这样从前端到后端所有核心业务系统都被搬到了云上，海底捞全面实现"云上捞"。上云之后，网络服务能力增强了数倍，基础设施的故障基本没有了，虽然信息部门的人员数量基本保持不变，但是效率却得到了很大的提升。这意味着海底捞已具备数字化的核心能力底座，拥有了一个敏捷、稳定、成本优化、安全和风险可控的智能运算环境，为之后的业务数据化、数据业务化打下了良好的基础。

24.2　触点数字化

海底捞向来以极致的服务闻名。在顾客到店、排队等位、落座、点餐、用餐、买单等一系列触点，服务员的热情服务让顾客拥有美好的体验，使顾客获得超预期的惊喜。比如，在排队等位时，海底捞免费提供美甲、擦鞋、按摩服务，服务员能够记住老顾客的用餐喜好，在顾客咳嗽时递上姜汁可乐等。

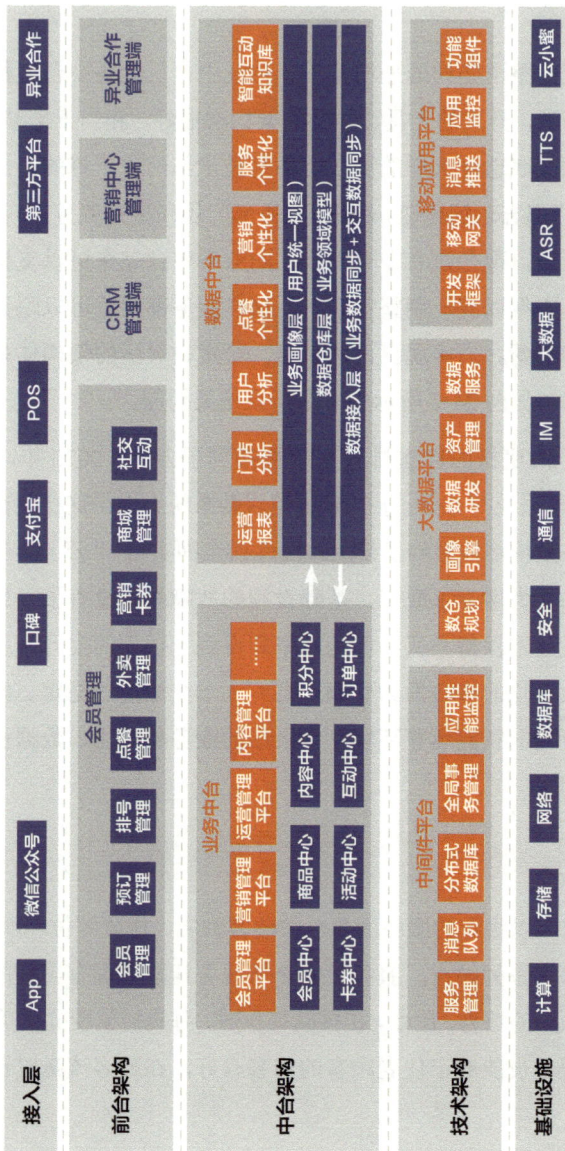

图24-2

对于传统餐饮店而言，一般只有在顾客到店消费时，服务员才会跟顾客产生互动，当顾客离店后，这种互动就终止了。而现代餐饮店除线下服务外，还可以在线上触达顾客，与顾客有更多的互动。

比如，海底捞超级App就是一个"移动线上服务"的入口。在用餐高峰时段，海底捞的门店经常爆满，顾客需要长时间排队，为此海底捞花了很多心思在排队服务方面，比如提供小零食、美甲、折纸鹤换代金券等。在有些门店，顾客在等位时还可以打乒乓、玩桌球，以及享受超大屏幕的互动游戏、与其他顾客PK赢取代金券。种种等位服务的目的就是，不让这些顾客因为排队时间太长而流失到其他店。现在，排队问题也可以通过线上来解决，在超级App上，顾客可以提前预订桌位或参加当日排号。如果当前海底捞门店已经订满或排队人数太多，还可以查看附近其他海底捞门店的排队情况，也可以选择外送或外卖，顾客有了更多的选择。

如图24-3所示为海底捞智慧餐厅。

图24-3

为了节约用餐时间，顾客还可以在海底捞超级 App 上提前将菜点好。海底捞将线下细致、周到的服务延续到线上：考虑到顾客的个性化需求，提供了"靠窗""靠游乐园""相对安静的位置"等座位选项，以及生日聚会或同学聚会的场景选项；任何特殊需求都可以通过语音或文字的方式进行备注，比如需要准备宝宝椅、儿童餐具等，以便到店时个性化需求能够得到满足，如图 24-4 所示；点餐完毕，顾客可以将这份点好的菜单分享给同行者或其他人；预订时，超级 App 还会显示门店的位置地图，比如位于商场的几层，方便新客迅速找到门店。

以前，店里的服务员可能凭自己的大脑就能记住常客爱吃什么菜、坐什么座位，提前帮常客安排好。但是，一旦服务员产生流动，或者顾客到其他分店用餐，如何保证顾客照样得到贴心的服务呢？

当会员信息数字化以后，这些都可以做到。无论顾客通过 Pad 端还是超级 App 端或其他端口登录点餐，顾客的每一次消费信息都会沉淀在数据中台系统中，并产生一些个性化的会员标签，比如爱吃辣、喜欢素食等。当台服务员观察到的一些细节，比如顾客对某款甜点钟爱有加，他也可以在系统里给顾客添加上这样的个性化标签。这样顾客到海底捞全国任何一家店就餐，服务员登录系统，就能立刻知道该顾客的特征和偏好，提供细致入微的服务，比如送上顾客爱喝的冰水、为孕妇准备鱼汤或靠垫、推荐一些顾客喜欢的菜，或者免费送上一盘顾客曾大赞的小食，让顾客始终有宾至如归、被人关心的感觉——这样的数字化才是"有温度的数字化"。

图24-4

在谈到会员标签问题时，邵志东表示了对数字原生企业的羡慕："（我们的数字化）与电商（的数字化）不是一个数量级的，比如淘宝网用户一下子可以被贴上 6000 多个标签，性别还可以是两个，一个是实际性别，另一个是购物性别。"

不过海底捞的会员标签今后也会更加丰富。2020 年 3 月底，海底捞加入了天猫的"会员通"，对于同意在天猫平台上同时登录海底捞的会员，海底捞可以了解他们更多的消费偏好，形成更多维度的标签。"这对于今后 C2M 的反向定制也很有意义。"海底捞会员运维总监王萌表示。

24.3　业务在线化

海底捞从前端到后端共建立了 136 个数字化系统，这些系统在海底捞的业务发展过程中起到了非常重要的作用，但是早期云计算技术还不成熟，也没有所谓的数据中台、业务中台的概念。这些系统都是孤立的烟囱式系统，相互没有打通，存在诸多重叠和冗余。

比如，海底捞 App 有自己的前端和后端，支付宝有自己的前端和后端，官网也有自己的前端和后端，以前就是在一个一个地构建烟囱式的系统，重复造"轮子"，其实它们有很多功能是可以公用的，比如支付功能，但是之前每套系统都有自己的一套支付体系，造成了很大的麻烦，不能快速统一结算。此外，每套系统也都会涉及所有门店，每增加一家门店，所有信息都要一个系统一个系统地往里面填。"以前，门店越多，我就越发愁，再开 100 家店怎么办？"CIO 邵志东坦言。数据得不到及时更新，业务无法实时协同，总部高管也不能准确把握所有门店的动态。

2018 年，海底捞在与阿里云合作超级 App 项目时做了一件很重要的事，就是搭建业务中台和数据中台架构。其中，业务中台是把各项业务中通用的功能沉淀下来，比如许多业务端都会用到支付功能，那就在业务中台里建一个支付中心的共享平台，供各个小前台统一调用，非常便捷。以后前台开发了新的业务，也可以很方便地扩展。

现在海底捞的业务中台上，一些与顾客相关的服务功能已经被搭建好，比如营销中心、订单中心、支付中心等，今后与内部运营、供应链相关的中台功能也会建好，形成"大中台、小前台"，让业务变得更加敏捷、高效。如图 24-5 所示为海底捞数据中台。

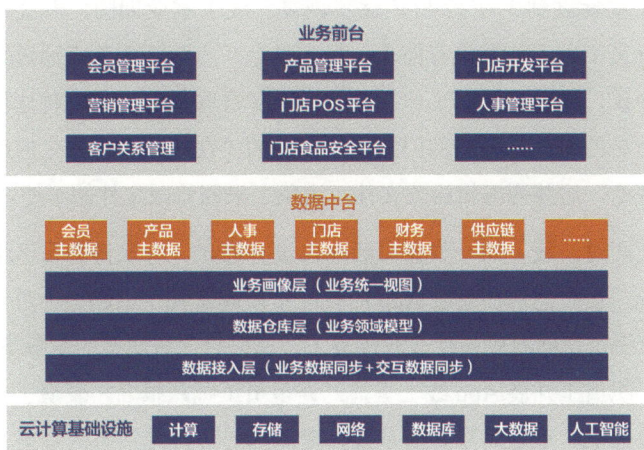

图24-5

为了让技术部门更好地实现业务部门的需求，海底捞还新设了一个职位叫ITBP（IT Business Partner，IT业务伙伴），专门对接业务部门的需求，将需求转换成开发人员能看懂的IT需求。

在这个双中台和专为移动端应用服务的移动中台上，全新的海底捞App应运而生。有了这样的基础架构，海底捞就可以根据自己的业务需求，快速迭代App上的各项功能。刚开始App上只有排号、预订、点餐、外卖这些基本功能，而现在增加了商城、热门活动、游戏、社区、短视频分享等各种功能，还有智能客服24小时在线，基本上每个月都会根据顾客需求的变化迭代功能和布局，而中台的建立使得这样的快速迭代更容易实现。

在2020年新冠疫情期间，海底捞出于对10万名员工和广大顾客安全的考虑，国内门店从1月26日开始暂停营业，2月15日部分门店开放外卖业务，堂食直到3月12日才逐步恢复。线下歇业期间，海底捞的管理层和部分员工的工作并没有停止：每天早上9点和下午6点通过钉钉视频或语音会议，沟通当天的工作；通过视频多群联播的方式来传达信息，保证公司全员的协同；有的部门还通过钉钉的"在线文本协作"应用，边语音会议讨论，边共同编辑相关文件，避免了来回修改文件的不便。

与此同时，线上的一些会员活动也没有停止。海底捞会员运维总监王萌介绍说，当时他们在超级App的社区里发起了几个话题，会员参与度非常高，纷纷留言问海底捞什么时候复工，说很想念海底捞的服务员。于是，海底捞组织员工开展App线上直播，许多员工踊跃报名，表演了自己的才艺，吹拉弹唱、欢歌劲舞、演杂技、变魔术等各种绝活悉数登场。当时还同步连线了新加坡那边正在营业的海底捞门店，国内观看直播的观众看到店内美食不禁大呼"太馋了"，气氛达到了高潮。通过这样一种线上的方式，海底捞在疫情期间依然保持着与顾客的情感连接。

除内容营销外，在疫情期间，海底捞还在超级App中嵌入淘宝直播功能，将流量导入海底捞天猫旗舰店，销售各类产品，通过生鲜食材外送和火锅外卖，满足顾客的需求。

多年来，海底捞凭借出色的线下服务赢得了许多忠实"粉丝"。不过，再好的关系也要经营。顾客到店消费次数毕竟有限，而通过线上社区的经营，海底捞可以保持与顾客的紧密互动。顾客自身也有很强的社交需求，他们到海底捞聚餐也不只是为了美食本身，更多的是一种社交。在超级App上，顾客因对海底捞的共同偏爱而走进了一个"场"，他们晒火锅食材的新吃法、晒帅气的捞面小哥、晒自己的游戏等级和活动奖品等，形成了相互影响的正循环。

24.4 运营数据化

除在业务中台上搭建各种应用外，海底捞近几年还有一项很重要的工作，就是将散落在各个系统的数据汇集，注入数据中台。

据海底捞信息部部长程起伍介绍，数据中台的作用首先是统一存储，把各个业务系统产生的数据标准化，汇集成各种各样的主数据（Master Data，具有共享性的基础数据），如菜品的主数据、门店的主数据，然后把主数据用终端 API（应用程序接口）的功能提供给各业务方，实现跨部门、跨系统的数据共享。

这个工程量非常浩大，海底捞多年积累下来的海量数据，不是简单地搬到中台上就行的，数据需要经过清洗，将重复、冗余的数据删除，将缺失的数据补充完整，将错误的数据纠正或删除，然后才能迁移到数据中台。海底捞有许多食材及菜品供应商，他们的食材编号跟海底捞的食材编号并不一致，而且有时一物多码，例如同样的土豆供应商有两个码，海底捞内部也有多个码，这样就会出现数据的重复录入，因此必须做主数据的梳理，重新建码，进行统一的数据化管理。

尽管工程量浩大，但是数据标准化的基础打好了以后，海底捞自己提供 API，无论哪个系统都用这个统一 API 接入，实现数据的集中化管理，就不会出现查一个门店的各方面数据，需要登录各个系统分别查询的情况了。

其次，数据中台在时效性方面也有很大的优势。以前，海底捞每天从各个业务系统中抽取的数据可能是 T+1（加 1 天）的模型，而且在传统的数据仓中，运算速度很慢，而现在用阿里云的 Dataphin 智能数据构建与管理平台，再加上 MaxCompute 大数据计算服务，运算起来非常快。

再次，由于数据中台可以将统一的数据及时地反馈到业务系统中，因此可以基于这些数据在业务上做一些尝试和改进，比如做菜品的推荐——"猜你喜欢"等。

目前，海底捞将顾客端的主数据已经全部导入了数据中台，会员的统一身份认证也已完成。无论顾客是通过门店 Pad 端、App 端还是通过微信端或支付宝端进入的，系统都能识别顾客独一无二的 ID，记住顾客的偏好，为后续的个性化服务积累数据。

海底捞 2019 年到店顾客约 2 亿人次，会员数量在 2019 年年底达到了5498 万人。如何维护好这样庞大的会员群体，让他们发挥更大的价值，而不只是沉睡在公司的数据库中？海底捞开始利用数据和业务双中台对会员进行更加精细化的运营。

数据中台将来自各个端口的会员数据汇总、分析，生成各种各样的会员标签。海底捞的会员运营部可以在业务中台的营销中心勾选这些标签，圈定自己想要触达的会员群体，通过系统自动对他们做精准营销，比如在App 内推送相关话题的内容或短信通知相关活动。这就意味着每位会员打开海底捞超级 App，看到的内容可能是不一样的，类似于手机淘宝 App 的"千人千面"。

比如，有的顾客经常在夜宵时段去海底捞消费，那么海底捞在适合夜宵时段吃的小龙虾产品上线时，就会把小龙虾品鉴活动推送给这部分顾客；有的顾客曾经消费过海底捞的啤酒，当海底捞的啤酒又推出新款时，也会对这部分顾客做相应的信息推送。

通过这样的标签圈选，海底捞可以抓取自己想要的会员数据，对细分场景下的会员偏好有更深刻的洞察，而且能够通过后续有针对性的会员活动，增加会员的活跃度和品牌忠诚度，同时也能将会员端的需求反向传达到公司新品的研发端和生产端。

最近，海底捞计划在线上商城推广一些产品，在产品正式上架之前，会员运营部组织会员参加品鉴活动，对 20 多种产品进行投票，最后评分低于一定百分比的产品，在了解低分原因后就会直接将其淘汰。因此，产品的上线不是单纯内部人员说了算的，而是会结合顾客的意见来决定。在超级 App 上，也会征集"会员体验官"，给他们快递一些海底捞近期计划上线的产品，收集他们的反馈。除此之外，会员喜欢在海底捞 App 上玩什么游戏、希望海底捞开发什么样的文创周边产品等，都会在 App 的社区里发起话题，调研会员需求和兴趣来反向定制。据会员运维总监王萌介绍，许多会员对海底捞有很深的感情，他们很乐意参加这样的会员活动。比如，海底捞曾举办过文创设计类的活动，会员们踊跃投稿，而且有些设计作品看起来已经是专业级别了，真是"高手在民间"。

会员运营部每个月会分析会员在线上商城和线下到店的消费数据，采取相应的措施来提升会员的捞币兑换次数和到店频次，唤醒沉睡会员。

24.5　决策智能化

作为实现"以新技术改变餐饮企业成本结构"战略目标的重要路径之一，海底捞在 2018 年推出了首家智慧餐厅，探索用数字化、智能化的手段来提升顾客体验、降本增效和保障食品安全。在提高从生产供应端到消费端整个链条的智能化程度方面，智慧餐厅做出了有益的尝试。

邵志东说，火锅的核心就是锅底和调料，菜都一样，不同的锅底有不同的味道，每个人对麻、辣等味道的接受度都不同。在点餐时，顾客可能会对服务员说锅底"微辣"，服务员在点餐收银系统里备注一下，但执行程度如何就很难说了，可能跟厨师的心情和手法有关，有时多放一点辣，有时少放一点辣，而且厨师理解的"微辣"可能到顾客这里就变成了"重辣"。因此，海底捞推出了"千人千味"服务，服务员根据顾客对麻、辣、香、咸、甜的程度，以及油水比例的要求调出一个味道，保存在 CRM 系统中。自动配锅机通过对原料、辅料、鲜料高达 0.5 克的精准化配置，调配出私人定制的锅底。顾客可以给定制的味道取个名字，通过二维码分享给其他人，甚至在海底捞超级 App 的社区里与他人 PK。据海底捞供应链负责人杨立说，初次选择私人订制锅底的顾客下次来海底捞消费时，百分之七八十还会选择这个已保存在 CRM 系统中的"定制锅底"。如图 24-6 所示为海底捞数据大屏。

图24-6

为了保障食品安全，智慧餐厅的后厨实现了无人化，保持 0℃~4℃ 的恒温，由机械臂自动采货、传菜，如图 24-7 所示。每份菜品都有 RFID 标签，超过 48 小时就会自动报警、下架淘汰。菜品制作好后，几个智能传菜机器人将分担送餐工作，将菜品送到顾客面前。

图24-7

为了降本增效，智慧餐厅在库存管理上与阿里巴巴集团合作，通过"智能要货"算法预测销量并实时跟踪库存，计算每天消耗了多少食材，消费了多少菜品，判断需要补多少货，将库存保持在一个合理的水平，既减少了损耗，又保证了供应量。这种算法需要一个深度学习的过程，随着更多门店应用"智能要货"算法，经过较长的时间积累更多的优质数据，考虑更多可能影响结果的决策因子，预测效果将得到提升。库存的合理控制是一家企业的生命线，许多企业的亏损就是亏在库存积压上，所以提升销量预测和进货管理的准确度意义重大。

对于餐饮企业来说，选址是另一个至关重要的环节。门店地址没选好，其他一切做得再好，也难以吸引足够的客流。在门店选址方面，海底捞同样运用了智能算法，与阿里云、高德地图合作进行大数据智能选址。以前是拓展员到处跑，他们凭借自己的经验，参照两个硬性标准——"周围 3 千米内的人口数量在 20 万人以上""周边 1~2 千米内有大型品牌商业和购物中心"来选址。按照 2019 年海底捞平均每 1.2 天就要新开一家店的速度，都由拓展员现场跑的话，要跑断腿，而现在他们坐在办公室里，打开数据分析屏，智能算法会结合人口密度、人群消费层次、门店分布、周围餐饮和购物设施、交通便利程度、竞争对手情况等因素综合评估，提高选址成功的概率。

【总结】

餐饮企业的数智化是一条艰辛之路。正如邵志东所言，智能化是以数字化为基础的，在大数据的基础上才有所谓的人工智能。对于餐饮企业而言，一物一码就是一座大山，不仅餐饮企业本身要做到一物一码，而且从供应商提供食材开始就要做到一物一码。海底捞供应链负责人杨立也认为，餐饮企业的食材供应数据很难标准化，比如牛肉、羊肉切了一半放回，菠菜出成率天气凉爽时是85%（一斤菠菜能出85%的产品）、天热时是50%，这些都给数字化造成了很大的困扰。

尽管挑战巨大，但是海底捞在数智化之路上依然走得很坚决。当海底捞只有几家门店时，通过无微不至的服务就能做得很好；而当门店扩张到数百家甚至数千家时，唯有数智化才能形成规模效应，健康发展，消除大企业的"富贵病"——系统臃肿、资源浪费、流程效率低下。现在，海底捞已经拥有了一个良好的底层基础——架构在云端的数据中台和业务中台，可以支撑今后业务的飞速发展和对消费趋势、竞争环境的准确把握。随着技术的发展和全产业数智化的推进，海底捞在供应链数智化方面遇到的挑战也终将得到解决，同时实现服务从无微不至到无微不"智"的跨越。

第 25 章
良品铺子：将数智化转型进行到底

2020 年 2 月 24 日上午 9 点，全球首场云上市直播在上交所官网开幕，武汉企业良品铺子创始人兼董事长杨红春在直播中郑重宣布：良品铺子正式登陆 A 股市场。这场特殊的上市仪式，无疑给新冠疫情笼罩下的市场打了一剂强心针，如图 25-1 所示。

图25-1

消息一经发布，即有媒体人撰稿分析良品铺子能在艰难的环境中上市，究竟做对了什么，结论之一就是持续推进数智化转型。

如图 25-2 所示为良品铺子业绩走势图（2015–2019 年）。

单位：亿元　　　　　　　　　　　　　　　　　　　　　　单位：家

图25-2

不久，良品铺子发布的 2020 年一季度报告也印证了这一观点。一季度报告显示，良品铺子一季度营收同比增长 4%，线上渠道收入同比增长 25%，线上销售占比由 2019 年一季度的 45% 增加至 55%。同时，良品铺子积极推行外卖、拼团、社区团购等"门店＋"业务，外卖销售占比与去年同期相比增长了 118%。这个业绩对于总部在武汉的良品铺子而言非常难得。如图 25-3 所示为良品铺子股价走势图（截至 2020 年 7 月 13 日）。

良品铺子的数智化转型可以追溯到 2008 年。当时，成立不到 2 年的良品铺子刚扩展到 100 家门店，杨红春便一次性拿出全部利润 1000 万元上线了门店信息化管理系统。信息技术中心负责人朱淑祥正是在那一年加入良品铺子的，刚好经历了信息化建设的全过程。

77.92 元 ▲ +2.44 (+3.23%)

2020/07/13 15:00:00 已收盘 (北京时间)

上证:3443.29(+1.77%)	
深成:14149.14(+3.50%)	
今开	75.40
昨收	75.48
最高	78.02
最低	74.34
换手率	11.92%
成交量	4.89万手
市盈率	97.91
总市值	312.46亿

图25-3

"我刚来的时候,良品铺子门店的条件还不如现在街边小店(的条件)。"尽管已是十多年前的事,朱淑祥仍记忆犹新,"进货、卖货都要手工称重,然后人工算账、收钱。"那时候,良品铺子已经开发了上百种单品,门店的进货、销售、库存完全靠人工管理,难度之大可想而知。

出于最原始也是最基本的目的——把钱和货管清楚,良品铺子开始了信息系统建设:2008 年 6 月上线门店信息化管理系统,实现了所有门店在商品、价格、订单上的统一管理;2009 年,当门店数量增加到 300 家时,上线了仓库信息化管理系统,保证门店补货订单在仓库停留时间不超过 4 小时;2011 年,为了提升内部运营效率,实现精细化管理,良品铺子搭建了整个供应链信息化体系,升级 ERP 系统。

2014 年,良品铺子投入 5000 万元与 SAP、IBM 等公司合作,启动了整体的信息化建设。此后不到 2 年的时间,良品铺子的全渠道平台就基本搭建完成,打通前端、中端和后端,整合了线上、线下的所有交易数据和顾客数据,各渠道从以前割裂的状态变成了一个信息互通的有机整体。

"过去,很多决策依靠人确定,上什么新品、这个店能不能开、开了之后是亏损还是盈利等，主要依靠人的经验做判断。"良品铺子副总裁周世雄说，"良品铺子有上百个销售渠道、2400 家门店、8000 多万名会员，上千个 SKU（库存量单位），产品上新的速度非常快，靠人来做决策给我们带来的挑战非常大。"如图 25-4 所示为良品铺子对零售变革趋势的理解。

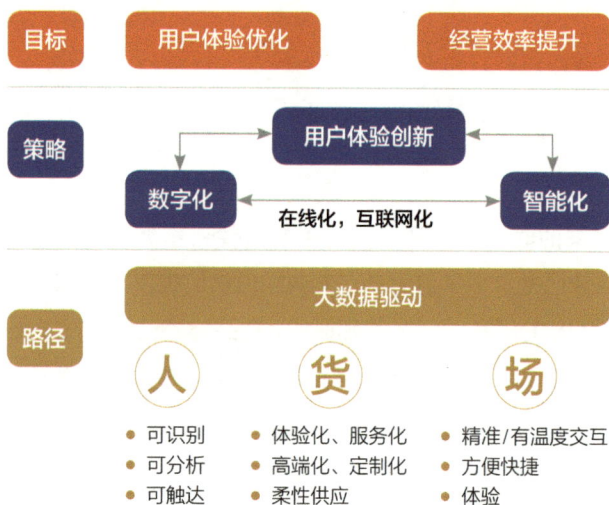

图25-4

基于前期在数字化上的布局与实践，良品铺子顺理成章地从数字化过渡到了数智化转型的阶段，与阿里巴巴集团的合作也越来越深入了。

25.1　基础设施云化

2014 年与 IBM 合作后，良品铺子自建并租用机房，虽然系统上线了，但成本投入比较大，并且运维难度也很高，需要一支专门的技术团队负责服务器的上下架、网络、安全、虚拟化、灾备等工作。

当时，良品铺子正处于高速发展期，业务活动越来越多，营销推广也越来越频繁，这样的境况对 IT 方面的挑战非常大。据周世雄回忆，为了应对"双 11"这样的大促活动，良品铺子通常要提前 3 个月租用或购买高性能服务器，"因为涉及到货周期、安装调试、联网等问题，而在活动结束后，这些硬件成本对我们来说也是一种浪费"。

不仅如此，黑客攻击和一些物理上的危机事件也是良品铺子必须时刻提防的。此前就遇到过机房周边施工把电缆挖断、机房温度过高导致业务停摆半天、公司重大公关活动时官网被黑客攻击而打不开页面等情况，造成的负面影响不小。

2015 年起，良品铺子就开始有计划地将业务慢慢迁移到阿里云上。"特别是偏向 C 端消费者的营销类应用，比如外卖商城、自建的良品铺子 App 等，都已经上了阿里云。"周世雄介绍说，"良品铺子的整个业务系统，尤其是前台和中台，都已经规划了整体的上云计划，将按步骤实施推进。"

从良品铺子的角度来理解，"云"相当于弹性的算力，能够在波峰和波谷时根据需求自由匹配，这就给零售企业的运营提供了弹性的空间，尤其是在"618""双 11"这样的"大促"节点，而且更为安全，避免了对黑客攻击这类突发事件的担忧。

此外，业务系统逐步上云之后，也极大地促进了良品铺子现有 IT 团队的生产力。"系统运维这类基础的工作尽可能通过公共资源解决，团队就可以腾出人力和精力做更多为业务部门数智化赋能的工作。"周世雄说。

25.2　触点数字化

良品铺子自成立起就十分重视数据，并且规定了一条原则，坚决不进驻无法形成数据回路的渠道。

什么叫"形成数据回路"？按照周世雄的解释，就是良品铺子在全域范围内，不仅能够触达消费者，并且触达的人群与效果都必须能够回到系统中，从而帮助良品铺子进行数据分析、评估，并据此做出决策和持续迭代优化。

在自建的 App、微信小程序等线上渠道及线下门店，良品铺子布局了很多埋点，用于获取消费者的线上浏览路径、页面活跃度、停留时长等数据信息。然而，这些都局限在私域流量池，数据始终是有限的。

2017 年，良品铺子与阿里巴巴集团合作，上线了智慧门店体系。2018年，又上线了智能导购系统，2000 多家门店中的 6300 名店员全部成为在线导购。截至 2018 年 9 月，良品铺子已经建立了智慧门店、平台电商、O2O 外卖、自营 App 等全方位的互动和销售渠道，会员近 5000 万人，月活跃人数 800 万人。如图 25-5 所示为良品铺子门店扫码支付。

图25-5

据良品铺子电商技术中心负责人罗轶群介绍，在与阿里巴巴集团合作之后，良品铺子获取数据的渠道（触点）更多了，"这对我们帮助很大"。

25.3　业务在线化

在快速变化的零售市场里，零售企业需要快速响应各个触点的变化，对业务流程进行重塑与优化，从而实现组织沟通与协同的效率提升。同时，还需要对全链路数智化业务系统进行升级，才能促进生态之间的开放与协同。如图 25-6 所示为良品铺子的"双中台"架构。

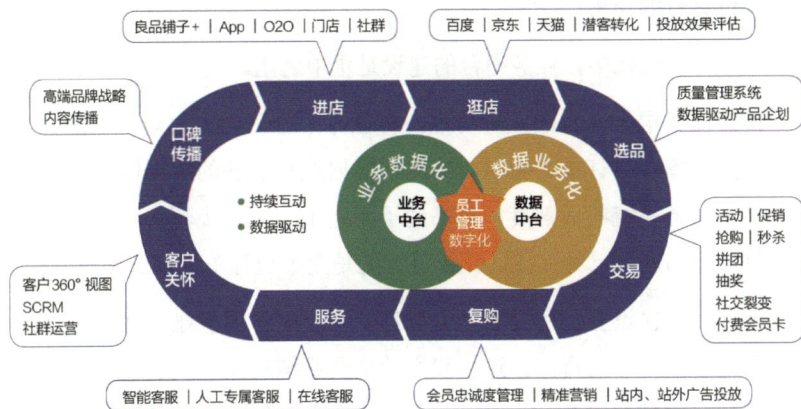

图25-6

25.4　组织在线和沟通在线

"业务在线的前提是，组织在线和沟通在线。"周世雄说。

过去，良品铺子没有统一的平台来实现组织在线，大家沟通主要通过电子邮件，直到后来引入钉钉作为内部沟通的统一工具。"1 万多名员工都在钉钉上，实现了组织在线，同时大家的沟通也都在线了。"

据周世雄介绍，良品铺子底层的所有板块共有 43 个业务系统，涉及供应商、加盟商、物流、会员、营销、门店、订单、客服、财务等。"我们在钉钉端将这些系统都做了相应的呈现。"例如，对于良品铺子自身的OA、HR 系统，通过钉钉界面上的相应按钮，员工就能快速进行审批、请假、打卡等操作。在门店的盘点模块，员工可以通过钉钉上的"盘点"按钮，在线领取盘点任务，用手机进行商品扫码，分组盘点，大大提升了盘点的效率。"钉钉是良品铺子移动化的门户，是业务在线的加速器。"周世雄这样评价钉钉的作用。

在业务在线化中，业务中台的建设是重中之重。

良品铺子根据自身的业务特点，将业务中台分为七大块——会员、营销、商品、库存、订单、渠道、物流。根据这些业务的重要性和紧迫性，以及相关业务系统的成熟度，良品铺子制定了一个分步骤实施的计划，目前会员中台的建设已经完成，正在进行的是全渠道订单中台的建设。

为什么先建设会员中台和全渠道订单中台呢？周世雄解释说："会员是良品铺子最核心的资产，过去我们的会员系统对业务发展的支撑效果不是太理想，它的紧迫性比较高，所以我们在 2019 年就完成了会员中台的建设。"

在此之前，良品铺子的会员是按照渠道划分的，彼此割裂。建成会员中台后，首先实现了全渠道会员的打通，通过一个 ID 对所有渠道的会员进行识别，由此会员等级、会员权益也得到了连通。良品铺子非常看重会员权益一致性的问题。"对于消费者来说，不管在哪个渠道消费，认准的是良品铺子这个品牌，理应享受同等的权益。这对我们提升用户体验、树立品牌高端形象非常有价值。"

至于订单中台，则是由良品铺子全渠道的业务模式所决定的。"我们的渠道将会越来越多，而各种渠道之间的融合将是未来发展的必然趋势。比如，消费者在家点外卖，负责配送的可能是门店，也可能是'淘宝轻店'，甚至可能从分仓出库或从工厂直发，并且涉及的商品也更加丰富多样，有常规配送，也有冷链配送等。"周世雄说，"以前基于我们的系统架构，各渠道的订单分配是相互独立的，而现在则要求能够灵活应对前端业务的多样性需求，并做出快速反应。订单中台能够把每一个订单都打上标签，从而匹配不同的渠道，这是对过去按渠道构建系统的极大升级。"

在周世雄看来，只要把中台做好，就能够适应前台的各种灵活变化。"因为零售行业最核心的就是会员和订单，反映到前端也是这两块变化最大。其他的像库存、商品等板块，良品铺子此前就是统一进行构建的，基本上目前遇到的挑战还不大。比如后端，不管是哪个渠道的商品，我们都是通过一套供应链进行支撑的。"

25.5　供应商管理

良品铺子的产品大多由供应商生产，良品铺子自己拥有一些分装工厂，"核心还是依托于供应商"，周世雄介绍说。

为了实现与供应商更高效的业务协同，良品铺子搭建了 B/S 系统构架的 SRM 平台，将所有供应商接入平台，实现了以下业务的在线沟通。

- 供应商预约送货，由良品铺子采购部门在线上发布需求，供应商接到需求后，安排送货计划，良品铺子计划员审核送货计划，并将送货计划数据推送至仓库。

- 供应商财务对账，实现供应商结算信息线上发布，供应商确认收款信息，并上传收款发票。

- 供应商证照管理，实现供应商三证信息、产品出厂检验信息的实时上传，以便良品铺子在线上管理证照数据。

- 供应商计划协同，实现供应商关键原料与包装材料库存的进、销、存管理，使良品铺子计划员实时掌控核心原料的库存信息，安排采购计划。

- 新品研发协同，实现供应商的新品提报、良品铺子的新品研发需求及研发进度发布，打通了新品的高速通路，提升新品的上市成功率。

良品铺子供应链副总裁刘玲详细介绍了供应商管理方面的具体做法。以质量管控为例，良品铺子有一整套工厂质量管理体系。在生产之前，"我们会与每个工厂约定所有产品的质量指标体系和具体的指标值，达成一致后就会进入良品铺子自己内部的质量系统中，"刘玲说。

通过良品铺子与供应商之间相互协同的 SRM 平台，每批产品生产完成之后，工厂会将对应指标先做一轮自检，然后将数据上传到 SRM 平台，随后发起供货预约。良品铺子审核通过后，就可以确定送货的时间和数量。收到产品后，良品铺子还会进行一轮质量检测，只有检测结果与标准一致，才能放行这批产品。

良品铺子还建成了零食行业第一家获得国家认可的实验室。2018 年，良品铺子品控实验室引进了国际上先进的电子舌设备，它能够将产品的酸、甜、辣、咸等味觉指标数值化，从而代替人的舌头，对产品味觉指标进行标准化的检测。"比如菲律宾的芒果干和越南的芒果干，电子舌能够量化口感方面各个维度的指标，并进行准确测量。"周世雄说。同年，良品铺子的品控实验室又从美国引进质检仪，对产品的硬度、酥脆度、新鲜度等指标进行检测。

25.6　物流体系

2017年，良品铺子在行业内率先提出"新鲜度"的概念。2019年，又将"极致新鲜"写入产品理念。这对物流体系提出了更高的要求。

2017年12月，良品铺子斥资4.5亿元建设的良品一号仓储基地正式投入使用。自此，良品铺子建立起三级响应的仓储体系：中心仓、区域仓、门店。中心仓储体系包括三个仓：线下仓，支持全国线下门店供货，以及向区域分仓发货；线上仓（B2C），支持电商个人订单发货；线上仓（B2B），支持电商区域分仓供货。

通过信息化及数智化建设，中心仓在启用立体库和自动化分拣系统的基础上实现了三仓合并，在此基础上建立了快速响应的物流网络，高峰期能够支持每日15~20万笔订单发货量。

2019年，良品铺子将产销体系中的业务报表通过BI实现自助分析，提升业务分析效率，减少人工报表的误差，将商品库存周转时间控制在12天以内，将断货率控制在2%以下。

25.7　运营数据化

按照周世雄的介绍，运营数据化可以从两个层面来理解。一个层面是企业自己的运营数据化，"良品铺子这么多年在数智化方面的持续投入和建设，整个体系是比较完整和健全的"。而更加丰富的是对广域数据的应用场景，如图25-7所示。

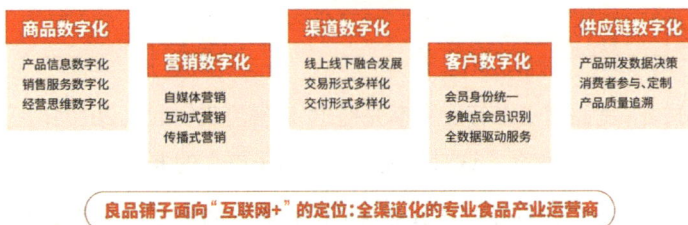

跟随技术应用的发展
面向客户需求、打造价值链的E化能力

商品数字化		渠道数字化		供应链数字化
产品信息数字化 销售服务数字化 经营思维数字化	营销数字化 自媒体营销 互动式营销 传播式营销	线上线下融合发展 交易形式多样化 交付形式多样化	客户数字化 会员身份统一 多触点会员识别 全数据驱动服务	产品研发数据决策 消费者参与、定制 产品质量追溯

良品铺子面向"互联网+"的定位：全渠道化的专业食品产业运营商

图25-7

25.8　商品规划

"在进行新品开发时，我们需要洞察整个市场、行业的发展趋势，了解我们的竞品，还有顾客评价这类非结构化的数据，这中间就需要运用很多工具。"周世雄说，"从产品规划到新品定型，都是大数据交互、分析的结果，良品铺子整个研发过程就是一边研发一边做测试迭代。"

在2018年俄罗斯足球世界杯期间，良品铺子通过全网舆情数据捕捉到"藤椒"这个"热词"，由信息部门整合自有平台和第三方平台的销售数据，圈选目标人群，分析喜好和需求，进行销售预测，最终确定以川湘为目标市场，开发了以"冷锅串串"为原型的"噜辣杯"，之后交付给商品部门进行产品开发。同样的例子还有基于"吸猫"群体开发的"喵爪鲍鱼"、"傲娇的小野喵"零食礼包、"吸猫"棒棒糖等。

2020年，良品铺子根据高端零食的品牌定位，圈定了儿童这个细分人群，决定切入6~12岁的儿童零食市场。

在具体做什么产品时，良品铺子通过天猫商城进行了产品方向上的数据分析和调研，从而确定应该做哪些产品。据刘玲介绍，刚开始的时候，良品铺子在产品方向上"选择的多是类似于成人的零食品类"。后来，通过分析天猫商城提供的数据，发现儿童零食必须更聚焦，于是把产品范围做了缩减。"通过数据，我们发现妈妈给孩子买零食最关心的是健康、安全，其次是营养、好吃。"刘玲说，"最后我们的儿童零食就聚焦在鱼肠、果汁糖、益生菌酸奶豆等品类上。"

以果冻为例，起初，良品铺子将果冻纳入了儿童零食中。后来通过数据分析发现，很多妈妈都不愿意让自己的孩子吃果冻，"因为她们觉得果冻中有一些添加剂不利于孩子的健康"。于是，良品铺子将果冻这个品类从儿童零食中剔除，并尝试研发了两款使用天然水果原料制作的食品：一个是果汁棒，将水果打成泥后塑形成类似奶酪的形状，同时有果冻的口感；另一个是名为"吸吸冻"的果泥。

相比没有大数据支撑的商品计划与研发，刘玲觉得"简直是天壤之别。过去基本靠经验、凭感觉，虽然有自己的渠道，也有了很多产品数据的积累，但私域里会员的数据量是无法与阿里巴巴的公域数据量相比的"。

良品铺子的新品上市后，公司会根据市场反馈进行测款迭代。例如，儿童零食上市后，良品铺子推出了一款"林间铺子"礼盒产品。后来，对销售数据跟踪后发现，除非是送礼，否则妈妈给自己的孩子买零食，通常不会选择礼盒包装。于是，良品铺子调整策略，将主推产品转移到日常购买频次较高的产品上。

良品铺子此前曾分别跟明星合作，在天猫旗舰店上做了两场儿童零食的直播。"我们在阿里巴巴后台看到很多与直播相关的数据，发现妈妈在买儿童零食的时候，很多情况下都是连带购买的。"这颠覆了刘玲他们此前的认知。"我们之前是把儿童零食和成人零食分开的，专门做了良品铺子小食仙旗舰店来卖儿童零食。"刘玲说，"结果发现，大约有30%~40% 的妈妈会和自己的孩子吃同样的零食，还有 30%~40% 的妈妈会在买自己吃的零食时，顺带给孩子也买一些，反倒是专门给孩子买零食的妈妈比例不是很高。于是，我们就打通了成人零食和儿童零食的购买链路。"

25.9　精准营销

2018 年，良品铺子开始推进精准营销。"所谓精准营销，就是把合适的商品，在合适的时间，以合适的方式，匹配给合适的用户。"周世雄说，"零食这个行业，产品种类很多，以后还会不断有细分品种，此外还有酸、甜、苦、辣、咸等口味的细分，不同的消费者对不同的口味也会有不同的偏好。"

面对如此复杂的产品，要把用户洞察做得更加精准，"不断设计、补充用户标签，是我们后面要持续迭代优化的"，因为以后的流量会越来越贵，只有精准营销，效率才是最高的，如图 25-8 所示。

经过一段时间的探索，良品铺子的精准营销已经取得了初步成绩。

2020 年 3 月，良品铺子门店事业部制定了华东和华南两地区精准营销策略，即以拓展新品渗透率为主，以老品引流线上消费为辅。营销针对人群为半年内购买过新品系列的消费者，年龄在 25~35 岁且有新品偏好的女性，以产品自身卖点、口味、口感作为主要沟通内容并进行消息触达，尽量弱化促销形式的感知。最终，通过以货找人的方法，发放出去的优惠券最终核销 5.1 万张，使用优惠券的平均客单价 119.8 元，较平均客单价提升 26%。

2020 年 5 月，正值"饿了么"营销活动的超级品牌日，良品铺子对近半年内在外卖渠道有消费、客单价大于 69 元，且在以往爆点活动中高频购买的消费者，利用短信触达的方式进行唤醒。高渗透、高毛利的单品置

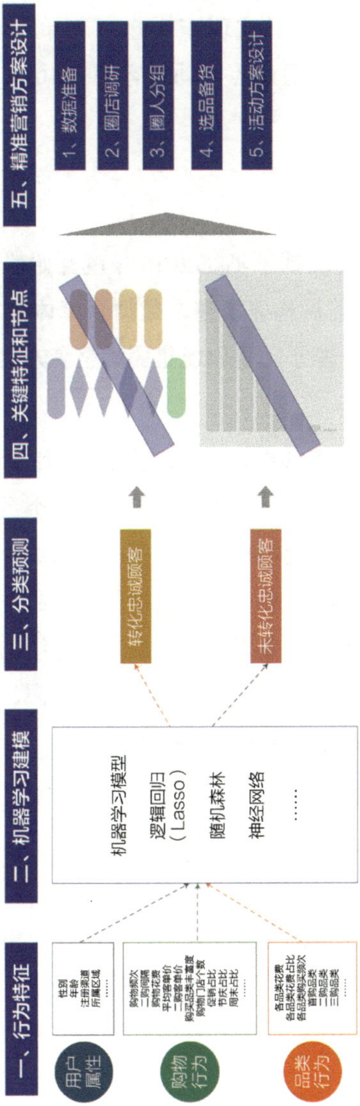
一、行为特征
用户属性
性别
年龄
注册渠道
所属区域
……
购物行为
购物频次
二购间隔
购物花费
平均客单价
二购客单价
购买品类丰富度
购物门店个数
促销占比
节庆占比
周末占比
……
品类行为
各品类花费
各品类花费占比
各品类购买频次
首购品类
二购品类
三购品类
……
二、机器学习建模
机器学习模型
逻辑回归（Lasso）
随机森林
神经网络
……
三、分类预测
转化忠诚顾客
未转化忠诚顾客
四、关键特征和节点
五、精准营销方案设计
1、数据准备
2、圈店调研
3、圈人分组
4、选品备货
5、活动方案设计

图 25-8

顶展示，低单价、高毛利的单品设置 1 元秒杀活动以占领站内活动位，实现线上引流。最终，2 天合计实现订单量 21 万单，创造外卖渠道 2020 年上半年销售峰值，相比 1 月爆点活动访客增长 108%，订单数增长 90%，销售额达到 1200 万元。

25.10　数据中台

据周世雄介绍，良品铺子早在 2015 年就开始建设数据仓库，即数据中台的前身，2018 年前后构建了整个数据仓库体系。2019 年，良品铺子和阿里巴巴集团合作，基于阿里巴巴集团的整套方案重构、升级了自己的数据中台。

前文提到，良品铺子共有 43 个业务系统，每个系统由不同的供应商开发建设，有的是套装软件，有的是自研的，各个系统的结构、逻辑都不一样。有了数据中台后，就相当于把这些业务系统的数据按照不同的主题进行了规整。"比如，跟商品有关的数据归入商品主题的数据库，跟交易相关的数据归入交易主题的数据库。"周世雄介绍说，"所有主题又会拆解出不同的指标，比如从销售额延伸出新品销售额、老品销售额、单品销售额等，并且这些指标还分不同的层级。"

把数据进行这样的分类整理后，对前台应用来说，就相当于进行了一次数据的抽象和规整。比如，在做供应链计划时，只要从数据中台中找到跟商品、营销、供应链相关的数据就行了，而不用操心这些数据是从哪里来的，也不用考虑系统内部复杂的逻辑和结构。"相当于在前后端之间做了一个 Hub，前端负责应用的人不用管后端的系统有多复杂，只要看中台就行了。这样工作效率更高，也是从传统数字化向数智化转型过程中的必需和关键。"

25.11　决策智能化

对于零售企业而言，效率是关键。要实现众多生产要素和管理要素之间的最佳匹配，靠人是很困难的，必须通过大数据、数智化，才能提升全要素整体的最佳匹配和最优效率。

25.12　门店诊断模型

良品铺子对门店的数智化管理体现在单店的诊断分析、组货、补货、销售预测、定店评估等模型上。

以单店管理为例。"单店经营诊断模型能够自动根据数据帮助各个门店的管理人员做决策。我们每个店每天都要补货，补什么货、补多少货是通过系统数据自动推算出来的。"周世雄说，"此外，我们在钉钉里嵌入了一些涉及店铺管理的工具，比如店铺里各个商品品类与同区域、同类型门店比起来，有哪些不同或欠缺，从而给单店推荐商品、陈列、营销策略等。"图 25-9 所示为良品铺子的自动补货系统。

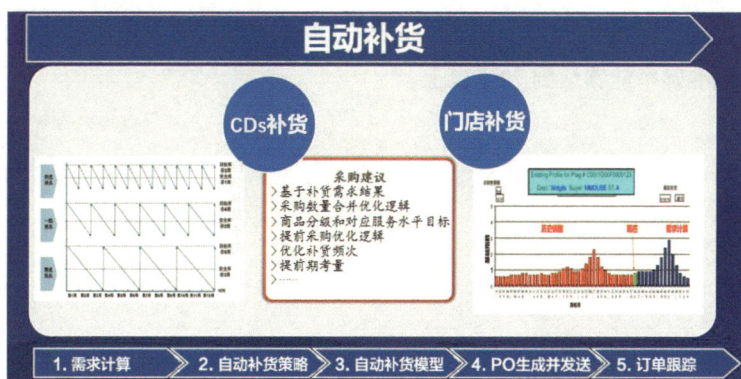

图25-9

再以"定店模型"为例，在新开一家线下门店之前，良品铺子必须基于该商圈的人员流量、周末及节假日的客流量、商圈人群的喜好和购买力，以及租金等数据，综合评估开店后的各种数据指标，例如单店日均销售额能否支撑租金、人工等成本支出。"这个分析评估的过程就需要智能化的数据决策模型。"周世雄说。

25.13 销售预测

以前，良品铺子在策划营销活动时，都要进行销售预测。"这个预测主要是人凭感觉来做的。"刘玲说，"如今，以智能化的销售预测为源头，能够拉动整个供应链的产销协同体系。"如图 25-10 所示为良品铺子的智能预测平台模型。

经过前期的高速发展及在数智化方面的探索实践，"这些智能化的决策模型和数智化的能力，已经'长'在我们企业运营的流程里了"。周世雄说："以销售预测为例，从销售预测到产销协同，输出整个营销计划和供应链保障计划，准确率得到了大幅提升。"据悉，过去人工进行销售预测的准确率，细化到每个 SKU，大约在 30%~40%，而现在使用销售预测模型，准确率能够达到 70% 以上。

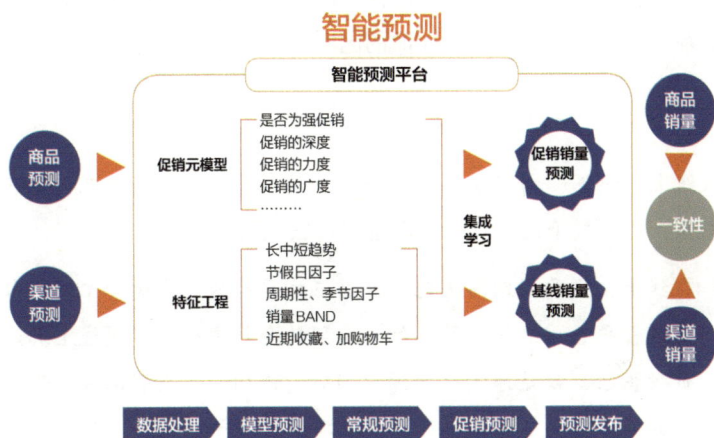

智能预测

智能预测平台

商品预测 → 促销元模型: 是否为强促销 / 促销的深度 / 促销的力度 / 促销的广度 / ……

渠道预测 → 特征工程: 长中短趋势 / 节假日因子 / 周期性、季节因子 / 销量BAND / 近期收藏、加购物车

集成学习 → 促销销量预测 / 基线销量预测

一致性: 商品销量 / 渠道销量

数据处理 → 模型预测 → 常规预测 → 促销预测 → 预测发布

图25-10

25.14 订单交付智能路由

面对全国用户大量的线上订单，需要在可控的成本下高效、高品质地交付用户。所以，良品铺子不断优化订单交付的智能路由规则，加入了各种策略和模型，分配最优的仓库、承运商等，实现用户的最佳体验。

例如，在2020年新冠疫情期间，根据每个仓的满足率、物流成本，系统自动优化仓网的寻源逻辑。"这是一个比较智能化的逻辑，要考虑订单，原则上最好不要拆单，因为一旦拆单，物流成本就会上升。"周世雄说，"还要考虑如何进行仓库匹配，消费者是在武汉下的单，还是在哈尔滨下的单？要通过寻源匹配最优的仓。"

良品铺子目前在全国有十几个分仓，除匹配到仓外，还要考虑使用哪个快递。新冠疫情期间有些快递能正常配送，有些快递就停业了，同时有

的商品还需要冷链运输。"总之，各种情况比较复杂，货品、直发、库存、最短路径、快递方式等，方方面面的因素都要考虑到。"

【总结】

从线上、线下、到家等不同的消费场景来看，借助阿里巴巴的各类数智化工具，良品铺子已经打造了在全渠道服务用户的能力。

- 在线上：主要借助阿里巴巴等第三方平台的客户运营工具，包括客户运营平台、达摩盘等，结合自研的会员中台，实现线上和线下会员数据通、权益通、运营通。同时，以门店"互联网+"的线上运营方式，依托App、小程序、社群运营等前端触点，用会员中台辅以会员招募、会员忠诚度管理、会员营销、促销等功能，形成前台、中台、后台的运营支撑。

- 在门店：通过门店和自营线上社交裂变活动、直播、品牌推广投放工具，引流到店，通过门店POS、会员中台、电子支付、阿里巴巴智慧门店、钉钉员工移动平台，以及各种数智化终端设备，完成消费者在店内的消费转化。与此同时，消费者在店内的加购、交易数据信息会回流至会员中台，完善消费者360°画像，从而形成精准的营销闭环。

- 在路上：通过直播平台、品牌广告投放工具、良品铺子App、小程序和社群运营的社交裂变活动分享，如拼团、抽奖、会员特权卡、集印花活动等，以及会员精准营销活动，达到品牌曝光及流量转化的目的。

- 在家里：良品铺子的到家服务分为三个部分。第一，与饿了么等主流第三方外卖平台打通，完成三方平台流量导入及销售转化。第二，以 App、小程序为主要触点，打造外卖、自提平台。第三，借助阿里巴巴轻店定时达、与配送体系合作的前置仓等孵化创新型到家服务，从而完成不同场景、不同客群、不同产品、不同履约时效要求的消费者到家服务。

对于良品铺子而言，数智化转型是一个从宏观到微观、不断发展和优化的过程，并且"会一直往前推进下去"，因为零售行业的提效是一个永恒的话题。

第 26 章
特步：数智化转型的领跑者

1987 年，17 岁的丁水波在泉州晋江创立三兴公司，主要生产和销售旅游鞋。短短 6 年时间，三兴就成为中国外贸销量最大的鞋业公司，在美国、智利、西班牙等 40 多个国家和地区设有分公司。

进入 2000 年后，丁水波敏锐地觉察到外贸代工这条路开始下行，而同时，国内市场的需求在逐步升温。于是，在 2001 年，丁水波创立了特步品牌，并以"时尚 + 运动"的差异化营销策略，在竞争日趋激烈的体育用品市场中崭露头角。到 2007 年，特步的营业收入超过了 13 亿元。

2008 年，特步在香港联交所挂牌上市，此后几年延续了高速增长的态势。直到 2012 年，特步营收增长陷入停滞，2013 年更是出现断崖式下滑，从 2012 年的 55.5 亿元骤跌至 43.4 亿元，还陆续关闭了上千家线下门店。当然，出现这种困局的并不只有特步。事实上，当时包括运动鞋服在内的服装行业出现了"关店潮"。

关店现象背后的原因就在于，绝大多数服装企业都是做批发生意的，产品生产出来后，根据半年前签订的订货量，把产品发给总代理就结束了。在这种模式下，品牌商与消费者之间是被隔离的。一方面，品牌商无法快速把新产品推向市场，送到消费者手上；另一方面，他们也无法了解消费者对产品的反馈，无从知道市场变化和消费者需求。与此同时，随着国内经济的发展，人们的消费水平提升，消费者的需求日益细分、多变，使产品和消费者需求之间脱节的负面影响进一步放大。所有这些最终导致服装行业出现"库存危机"。

面对传统模式的弊端，加上来自国际快时尚品牌的压力，2015年特步决定战略转型，从粗放式批发模式向以消费者为核心的零售模式转变。为此，丁水波提出了"3+"战略，即让产品升级换代的"产品+"、将产品和服务融为一体的"体育+"，以及线上和线下数智化赋能的"互联网+"。

2017年，特步与阿里巴巴集团合作打造的业务中台"全渠道零售平台"正式上线，特步成为体育用品行业第一个真正建立业务中台的企业。而全渠道零售平台的上线，也标志着特步三年战略转型圆满收官，完成了从批发模式向零售模式的转变。

伴随着模式的转变，特步开始从流量和会员的视角来审视自己的零售业务。恰好在此时，阿里巴巴集团提出了新零售概念。于是，特步随即启动了新零售项目，并与阿里巴巴集团合作，引入了智能导购、智慧门店、云店、钉钉等新零售工具和方案，实现了"六个在线"，即组织在线、店员在线、服务在线、支付在线、店铺在线、商品在线。

2018年对特步来说是值得自豪的一年。当年，特步实现营收63.83亿元，超越了2012年的历史最高水平，而且全年净利润增速高达61%。2019年，特步再接再厉，全年营收增长28%，达到81.83亿元，净利润7.28亿元，同比增长 11%，稳居体育用品行业前三位。可见，在数智化赋能的加持下，特步的三年零售转型取得了显著成效。

图 26-1 显示了特步业绩的走势图（2015—2019 年）。

单位：亿元

图26-1

同时，在主品牌持续走强的大好形势下，特步再次踏上新的征程，在 2019 年开启了多品牌、国际化的新发展战略，陆续收购了帕拉丁、盖世威、索康尼、迈乐四个国际品牌，致力于成为全球运动时尚第一品牌。

那么，特步的数智化赋能到底是如何一步步展开的？它给特步的零售运营和组织能力带来了哪些深刻的影响？未来，特步的数智化赋能还将走向哪些"深水区"？

26.1 基础设施云化

特步在建设全渠道零售平台时，采用了阿里巴巴的中台系统，后者是基于分布式部署的云架构来规划的，可以保证系统的稳定性和快速运算。所以，对于特步来说，在建设全渠道零售平台的同时，上云成为一个必然的选择。

不过，特步一开始用的是私有云模式，也就是说，特步的中台系统不是放在阿里巴巴的公有云上，而是部署在特步自己的 IDC（互联网数据中心）上。之所以使用私有云，据特步 CIO 唐坤军的说法，当时主要是怕数据泄露。但实际上，"我们后来明白，这是多虑了，因为阿里巴巴公有云提供的安全技术其实更多、更完善。"唐坤军补充道。

而且，采用私有云有一个很大的问题。阿里巴巴集团会不断升级公有云上的中台中间件技术，而特步把中间件都部署在私有云上，就无法快速跟阿里巴巴同步进行升级，也就使得特步无法享受阿里巴巴集团的很多最新成果。

另外，中台的云架构运维对 IT 人员的要求是很高的，而企业往往缺乏这样的人才，也承担不起这些人才的成本。因此，一旦中台系统出现问题，还得求助于阿里巴巴的技术力量。

所以，特步在 2019 年把整个中台系统，包括所有中间件、应用服务器、数据库等，都迁到了阿里巴巴的公有云上。"未来，我们的中台系统在功能层面会越来越强大，越来越稳定。同时，在运维层面也会越来越放心，不用担心在最重要的营销时段，像"双 11""618"、国庆假期等时段系统出现问题。"唐坤军说。

如图 26-2 所示为基于企业级互联网架构的新一代系统架构。

目前，特步的订单、商品、物流、支付、会员等系统都已集中到云端的全渠道零售平台上。用特步副总裁吴联银的话说，"越开放的系统，比如面向消费者的、面向渠道的，甚至面向全球业务的，就越容易搬到云上去。从长远看，现在还放在机房的 ERP、供应链、仓储等系统，也一定会上云"。如图 26-3 所示为特步云整体架构。

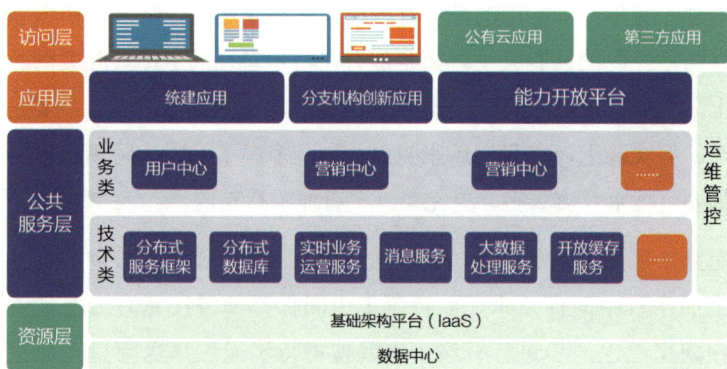

图26-2

26.2　触点数字化

数智化赋能要取得成效，一个关键的因素是获取数据，因此企业的业务运营及跟消费者的接触点应该尽可能做到在线化、数字化。

当初，特步要从批发模式转型为零售模式，并不是说要彻底改变多年来建立的代理经销模式，也不是说自己直接去管理和运营已有的 4000 多家门店。"要抓住终端，不一定非得直接去管理和运营，通过引入系统，我们就可以离门店很'近'，实时'看到'店铺运营情况和店员状况。"当时负责特步线下零售管理、现任特步海外事业部总经理的李波解释说。

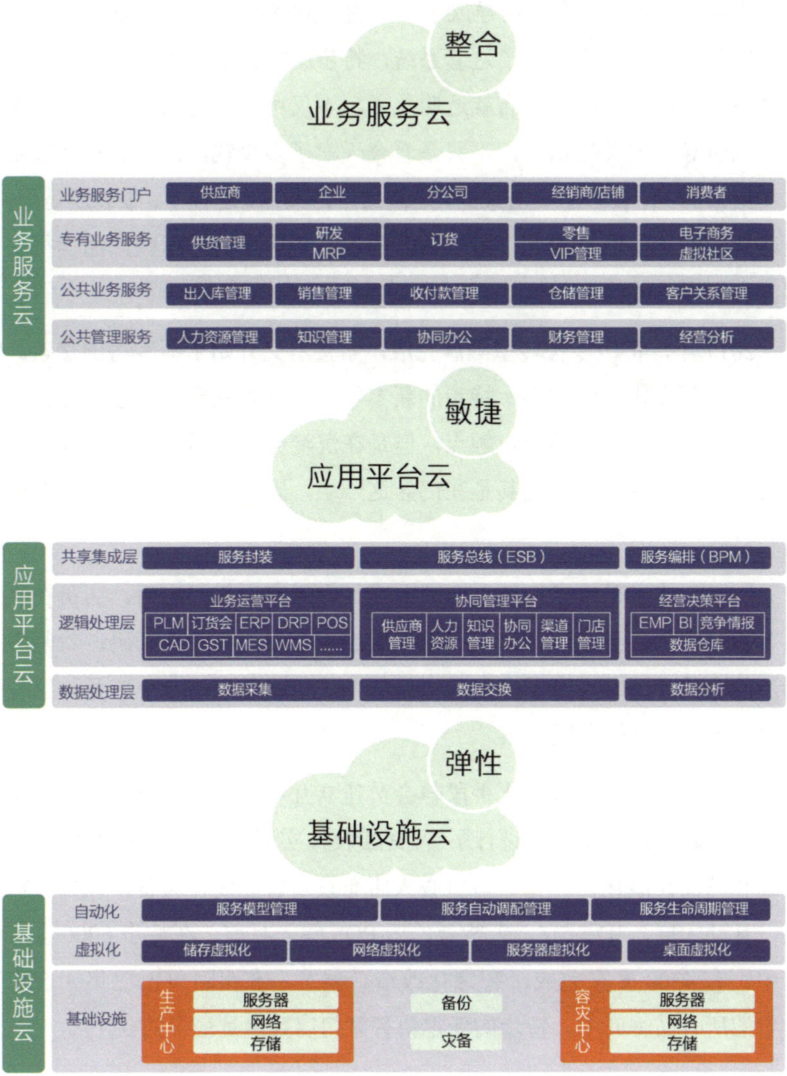

整合

业务服务云

业务服务云	业务服务门户	供应商	企业	分公司	经销商/店铺	消费者
	专有业务服务	供货管理	研发 MRP	订货	零售 VIP管理	电子商务 虚拟社区
	公共业务服务	出入库管理	销售管理	收付款管理	仓储管理	客户关系管理
	公共管理服务	人力资源管理	知识管理	协同办公	财务管理	经营分析

敏捷

应用平台云

应用平台云	共享集成层	服务封装			服务总线（ESB）				服务编排（BPM）
	逻辑处理层	业务运营平台			协同管理平台				经营决策平台
		PLM	订货会	ERP	DRP	POS	供应商 管理	人力 资源	知识 管理	协同 办公	渠道 管理	门店 管理	EMP	BI	竞争情报
		CAD	GST	MES	WMS	……							数据仓库
	数据处理层	数据采集			数据交换				数据分析

弹性

基础设施云

基础设施云	自动化	服务模型管理		服务自动调配管理		服务生命周期管理
	虚拟化	储存虚拟化	网络虚拟化	服务器虚拟化	桌面虚拟化	
	基础设施	生产中心	服务器 网络 存储	备份 灾备	容灾中心	服务器 网络 存储

图26-3

于是，特步给所有门店导入了统一的 POS 系统，里面集成了会员、收银、库存等功能模块。有了这套系统，特步就掌握了门店的运营数据和报表体系。这样，"所有门店就透明化了，不仅可以知道门店的运营状况，还可以引导大家关注销售，不只是看今天卖了多少钱，而要看这些钱是怎么卖出来的，什么产品卖出来的，是新品还是旧品，是鞋子、服装还是配件，是高价卖的还是低价卖的，是老店卖的还是新店卖的，哪些产品卖得快，哪些卖得慢，等等"。

2017 年，特步零售转型圆满完成，紧接着又开始了新零售的探索。特步创立了新零售运营中心，特步的新零售从一开始就聚焦在会员运营上。特步虽然有各种各样的用户触点，但是在沉淀会员及后续的会员互动上却没有一个很好的办法，尤其是在门店这一块，因为门店是特步最主要的用户触点。

所以，特步采用了扫码入会的方式。当顾客进入门店后，店员在接待顾客的过程中，会邀请顾客用手机扫码加入会员。顾客扫了码，就能成为特步的会员，同时拥有了自己的专属导购。也就是说，这个店员与这位会员建立了一对一的专属关系。

除通过二维码等数字化手段与会员建立互动关系外，特步还和阿里巴巴集团一起对自己的门店进行了智慧化改造，实现了店员管理、服务、支付、店铺和商品在线化，并在一些核心大店布设了智能硬件设备，比如客流计数、互动大屏、3D 试衣、云货架、云 POS 等。目前，在特步 6000 多家门店中，有 4300 多家完成了智慧化改造。据悉，在跟阿里巴巴集团合作新零售的所有品牌商中，特步的新零售智慧门店数量是最多的。

26.3 业务在线化

特步在向零售模式转型时，一方面要抓住终端，掌握门店的运营情况，另一方面要将线上零售与线下门店进行融合，实现全渠道零售。

但是，特步原有的业务系统是"烟囱式"的，每个系统独立对应一个业务，一共有 80 多个系统。"这些系统跟业务一个扣一个，都是扣死的，而且它们就像老破拖拉机，已经跑不动了。"唐坤军说。

如图 26-4 所示为传统 IT 建设的系统结构图。

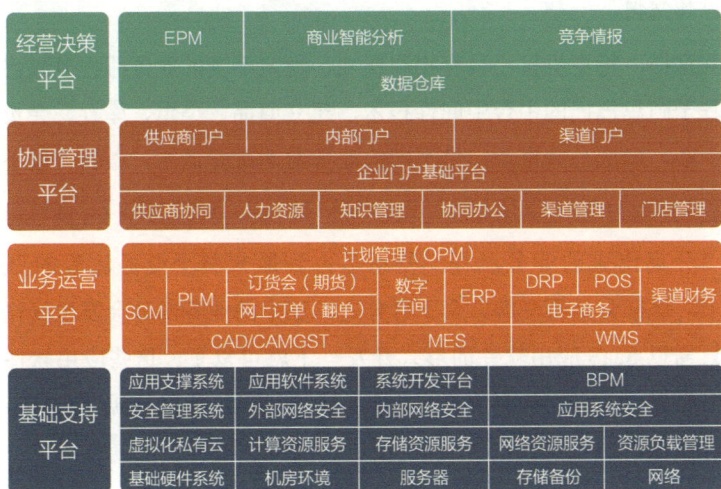

图26-4

另外，原有系统无法提供实时的数据，大家看到的都是一两天以前的数据，根本无法支撑时效性强的业务分析。同时，各自垂直独立的系统无法满足特步全渠道营销的要求，线上和线下的订单、商品、库存、物流、会员等都无法打通。

当时，为了解决这些问题，唐坤军和团队把国内外那些知名的软件商都捋了一遍，但是它们的 IT 架构大多是基于批发模式来开发设计的，都无法很好地响应未来的零售业务需求。

直到有一天，唐坤军听说阿里巴巴集团有一个叫作"中台"的神器，于是他带领团队去阿里巴巴总部参观、交流了一天，回来之后就果断决定一定要做中台。他的逻辑很简单，能够支撑阿里巴巴巨量异构业务的中台技术，支撑特步肯定没有问题。他把这个想法告诉了时任特步集团副总裁兼电商总经理的肖利华博士，后者很支持他，并亲自全程参与了整个中台的建设和交付。

就这样，特步将自己具有相同属性、稳定不变的业务流程分离出来，然后基于阿里巴巴的中台中间件技术，建立商品、渠道、库存、会员、支付等中心，形成公共资源，供不同的业务前端进行调用，做到"以不变应万变"。

"分离出来的业务流程，差不多占到原来整个业务流程的百分之七八十，这部分是不变的。余下百分之二三十的业务部分会发生变化，这时候只需以 SaaS 应用软件的形式开发一下就可以了。这些应用软件形成一个个小前台，它们从中台的共享服务中心调取所需的资源和服务。"唐坤军解释说。

2017 年，特步的业务中台全渠道零售平台上线。"整个中台开发、上线、推广，前后一年多的时间，这在行业内是绝无仅有的。"唐坤军说，"而且，我们当时采用了休克疗法，把原来的系统彻底推翻了，一点都不给自己留退路。"

如图 26-5 所示为基于 Aliware 的全渠道零售平台整体架构。

业务中台上线后，当收到来自天猫商城、淘宝网、官方商城、官方App 等不同线上零售端口的订单时，系统会根据"先就全，再就近"的智能算法，将订单自动分配给最近的店仓一体化门店，并自动通知物流公司进行配送。上线当年的"双 11"期间，特步 20 多万笔线上订单几乎都是通过这种方式实现自动派送的，不仅发货效率大大提升，物流费用也大幅减少，还显著降低了库存水平。截至目前，特步的 6000 多家门店都已全部接入全渠道零售平台，2019 年线上零售增长超过 20%，线上零售额占公司整体营收的 20% 以上。如图 26-6 所示为线上和线下整合后的中台。

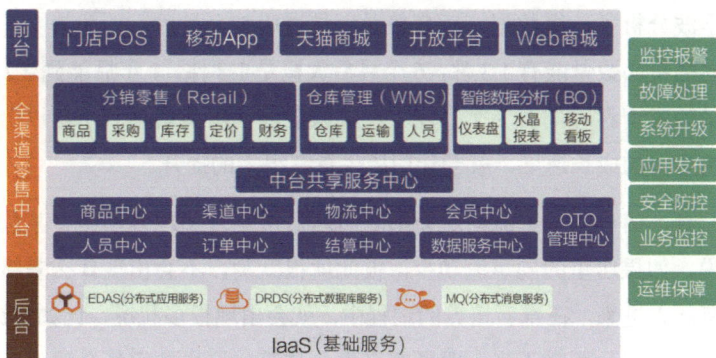

图26-5

为了实现零售模式，特步要深入终端，除掌握门店运营情况外，还要帮助所有店员提升他们的工作经验、业务能力和执行效率。

特步 6000 多家门店分属于 40 多个分公司。以前，每次总部有什么政策、活动或指令，都是从总部到分公司、区长（负责所在片区的所有门店）再到门店，这样一层一层往下传递的。很多时候，在传递过程中，因为不同层级对事情的理解和认识不太一样，到最后信息往往会断流，根本到不了店员那里，变成没人指挥，更没人执行，结果不了了之。

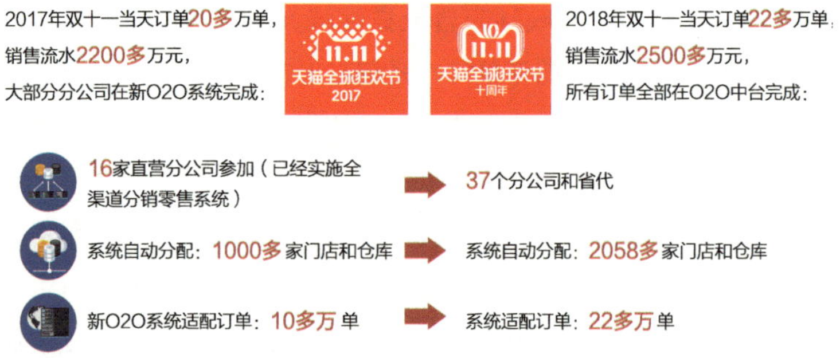

2017年双十一当天订单20多万单，销售流水2200多万元，大部分分公司在新O2O系统完成：

2018年双十一当天订单22多万单，销售流水2500多万元，所有订单全部在O2O中台完成：

16家直营分公司参加（已经实施全渠道分销零售系统） → 37个分公司和省代

系统自动分配：1000多家门店和仓库 → 系统自动分配：2058多家门店和仓库

新O2O系统适配订单：10多万单 → 系统适配订单：22多万单

图26-6

李波分析了一组数据。一名普通店员进店3个月后，一般情况下，每单交易的货品数量能有1.3件，6个月后大概是1.8件，1年后能到2.2件。而店员通常留存时间在8个月左右，如果能够让店员留存到1年以上，同时加快店员的成长速度，就会让门店生意有很大的提升。

而且，店员的频繁流动还会影响门店日常运营和顾客体验。某位店长反馈说，如果店里的同事流动少，彼此就很默契，不会出现什么差错。如果总有新人进来，在重新培养的过程中，就会出现很多状况，比如找错鞋、找错服装、货品解释不当、跟顾客产生分歧等。这样的意外会对生意造成不小的影响。

因此，特步希望能够把2万多名店员聚在一起，快速沟通，以解决上传下达、店员培训、店员留存、市场反馈等问题。于是，特步引入了"超级导购"App，通过手机端，将公司与所有店员连在一起，同时也为所有店员构建了一个属于大家的社群。

"超级导购"几乎覆盖了门店运营的所有相关环节和问题，如培训、会员激活、销售技巧、陈列道具、形象、促销、退残等。此外，还有店员的互动消息，如"我们的小咖秀""我们一起来跳操"等。

特步品牌事业群 CEO 李冠仪对"超级导购"肯定有加："通过这个平台，与门店运营和店员有关的所有资源都直接落到了门店。这个系统已经运行 4 年多，对线下门店的赋能是非常大的。"

此外，钉钉已经成为特步所有员工统一的办公平台。大家在钉钉上建立各种各样的工作群，可以随时在线沟通和协同。公司的 OA 系统也接到了钉钉上，工作审批、考勤打卡、请假、知识管理、远程会议等事务都可以在线处理。

26.4　运营数据化

特步在数据应用方面做得非常早。2008 年就引入了 SAP 的 BO（业务对象）系统，然后在 2012 年部署了当时堪称一流的基础数据平台。

与传统 IT 系统积累的一个个只能独立应用的数据池不同，这个基础数据平台把特步的数据做到了分类整合，既可以独立应用，又可以整合应用。通过这个平台，特步可以查询所有数据，并对数据进行整合分析。

不过，特步副总裁吴联银坦言，这个数据平台并没有打通当时 60 多个系统的数据，它只是从各个系统抽取数据进行分析，而且分析结果以报表形式呈现，主要是为了满足管理和决策的需要。同时，数据平台跟业务运营是离线的，无法在业务运营过程中进行数据抽取和分析，更谈不上对业务运营进行数据赋能。

所以，特步在开发业务中台全渠道零售平台时，同步建设了自己的数据中台。业务平台产生的所有数据沉淀到数据平台，业务中台上的前端应用可以随时调用数据平台上的数据资源，从而形成了业务中台和数据中台的"双中台"闭环。

现在，特步所有门店的运营数据做到了每 10 分钟更新一次，不像原来一两天后才能看到。"没有实时数据，可能对一般的业务没有什么影响。但是，在国庆节这样的重要营销节点，需要关注大促活动是否有效、销售目标是否达成，如果没有实时数据，就无法做出即时指导。现在都是实时看到数据，就可以随时调整策略。"唐坤军说。

以前，去巡店，可能不知道门店老板是谁，商品卖得怎么样。现在，通过手机看板，可以实时监测门店的运营数据，如流水分析、商品分析、销售情况等。这个看板应用现在每个月的使用频率达到了 4~8 万次。

有了门店运营数据，还可以指导分公司及时进行货品调拨或促销。现在，可以跟踪每一款货品的销售速率，了解在单位时间内一款货品卖出了多少。如果发现某款货品的销售速率高了，可以及时提醒分公司补货，甚至通知后台快速返单；如果销售速率低了，就建议区域之间或门店之间进行调拨，需要时还可打折促销。当然，他们不会实际去跟踪每一款货品，一般只跟踪销量排在前 20 的货品，因为它们差不多能占百分之四五十的销售额。

调拨、促销的建议或指令会从总部发出，下达给相应的分公司。比如，有几款鞋出现滞销的迹象，总部的商品部门就会制定一个促销方案，然后零售部门会针对这几款鞋，确定在门店的陈列方式及 POP 设计方案，同时培训部门会设计促销话术，通过"超级导购"对店员进行在线培训。等所有方案和物料都到位了，就分发给各个分公司开始执行。在执行过程中，门店还需要对促销情况进行拍照回传。这样就形成了一个非常完整、成熟的链路。

有了实时数据，所有门店的库存也变得可见、透明化。碰到顾客想买的货品出现断码，店员就会到门店系统里进行同商圈查询，看看这个商圈的其他门店是否有这个码的货。如果顾客着急，等着要，店员就会在系统里申请调货，然后去其他门店取货，拿回来给顾客试穿；如果顾客不着急，店员会申请调货，并跟顾客约好其他时间来试穿，或者直接让其他门店把货品快递给顾客。

此外，通过一对一地与会员互动，店员可以掌握会员数据，做到比会员自己更了解他。比如，做零售的人都知道，鞋子总是中间码先卖完，像42码、35码这样两端的货品，一旦缺码断号，就要打折销售，极少能正价卖出去。这时候，这些货品可能会被摆到花车上做促销，并且不知道有没有消费者来买。如果店员知道自己的会员里面有人穿42码，而且知道他喜欢的颜色，就可以给他发信息，告诉他这款鞋比较适合他，而且因为是老会员，所以可以打85折，还赠送小礼品，这位顾客很可能就买了。鞋子虽然是85折被卖出去的，但如果放到花车上坐等，可能5折、3折才能卖出去，而且还不知道什么时候有人来买。

特步还将自己的会员数据跟第三方数据进行对接，提炼出目标消费者的消费特点和行为特征，从中找出相对应的标签，然后开发出适合的产品及营销的手法，针对目标消费者进行整合营销。

比如，特步在2018年第二季度赞助了一档面向年轻人的节目《这！就是街舞》。因为这档节目在优酷平台上播出，所以特步就运用了阿里巴巴大数据，对消费者、观众，甚至街头文化类消费者做消费洞察，然后利用这些洞察去开发营销计划。

再比如，特步每年都会赞助几十场马拉松赛事。在品牌营销上，特步充分发挥了线上和线下融合的优势。在线下活动中，除赞助马拉松外，特步还在赛前举办马博会。马拉松选手会到马博会领取参赛装备，对跑步感兴趣的人也会到马博会了解最新的跑步资讯，参加现场互动。特步在自己的展位里布设了扫码等互动环节，可以把消费者引流到线上网店购买商品，同时留存一些消费者的数据，后续跟他们做二次互动。

在营销触达的受众方面，特步主要瞄准三类人。第一类是特步的会员，他们是营销活动的核心受众。特步会通过会员专号，如特步会员俱乐部公号、特步官方会员商城等，跟会员进行沟通。

除会员外，特步还关注一个"会员 lookalike"的群体。特步先在自己的会员库里给不同的会员打标签，然后用这些标签，去跟第三方大数据平台进行合作，从平台的大池子里找出具有相同标签的人群，最后在这群人的常用触点对他们做定向传播。

而最外围的受众，是特步长远的目标消费者。对于特步来说，不但要跟会员保持长线的关系，也希望有越来越多的目标消费者成为特步的会员。所以，一方面，特步从内核出发，找出已经对特步品牌有感觉的会员，对他们进行营销；另一方面，从外部出发往内拓展，瞄准特步理想的目标消费者，即 18~24 岁的年轻人群，争取他们的认同，通过不同的营销手法把他们带入特步"大家庭"。

26.5　决策智能化

一直以来，绝大多数企业在做管理决策和业务决策时，虽然有一定的市场数据和内部运营数据作为依据，但更多时候决策依靠的是人为的洞察和经验。这样的决策在科学性、合理性和有效性上往往会大打折扣，甚至产生失误，从而影响企业的经营效率和发展进程。所以，能否借助技术手段减少决策失误、提高决策成效，是所有企业长久以来共同的愿望。

互联网、大数据、云计算、物联网、人工智能、智能算法等技术的出现和成熟，正在让企业的这种愿望变为现实。数智化转型的重要方向就是让企业拥有一个"数智大脑"。依靠基于复杂智能算法的推荐、预测、决策等结果，企业可以直接采取相应行动，并根据实时数据反馈不断完善和补充，形成良性的学习反馈闭环，最终帮助企业实现端到端全链路的高效决策。

从店面选址、会员管理，到商品管理，特步正在尝试应用数智化能力来代替传统的人工决策。比如，特步建立了智能调拨系统，门店根据自己的销售历史，再结合天气、区域喜好等数据，可以预测未来一周的销售情况，并能精确到 SKU 数量。目前，销售预测的准确率能达到 80%。而生产端可以根据前端的销售预测，及时做出 SKU 调整，从而使原来的"收到订单后生产发货"变为"基于预测提前备货"，出货时间由平均 45 天缩短至平均 20 天，也极大减少了缺货情况，提高了门店收益。

【总结】

在吴联银看来，特步的数智化之路在行业内是比较超前的。首先，特步的基础信息化系统比较完善，数据积累时间长。其次，很早就关注数据的应用，并建立了数据平台，对数据进行整合分析，数据应用能力较强。再次，特步愿意尝试新的技术和工具，在业内最早引入中台技术，构建双中台闭环，还大规模探索新零售模式。

对于数智化转型，吴联银从特步视角出发，提出了一个"三端一能"框架。"三端"就是消费端、供应端、生产端，"一能"就是数智化能力。"消费端也叫作消费者生态圈，主要围绕消费者，满足他们的需求，增加他们的黏性。供应端也叫作产业互联网，核心是产品，就是怎样与合作伙伴一起更好地把产品设计、开发出来。生产端也叫作工业互联网，追求的是怎样快速应对市场需求，实现小批量、柔性生产。而所有这些都需要数智化能力。"吴联银解释道。

特步当前的数智化转型主要就放在消费者生态圈的打造上，以此来构建和完善自己的数智化能力。一旦能力成熟，就可以将它输出给供应端和生产端，将智能决策的效应放大，最终形成全产业链协同。事实上，特步已经开始尝试进行产业互联网部署了。

后记

在结束之际，我想特别感谢各位读者愿意花时间和精力来阅读本书，一起实践、探索。

我们帮助了数百家企业进行数智化转型，对于企业数智化转型我想简单做一个总结，也是一些注意事项，希望能让大家在实践中少走弯路，少交重复的学费。数智化转型，要实现四大升级：即理念升级、系统升级、能力升级、组织升级。

理念升级	
系统升级	能力升级
组织升级	

首先理念得升级。

数智化转型不是简单的 IT 系统建设，不是新时代的"九袋长老"，不是建设更多的"烟囱"和"孤岛"，而是从战略、业务、组织、技术、运营等方面进行整体的设计与构建，是对企业进行数智化的技术驱动、商业模式的重构和核心竞争力的重塑。

数智化转型不仅仅是系统的升级、人工智能、大数据及云计算等新技术手段的运用，而是通过大数据洞察，不断创造和满足消费者需求，倒逼企业内部不断优化流程和重新配置资源，提升效率和效益，用技术创造引领新商业的过程。

转型不仅仅是 IT、技术或电商部门的事，是一把手工程，老板的关注和重视是第一生产力，需要企业核心高层亲自参与和推动，是线上线下融合、各部门积极参与的变革。

不仅仅是组织、流程、系统等局部范围的调整；是企业从思维、战略、流程、组织、人才、激励等方面的全方位变革，三分靠技术，七分靠运营。

不是连接一切，仅仅打造一个工具和系统，而是大数据驱动端到端全流程、全要素、全网、全渠道、全触点、全生命周期的高效商业连接。

不是等等看，不是当看客和评论家，是早上线早受益，争当实践者和受益者，抢占每一次流量红利，练好基本功，分轻重缓急推进持续建设和完善整个生态系统的过程。

不是一哄而上，是一个整体规划、分步实施、标杆先行、复盘总结、复制放大的过程。

不是企业关起门来仅从自身诉求出发做事，是不断突破自身边界，开放、合作、共赢。

不是一蹴而就的过程，是一个顺应技术升级、消费者变化、竞争环境变化，不断迭代、进化、升级、持续精进的过程。

过去企业经营更多关注的是资产负债、现金流量表、损益表！未来必须更关注数智资产！尤其是数智用户资产，端到端数智化产业链资产！

工具解决局部问题，系统解决系统问题。

数智化转型投入不是成本，而是打造面向未来能力、盖高楼打地基的投资，打通"任督二脉"为转型数智经济时代做充分准备，不做连未来参与市场竞争的资格都没有。

数智化转型效果差别关键在于：培训体系＋激励体系！所有做得好的企业培训体系都非常强大，反复共创、宣导，加强变革管理，配套的激励体系也需要及时进行调整。

其次，系统升级和能力升级，找对合作伙伴非常重要。

系统升级和能力升级得找有对商业、对全链路数智化转型升级有足够理解和实践的相对成熟的伙伴来支持，而不是找一些没有太多商业实践、没有全链路数智化转型升级经验的伙伴。阿里云智能是先投入大量人力物力财力在自己的投资体系，比如银泰、盒马、大润发、居然之家、红星美凯龙等众多商业体中反复实践打磨优化，总结出方法论，然后用沉淀下的工具和解决方案来赋能各行各业，在实践中与各行各业再次优化升级才大面积对外推广，阿里云智能是各行各业数智化转型升级的首选伙伴。

数智化转型，组织保障是关键！组织也需要升级。

三分靠技术，七分靠运营！

数智化运营人才、分析人才、创新人才需要持续补充！难点和重中之重是组织升级，如何实现个人知识组织化、隐性知识显性化、显性知识标准化、标准知识系统化、系统知识智能化？数智化转型成功的企业一定是沟通在线、组织在线、业务在线、协同在线、生态在线的。

而好的激励政策能最大限度地激发每一个人的创造力。管理学最伟大却往往被忽视的基本定律：大多数人不一定会做你期望的事，但一定会做你设置了考核和奖惩机制的事！

不同的商业时期的经营需要不同的考核指标（见下图）。

各行各业在数智经济时代一定都会升级，被变革或者主动自我变革。这倒逼我们思考和行动：能否重新定义自己，有哪些更合适的方向、方式、方法？

理论，要总结、要提炼、要拔高。

实践，要取得成功，不在于全，而在于聚焦，在于抓住关键成功要素、抓住主要矛盾、抓住"牛鼻子"！

管理学大师中的大师，彼得·德鲁克讲："管理是一种实践，其本质不在于'知'而在于'行'；其验证不在于逻辑，而在于成果；其唯一权威就是成就。"

没有理论指导的实践是蛮干，没有实践支撑的理论是空想！

理论和实践螺旋式统一！相互促进！

更高境界在于知行合一，不断超越自我。

为什么很多人大道理听了无数，却依然过不好这一生？

因为没有做到知行合一！

这世界很多人和事，要么"知易行难"，要么"行易知难"，真正做到"知行合一"的少之又少，它却是值得大家永远追求的目标！

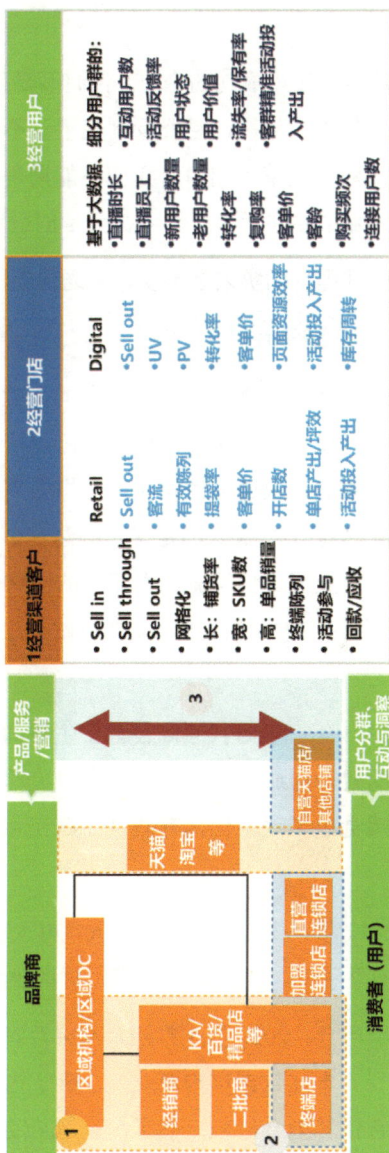

品牌商 — 产品/服务/营销

区域机构/区域DC
经销商
二批商
终端店
KA/百货/精品店等
加盟连锁店
直营连锁店
天猫/淘宝等
自营天猫店/其他店铺

消费者（用户） — 用户分群、互动与洞察

① ② ③

1 经营渠道客户	2 经营门店		3 经营用户
	Retail	Digital	基于大数据，细分用户群的：
• Sell in	• Sell out	• Sell out	• 直播时长
• Sell through	• 客流	• UV	• 直播员工
• Sell out	• 有效陈列	• PV	• 新用户数量
• 网络化	• 提袋率	• 转化率	• 老用户数量
• 长：铺货率	• 客单价	• 客单价	• 转化率
• 宽：SKU数	• 开店数	• 页面资源效率	• 复购率
• 高：单品销量	• 单店产出/坪效	• 活动投入产出	• 客单价
• 终端陈列	• 活动投入产出	• 库存周转	• 客龄
• 活动参与			• 购买频次
• 回款/应收			• 连带用户数

分用户群的：
• 互动用户数
• 活动反馈率
• 用户状态
• 用户价值
• 流失率/保有率
• 客群精准活动投入产出

学而不用，如入宝室而不取。

看到那些阶段性数智化转型成功的企业，我们不要只看到其快速反应、灵活多变、生生不息的花果和生态，更要看到底下看不见的长期积累和技术支撑。在已经到来的数字改革浪潮中，我们不能只是旁观者、评论家，只有行动起来才能成为那个参与者、引领者甚至是创造者。

回顾这本书的创作过程，确实来之不易，来之偶然。

至少曾经有过三次大的努力。

第一次，2004—2006 年，我在中科院读博期间，就想写，当时博士论文写的是《打造以品牌为核心的快速柔性供应链》，核心结论是以消费者为核心的、智慧品牌引领的、快速柔性供应链支撑的高效闭环体系。原本想打破供应链理论体系单向 B2C 链式的定义，构建一个复杂的、多向的数据驱动的商流、物流、资金流、信息流、人流等的网络体系和动态模型，C2B2C"，不知道从数学上如何表达，仿真模型也做不出来，只能定性做一些描述，不得不了了之。

第二次，2012—2014 年，当时找某高校博士生导师、教授团队，准备了很多 PPT、内容、框架，沟通了很多次，文章也梳理了不少，写了几百页的素材，写出来总感觉过于理论化，有些"曲高和寡"，味道不对，不得不放弃。

第三次，2015—2017 年，找咨询公司合伙人，再次动手，写了几百页，风格依然感觉不对，有些无味，无关素材太多，再次放弃。

这一次，也是机缘巧合。2020 年 3 月初，淘宝教育正雄老师等一行人过来找我，本来是要写一本《数据重构商业》，听了内容，觉得终于是时候可以写《全链路数智化转型升级》一书了，为了帮助更多企业加速数智化转型,少走弯路,少交重复学费。最后反复研讨后定名为《数智驱动新增长》。写作中与几位作者反复讨论框架(时代背景变化、数智化转型方法论:5部曲、5层架构、11个要素等),整理数智化转型升级标杆案例、各种PPT素材、客户案例。本着"阿里出品,必属精品"的原则,过程中我们来来回回讨论N次,视频会议、当面沟通N次,一次又一次"PK""对焦""反复迭代",几十次来来回回的修改,满意度从10分、20分、30分……终于到90分、95分,各行各业的最新实践迭代太快,我们配套的产品和解决方案迭代升级太快,没有"最新"只有"更新"。

最后,特别感谢田野、洪东盈、杨文雅等几位执笔老师,也特别感谢颜杰华、陈赋明、葛伟炜、吴蓓宏、郑悦等老师进行案例实践的现场采访和提炼,也感谢淘宝教育刘国峰、何兵权、邵蓓思、雅煜、楼珏、祁丽莉等的大力支持。

感谢阿里巴巴集团董事局主席、CEO张勇(逍遥子)先生的多次感召和支持,让我有机会亲身参与集团新零售、云智能新零售的相关工作,有机会接触不同行业不同发展阶段的更多企业并探索数智化转型升级之路。他对阿里巴巴商业操作系统的深刻理解和洞察、对一线商家躬身入局了解细节、对各层员工需求的了解、主动推动各种变革等,让我受益良多。

感谢阿里云智能事业群总裁、达摩院院长张建锋(行癫)先生的理解和支持,他对云相关技术的前瞻性理解和洞察、对产品的专注、对数据智能应用的睿智、对阿里巴巴一路创新突破的文化的深刻理解都让我受益良多。

感谢李津、陈丽娟、郭继军、刘湘雯、许诗军、刘伟光、袁千、任庚、朋新宇、蒋江伟、库伟、金榕、戚肖宁、施尧耘、姚刚、王刚、周明、蒋雁翔、李飞飞、贾扬清、叶军、朱鸿、方晓敏、司为、公和、张启、王晓霞、刘松、安筱鹏、宿宸、列文、李多全、刘丹、周睿、李双宏、肖剑、张靓等的理解和支持。

感谢云智能新零售团队的戴涛、周彬斌、崔嘉卉、闫昊、刘新明、王海钢、鲍鹏、吴雪军、王阳、孙凌志、刘欣、陈杰、袁浩程、周姝、李小强、朱娜、王辅壮、杨波、李琳琳、楼颖、许超超、侯芳、刘晓燕、林林、李星、周运、高世芳、王瑞雪等，以及团队全体小伙伴，一起拼，一起赢，为云智能新零售小伙伴的一路同行深感骄傲。

感谢雅戈尔（李如成董事长、李寒穷、徐鹏、章凯栋等）、特步（丁水波董事长）、波司登（高德康董事长、梅冬、芮劲松等）、红蜻蜓（钱金波董事长、钱帆等）、飞鹤（冷友斌董事长、冯海龙等）、蒙牛（卢敏放总裁、高飞、张决等）、恒安（许连捷董事长、许清池等）、伽蓝（郑春影董事长）、立白（陈泽滨总裁等）、居然之家（汪林朋董事长、王宁、李选选等）、绫致、李宁、安踏、百丽、森马、海底捞、西贝、新希望、百胜、老乡鸡、良品铺子、三只松鼠、太古可乐、双汇、珠江啤酒、大益、小罐茶、TCL、老板电器、九阳、亿利、如新、雅士利、君乐宝、欧莱雅、雅诗兰黛、香奈儿、红星美凯龙、欧派、尚品宅配、大润发、家家悦、联华、名创优品、屈臣氏、新华书店、中赫、良渚、西溪湿地等数千家各行各业数智化转型先锋和探索者。

要感谢的同事、客户、伙伴特别特别多，就不再一一列举，一并深深谢过！一起探索、实践的经历非常难忘。

学习和工作上"拼命三郎"的我，特别感恩父母、岳父母、兄弟姐妹、爱人和小朋友们的理解、包容和无条件支持！你们让我可以心无旁骛专注一路向前冲！追求目标，享受过程！

肖利华

2021 年 4 月

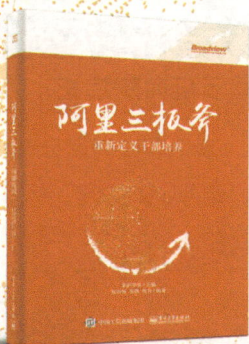